BUNRI'S

レディー＆ジェントルマン　中高一貫エリート教育

西武学園文理中学校

一人ひとりに未来力!

JN070259

学校見学ができるイベント《予約不要》

| 文理祭（文化祭） | 9月10日（土）10:00〜15:00 |
| （上履をご持参ください） | 11日（日）10:00〜14:15 |

中学校説明会《受験生・保護者対象・予約不要》

第1回	9月28日（水）	10:00〜
第2回	10月8日（土）	10:00〜
第3回	10月23日（日）	10:00〜
第4回	11月12日（土）	10:00〜
第5回	11月25日（金）	10:00〜
第6回	12月6日（火）	10:00〜

（上履・筆記用具をご持参ください）

平成23年度 主要大学合格実績

東京大学3名（20年連続合格!）
国公立大学合格者103名

京都大学 2名	大阪大学（医）1名
弘前大学（医）1名	山形大学（医）1名
富山大学（医）1名	福島県立医科大学 1名
防衛医科大学校 2名	東京農工大学(獣医1) 8名
一橋大学 3名	東京工業大学 4名
北海道大学 1名	東北大学 2名
九州大学 1名	千葉大学（薬1）5名

〒350-1336　埼玉県狭山市柏原新田311-1　　04（2954）4080（代）　http://www.seibu.bunri-c.ac.jp/

◇スクールバス「西武文理」行き終点下車　　　　◇西武バス「西武柏原ニュータウン」下車
　西武新宿線「新狭山駅」北口（約8分）　　　　　　西武新宿線「狭山市駅」西口下車「西武柏原ニュータウン」行き（約15分）
　JR埼京線・東武東上線「川越駅」西口（約20分）　西武新宿線「新狭山駅」北口下車
　JR八高線・西武池袋線「東飯能駅」東口（約25分）　「笠幡折返し場（西武柏原ニュータウン経由）」行き（約10分）
　西武池袋線「稲荷山公園駅」（約20分）　　　　　JR川越線「笠幡駅」下車
　東武東上線「鶴ヶ島駅」西口（約20分）　　　　　「新狭山駅北口（西武柏原ニュータウン経由）」行き（約12分）

併設校　西武学園文理小学校（西武新宿線「新狭山駅」徒歩10分）・西武学園文理高等学校

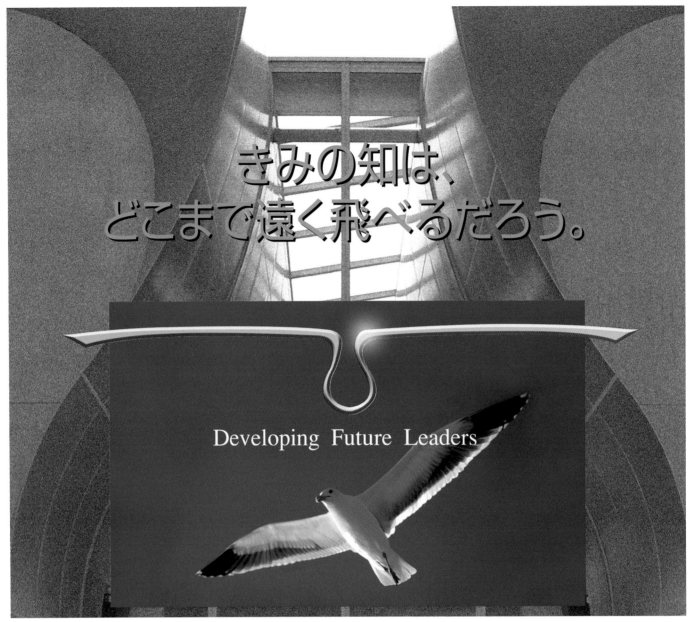

きみの知は、
どこまで遠く飛べるだろう。

Developing Future Leaders

★中学生だからこそ先端の研究に触れる教育を
★中学生だからこそ高い学力形成の教育を
★中学生だからこそ高い道徳心、社会貢献への強い意志を育てる教育を

【学校見学会】	【学校説明会】
7月18日（月・祝）	10月8日（土）・11月12日（土）・12月10日（土）
10：00〜	10：00〜　　10：00〜　　①10：00〜 ②13：30〜
予約不要・スクールバス有り	予約不要・スクールバス有り

春日部共栄中学校

〒344-0037　埼玉県春日部市上大増新田213
電話048-737-7611㈹　Fax048-737-8093
春日部駅西口よりスクールバス約10分　ホームページアドレス http://www.k-kyoei.ed.jp

ALL in One

すべての教育活動が授業空間から生まれる

すべての教育活動が授業空間から生まれる

2011年度の入試にむけた学校説明会・イベント等

学校説明会	授業見学会&ミニ学校説明会	入試説明会
7月16日（土）14:00～ （EU研修報告有） 9月25日（日）10:00～ （英国研修報告有） 10月30日（日）10:30～ 11月23日（水・祝）10:00～	10月12日（水）10:00～	11月12日（土）14:00～ 12月17日（土）10:00～ ＊各教科担当者から出題傾向や採点基準など本番に役立つ内容をお話しします。 ＊受験希望の方は過去問題解説授業を受けることができます。

入試個別相談会	ミニ学校説明会	公開行事	清修フェスタ（文化祭）
12月24日（土）～12月28日（水） 10:00～15:00	1月14日（土）10:00～	公開行事	10月29日（土）・30日（日）

※ご来校の際にはスリッパをお持ち下さい。　※詳しくは、本校HPをご覧下さい。

SEISHU 白梅学園清修中高一貫部

〒187-8570　東京都小平市小川町1-830　TEL:042-346-5129

【URL】http://seishu.shiraume.ac.jp/　【E-mail】seishu@shiraume.ac.jp

西武国分寺線「鷹の台」駅下車　徒歩13分　JR国分寺駅よりバス「白梅学園前」

東農大三中

究理探新

本物に出会い、本当にやりたい夢に近づく6年間。

人間の知恵とは、たくさんの「なぜ?」を「知りたい」と思う好奇心が産み出したものです。
学ぶ楽しさを知り、理を究めようとする姿勢から本物の生きた学力が身についていきます。
本校では、自ら学び探究する創造的学力を養うための中高6年一貫カリキュラムを用意しています。

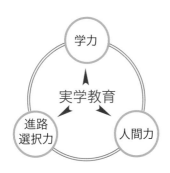

学力

実学教育

進路
選択力 人間力

■新校舎での学校生活!

中学の新校舎での学校生活がスタートしました。

日が差し込む明るい校舎で、生徒達は中学の3年間を過ごします。

ビオトープや、屋上菜園など、東農大三中ならではの場所もあります。

教室　　　　　　　　理科室

■説明会日程

夏休み体験授業【要予約】
7月24日(日)　①　9:30〜
場所:本校　　　②　14:00〜
※予約は本校ホームページで受け付けます。

8月27日(土)　9:30〜
場所:本校

10月 3日(月)　9:30〜
場所:本校(授業公開)

10月15日(土)10:00〜
場所:所沢市民文化センター ミューズ

11月 1日(火)10:00〜
場所:大宮ソニック

入試模擬体験【要予約】
11月27日(日)　9:30〜
場所:本校
※予約は本校ホームページで受け付けます。

12月17日(土)　9:30〜
場所:本校

9月17日(土)・18日(日)
浪漫祭(文化祭)
入試相談コーナーあり

東京農業大学第三高等学校附属中学校

〒355-0005　埼玉県東松山市大字松山1400-1
TEL:0493-24-4611 FAX:0493-24-4696
http://www.nodai-3-h.ed.jp/

桐朋女子中・高等学校

学校らしい学校です

こころの健康

からだの健康

この6年の満足感

学校説明会

10月15日（土）　13時半
11月19日（土）　10時〜
12月3日（土）　13時半〜

※各回とも2時間程度。それぞれテーマをかえ
て本校の教育の特色をご説明します。

桐朋祭

10月1日（土）　12時〜16時
10月2日（日）　9時〜16時

入試相談コーナーも開設しています。
お気軽にお立ち寄り下さい。

2012年度入学試験日程

A入試 2月1日（水）160名募集
口頭試問（理科、社会の内容を含む）および
筆記試験（国語、算数）

B入試 2月3日（金）60名募集
筆記試験（国語、算数、理科、社会）と面接

※帰国生対象特別試験（外国語作文ほか）もあります（1/23）
詳しくは本校にお問い合わせ下さい

東京都調布市若葉町1-41-1　TEL 03（3300）2111
URL http://www.toho.ac.jp/
アクセス　京王線仙川駅下車南に徒歩5分
学校案内可（事前に電話でご予約下さい）

森の中の学校が、

新宿から約**25分**※

東京都区内から、たくさんの先輩たちが通っています。

新宿

読売ランド前

※新宿駅から読売ランド前駅までの所要時間

学校見学に来てみませんか！

「都心から近いのに、こんなに豊かな自然があるなんて」 初めて学校に来られた方は、皆さん同じ感想を抱かれます。校舎も校庭もゆったりとして、勉強にも身が入ります。是非、ご自分の目で確かめてみませんか。

お待ちしています。

2011年度 学校説明会・公開行事

9/10（土）	目白キャンパスでの学校説明会
10/ 8（土）・9（日）	十月祭
11/19（土）	学校説明会
12/17（土）	親子天体観望会
	（10月中旬より予約受付予定）

日本女子大学附属中学校
The JUNIOR HIGH SCHOOL AFFILIATED with J.W.U.

e-mail n-fuzokuh@atlas.jwu.ac.jp

〒214-8565　神奈川県川崎市多摩区西生田1丁目1番地1号　TEL.044-952-6705　FAX.044-954-5450

最寄り駅：小田急線「読売ランド前駅」、京王線「京王稲田堤駅」・「よみうりランド駅」、JR南武線「稲田堤駅」

浦和実業学園中学校

第1期生、英語イマージョン教育で優秀な大学合格実績!

いまより明日、力をつけて

■ 入試説明会

第1回　9月 23日(祝) 10:00～
第2回　10月　9日(日) 10:00～
第3回　10月 22日(土) 14:00～
第4回　11月　6日(日) 10:00～
　　　　※予約不要、上履不要

■ 入試問題解説会

第1回 11月 27日(日) 10:00～
第2回 12月 18日(日) 10:00～
※予約不要、「学校説明会」実施

■ 公開授業

11月 15日(火) ～ 18日(金)
　　　9:00～15:00
　　　※予約不要、10:00～ミニ説明会

■ 入試要項

	第1回(午前) A特待入試	第1回(午後) A特待入試	第2回	第3回	第4回
試験日	1月10日(火) 午前	1月10日(火) 午後	1月13日(金)	1月17日(火)	1月26日(木)
募集定員	25名	25名	40名	20名	10名
試験科目	4科	2科	4科		
合格発表	1月11日(水)		1月14日(土)	1月18日(水)	1月27日(金)

※4科(国・算・社・理)　2科(国・算)
※必ず生徒募集要項でご確認ください。

〒336-0025　埼玉県さいたま市南区文蔵3丁目9番1号　TEL：048-861-6131(代表)　FAX：048-861-6886
ホームページ http://www.urajitsu.ed.jp　Eメールアドレス info@po.urajitsu.ed.jp

イメージキャラクター：**BEAVER**

SAKAE
Saitama Sakae Junior High School

平成23年度　説明会等日程

体験学習会（13:00〜要予約）
8/19（金）

体育祭（9:30〜予約不要）
9/25（日）

入試説明会（10:40〜予約不要）
9/2（金）　22（木）　10/6（木）　27（木）
12/1（木）　24（土）
（※10/6（木）のみ、19:00〜の説明会も実施）

入試問題学習会（9:00〜要予約）
11/5（土）　12/10（土）

埼玉栄中学校
〒331-0047
埼玉県さいたま市西区指扇3838
TEL 048-621-2121　FAX 048-621-2123

詳しくはホームページをご覧ください

未来にまっすぐ、ひたむきに―。

OHYU GAKUEN
Girls' Junior & Senior High School

■学校説明会は、2011年より予約制に変わります。（8月上旬受付開始予定）■
9月 7日（水）	10：00〜11：30	予約制	430名	授業見学あり
10月14日（金）	10：00〜11：30	予約制	430名	授業見学あり
11月12日（土）	10：00〜11：30	予約制	1000名	授業見学あり
11月22日（火）	10：00〜11：30	予約制	430名	授業見学あり

■入試対策講座（6年生児童・保護者対象）■ 予約方法などの詳細は11月にお知らせいたします。
第1回 12月10日（土） 13：00〜14：30 予約制 （受付開始12：30） ※2回とも同一内容です。
第2回 12月10日（土） 15：00〜16：30 予約制 （受付開始14：30）

鷗友学園
女子中学高等学校
OHYU GAKUEN
Girls' Junior & Senior High School

よろこび と 真剣さ あふれる学園をめざして
鷗友学園女子中学高等学校
〒156-8551 東京都世田谷区宮坂1-5-30 TEL 03-3420-0136 FAX 03-3420-8782
URL http://www.ohyu.jp/　　　E-mail info@ohyu.jp

ともに歩もう、君の未来のために。

未来を生きるために必要な力とは何だろう。それを学ぶには、
どんな教育が必要だろう。私たちはいつも考えています。
未来に向けて一生懸命努力する君たちと、ともに考え、悩み、
感動しながら歩いて行く。知識を伝え、学力を伸ばすだけでなく、
生徒と一緒に明日を見つめ、いつも彼らを応援する。
それが海城の教育です。

「新しい紳士」を育てる。

 海城中学校　海城高等学校

〒169-0072 新宿区大久保3丁目6番1号　電話　03（3209）5880（代）
交通　山手線「新大久保」駅下車徒歩5分

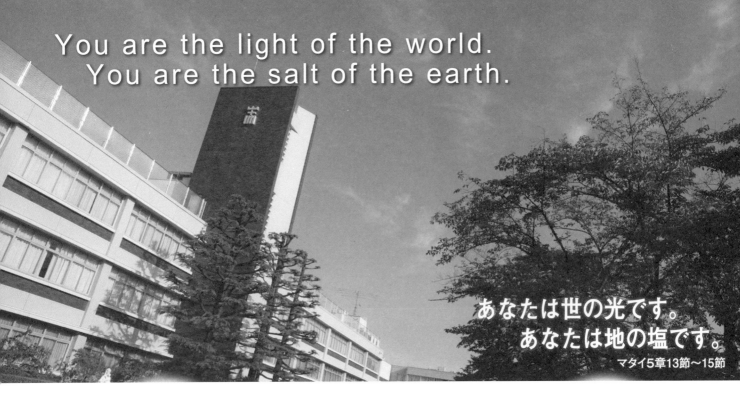

You are the light of the world.
You are the salt of the earth.

あなたは世の光です。
あなたは地の塩です。

マタイ5章13節〜15節

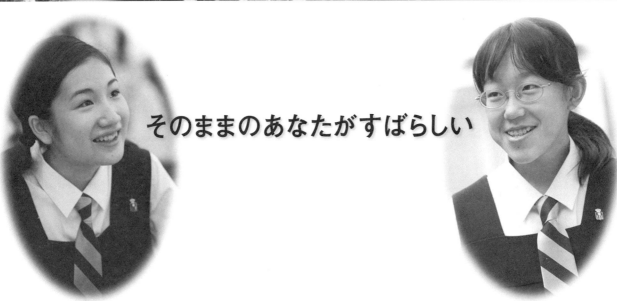

そのままのあなたがすばらしい

入試説明会
［本学院］ ※申込不要

9.22 (木)
10：00〜11：30
終了後 校内見学・授業参観 （〜12：00）

10.15 (土)
10：00〜11：30
終了後 校内見学・授業参観 （〜12：00）

11.20 (日)
14：00〜15：30
終了後 校内見学 （〜16：00）

校内見学会
［本学院］ ※申込必要

9.3 (土)　10：30〜11：30
10.1 (土)　10：30〜11：30
11.5 (土)　10：30〜11：30
2012 **1.7** (土)　10：30〜11：30
（6年生対象）
2012 **1.21** (土)　10：30〜11：30
（6年生対象）

【申込方法】
電話で「希望日」「氏名」「参加人数」をお知らせください。

過去問説明会
［本学院］ ※申込必要

12. 3 (土)
● 6年生対象
14：00〜16：00 （申込締切11/24）

【申込方法】
ハガキに「過去問説明会参加希望」「受験生氏名（ふりがな付）」「学年」「住所」「電話番号」、保護者も出席の場合は「保護者参加人数」を記入し、光塩女子学院広報係宛にお送りください。後日受講票をお送りいたします。

公開行事
［本学院］ ※申込不要

［オープンスクール］
7.21 (木)　14：00〜16：00
クラブ見学及び参加など

［親睦会 （バザー）］
10.30 (日)　9：30〜15：00
生徒による光塩質問コーナーあり

光塩女子学院中等科

〒166-0003　東京都杉並区高円寺南2-33-28　tel.**03-3315-1911** (代表)　http://www.koen-ejh.ed.jp/
交通…JR「高円寺駅」下車南口徒歩12分／東京メトロ丸の内線「東高円寺駅」下車徒歩7分／「新高円寺駅」下車徒歩10分

子どもたちの未来のための
中学受験を考える

　受験学年にとっては、いよいよ"受験の天王山"夏休みが近づいてきました。机に向かう時間が長くなり、受験生の瞳も新たな学びへの挑戦にさらに輝きを増してくるころでしょう。ただ、そのほかの学年のお子さんを持つ保護者のみなさんは、1日1日が受験に近づく実感をお持ちでしょうか。時間は待っていてはくれませんので、中学受験状況を学ぶためのスタートは早いにこしたことはありません。この臨時増刊は、首都圏の266校におよぶ私立・国立中学校について、偏差値を離れた学校のよさをお伝えする目的で編まれたものです。とはいうものの、学校そのものを見る前に、現在の中学受験のようす、現状を知っておかなくては単眼的な見方におちいってしまいます。この項では、中学受験の最前線ともいうべき現状をお伝えし、その現状のなかで、どのように学校を選んでいけばよいかを考えます。そして、つぎの章で首都圏を中心とした266校それぞれの特徴を紹介していきます。

子どもたちの未来のための
中学受験を考える
目次

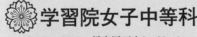
合格のための 中学受験術
子どもたちの未来のために

変貌する中学受験

●変わりつづけている中学受験状況

　首都圏における私立中学受験状況は、年々変化しています。また、10年、20年という単位で比較すると、考えられないような大きな変化があります。

　近年は、親の世代でも中学受験を経験しているかたの割合も高くなっていますが、「自分たちのころはこうだった」という先入観が、ときとして悪影響をおよぼすこともあります。この10年、20年の間に、大きく変容を遂げた学校もあります。

　また、学校の変化にかぎらず、小学生全体の学力レベルや、中学入試で求められる学力の変化、すなわち入試問題傾向の変化もあります。

　ここでは、まず近年の中学受験状況をお知らせし、学校選びへの視点を考えていきたいと思います。

●小学生人口と受験者数の変化

　ゆとり教育による学力低下への懸念が高まり、首都圏の中学受験者数は、2001年以降、年を追って増えつづけました。

　小学校卒業者の数を見ると、全国的には少子化と言いながら、首都圏では8年前の約28万7000人が底の数字で、その後は増減を繰り返してきました。

　そして2007年には30万人を超える数字となったのです。この影響で、中学受験者数も5万人を超えるところとなりました。

　その後、いわゆるリーマンショックが起き、世の中に不況感が漂いだしてからは、中学受験者数の大幅な増加は見られなくなりましたが、受験者数は相変わらず高止まりで、5万人を超えています。

　そのぶん難関校、上位校の厳しい入試はつづいており、第1志望校に入ることができた受験生は、全体の20～30％という状況です。

●強気傾向と堅実志向

　近年、首都圏の私立中学の志望状況の特徴のひとつにあげられているのが「二極化」です。人気があり受験生を多く集める学校と、志望者も少なく入学者数も定員を充足できていない学校に分かれつつあるという傾向です。

　全体の約3割の人気のある上位校に受験生全体の約7割が集中し、そして、残りの7割の学校に受験生の3割が分散しているという数字もあり、なにがなんでも上位校にという意識がどうしても働き、強気に受験していく傾向が見てとれます。

　第1志望校は強気で受ける、という傾向はこの春も持続していました。

　しかし、2005年あたりから、受験の厳しさが認識されてきたためか、強気一辺倒ではなく、確実に合格を確保するという併願パターンを組むケースがみられるようになっています。

　受験戦略として、受験校をじょうずにしぼるご家庭が増えているのです。志望校をしぼりながらも、確実に合格を確保し、そして、第1志望

14

校は譲らず強気で受けていく、という受験パターンです。

●併願校数は減る傾向に

「堅実志向」の傾向を受けて、受験校のしぼりこみが進み、併願校数が減ってきました。

ひとりあたりの受験校数（受験回数）は、2007年の6.1校（回）がピークとなり、この春では5.4校（回）前後となっています。

東京・神奈川の受験生は、以前なら、千葉・埼玉の1月入試を受け、2月に入ってからは、午後入試も含めて毎日毎日受験していくパターンがふつうでした。

しかし、不況の影響もあってか、しっかりと出願校を見極めての併願作戦がめだつようになりました（※ここで言う併願校数には、同じ学校を複数回受験する場合も数に含んでいます）。

ひとりあたりの併願校数が減ってきたのですが、この結果、受験期をより冷静に迎えるご家庭が増えてきた印象があります。

受験校数を減らすことによって、時間的にも体力的にもムダがなくなり、第1志望校の受験に、より集中した対策や準備を行うことができるようになったというわけです。

さて、お父様、お母様にとって、「学校選び」はご家庭の一大イベントですが、まず大切なのが、志望動向を探ることです。ご家庭だけでは大変な作業になりますので、進学塾の先生がたとご相談されながら進めてください。

たとえば、前年の志望動向を調べる際にも、いわゆる隔年現象（ある学校に人気の集中する年と、比較的緩やかになる年が繰り返される現象）が著しい学校もあります。それらの要素は、進学塾の先生がたでなければ、情報を持ち合わせていないでしょう。

また、受験生の志望動向や学校の評判は、学校選びを進めていくうえで重要な要素ではありますが、インターネットの掲示板などの、いい加減な情報に惑わされることなく、受験生本人や家庭の教育方針に合う学校はどこかという、本質的な学校選びの視点を見失わないようにしてほしいものです。

学校は変化する

●変わりゆく学校の評価

つねに変化しつづける時代のなかにあって、学校もその例外ではありません。多くの私立中学校も、学校改革、学校の発展に力を入れています。

ほとんどすべての学校が、改革に力をそそいではいるのですが、実際には、すでに学校改革の成果が現れ、多くの受験生を集めている学校と、未だに、その成果がでていなかったり、改革途上という学校もあります。

「以前はだれでも入れるような学校」「あんな学校に行くの？」という印象であった学校が、いつのまにか人気の高い学校になっていたり、伝統校で以前は有名校と言われていた学校であったのに時代に取り残され、生徒募集に苦労していたりということが、実際に起きています。

冒頭で述べた、「親の受験時代」との感覚のギャップの要因は、学校改革に成功し名をあげた学校と、そうでない学校の存在によるところが大きいのではないでしょうか。

保護者は先入観を捨て、現在の学校の実際のようすを目で見て確かめることがなにより大切です。

とくに受験生の祖父や祖母が同居している場合に、「えっ、あんな学校を受けるの」という思いもかけない言葉を投げかけられることがあります。

これは、小学生である受験生にとって、非常につらいことにもなります。

祖父・祖母の時代とは「学校はまったく変わってしまっている」という認識を家族全体で持たないと、学校選びの大きな妨げとなってしまいます。

●入試科目も変容している

首都圏の中学入試における科目は、4教科型、2教科型、2教科・4教科選択型が、多くを占めています。

この10年の流れは、2教科型から2教科・4教科選択型へ、また、2教科・4教科選択型から4教科型へと、4教科型中心の入試に移行してきました。

これは、受験勉強の段階から幅広く4教科を学習している受験生に入学してほしいという学校側の意思表示の表れとも言えます。

現状では、難関校と言われる学校では、すべてが4教科型入試になっています。

2教科・4教科選択型入試を実施している学校においても、4教科での受験生が増え、とくに難関大学への合格実績の堅調な学校では、4教科の受験生が大幅に増えました。

これらの学校が「すでに2教科・4教科選択型にしておく意味はなくなった」と4教科型入試へと移行していったわけです。

こうした変化にともない、進学塾における2教科のみを学習する受験生の数は、少なくなっていました。男子はもともと4教科生が多いのですが、女子の4教科化への動きも顕著でした。

ところが、この春の2011年度入試では、2教科4教科選択型入試を行った学校で、4教科生が減り2教科生が増えるという、この10年とはまったく逆の現象が起きました。

それも、かなりの数の学校で見られたのです。

年々4教科入試に移行してきていた中学受験の入試教科でしたが、経済事情の変化から塾通いの短期化、塾での学習科目の減量化、さらに塾通いなしでの受験の増加もあるのかもしれません。

いま再び、2教科入試に回帰し始めた、この現象は、2012年度入試に向けて発表されつつある各校の募集要項が敏感に反応しています。

とくに女子校で2教科入試復活の動きがみられます。その意味でも、注目していきたい来年度入試です。

●入試日程や募集定員も変わる

入試日程を変更する学校も多くあります。

また、あまりめだちませんが、複数の受験日がある場合に募集定員の配分を変更する学校もあります。

たとえば、第1日の試験日、東京や神奈川でいえば2月1日の定員を多くする学校があります。これは、第1志望の受験生に多く集まってほしいという学校のメッセージともいえます。

全体の定員は変わりませんから、逆にその学校の、翌日からつづく他の日程の定員は少なくなって厳しくなるということです。その学校を併願校（とくに押さえの併願校）として、あとの日程で受験することを考えている場合には、定員減のぶん、急激に難化する場合がありますので注意が必要です。

また、上位校をつづけて受験する場合には、2月2日、3日（東京・神奈川）までに1校も合格していないというケースもあります。「堅実志向」であったはずのこの春も、4日目以降も受験しつづけざるをえなかった受験生が多くいました。

4日目以降に受験日のある人気校もたくさんありますが、同じような学力を持つ受験生が少ない募集枠に集まり、これもやはり厳しい入試となります。

なかなか「合格」がでない受験パターンは、受験生に大きな負担を強いることになります。併願校選びに慎重さが求められます。

中学受験は、各校とももともと募集定員が少ないこともあり、入試日による募集定員の変更は、小さな人数の変動であっても、倍率や難度に大きな影響を与えることがあります。これも前年からの変更に注意し、進学塾の先生がたから情報を集める努力が欠かせません。

●新設・移転・校舎建て替え

新設校や、校舎の移転、校舎の新築も、受験動向に大きな影響を与える要素のひとつです。

とくに、最近の新しい校舎は、明るく開放的で、随所にさまざまな工夫が施され、一度学校に足を運ぶと、それを見ただけで魅了されてしまいます。

当然のごとく、その学校は、志望校になり、受験校になるわけですから、新校舎の学校は人気を集め、競争率も高くなります。

校舎の移転の場合には、新しい校舎ということに加えて、通学圏が変わるということも、重要な要素になってきます。

これまで通えなかった地域の受験生が集まるわけですから、同じ地域のほかの学校に影響をおよぼすことも必至です。

入試問題の変容

入試問題には、学校がどのような生徒に入学してほしいかというメッセージがこめられています。

たとえば、このところ注目を集めている公立の中高一貫校では、建前上「学力検査」を実施できないこともあって、各教科の融合問題からできた「適性検査」を実施しています。

とくに解答には記述式が多く、私立中学校の入試問題とは趣を異にしていますが、問題解決能力を持ち、自分の考えをしっかりと主張できる生徒に入学してほしい、というメッセージを感じとることができます。

いまでは私立中学校のなかにも、公立中高一貫校と似たような出題で入試を実施して、入学後、同様に積極的な学校生活を送ってくれるような生徒を迎えたいとしている学校もでてきました。

このほか、どのような入試問題が最近の入試問題の傾向なのかを見ていきましょう。

●その場での思考力を問う

たんなる暗記や解法の当てはめでは解けない、現場思考型の問題が増えています。あえて受験生が見たことのないような事例を題材にした出題をする学校もあります。

このような問題で問われている内容は、もちろん特別な知識がないと解けないという性質のものではなく、ごく基本的なことをきちんと理解していれば解けるようになっています。暗記やパターン学習では太刀打ちできない問題を出題することで、現場で「考える力」を試そうとしているわけです。

この「考える力」を試す問題が増えているのも、最近の傾向と言えます。さきほど述べた公立中高一貫校の「問題解決能力」を見ようとする適性検査も、同じ傾向の問題です。

●読解力が問われる

国語の試験で文章読解力が必要なのはいうまでもありませんが、じつは、算数や理科・社会の試験でも、読解力が求められています。

たとえば、理科や社会の問題でも、選択肢が単語ではなく比較的長い文章であったり、説明文が長い文章になっていたりと、文章に対する読解力がないと、解答することも難しくなる問題があります。

また、多くの学校の入試問題は、ひとつの大問のなかのそれぞれの小問が相互につながりを持った問題になっています。

たとえば、小問（2）が小問（3）のヒントや前提になっているという場合です。さきにでてくる小問があとにでてくる小問を解答する際の手

がかりになっているわけです。

これらも、機械的に問題を解くのではなく、それぞれの小問の意味を理解しながら解いていくクセをつけておけば、それらの手がかりに気づくようになります。

●記述力、表現力を試す

記述力や表現力を問われるのは、これも国語の試験にかぎったことではありません。

問いに対して、きちんと自分のことばで説明できる力を求める学校も増えています。

また、自分の考えや意見を述べるような解答方法では、正解がひとつではないタイプの問題も増えてきています。

すぐに正解を知りたがる受験生や、模範解答のパターンをまる覚えしてしまう、というような学習をしている場合には、学習姿勢を改める必要があります。

●資料を読み取る力をみる

グラフや図表など資料の読み取り問題を出題する学校も増えています。公立中高一貫校の適性検査にはかならず見られる出題です。

これは、情報化社会において「知識が豊富にあること」よりも、「知識をじょうずに活用できること」が重視されるようになってきたことの表れともいえます。

知識を、ただ「知っている」に終わらせず、新たな問題を解決するための道具として使いこなせるかどうかを見ようとしているのです。

最低限（といっても中学入試の最低限はなかなかの知識量ですが）の知識を身につけることは不可欠ですが、それをほかの場面で活用する練習を積んでおくことが大切です。

●受験校の入試問題を知る

では、このようにどんどんと変容している各校の入試問題に対して、受験する側はどのように対処していったらよいのでしょうか。

いま、中学入試においても情報開示の姿勢が見られるようになり、学校によっては、入試問題の出題意図やつぎの入試における出題傾向を、かなり細かく発表するところもでてきました。

1学期中に開催される学校説明会で、つぎの入試の情報が細かく発表されるところもあれば、11月ごろになって発表する学校もあります。

直前の情報では対策が間に合わないこともありますので、5年生や4年生でも、学校説明会などに積極的に参加し、入試情報をキャッチしておくことをおすすめします。

また、学校説明会や個別の見学の際に、質問する機会があれば、ストレートに出題傾向について質問してみましょう。「記述問題はたくさん出題されますか？」ぐらいの質問には学校側も答えてくれるでしょう。

しかし、さすがに「今年はどのような問題が出題されますか？」というような質問はしづらいでしょうし、学校側も明確には答えてくれないでしょう。

たとえば、「入試ではどのような能力が試されていますか？」「入学試験で受験生に求めている学力は？」というように、学校の立場をふまえた質問をしてみるとよいでしょう。

また、女子校を中心に、12月や1月の入試直前期に、「入試問題学習会」などの名目で入試問題を演習する学校が増えています。

模擬問題や前年度入試問題を使って、実際に受験する教室で受験生に演習を行い、その後に解説を行います。また、別室では保護者に対しても問題解説や実際の入試の問題傾向を解説する、といったものが主流です。

これら「入試問題学習会」は、受験生にとって入試当日のシミュレーションにもなり、「安心」を得る機会ともいえます。

受験校がこのような機会を持っているようなら、ぜひ参加されることをおすすめします。

志望校の中身をよく知ること

まずは学校を知ろう

●情報を制する者が受験を制する

中学受験の魅力のひとつに、「自由に学校を選択できる」という側面があります。そして、正しい選択をするには、適切な情報収集が必要不可欠です。

学校の情報はさまざまなところから入手できますが、それぞれの特性をよく理解して、ひとつの情報だけに頼らないようにすることが肝心です。そのうえで、さまざまなルートから積極的に学校を知る作業を進めましょう。

ただ、小学校6年生の夏以降に情報収集を始めたのでは、間に合わなくなることも考えられます。たとえば、学校説明会は、難関校では回数が少なくなっています。2校、3校の志望校が、同日に学校説明会を行うことになってしまっては大変です。5年生のうちから、意識して学校をまわるようにしましょう。

情報収集で大切なのは、「生の情報」を「自分の目で」確かめることです。

前述していますが、インターネットの書きこみやウワサのたぐいに惑わされないようしましょう。

●学校説明会に参加しよう

中高一貫校では、私立、国立、公立を問わず、学校の情報公開の一環として、「入試説明会」「学校説明会」「学校見学会」など、数多くの機会に各校の教育内容や教育方針をしめして受験生にアピールしています。

第1志望校の学校説明会にはほとんどのかたが参加されると思いますが、そのほかに受験をお考えになっている学校についても、入学の可能性があるわけですから、ぜひ参加しておきたいものです。

入学後に「こんなはずではなかった」という学校との不適合、ミスマッチの状態となるのは、入学試験日に初めて学校を訪れたというような場合が多いものです。

なお、学校によっては事前の参加予約を必要とする場合がありますので注意が必要です。

●複数校で行う合同説明会もある

複数の学校が集まって説明会を開く催しがあります。「合同学校説明会」と呼ばれるものです。その形態は、進学塾や各種団体が主催する大規模なものから、数校で開催するものまでさまざまです。

大規模なものでは、東京私立学校展（東京都私立中学高等学校協会の主催）など、都県の中高協会などが主催し、多い場合には参加校が400校以上あるものもあります。

それとは別に、「○○地域の学校」「△△地区の大学系列校グループ」「女子校」「キリスト教系学校」といった特徴によって限定された規模のものもありますし、2校、3校が集って行う小規模なものもあります。

こうした合同説明会は、他校との比較がしやすく、情報収集にはよい機会といえるでしょう。

ただ、その学校をよく知るには、やはりその学校に直接足を運んで、自分の目で学校を見ることです。合同説明会は補足程度に考えておいた方がよいでしょう。

実際に学校を訪れて得られる情報は、自分が見て感じて判断することのできる情報という点で、他の情報とは決定的にちがいます。

受験しようとする学校には、少なくとも1回は足を運んでおくべきです。

●学校見学時のポイント

「学校説明会」に参加し学校を見学する目的は、いうまでもなく、その学校を実際に見て、どのような教育をする学校なのか、また、わが子が通うにふさわしい学校なのかなど、学校を知ることにあります。

さらに現在では、かなりの学校で、「説明会」の日程以外の日でも見学を受け入れています（事前の連絡が必要です）。

それでは、学校を見学する際には、どこで、なにを見てきたらよいのでしょうか。

まずは、生徒のようすを見たいものです。学校の主役は、なにをおいても生徒たちだからです。

授業見学、クラブ活動の見学などをつうじて、個々の生徒たちの「目の輝き」を見てきてください。瞳を輝かせて学校生活を送っているのならば、その学校は、それぞれの生徒の個性がいかされている学校だということです。

また、生徒と先生の距離感にも注目してください。生徒と先生のやりとりを観察してみることをおすすめします。そのなかから、生徒と先生の信頼関係や、生活指導のようすを見てとることができるはずです。

先生がたのようすも大事なポイントです。表面的な印象だけで判断するのではなく、短い時間でも、しっかりとお話をし、先生がたの人となりや学校の姿勢を感じとることが大切です。

さて、子どもたちは、校門をくぐったとき、校舎に入ったとき、在校生と話をしたとき、「この学校に入りたい」「中学校生活をここで送りたい」と思う学校と、そうでない学校があるといいます。直感とでもいうものです。

これは、実際に学校を訪れて感じたものであるという点で、重要視してよい要素です。

直感的に「行きたい」と思う学校はいくつかでてきます。最終的には、それらのうちの何校かを受験し、どこかに進学するわけですが、入学する学校は、ぜひとも「行きたい」と感じられた学校であってほしいものです。

このようにお子さんの直感を大切にするためにも、受験生本人といっしょに訪問する場合には、保護者の価値観を押しつけないように注意してください。親の方から「この学校はいいね」「お父さんはこの学校がよいと思う」というような言い方をしてしまうと、子どもはどうしてもその発言に影響を受けます。

受験生本人がその学校をどのように感じるのかはとても大切なことですから、保護者の印象や好みを押しつけないようにしましょう。

●活字やホームページの活用

学校のようすを概要として知るためには、各種のガイド本や出版物が有効です。

所在地、生徒数、男女の別といった基本情報から、校風、教育の特徴、大学合格実績などがまとめられていて、おおまかに各校をとらえることができます。

さらに、最寄り駅や通学アクセス等を考えていくうえでも、各校の状況が書籍化された「受験案内」「学校ガイド」などが役立つでしょう。

また、パソコンの普及とともに、インターネットを介してのデジタル情報も、大きな情報源のひとつとなってきました。

中高一貫校では、私立中学校も公立中学校もホームページで学校の教育内容や行事、部活の動向など、また入試情報についてひんぱんに更新して情報を提供をするようにしています。ぜひ、アクセスしてみましょう。

学校選びのポイント

●子どもの未来を選ぶ学校選択

中学受験の学校選択には、偏差値をはじめとする学力指標が重要な要素ではあります。ただ、それだけ、たとえば偏差値だけを見て学校を選ぶのは考えものです。

学校を選択するということは、保護者にすれば「子どもにどのような教育を受けさせるか」という家庭のポリシーを試されるものであり、また家族の将来設計をも左右する大切な決断です。

お子さんにとっても「大切な6年間を過ごす場を決める」という、これもまたきわめて大切な判断です。偏差値など学力指標だけで単純に決められるものでもありません。

「わが子のために」「わが子に合った」学校を選ぶことを、まず主眼においてください。

では、学校を選ぶにはどうしたらよいのでしょうか。それにはまず、各学校の学校文化を知ることが必要です。

ただ、有益な情報とそうではない情報をしっかりと見極めることも大切です。

他人の評判だけで、その学校の特徴をつかんだつもりになったり、錯覚におちいったりしがちなものです。

まずは、学校自身が発信していることがらに目を向けましょう。そして、学校同士を比較する目も養いましょう。

●「目的」と「適性」を考える

志望校選びには、ふたつの要素があります。それは、まず優先されるひとつ目が「目的」、ふたつ目が「適性」という選択要素です。

「目的」からの選択とは、その学校に入ってなにをしたいのか、どのような中学・高校生活を送りたいのかという面から見た「志望校選び」です。

「目的」とは「心身ともに健全な

人間に成長したい」「豊かな感受性を身につけたい」「国際感覚を身につけたい」「めざしている大学に入学したい」など、それぞれの夢に沿ったものとなるわけで、個性の数だけあるといってもいいでしょう。

これら「目的」をはっきりとさせておくことが、まず第一です。

ふたつ目の「適性」からの選択は、その学校が自分に合っているのかという「志望校選び」です。

「適性」といえば、まず学力適性が思い浮かぶのではないでしょうか。ただ、学力適性もひとつの要素に過ぎません。

それ以外に「男・女校を選ぶのか、共学校を選ぶのか」「校風は本人の性格や家庭の価値観に合っているか」「学校全体やクラスの規模が本人に合っているか」「宗教的背景と家庭はマッチするか」「自宅住所が通学圏に入っているか」なども重要です。

確かに学力適性は重要な要素ですが、志望校を選択する際、偏差値表の数値から学校を見て、どの学校なら入れるかということから学校選択を考えるのは、「目的」よりも、適性判断のひとつに過ぎない「入学試験時の学力レベル」を優先させるということであり、これでは本末転倒と言えます。さきほど述べたように「目的」がさきに考えられるべきものだからです。

そんなときには、中学受験をめざすきっかけとなった「私立中学を選択する目的」を思い返してみてください。

進学したい中学校に求めるものはなにか、ということを考えれば、目的は見えてくるはずです。

●数字がすべてではない

学校を選ぼうとするとき、どうしても人気のある学校に目がいき、そのような学校から選んでいこうとしがちです。人気のある学校の背景にあるのは「偏差値の高さ」であったり、「大学合格実績の高さ」という数字であったりします。

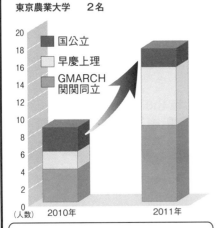
じつは、そのような学校でもほとんどの場合、はじめからそのような数字の高さがあったのでなく、教育内容のよさや、学校が積みあげてきた実績があって、「偏差値の高さ」や「大学合格実績の高さ」があとからついてきたものなのです。

つまり、現在しめされている数字を見て選んでいこうとする姿勢は、結果だけを見て学校を判断しようとしていることなのだということに気がつかなければなりません。

いまはそのような高い実績はでていなくても、堅実な教育をコツコツと積み重ねている学校もあるはずです。そのような学校は子どもたちに対する姿勢もすばらしく、いずれは数字がついてくるはずです。そのような学校を見抜く目を持ちましょう。

最も大切なことは、わが子に適した学校を選ぶということです。ですから、学校の真の姿、教育の本質に目を向けるべきなのです。

●教育の本質を見極める

ここ数年、学校の名前にはこだわらず、真に「学校のよさ」を理解したうえで入学をめざすという保護者のかたもでてきました。いわゆるブランド志向や、有名校・伝統校志向とはちがった考え方で、着実に学校改革を進めていたり、数年の幅で進学実績を伸ばしてきているような学校をめざそうという、まさに「実」をとった選択です。

これらの受験生・保護者の学校選択は、本人の性格に合っていて、本人の夢や目標が実現できるような学校を選ぼうという姿勢からくるものです。

これらの受験パターンのご家庭は、偏差値をまったく考慮しないわけではないのですが、あまりこだわらずに学校を選択されています。そこでの指標となるのは、たとえば学校の勢いであるとか授業の指導内容、教育方針などです。「校長先生のお人柄」などをあげるご家庭もあります。

この選択では、その学校でしか得

られないような教育や特色ある学習システム、豊富な学校行事、部活動、人間教育、魅力的な先生など、学校のアイデンティティが明確な学校が選ばれます。

このような志向や学校選択方針が、いま広がりを見せています。これは冒頭で触れた「堅実志向」の学校選びともリンクしています。

これらの「新しい視点からの学校選び」で選ばれた学校が、じつは、偏差値や大学合格実績を上昇させています。

結局、『学校の教育内容のよさや、学校が積みあげてきた実績が、「偏差値の高さ」や「大学合格実績の高さ」につながる』のが本質なのです。

真の学力とはなにか

●「わが子の幸せ」のために

保護者の間で急速に、そして多くのご家庭に「中学受験」が広がってきました。その理由は、保護者が「わが子の幸せ」を第一に考えたとき、わが子のためにできることは「教育だ」と気づいてきたからではないでしょうか。

与えられた教育の舞台に、無批判にわが子を乗せていくことへの疑問も頭をもたげてきています。つまり、教育の場は自ら選び取るものだ、という思考を持つご家庭が増えてきた、ということなのです。

保護者が求める「わが子の幸せ」とはなんなのでしょうか。よい大学に行き、社会にでて高額の収入を得ることでしょうか。

ただ漠然と、よい中学・高校に行って、よい大学に入れば、それで人生幸せなのかというと、そうではない時代がきています。

高学歴を得ること自体が幸せにつながるものではありません。高収入を得ることが人間の幸せでもありません。

そんなことよりも、保護者の考えているわが子の幸せとは、健康に育

ち、自らのアイデンティティを確立して、世の中で必要とされる人間となってくれることでしょう。

今回の東日本大震災、つづく原発事故で、これからの日本に求められている人の姿が、そこに浮かびあがってくるのではないでしょうか。

●必要とされている「人間像」

では、これからの日本に必要とされている人間像を考えてみましょう。

いまの社会では、「いかに、どこで、なにを、勉強してきたのか」が問われる時代になっています。学習歴が大切な時代を迎えているといえます。

社会にでて、いざ貢献しようとするときになって、いわゆる「ほんとうの意味での学力、人間力」が問われるようになっているのです。

このような時代になればなるほど、やはりどこに進むにしても自分に合う学校、保護者のかたにとってはご自分のお子さんに合った学校選びをしていかなくてはなりません。このことが、前項の「新しい視点からの学校選び」「教育の本質を知った学校選び」にもつながっているものなのでしょう。

将来的に、少なくともお子さんが大学を受ける6年後や、社会にでていく10年後、日本はどこまで立ち直っているでしょうか。

いまのお子さんの世代こそが、それからの日本を支えていかなければならないのです。

そして、そのとき世界がどうなっているのかということまで、しっかりと考えておく必要があるのではないでしょうか。

家族みんなで受ける中学受験

保護者のサポート

●進学塾に預ければ安心？

いまの中学受験では、ご家庭での学習だけで、国立・私立・公立を問わず中高一貫校に進学するのはむずかしい状況となっています。専門の指導機関で、学習の仕方や、入試問題に関する解法を勉強しなければ合格を勝ち取ることは非常に困難です。

それでは、進学塾に預ければひとまず安心かというと、そうではなく、プラス材料として、サポートする保護者の力が必要となります。

中学入試は「親の入試」とも言われます。保護者も受験事情や学校情報などを積極的に学ぶことが必要です。その関与が、大きく合否にかかわってくるのが中学受験なのです。

保護者のかたは、中学受験をさせようとした段階で、中学受験がどんなようすなのか、どういう学校が存在するのかを知っておいていただきたいし、受験生活が進むにつれて、学校の傾向、入試の傾向まで研究を進めてほしいのです。それがお子さんへのバックアップとなり、サポートと呼べるものになります。

この本に目をとおしている保護者のかたは、まず、その一歩をふみだしていると言えます。はじめはこの本を読み始めるだけでもかまいません。それをスプリングボードとして、さらに研究を進めてください。

本稿の冒頭で述べたように、いま学校はどんどん変わっています。学校のことだけでなく、中学入試自体も毎年変貌を遂げています。

まず中学入試がどうなっているの

か、さらにもっと根本的なこととして、お子さんにとって中学入試は必要なものなのかどうかということまでも考えてみてください。

保護者が受験させたいとお思いになっても、お子さんが、いまそういう状況にあるのかどうかを見極めることも不可欠です。ですから、まず、環境づくりが必要なのです。

家族の笑顔が大切

●考える時間をつくりだす

ここから、受験勉強をつづけていくにあたって、家族全体が考えるべき大切なポイントをあげていきます。

入試問題傾向のひとつの流れに、「どれだけ知識を持っているか」から「どれだけ知識を活用できるか」に移っているというお話をしました。

上位校の問題には、「知っているからできる」のではなく、「考える力があるからできる」というタイプの問題が増えてきています。

どうしても時間に追われる勉強をしてしまいがちですが、意識的に「じっくりと時間をかけて考える」学習を取り入れる必要があります。

考えながら問題を解く習慣が身についていない場合は、上記のような現場思考型の問題についていけなくなる恐れがあります。

ときには、じっくりと「なぜ？どうして？」を考えてみる学習が必要です。そのためには、学習内容に、意識的に時間の余裕をつくりだすことが必要です。

●勉強を「楽しむ」姿勢を

いわゆる難関校に合格していく受験生たちに共通していることのひとつに、勉強を楽しんでいるということがあげられます。この「楽しむ」というのは、けっして「楽をする」ということではありません。

「模擬試験の偏差値の上下が、ゲームのようでおもしろかった」「理科のテキストを読んでいると、自分の世界が広がっていくのが感じられた」などなど、子どもによって表現方法は十人十色ですが、いずれも、受験勉強を「自分の問題」としてとらえているところに共通点が見出せます。

サッカーでもバイオリンでも、楽なレッスンをして楽しいということはありません。厳しい練習を経て初めて、楽しさを感じているわけです。中学受験も同じで、つらい勉強をしながらでも、自分の成長を楽しむことができるのです。

●家族のコミュニケーション

中学受験を成功に導く大きな要素のひとつは、コミュニケーションです。とりわけ、家族間のコミュニケーションは重要です。

中学受験においては、親の思い、家族の思い、塾の思いなど、そして受験生本人の思いと、さまざまな関係者の思いや考えが交錯しています。

それぞれが好き勝手な考えや主張を言いあっていたのでは、うまくいくはずのものもうまくいかなくなってしまいます。

親の考えを押しつける、受験生本人の言いなりになるなど、一方的なコミュニケーションにはならないようにし、お互いの考えをきちんと言いあえる環境を整えておきましょう。本人の幸せのためという本質を忘れずに、お子さんへの思いやりをいつも心がけましょう。

●なにごとも「前向き」に

これから入試までつづく受験生活のなかでは、さまざまなできごとが起きてきます。

それらの事象に対して、なにごとも「前向き」に考えていくことが大切です。これは、受験生本人にかぎらず、家族全体に言えることです。

ここで言う「前向き」とは、なんとかなるだろうという安易で楽観的な姿勢とは別物です。

もちろん、中学受験はのんびり構えていてもいいというものではありませんが、必要以上に悲観的になったり、悲壮感を漂わせながら取り組むものでもありません。言葉の力というのは恐ろしいもので、日ごろから「こんな成績では、○○中に受からない」というような否定的な言い方をしていると、次第に自信を失い、モチベーションも低下するという悪循環につながります。

逆に、小さな努力を見つけては笑顔でほめる、思わしくない成績のときには、これも笑顔で励ます、というような前向きな態度を持ちつづけていれば、受験勉強の厳しさのなかにも楽しさを見出せます。

ご家族と受験生のご健闘をお祈りしています。

OTSUMA NAKANO
Junior&Senior High School

Challenge & Create

新しい大妻中野が始まる

　　私たちの未来が広がる

2011年7月
新校舎（高層棟）
完成

大妻中野中学校・高等学校

〒164-0002　東京都中野区上高田2-3-7　TEL 03-3389-7211（代）　FAX 03-3386-6494

http://www.otsumanakano.ac.jp/　｜大妻中野｜　（検索）

学校説明会				
第1回	9/10	土	10：00〜11：30	
第2回	10/22	土	10：00〜11：30	

入試説明会　＊全て同一内容で実施				
第1回	11/26	土	第1部 10：00〜10：50 / 第2部 11：00〜11：50	
第2回	11/26	土	第1部 14：00〜14：50 / 第2部 15：00〜15：50	
第3回	1/7	土	第1部 14：00〜14：50 / 第2部 15：00〜15：50	

＊第1部は、受験生（小6）とその保護者対象の説明会です。
＊第2部は、小5以下の方とその保護者の方も対象としています。

アフターアワーズ説明会		
10/21	金	19：00〜20：00

帰国生対象 学校説明会　＊全て同一内容で実施			
第1回	9/10	土	14：00〜15：30
第2回	10/22	土	14：00〜15：30

オープンデー（学校公開）		
11/5	土	10：50〜15：30

＊質問コーナーがあります。

文化祭（秋桜祭 文化の日）　＊入場は15：00まで		
10/8	土	11：00〜16：00
10/9	日	9：30〜16：00

＊チケット制ですが、受験生・保護者の方はお申し出ください。
＊個別形式の受験総合質問コーナーがあります。

※全ての回において上履きをご持参ください。

こうじまち　新世紀。

創立106年

KOJIMACHI GAKUEN GIRLS'

こうじ　まち
麹町学園女子　中学校　高等学校
Junior & Senior High School

〒102-0083 東京都千代田区麹町3-8　e-mail: new@kojimachi.ed.jp
TEL: 03-3263-3011　FAX: 03-3265-8777　http://www.kojimachi.ed.jp/

東京メトロ有楽町線 ……………………………………………… 麹町駅より徒歩　1分
東京メトロ半蔵門線 ……………………………………………… 半蔵門駅より徒歩　2分
JR総武線、東京メトロ南北線、都営新宿線 ………………… 市ヶ谷駅より徒歩 10分
JR中央線、東京メトロ南北線・丸ノ内線 …………………… 四ッ谷駅より徒歩 10分

学校説明会 （保護者・受験生対象）

7 / 2 (土)
10:30〜
● 説明会 ※

9 / 20 (火)
10:30〜
● 説明会・授業見学 ※

11 / 4 (金)
18:30〜
● 説明会

11 / 17 (木)
10:30〜
● 説明会・授業見学 ※

12 / 3 (土)
14:30〜
● 入試説明会・入試問題傾向

12 / 17 (土)
要予約 9:00〜
● 入試説明会・入試模擬体験

1 / 11 (水)
10:30〜
● 入試説明会・入試問題傾向

1 / 14 (土)
14:30〜
● 入試説明会・入試問題傾向

※ 初めての方と二度目以降のご来校の方を分けて説明会を行います。

体験学習+学校説明会 （保護者・受験生対象）

9 / 4 (日)
要予約 9:00〜
● 楽しい体験学習
（全学年対象）

10 / 30 (日)
要予約 9:00〜
● 入試教科による体験学習
（5・6年生対象）

学園祭

10 / 1 (土)・**2** (日)
10:00〜16:00
● 入試相談開催

佼成学園中学校
KOSEI GAKUEN JUNIOR HIGH SCHOOL

ここから、夢がはじまる。

２０１２年度　説明会日程

学校説明会

９月１０日（土）13:30～14:30
１０月８日（土）10:00～11:00
１１月１２日（土）14:30～15:30
１１月２２日（火）19:00～20:00
１２月１０日（土）14:30～15:30
１月９日（月・祝）13:30～14:30

オープンスクール

７月１８日（月・祝）10:00～12:00
電話にて予約受付

入試問題解説会

１１月１２日（土）13:30～14:30
１２月１０日（土）13:30～14:30

授業公開

９月１０日（土）10:40～12:30

入試体験会

１月９日（月・祝）14:30～15:30

文化祭

９月２４日（土）10:00～15:00
９月２５日（日）10:00～15:00
※個別入試相談コーナーあり

 佼成学園中学校

〒166-0012　東京都杉並区和田2-6-29　TEL：03-3381-7227（代表）　FAX：03-3380-5656
http://www.kosei.ac.jp/kosei_danshi/

自主独立の気概と科学的精神で、
次代のリーダーとなれ

2012
KOMABA TOHO JUNIOR & SENIOR HIGH SCHOOL

駒場東邦
中学校・高等学校

学校説明会

第1回	第2回	第3回
10/8 [土]	10/9 [日]	10/15 [土]

＊往復ハガキによる申込制となっています。申込詳細につきましては、本校ホームページをご覧下さい。

第54回 文化祭 ▶ 9/17 [土]　9/18 [日]

〒154-0001 東京都世田谷区池尻 4-5-1 TEL: 03-3466-8221㈹　駒場東邦　検索

◎京王井の頭線「**駒場東大前駅**」徒歩 10 分　　◎東急田園都市線「**池尻大橋駅**」徒歩 10 分

新 校 舎 ・ 新 カ リ キ ュ ラ ム !

「知性」が「感性」を支えるという考えは変わらず、中高ともに美術と学習の両面を重視する教育を実践してきました。
本校の進路実績では、毎年約9割が美術系に進路をとりますが、これは生徒自らが進路を選んだ結果です。
美術系以外の大学に進む者も例年ありますが、この生徒たちと美術系に進む生徒たちに差はありません。
皆「絵を描くことが好き」というところからスタートしたのです。
それは勉強にも生かされます。物を観て感性がとらえ、集中して描くことは、勉強に興味を持ってそれを学問として深めていく過程と同じなのです。
そして絵を描くことで常に自分と向き合う時間を過ごし、創造の喜びと厳しさも知ることで絵と共に成長するのです。
それが永年の進路実績に表れています。

■平成23年度　受験生対象行事

9月17日(土)	公開授業	8:35〜12:40
9月24日(土)	公開授業	8:35〜12:40
	学校説明会	14:00〜
10月29日(土)	女子美祭(ミニ説明会実施)	10:00〜17:00
10月30日(日)	〃	〃
11月12日(土)	公開授業	8:35〜12:40
11月19日(土)	公開授業	8:35〜12:40
	学校説明会	14:00〜
12月 3日(土)	ミニ学校説明会	14:00〜
1月14日(土)	ミニ学校説明会	14:00〜

■女子美祭
付属中学・高校・大学まで同時に開催される
本学のメーンイベントです。
生徒全員の作品展示のほか、盛りだくさんの
内容でお待ちしています。

■女子美二ケ中学生・高校生美術展
11月11日(金) 〜 11月19日(土)
9:00〜19:00　本校エントランスギャラリー

■高等学校卒業制作展
3月6日(火) 〜 3月16日(金)
10:00〜17:00　本校エントランスギャラリー

● 本校へのご質問やご見学を希望される方
　には、随時対応させて頂いております。
　お気軽にお問い合わせください。

女子美術大学付属高等学校・中学校

〒166-8538　東京都杉並区和田 1-49-8　TEL 03 - 5340 - 4541　URL http://www.joshibi.ac.jp/fuzoku/

個性を持った自立的な人間の創造　SEIKEI

成蹊は、人を創る

幅広い分野の学習、多彩な行事、活発な課外活動により、自らの才能を自覚し、伸ばす環境づくりに教職員全員が力を注いでいます。

充実した教育内容、小学校から大学院までがワンキャンパスに整うという恵まれた教育環境、情熱溢れる教職員に触れ、成蹊の伝統とともに飛躍される皆さんの入学を心より期待します。

■ 中学 学校説明会　〈予約不要〉

〔第2回〕 **10月22日**（土）
〔第3回〕 **12月3日**（土）

時間はいずれも13:30からです。（2時間程度）

＊説明会終了後、キャンパスツアーがあります（希望者のみ）。
＊説明会は上履き不要ですが、キャンパスツアー参加ご希望の方は、上履きおよび履物袋をご持参ください。
＊中学国際学級入試の説明も行います（10/22のみ）。

■ 文化祭（蹊祭）　〈予約不要〉

10月1日（土）・**2日**（日）　公開時間 10:00〜16:00

＊中高合同開催
＊上履きおよび履物袋をご持参ください。
＊10:00〜15:00予定で、個別進学相談コーナーを開設します。

2012年度入試募集要項

入試区分	募集人員	試験日	選考内容
一般（第1回）	男子 約50名 女子 約35名	2月1日（水）	国語・算数・理科・社会
一般（第2回）	男子 約25名 女子 約20名	2月4日（土）	
国際学級 （1年・4月入学）	男女 約10名	1月10日（火）	国語・算数・英語・面接（本人のみ）
中2帰国生 編入試	男女 若干名	1月10日（火）	国語・数学・英語・面接（本人のみ）

成蹊中学・高等学校

〒180-8633　東京都武蔵野市吉祥寺北町3-10-13
〔TEL〕0422-37-3818〔FAX〕0422-37-3863〔E-mail〕chuko@jim.seikei.ac.jp〔URL〕http://www.seikei.ac.jp/jsh/

真・善・美の理想は、
100年の時を超えて

ここから始まる私たちの未来

Teikyo University Junior High School

帝京大学中学校

〒192-0361 東京都八王子市越野322　TEL.042-676-9511(代)

http://www.teikyo-u.ed.jp/

○2012年度入試 学校説明会

対象／保護者・受験生　会場／本校

第2回	**9/17**(土)14:00	本校の教育内容(カリキュラム/シラバス)　クラブ活動体験※	～生徒が見た学校生活～
第3回	**10/15**(土)14:00	本校の生活指導　模擬授業※	～合唱際今年の優勝は～
第4回	**11/12**(土)10:00	本校の進路指導　授業見学※	～親が見た帝京大学中学校～
第5回	**12/18**(日)10:00	入試直前情報　過去問解説授業	
第6回	**1/ 7**(土)14:00	これから帝京大学中学校を、お考えの皆さんへ	
第7回	**2/25**(土)14:00	4年生・5年生対象の説明会	

※予約制　クラブ活動体験・模擬授業は電話予約が必要となります。予約開始日は2学期以降になります。ホームページ上でお知らせします。
○学校見学は、随時可能です。(但し、日祝祭日は除く。また学校説明会等、行事のある場合は見学出来ないことがあります。)
○平常授業日(月～土)には、事前にご予約いただければ、教員が校舎案内をいたします。

○邂逅祭(文化祭)　10月29日(土)・30日(日)

●スクールバスのご案内

月～土曜日／登校時間に運行。
詳細は本校のホームページをご覧ください。

| JR豊田駅 ◄──► 平山5丁目(京王線平山城址公園駅より徒歩5分) ◄──► 本　校 |
| (20分) |
| 多摩センター駅 ◄────── (15分) ──────► 本　校 |

ここから始まる　未来への道

TEIKYO JUNIOR HIGH SCHOOL

学校説明会	予約不要
9月 3日（土）	13：30〜
10月22日（土）	13：30〜
11月 6日（日）	11：00〜
11月26日（土）	13：30〜
12月10日（土）	13：30〜
1月14日（土）	13：30〜

体験入学　　要予約

8月27日（土）・28日（日）
9：00〜13：00
※お電話にてお申し込みください。

蜂桜祭 [文化祭]

10月8日（土）・9日（日）
9：00〜15：00
※両日とも入試相談コーナーあり

TEIKYO　帝京大学系属
帝京中学校

〒173-8555 東京都板橋区稲荷台27番1号　TEL. 03-3963-6383
● J R 埼 京 線『 十 条 駅 』下 車 徒 歩 1 2 分
● 都営三田線『板橋本町駅』下車 A 1 出口より徒歩 8 分

h t t p : / / w w w . t e i k y o . e d . j p

Tokyo Kasei Gakuin

「ごきげんよう！応援します、夢の実現！」

 知
* 基礎学力を身につけて、「**可能性**」を広げる
* 時代のニーズにあわせてカリキュラムを一新
* コース制（特別進学・総合進学）を採用して、
  基礎力と応用力を伸ばします

 技
* 仲間と協力して、はぐくむ感動体験
* 学校のみんなが私の「**友達**」
* 協力して、コミュニケートとして、
  喜びの輪に加わる

 徳
* 心の教育は「ごきげんよう」の挨拶から
* 1クラス25名だからできる、きめ細やかな指導
* 生徒の成長を見守り、適切な声かけとアドバイスで心もスクスク

○**入試説明会**（受験生対象）要予約
- **11月 5日（土）** 14:00〜 オープンスクール
- **12月 3日（土）** ・10:00〜 ・14:00〜 過去問題対策
- **1月14日（土）** ・10:00〜 ・14:00〜 入試直前対策

○**学校説明会**
- **9月 4日（日）** 10:00〜 体験教室
- **10月12日（水）** 10:00〜 授業公開

○**学校説明会**（保護者対象）要予約
- **9月22日（木）** 19:00〜 夜の説明会
- **11月22日（火）** 19:00〜 夜の説明会

○**体育祭** 於:東京武道館
- **9月 7日（水）** 11:00〜14:00
- ＊受験希望者は見学できます。

○**文化祭** 於:本校
- **10月1日（土）・2日（日）** 10:00〜15:00
- ＊受験希望者は見学できます。

キャンパスツアーを実施中！
詳しくは、ホームページをご覧下さい。

東京家政学院大学・筑波学院大学　**2011** 併設大学（東京家政学院大学）三番町キャンパス移転！

 東京家政学院中学校 高等学校

〒102-8341 東京都千代田区三番町22 ☎03-3262-2256
http://www.kasei-gakuin.ac.jp/chuko/

交通
- ■JR………総武線「市ヶ谷駅下車」徒歩8分　■都営バス…一口坂下車 徒歩3分
- ■地下鉄……有楽町線／南北線／都営新宿線「市ヶ谷駅下車」A3出口徒歩6分
  半蔵門線「半蔵門駅下車」徒歩8分／東西線「九段下駅下車」徒歩10分

入試日程

●入学手続
2月6日(月)15:00まで

			募集人数	試験科目
第1回	平成24年	**2月1日**(水)	70名	**4科**(国・算・社・理)
第2回	平成24年	**2月3日**(金)	55名	**4科**(国・算・社・理)
第3回	平成24年	**2月5日**(日)	30名	**4科**または**2科**(国・算・社・理)(国・算)

文化祭（秋桜祭）

● 9:00〜15:00

平成23年 **9月17日**(土)・**18日**(日)

※入試コーナーを両日開設（10:00〜14:00）
予約は不要です。

学校見学

● 平日　9:00〜16:00
● 土曜日 9:00〜12:00

随時可能です。
事前にお電話にて予約をお願いいたします。

Start a New Life at Buzan Girls' School!

Nihon University Buzan Girls' Junior High School

N. 日本大学豊山女子中学校

〒174-0064　東京都板橋区中台3丁目15番1号　TEL・03-3934-2341　FAX・03-3937-5282

Web Site http://www.buzan-joshi.hs.nihon-u.ac.jp/

日大豊山女子　検索

▼携帯サイトへ

● 東武東上線「上板橋」駅下車 徒歩15分　● 都営三田線「志村三丁目」駅下車 徒歩15分
● JR「赤羽」駅西口より高島平操車場行きバス「中台三丁目」下車 徒歩5分
● 西武池袋線「練馬」駅より赤羽行きバス「志村消防署」下車 徒歩10分

赤羽・練馬より スクールバス運行	JR赤羽駅 ↔ 本校バスロータリー 15分
	練馬駅 ↔ 本校バスロータリー 20分

未来へ、力強い一歩。「中高特進」はじまる。

２０１２年４月開校

八王子学園
八王子中学校

定員120名【男女共学・中高一貫特進クラス】

●学校説明会日程

第2回説明会＆体験授業	7月17日	（日）	10：00～11：30（午前の部）	14：00～15：30（午後の部）
第3回説明会	8月27日	（土）	10：00～11：30（午前の部）	14：00～15：30（午後の部）

学園祭	9月24日	（土）	10：00～11：00（説明会実施）	10：00～15：00（入試相談コーナー）
学園祭	9月25日	（日）	10：00～15：00（入試相談コーナー）	

※説明会は本校HPにて完全予約制です。日程・内容は、予定ですのでHPで必ずご確認ください。

八王子学園
八王子中学校
八王子高等学校
Hachioji Junior & Senior High School

〒193-0931 東京都八王子市台町 4-35-1　Tel.042-623-3461（代）
URL http://www.hachioji.ed.jp　E-mail info@hachioji.ed.jp
●アクセス／ JR中央線［西八王子駅］から徒歩5分

世界の星を育てます

中学1年生から英語の多読を実施しています。
また、「わくわく理科実験」で理科の力を伸ばしています。

学校説明会

第2回　9月10日(土)
　　　　14:00〜

第3回　10月15日(土)
　　　　14:00〜

第4回　11月12日(土)
　　　　14:00〜

第5回　11月25日(金)
　　　　19:00〜
　　　　(Evening)

第6回　12月17日(土)
　　　　14:00〜

第7回　1月14日(土)
　　　　15:00〜

※予約不要

オープンキャンパス

第1回　7月23日(土)

第2回　7月24日(日)

第3回　8月27日(土)

　　　　9:00〜15:00

※予約不要
※ミニ説明会を行う予定
　です。

明星祭／受験相談室

9月24日(土)・25日(日)
　　　　9:00〜15:00
※予約不要

学校見学

月〜金　9:00〜16:00
　土　　9:00〜14:00

※日曜・祝日はお休みです。
※事前にご予約のうえ
　ご来校ください。

ご予約、お問い合わせは入学広報室までTEL．FAX．メールでどうぞ

MEISEI

明星中学校

〒183-8531　東京都府中市栄町1−1　入学広報室
TEL　042-368-5201(直通)　FAX　042-368-5872(直通)
(ホームページ)　http://www.meisei.ac.jp/hs/
(E-mail)　pass@pr.meisei.ac.jp
交通／京王線「府中駅」　　　　　　　　　　　　┐徒歩約20分
　　　JR中央線／西武線「国分寺駅」　　　　　　┘またはバス(両駅とも2番乗場)約7分「明星学苑」下車
　　　JR武蔵野線「北府中駅」より徒歩約15分

● 2/3午後にS特待入試を実施!!

● 2/2午後入試、理・社の得意科目を活用できる入試を実施!!

● 公立中高一貫校との併願制度あり

顕微鏡は一人に1台3種類の割り当て

全員参加のオーケストラ授業

学校説明会	体験会		
● 9月と11月にミニ説明会あり	10月 8日（土）	部活体験会（要予約）	
● 右記体験会で説明会同時開催	10月 15日（土）	体験学習会（要予約）	
● 11月20日(日)「出題傾向と対策」説明会	1月 15日（日）	入試体験会（要予約）	

オープンキャンパス
夏期講習見学会　7月 23日（土）・24日（日）
明法祭（文化祭）　10月 1日（土）・ 2日（日）
※会場はいずれも本校です。上履きをご持参ください。 ※体験会・オープンキャンパスでも説明会（個別相談会）を行います。

●中1・中2で学習姿勢確立を徹底フォロー　●1グループ10人程度の少人数英会話レッスン　●中3・高1で特進クラス導入

●特待生の受け入れ（授業料等免除）　●朝学習・実力養成講習で学力伸長　●オーケストラで感性を磨く（中学）

男子普通科
中高一貫教育　**明法中学・高等学校**

〒189-0024 東京都東村山市富士見町2丁目4-12　TEL:042-393-5611（代）　FAX:042-391-7129

http://www.meiho.ed.jp　　明法 で 検索

こちらのQRコードから
本校の携帯サイトに
どうぞ!!

メールマガジン配信中。本校ホームページより登録できます。

考える生徒を育てます

Value Field
YASUDA

学校説明会

■ **9月10日（土）** 14:30〜16:00

『教わる』＋『考える』ってなに? 学習面のとりくみ

■ **10月22日（土）** 14:30〜16:00 要予約

『行事面のとりくみ＆クラブ体験』

■ **11月16日（水）** 10:00〜11:20

『説明ではわからない…が見られます。授業参観』

■ **11月27日（日）** 10:00〜11:30 要予約

『あなたの実力をうでだめし! 入試体験』

■ **12月17日（土）** 10:00〜11:30

『安田学園のススメ』

■ **1月14日（土）** 14:30〜16:00

『来ればわかる! 入試直前対策』

安田祭

■ **10月29日（土）・30日（日）**

10:00〜15:00 ※入試相談コーナー開設

 安田学園中学校

〒130−8615　東京都墨田区横網2−2−25

電　　　話　03（3624）2666
フリーダイヤル　0120-501-528
Ｆ　Ａ　Ｘ　03（3624）2643
ホームページ　http://www.yasuda.ed.jp/
Ｅ メ ー ル　nyushi@yasuda.ed.jp

交通機関　JR総武線　両国駅西口　徒歩6分
都営地下鉄大江戸線　両国駅A1口　徒歩3分
都営地下鉄浅草線　蔵前駅A1口　徒歩10分
都営バス　石原1丁目　徒歩2分

掲載学校名　50音順　もくじ

国立・私立中学校プロフィール

東京

— キリスト教に基づく人格教育 —

学校説明会

第2回	9月10日（土）	14:00〜16:00
第3回	10月 8日（土）	14:00〜16:00
第4回	11月19日（土）	14:00〜16:00
第5回	11月28日（月）	10:30〜11:45
第6回	1月14日（土）	14:00〜16:00

※予約不要。

ヘボン祭（文化祭）

11月 3日（木・祝） 10:00〜
※ミニ学校説明会あり
※予約不要

学校見学

日曜・祝日・学校休日を除き
毎日受付。

※お車でのご来校はご遠慮下さい。
※詳細はホームページをご覧下さい。

明治学院中学校

〒189-0024 東京都東村山市富士見町1-12-3
TEL 042-391-2142
http://www.meijigakuin-higashi.ed.jp

青山学院中等部
（あおやまがくいん）
AOYAMA GAKUIN Junior High School

■東京都渋谷区渋谷4－4－25
■JR線ほか「渋谷」徒歩13分、地
　下鉄銀座線・半蔵門線・千代田線
　「表参道」徒歩7分
■男子401名、女子401名
■03－3407－7463
■http://www.jh.aoyama.ed.jp/

キリスト教信仰に基づく教育

　交通至便の地、渋谷に、伝統に育まれた学園として多くの支持を集める青山学院中等部があります。

　地下鉄「表参道」駅から歩いてすぐの、センスのよいお店が立ち並ぶ青山通りの一角に、まわりの喧噪からはかけ離れた静かなキャンパスが広がります。落ちついたキャンパス内には、伝統と格式のある建物が点在し、「いかにも青山学院」と思わせる雰囲気が漂っています。

　プロテスタント系のミッションスクールである青山学院の教育方針の特徴は、「キリスト教信仰に基づく教育をめざし、神の前に真実に生き、真理を謙虚に追求し、愛と奉仕の精神をもって、すべての人と社会とに対する責任を進んで果たす人間の形成」を目的としているところにあります。

　このため、毎日の礼拝や、聖書科の授業のほか、クリスマス礼拝やイースター礼拝、母の日礼拝など、年間をとおしてさまざまな宗教行事が行われています。また、特別養護老人ホームを訪問しての労働奉仕など、各種の奉仕活動も活発に行われています。

　こうした活動をつうじて、生徒は自然に学校のめざす「キリスト教に基づく教育」を体得していきます。

小クラス制と独自の英語教科書

　基礎学力の徹底と、自ら考える力を身につけることを重視し、きめ細かく指導するために、2011年度から1・2年生は1クラス32名、1学年8クラスの少数クラス制を実施しました。従来からの、外国人教師による英会話、数学の習熟度別と併せて、基礎学力の充実とともに、一人ひとりの個性を引きだす教育をいっそう推し進めます。

　また、初等部から大学までの「英語教育センター」が作成した独自の教科書「SEED」が、2010年度から使われています。自然な表現、生活に即した単語、多様な発話、書く・読む・文法がバランスよく配された教科書です。

　そして、国際交流という観点から、青山学院では「フィリピン訪問」「韓国・学校訪問」「オーストラリア・ホームステイ」を3つの柱として活動を行っています。

　どのプログラムも一般の観光旅行とはひと味ちがった貴重な体験ができるよい機会となっているのが特徴です。たとえば「オーストラリア・ホームステイ」では、地元の子どもたちが通う中学校にいっしょに登校して、午前中はおもに英語のレッスン、午後は各種の授業への参加が行われます。現地の人々と生活をともにすることで生きた英語の研修が可能となっています。

ゆとりを持った学校生活を

　幼稚園から大学までを併設する青山学院。

　高等部からは卒業生の約8割が青山学院大および青山学院女子短期大へ進学しています。3〜4年前までは約9割の卒業生が青山学院大・青山学院女子短期大へ進学していましたが、現在は、ほかの難関大学への進学も増えているようです。

　基本的には青山学院大に進学するという前提でのカリキュラムを構成していますが、高校3年次では進路に応じての選択科目が大変多くなっていますので、他大学受験にも対応することができます。

　希望すれば青山学院大への進学が可能であることは、ゆとりを持った学校生活を送ることにつながります。

　生徒たちのほぼ全員がクラブに加入しているという点も、そうしたゆとりあるカリキュラムの表れでしょう。同好会も合わせると40以上のクラブがあり、活発に活動しています。

　伝統のキリスト教教育で人間性を養い、世界を舞台に活躍できる人材を育成する青山学院中等部です。

麻布中学校
あざぶ
AZABU Junior High School

■東京都港区元麻布2-3-29
■地下鉄日比谷線「広尾」徒歩10
分、都営大江戸線・地下鉄南北線
「麻布十番」徒歩15分
■男子のみ907名
■03-3446-6541
■http://www.azabu-jh.ed.jp/

「自由闊達」の校風が自主自立を育む

　東京の一等地、港区元麻布に麻布中学はあります。近くには大使館が点在し、広尾駅からの通学の途中には、緑豊かな有栖川宮記念公園もあります。東京の中心にありながら、そのことを忘れてしまうような静かな環境に麻布中はあります。なかに入ると、外部からは想像もできないような土のグラウンドが広がっているのに驚かされます。

　毎年、多くの難関大学に進学者を輩出する、伝統ある名門私学として君臨してきた麻布中学校・高等学校。その歴史は1895年（明治28年）、江原素六先生による創立に始まります。

　明治期の開明派であった江原素六先生の教育姿勢のもと、麻布は創立以来、ものごとを自主的に考え、判断し、自立した行動のとれる人物の育成をめざし、自由闊達な校風を伝統としてきました。

　こうした伝統を持つ麻布中・高には明文化された校則はありません。制服もなく（標準服はあり）、文化祭や運動会、学年旅行といった学校行事もすべて生徒の自主運営に委ねられているのが特徴です。

　もちろん、こうしたことも、自由の意味をしっかり理解し、それに応えられる麻布生の存在ぬきには語れないのはいうまでもありません。

豊かな人間形成をめざす

　麻布では、大学受験一辺倒のつめこみ型教育は明確に否定されています。なによりもまず、幅広く深い教養を身につけさせ、豊かな人間形成をはかることを教育の主眼としているのです。

　そのため、どの教科も6年間の連続性を考えてつくられています。独自のカリキュラムを編成、生徒の自発的な学習意欲を引きだし、思考力・創造力・感受性を育てることに努めています。

　全学年7クラス編成で、1クラスは43～44名ですが、各クラス正・副2名の担任がついています。

　1学年は14名の教員で学年会を構成し、生徒の学業・生活については、責任を持ってきめ細かい個別指導を行っています。

　また、各学年とも、毎年全面的なクラス替えが行われていますが、成績別・文理別などのクラス編成は行われていません。これは、各クラスの生徒の成績に偏りがないようにするためです。高2・高3では選択科目によりクラス編成を行っていますので、結果的に文系、理系の色彩の強いクラスができています。

音楽・美術・工芸など
情報教育も重視している

　中学段階では、基本的な知識を幅広く身につけるとともに、柔軟な思考力を養うことに力点をおいた教育がなされています。

　どの教科も質・量ともに相当な密度となっており、各教科で独自に編集したプリントや教科書以外の副読本を多用しながら、きめ細かく授業を進めているのが、麻布の授業の特徴です。

　また、高1・高2の生徒を対象に、土曜日2時間の教養総合の授業（少人数ゼミ形式、40講座あまりより選択）を行っています。

　麻布では、全人教育の観点から、体育では格技として柔道か剣道を選択させています。また、感性・感覚・情操を涵養するため、音楽・美術・工芸・書道などにもかなり時間をかけた教育が行われています。

　クラブ活動も活発で、進学名門校にありながら全国レベルの実力を持つクラブも多く存在しています。学力の優秀さばかりがめだってしまう麻布の、知られざる一面です。

東

京

神奈川

千葉

埼玉

茨城

寮制

あ行

か行

さ行

た行

な行

は行

ま行

や行

ら行

わ行

足立学園中学校
（あだちがくえん）

ADACHI GAKUEN Junior High School

■東京都足立区千住旭町40－24
■ＪＲ線「北千住」徒歩２分、京成
　線「関屋」徒歩７分
■男子のみ444名
■03－3888－5331
■http://www.adachigakuen-jh.
　ed.jp/

「自ら学び 心ゆたかに たくましく」

　東大など、超難関大学に合格者を輩出する足立学園中学校・高等学校。着実に進学校としての評価が高まりつつある学校です。

　そんな足立学園について、北村廣校長先生は、「学園の主役はあくまでも生徒。新校舎で伸びのびと学園生活を送り、豊かな知識と教養を身につけ、足立学園の生徒として誇りを持って日々を過ごすことがいちばんの願いです。生徒が『学びたい』と思ったときに学べる環境を提供し、生徒が『夢』を抱けるところ、それが足立学園です」とおっしゃいます。「質実剛健」「有為敢闘」を建学の精神に、「自ら学び 心ゆたかに たくましく」を教育目標とする足立学園は、大学進学を前提とした中高一貫の全人教育が特徴です。

学力をつける独自の一貫教育

　優秀な大学合格実績をあげる足立学園教育の基盤には、6年間の独自のカリキュラムが存在しています。その大きな特徴のひとつは、「週6日・2学期制で授業時間をがっちり確保」していること。公立中・高の6年間ぶんの授業数は足立学園の5年ぶん。1年ぶんの約900時間の授業を多く実施することにより、学力の向上がはかられています。

　ふたつ目は、「6年間の内容を5年間で終了」していること。授業時間がじゅうぶん確保されているので、6年間の内容を5年間で無理なく修了。高校3年では、1年間、必要な科目を選択することが可能です。これにより、生徒の希望する進路の実現が大きく近づくのです。教材にも工夫が凝らされていますので、授業進行の速さに対する心配は無用です。

　3つ目の特徴は、6年間の指導内容を体系づけたことです。中1・2では基礎力の充実を徹底し、できるようにな

るまで指導します。中3・高1では選抜クラスを設け、学力の高い生徒・学習意欲のある生徒をどんどん伸ばします。中3では英・数の2科目を少人数学力別指導にします。高1では文系・理系に分けて選抜クラスを設置し、高2・3では希望する進路に合わせて国立・私大選抜・一般文系・一般理系の4コースに分けて学級編成します。

多彩な行事・人間形成

　中学の代表的な行事は、30km強歩大会。今年は足立学園から葛西臨海公園までの往復コースを歩きました。速さを競うのではなく、足腰を強くし、人と人との心のきずなを強くします。

　宿泊をともなう行事は、中1が茶臼岳登山をメインにする林間学校（2泊3日）、中2は会津高原でのスキー実習（3泊4日）、中3は京都・奈良の修学旅行（3泊4日）があります。このほかにも校外授業（中1：横浜、中2：鎌倉）、百人一首カルタ大会（中2・3）、マラソン大会などがあります。足立学園では、こうした行事をつうじて友だちができ、楽しく学校に通えることが生徒の主体的な力を引きだす第一歩と考えています。

　とくに中1は学校生活・人間関係・言葉づかいなどを重視して指導しています。卒業して2年経つと生徒たちは成人式を迎えます。成人の日の前日には足立学園の「成人を祝う会」が行われ、理事長以下みんなが集まって卒業生の成人を祝福します。

充実の校舎設備

　268席の自習室は年中無休で、朝7時から夕方5時まで利用できます。また広々としたラーニングギャラリーや蔵書3万冊の図書館など、快適で充実した教育設備は生徒たちの学園生活を応援しています。

跡見学園中学校
あとみがくえん

ATOMI GAKUEN Junior High School

■東京都文京区大塚１−５−９
■地下鉄丸ノ内線「茗荷谷」徒歩２
　分、地下鉄有楽町線「護国寺」徒
　歩８分
■女子のみ800名
■03−3941−8167
■http://jh.atomi.ac.jp/

跡見らしさとは「人間尊重主義」

　地下鉄丸ノ内線「茗荷谷」の駅から歩いて約２分。多くの学校が点在する都内有数の文教地区に跡見学園中学校はあります。創立は1875年（明治8年）、跡見花蹊先生によって開校されました。創立以来、学園に息づく「伝統を重んじる一方で、つねに時代を拓く先進性を忘れない」教育は、創始者・跡見花蹊先生の建学の精神に由来しています。

　また、「生徒一人ひとりの『個性を伸ばす』」ことを目標とした跡見花蹊先生の教育理念は、個性や自主性を尊重する跡見の校風となって、いまもしっかり受け継がれています。

　21世紀を迎えたいま、その伝統は、「個性尊重主義」から「人間尊重主義」へ、新たな息吹を加えながら時代のさきを歩み始めています。

本物に触れる教育

　より効率的に、しかも楽しく学べるように各教科それぞれに独自の工夫がなされています。そこに共通しているのは「本物」に触れるということです。

　世界の一流演奏家やオーケストラを招いて行われるコンサートのほか、能・狂言、歌舞伎、文楽、雅楽の鑑賞授業が行われ、本物を知り国際人として自国のすぐれた文化を理解することに役立っています。

　理科で実験や実習が多いのはもちろんのこと、社会科でも高１で実際の裁判を傍聴するほか、高３では東京弁護士会の協力のもと、生徒の手による模擬裁判も行われています。

英語教育の重視で進学指導を強化

　跡見学園では、中高をとおした６年間の一貫教育が実施され、高校での生徒募集はありません。

　授業では、とくに英語の授業時間が多く取られているのが特徴です。英語の授業は、実践的な基礎力をつけながら、それを使って自分の考えを表現できるようになることを目標にカリキュラムが組まれています。週に６時間の英語の授業があり、少人数制による習熟度別授業によりきめ細かな指導が行われています。

　また、週１回の英会話の授業は、ネイティブスピーカーと日本人教師による「チーム・ティーチング」が展開されています。英語検定にも積極的に取り組むとともに、各種コンテストや、１年間にどれくらいの本を読めるかに挑戦するリーディング・マラソンなど、たくさんのユニークな試みが実践されています。

　進路の選択においては、あくまで本人の希望を尊重しています。医歯薬理工系をはじめ、他大学への受験を希望する生徒が増加した昨今、進学指導にも力を入れています。

　高校からは、個々の進路に合わせたカリキュラムを選択することができ、併設の大学以外への進路指導も強化されています。

「ごきげんよう」にこめられた畏敬の念

　さて、いまではほかの女子校にも広がっている「ごきげんよう」のあいさつ。これは、開校以来の跡見学園発祥のあいさつです。

　この、校内で交わされる「ごきげんよう」のあいさつや登下校時に校舎に一礼する美風も、けっして学校側が強制して行っているものではなく、生徒の間から自然に生まれ継承されてきたものです。

　あくまでも生徒の自主性が重んじられ、それが伸びやかな校風を醸しだしている跡見学園中学校高等学校です。

郁文館中学校
いくぶんかん

IKUBUNKAN Junior High School

■東京都文京区向丘2−19−1
■地下鉄南北線「東大前」徒歩5分
　都営三田線「白山」徒歩10分
■男子454名、女子109名
■03−3828−2206
■http://www.ikubunkan.ed.jp/

2010年新校舎完成を期に共学化

郁文館中学校は、1889年、私学の先覚者・棚橋一郎先生が、形式画一主義の官学に対して、「旺盛なる独立心の要求せられる近代社会にあって真に役立つ人間の育成」を建学の精神として創立されました。以来、120年の永きにわたり、社会に貢献できる有能な人材を輩出してきた郁文館が、8年前、新理事長・渡邉美樹氏を迎え、大胆な学校改革を断行し、「新生」郁文館として生まれ変わりました。

「夢」実現のための
プロジェクト始動

現在の郁文館は、大学進学実績の向上のみにとどまらず、「子どもたちに人生の夢をもたせ、夢を追わせ、夢を叶えさせる」ことを目的とし、夢実習・夢達人ライブ・「夢」合宿などの夢プロジェクトを行っています。

夢実習・夢達人ライブは、明確な将来の「夢」を持つため、また、その「夢」を実現するために不可欠な「社会の仕組み」と自分の可能性を知るための講座。さまざまな分野で社会に貢献し、活躍している人の講演をとおして、その生きざまを学ぶものです。

「夢」合宿は、6カ年の各学年に応じたテーマを掲げ、学習指導によって高められるIQ（学力）、学校行事やクラブ活動によって高められるEQ（心の広さ）・SQ（自己の存在意義の認識）の3要素をバランスよく伸ばす指導を、10泊の合宿により行うものです。

日々小さな目標を達成し、各学年の特性に適したプログラムで「①基本的な生活習慣を身につける。②子どもたちの望む進路（大学進学）を実現する。③人生の中でつぎつぎと夢を実現する能力を身につける」ことができます。

子どもたちの「夢」を実現させるためには、カリキュラムにも工夫がなされていなくてはなりません。中学では、大学受験の「基盤」となる国語・数学・英語を重点的に指導しています。とくに、数学と英語については、中1から中3まで補習の時間を設定し、学習内容の定着をはかっています。

郁文館高校への入学後は、2年次から国立・文系・理系のコース別にクラスを編成し、センター試験での総合得点を高めるため、理・社も重視したカリキュラムを組んでいます。高校3年次には、大学入試に備えて実践演習を多く取り入れた授業が行われ、総合力・応用力を培っていきます。

さらに、子どもたちが夢を追い、勉学に励むにふさわしい環境を整備するため、地上4階地下1階の新校舎を建設しました。

新校舎の特色は、①学習の中心である図書室の充実。②理科実験室、美術室、書道室等の特別教室の充実。③少人数でのきめ細かな指導を徹底するためゼミ室の充実。④エレベーター、スロープの設置により、バリアフリーも実現、21世紀にあるべき学校の姿を実現します。校内の緑化も推進し、最適な学習環境となります。

2010年4月には共学校となり、女子生徒が仲間入りしました。新校舎も全館完成し、明るくきれいな教室で授業が行われています。

多彩な入試対策で
難関大学突破

近年、多くの難関大学合格者を輩出している郁文館では、大学入試をにらんだ指導を早い段階から始めています。定期考査終了後の期間を利用した各種講習や、夏季、冬季の長期休暇を活用した講習、センター対策講習や入試直前講習など、生徒たちのニーズに応えた学力伸長のための多彩なプログラムを備えています。

上野学園中学校
うえのがくえん
UENO GAKUEN Junior High School

■東京都台東区東上野４−24−12
■ＪＲ線「上野」・地下鉄銀座線「上野」徒歩８分、つくばエクスプレス「浅草」・京成線「上野」徒歩10分
■男子53名、女子100名
■03−3847−2201
■http://www.uenogakuen.ed.jp

知と感性と、豊かな人間性を育む中高一貫教育

上野学園中学校・高等学校が所属する上野学園は、建学以来100年以上の歴史を持つ総合音楽学校です。建学の精神「自覚」を重んじ、学問、芸術の研究と教育をとおし、自覚ある人間を育てているのが特徴です。

2007年（平成19年）春には、男女共学化がスタートするとともに、15階建ての新校舎も完成。いまキャンパスは、活気に満ちあふれています。

その教育方針は、「一貫教育によるのびのびとした環境の中で個性を伸ばし、情感豊かな人間を育てる」こと。生徒一人ひとりの自覚をうながし、自他に対してつねに誠実であることを願って、日々の実践徳目として「親切・努力」を指標にしています。

特別進学コースと総合進学コース 音楽教育も充実

建学以来、豊かな感性と自立した個性の育成をめざしてきた上野学園は、加えて「学力の基礎基本」のレベルアップと「未来に生きる力」を育む教育をより深めています。

環境を変えることなく成長を見守っていくという中高一貫教育のメリットを最大にいかし、生徒の真の意欲を育て、大きく伸ばしています。

学習においては、さまざまな志望に対応したふたつの進学コースを設置するとともに、実績を誇る音楽教育も充実。夢を実現する「中高一貫教育」を実践しています。

「特別進学コース」は、国公立・難関私立大学をめざす教育内容。「総合進学コース」は情報・福祉・看護・栄養・バイオ・芸術・スポーツ等幅広い分野の４年制大学に対応することが可能です。

ハイグレードな音楽授業も、上野学園の大きな特色のひとつです。

中学音楽コースでは中１の音楽授業が週５時間、中２・3で４時間、そして個人レッスンがあります。高校の音楽科では、「演奏家コース」を新設しました。音楽科目においては大学レベルの授業を行っているのが自慢です。充実した音楽環境のもと、年間、多彩な演奏会が開かれています。

国際感覚を育てるため 英語教育を重視

上野学園は、大学受験を左右する英語教育に以前から力を入れてきました。そのスタイルを堅持し、公立校を大きく上回る授業時間を設け、進学校としてのカリキュラムを充実させています。

英語の指導に重点をおいている中学普通コース、高等学校普通科の生徒には、国際化時代に対応できる豊かな語学力と調和のとれた国際感覚を育てる目的として「中学・高校英語コンテスト」を開催しています。

また、「上野学園＝ゴードンストン英語コンテスト」は、豊かな人間性とすぐれた知性を持つ心身ともに健全な青少年の育成を目的に、英国の名門パブリック・スクール、ゴードンストン校と共催しているコンテストです。例年、日本全国から多くの参加者があり、上野学園の生徒も多数挑戦しています。

音楽をとおした全人教育

音楽大学として、古楽器をはじめとする特色ある教育を実践してきた上野学園。校内には、響きのよいコンサートホールとして定評のある石橋メモリアルホールがあり、年間をつうじて多彩な演奏会が開かれます。伝統的な箏曲、茶道、日舞、長唄三弦などを習得する、ほかにはない課外授業が用意されているのも、上野学園ならではといってよいでしょう。

穎明館中学校

<ruby>穎<rt>え</rt></ruby><ruby>明<rt>い</rt></ruby><ruby>館<rt>めい</rt></ruby><ruby><rt>かん</rt></ruby>

EIMEIKAN Junior High School

東 京

共学校

八王子市

■東京都八王子市館町2600
■JR線・京王高尾線「高尾」バス
　JR線「橋本」スクールバス
■男子432名、女子135名
■042－664－6000
■http://www.emk.ac.jp/

生徒の可能性を支援する教育

　穎明館中学校・高等学校は、JR中央線・京王高尾線の高尾駅からバスで約15分、東京・八王子の緑豊かな丘陵に立地しています。

　長さ120mの穎明館ブリッジを渡ると、そのさきには4万坪もの広いキャンパスが展開しています。四季の変化に富んだ開放的な空間は、中高6年間を過ごすには大変理想的な環境です。

　穎明館は、東京・多摩地区では数少ない男女共学の進学校であり、その進学実績は着実に伸びています。充実した学習指導を可能にしているのは、中高一貫の特性をいかしたゆとりあるカリキュラムです。たとえば、高2で理系・文系に分かれる際、理系を選択しても高2の国語の授業は週6時間、社会は3時間、文系を選択しても数学5時間、理科3時間とじゅうぶんな授業時間があります。安易に科目をしぼらずバランスのとれた学力をつけることで、国公立難関大をはじめどのような大学でも無理なくめざせるのです。

個々の学力に応じる熱心な指導

　穎明館の教育指導を支えるもうひとつの柱は、教員の熱心な教科指導です。かつては、年5回の定期試験の結果を成績の基本資料としていましたが、なかには定期試験だけできればよいという甘い考えで日常の学習を疎かにし、一夜漬けに頼って学力がつけられない生徒もいました。

　そこで穎明館では、日常の授業をより充実させ、生徒の学習状況をきめ細かく把握するために、小テストや提出課題などの平常点を定期テストと同程度に評価するようにしています。再テストや再提出で積極的な取り組みをうながし、その結果をきめ細かく把握し評価することで、学習が実力として定着することをめざしています。

　また、生徒のレベルに応じての補習も行われています。

低学年では、授業に遅れがちな生徒を対象とする指名者補習、高1・高2では難関大学に向けた補習、高3では志望大学の対策演習など、さまざまな補習が行われています。

生徒の希望をかなえる
キャリア教育

　教科指導以外に力を入れている教育が、進学指導部が推進しているキャリア教育です。これは、生徒一人ひとりが自己の適性を見極め、自分を取り巻く社会に対する関心を広げることにより、将来への進路意識を育て、大学進学をはじめとする進路選択が適切に行われるように支援するものです。

　大学の学問について紹介する学部学科説明会や、卒業生が自分の受験勉強について語る進学懇談会などを行っていますが、穎明館のキャリア教育は、大学の選択だけを目的とするものではありません。毎日の学習活動に精一杯の努力をさせることがいちばんのキャリア教育であるという考えのもと、たとえば中学3年では、研究テーマを自ら設定し、それを直接取材・調査するフィールドワーク活動、さらにその経験をふまえて卒論を作成し、知的創造の喜びを知る、という取り組みがあります。

学校生活を伸びのびとサポート

　穎明館では学校を"知的生活の場"として位置づけ、既述のように、希望者対象の講習や個人指導、指名補習に力を入れています。それを支える生活面では、昼食時のスクールランチ（給食）のほかに、簡単な朝・夕食の用意もあり、また"こころの相談室"を開設するなど、生徒の心身の健康にも目を配っています。生徒の人格を尊重する寛容でリベラルな校風のもと、生徒は部活動、学校行事など生徒主体のいろいろな活動に伸びのびと参加しています。

東京
神奈川
千葉
埼玉
茨城
寮制
あ行
か行
さ行
た行
な行
は行
ま行
や行
ら行
わ行

江戸川女子中学校
EDOGAWA Junior High School

■東京都江戸川区東小岩５−２２−
１
■ＪＲ線「小岩」徒歩10分、京成
線「江戸川」徒歩15分
■女子のみ550名
■03−3659−1241
■http://www.edojo.jp/

豊かな情操と教養を身につけた女性を育成

　鐘が鳴る時計塔をいただき、パティオ（中庭）を欧風回廊がかこむ江戸川女子中学校・高等学校。そのすばらしい施設・設備には、だれもがきっと目を見張ることでしょう。

　図書室にはAVコーナーや談話スペースを備え、たんなる読書・学習の場を越えた、学ぶ力を養う場となっています。利用者が多い自習室は独立しており、休日も含め、いつでも利用可能です。

　また、全教室を結ぶLANが構築されており、パソコン教室では最新のOSを装備したパソコンを導入するなど、先端の技術を取り入れるとともに、生徒の知的好奇心に応えているのが特徴です。

校訓は「『誠実』・『明朗』・『喜働』」

　江戸川女子では「教養ある堅実な女性の育成」を建学の精神に、その具体的な指針として校訓「『誠実』・『明朗』・『喜働』」を掲げます。

　『誠実』とは「偽りがない」こと。自分に対して偽りがないという姿勢が大切で、自分の気持ちを率直にだし、かつ周囲に受け入れられようとすることをさしています。

　『明朗』とは「どこにいても同じ自分でいる」こと。裏表なく行動するということを意味します。

　『喜働』とは「率先してことにあたる」こと、「働くことを喜ぶ」こと。自分の身体を動かし、周囲の役に立ち、そのことに喜びを見出しつつ生きてゆく、そのようにありたいとの願いがこめられています。

２期制・65分授業
一生役立つ英語の力を

　学習は、前後期２期制・週６日制で行っています。授業時間は、１時限65分。この教育システムはあらゆる面で

さまざまな学習効果をもたらし、真のゆとり教育と、質の高い学びを実現しています。65分の授業では生徒の集中力を途切れさせないよう、先生がたはさまざまな工夫を凝らした授業を展開しています。２期制・週６日制により無理なく多くの授業数を確保し、つめこみをすることのない、６年間の学習計画を実践しているのです。

　また、６年間をとおして「英語教育」に重点をおいた指導を行っていることも、江戸川女子教育の特徴です。３年次までに高校で学ぶ基本的な文法事項すべてを学習することで2500語以上の語彙を習得し、中３で70〜85％の生徒が英検準２級を取得しています。さらに、中１〜３年次まで、週１時間を外国人教師と日本人教師のチームティーチングによる英会話授業にあてて、使える英語と受験英語の両方をしっかりと習得しているところも魅力のひとつです。

進路指導は万全の体制

　江戸川女子の進路指導の目標は、「生徒の夢を叶える」こと。学力向上・進路情報提供はもちろんのこと、生徒一人ひとりちがう個性・適性に応じて的確で親身な指導を展開しているのが特徴です。

　中１から少しずつ将来についての意識を持たせ、その後就きたい職業やそれに必要な資格・能力を知り、志望大学・学部学科の決定へとつなげます。また、体系化された指導プログラムや進路指導室の充実など、多方面から生徒の夢の実現に向けたサポートが行われています。

　こうした取り組みが実を結び、毎年多くの難関大学に合格者を輩出しています。2011年も、国公立大学へ54名（うち現役47名）、早大・慶應大・上智大・東京理大には128名（うち現役123名）となって表れ、いずれも現役での合格力の高さが光ります。

桜蔭中学校
おういん

OIN Junior High School

■東京都文京区本郷1－5－25
■JR線・都営三田線「水道橋」徒
歩5分、地下鉄丸の内線・都営大
江戸線「本郷三丁目」徒歩7分
■女子のみ715名
■03－3811－0147
■http://www.oin.ed.jp/

学びて人を愛す──伝統の心

桜蔭中学校は文京区本郷の高台、閑静な住宅街に位置します。白山通りから向かうと校門の手前には急な勾配の坂があり、それを生徒たちは「桜蔭坂」と呼んでいます。校内には礼法室、講堂、地下温水プールのほか、各種特別教室も充実し、プラネタリウム・天体観測ドーム、コンピューター室、体育館、カウンセリングルームなどの施設も完備されています。

桜蔭学園は、中学校・高等学校6カ年をつうじて、一貫した女子教育を実施しています。中学校においては、時代に適応した学習と道徳の指導を行って建学の精神である「礼と学び」の心を養い、桜蔭高等学校進学にふさわしい品性と学識を備えた人間形成を教育の理念として実践に努めています。桜蔭高等学校は中学校の教育を基礎として、豊かな愛情と自主の精神を持って広く学び、正義の念に基づいて行動する女性の育成が念願です。

校訓となっている「勤勉・温雅・聡明であれ」「責任を重んじ、礼儀を厚くし、よき社会人であれ」の言葉どおり優秀な生徒が多く、卒業後は大学進学を経て社会への参加、よりよい家庭生活の建設など、各方面に活躍する有能な女性を世に送りだしています。「学びて人を愛す」という桜蔭学園の伝統の心を学ぶため、中学1年では週1時間、2年と3年は5週に1度、礼法の時間を設けています。さらに女性としての品性を重んじ、「礼と学び」の調和をはかるため、礼法は高校2年で履修する「総合学習」のなかでも指導しています。

一貫教育のメリットと
女子教育の特性

桜蔭中学校では中・高一貫教育のメリットと女子校の特性をいかした独自のカリキュラムを編成しています。基礎学力の大切な中学校では、国語、数学、英語、理科、社会などの主要教科については授業時間は標準的ですが進度は早く、ていねいな指導を行って基本的な知識を確実にするとともに、高い学習能力を身につけるようにしています。独自教材などを使用しながら、教科書の範囲を越えた高度な内容の授業を展開します。数学は問題集を活用して中3から高校内容に入り、国語は中2から古典文法が導入されます。

中学生活の総仕上げとして、中学3年生全員に「自由研究」の課題が与えられます。正規の授業とは関係なく各自が自分の興味や関心のあるテーマを選んで4月から1学期間を費やして研究、夏休みいっぱいにまとめて提出します。研究テーマは幅広い分野におよび、充実した内容になっています。最近のテーマとしては「メタボリックシンドローム」「音楽療法」「地球温暖化」「食品添加物」などがあります。

中1は浅間山荘での夏期合宿、中2は夏期水泳訓練、中3は平泉・十和田・三内丸山などを見学する東北旅行があります。

学園生活に彩りを添える
多彩な行事

学校行事もさまざまなものがあり、球技大会やダンスの発表会などが行われ、生徒間の結束を固めます。また、地下の温水プールでは11月まで授業をすることができ、全員が泳げるようになります。

中高が縦割りのチームに分かれてクラス対抗で競技する5月の体育大会と、クラブ・同好会・有志の研究成果を2日間にわたって発表する9月の文化祭が、学校を代表する2大行事になっています。

豊富なクラブは中・高合同組織で、各クラブとも熱心に活動しています。

桜美林中学校
OBIRIN Junior High School

■東京都町田市常盤町3758
■JR線「淵野辺」徒歩20分
・スクールバス5分、
小田急線・京王線・多摩都市モノ
レール「多摩センター」スクール
バス
■男子252名、女子248名
■042－797－2668
■http://www.obirin.ed.jp

キリスト教に基づく国際人の育成

キャンパス一面の八重桜

1946年（昭和21年）、国際教育・国際ボランティア
のパイオニア、清水安三・郁子夫妻により創立された桜美
林学園。

そのめざすところは、「自分を愛するように隣人を愛す
る」というキリスト教の精神を大切にし、他者の心の痛み
に共感できる、国際社会に目を向け、国際社会に貢献・奉
仕する人材の育成におかれています。

校名は、フランスの宗教家・教育者のジャン・フレデリ
ック・オベリンに由来し、その名を冠した米国オハイオ州
のオベリン大学は、清水安三夫妻の母校のひとつです。

創立者夫妻が学園を設立した際、キャンパス一面に八重
桜が咲き誇り、この桜の園と母校オベリンをヒントに「桜
美林」の名が誕生しました。

「英語の桜美林」の伝統を発展

「英語の桜美林」と定評のある桜美林では、英語を手段
にして、自ら考え、自分の考えを積極的に表現し、文化の
異なる人びととともコミュニケーションの取れる人間の育成
がめざされています。

授業では、生徒たち自身が発言したり、発表する機会が
ふんだんに盛りこまれ、楽しみながら英語が身体にしみこ
むような工夫がなされています。外国人教諭もさまざまな
文化的背景を持った人たちからなり、授業そのものが異文
化理解の場にもなっています。

そして、中学3年では全員がオーストラリア研修旅行に
でかけます。

現地では大きな農場でのファームステイを中心に、博物
館なども訪れます。短い期間の研修ではありますが、生徒
たちは異文化を体験するとともに、英語学習への意欲を高
めています。

桜美林の進路指導

桜美林では、希望者はほぼ全員桜美林大へ進学できます
が、実際に桜美林大へ進む生徒は例年約10%です。併願
受験システムで他大学受験と桜美林大への推薦が可能とな
っているため、生徒は安心して大学受験に取り組めます。

桜美林の教育で特徴的なのは、担任以外に進路指導専任
の教員が特化した指導にあたり、個別の学習指導や特別講
座で生徒一人ひとりのニーズに対応していることです。

進路指導専任の教員がいることで、最新の大学入試情報
をいち早く入手し、生徒の希望に合わせたアドバイスがで
きます。

具体的には高校1年次から理系・文系のコース選択に先
立つ進路ガイダンスや個人面談をスタートし、2年次には
10以上のグループから興味・関心のある学問分野を選ん
で学ぶ「進路ゼミ」やオープンキャンパスへの参加、大学
教員・研究者・卒業生などを招いての大学・学部・学科紹
介など実践的な進路指導をいち早く展開しています。そし
て3年次は、午後の授業をすべて自由選択の受験講座にす
るというじつに大胆なカリキュラムを採用しています。

その結果、ここ数年、大学進学実績は顕著な伸びを見せ
ています。2003年と2011年の実績を比較すると、早
大・慶應大・上智大への合格者は7名から26名へ、その
ほか、ICU・東京理大・MARCHの7大学には87名から
168名と約2倍増の合格者をだしています。国公立大学
への実績も伸ばしており、2011年度は過去最高の合格
者をだしました。（北大・東北大・東京外大・東京学芸
大・首都大学東京など計21名が合格）

桜美林では、6カ年一貫教育で、生徒の力を確実に伸ば
しています。

鷗友学園女子中学校

OHYU GAKUEN GIRLS' Junior High School

■東京都世田谷区宮坂1－5－30
■小田急線「経堂」徒歩8分、東急
　世田谷線「宮の坂」徒歩4分
■女子のみ785名
■03-3420-0136
■http://www.ohyu.jp/

校訓は「慈愛と誠実と創造」

　鷗友学園は、東京府立第一高等女学校（現東京都立白鷗高等学校）の同窓会である鷗友会によって、1935年に母校創立50周年記念事業の一環として設立されました。

　鷗友学園の基礎を築いたのは、東京府立第一高等女学校の校長を長く務め、女子教育の先覚者と仰がれた市川源三先生と、内村鑑三・津田梅子の薫陶を受けた石川志づ先生です。

　市川源三先生は、いまから70年以上前、まだ良妻賢母教育が当たり前のころ、「女性である前にまず一人の人間であれ」「社会の中で自分の能力を最大限発揮して活躍する女性になれ」と教えていました。

　鷗友学園はその教えを根本に、一人ひとりのいろいろな可能性を引きだし、能力を発揮できるようにすることを大切にしてきました。石川志づ先生は、第二次世界大戦中も英語教育をつづけ、国際社会で活躍する女性の育成をめざしました。

　また、ミッションスクールではありませんが、キリスト教精神による全人教育を心の教育の基盤にしています。中学では週1時間の聖書の授業があり、一人ひとりが自己と向きあう時間を持ちながら、いかに生きるかを考える機会となっています。

ていねいな指導で生徒の力を伸ばす

　生徒の力をバランスよく伸ばすため、各教科ともていねいな指導を行っています。

　英語の授業は、中1からすべて英語で行い、知識ではなく「言葉」として英語を身につけます。教材は外国語学習者用に編集された洋書を使い、英国の小学生も使っている教科書やさまざまな本を大量に読みます。多くの英語に触れながら、自分で類推し判断する力を訓練し、日本語を介さずに英語を理解することをめざしています。また、図書館とLL教室には英語の本が9000冊以上蔵書されています。

　国語では、文章読解以外にディベートやメディアリテラシーなども取り入れ、グループ学習や発表学習をとおして、自分の意見や考えを表現する力を育てます。

　社会の授業では、自分と社会のつながりを多角的にとらえ、国際社会のなかで求められるさまざまな能力、あふれる情報のなかで「個」を失わずに生きぬく力を育てます。そして、情報の集め方、思考の方法、レポート・小論文の書き方などの「知の技法」も学んでいきます。

　理科では、実験・観察を重視し、生徒を研究者の立場に立たせることで、たんなる知識の習得ではない実体験に基づいた自然の正しい認識・理解と、科学する心を育てます。そのほか、体育では60年以上の伝統を持つリトミックを全学年で実施。集中力を養い、美しく自由な表現力を身につけます。

　中1と高1では園芸が必修となっています。花づくり、野菜づくりをとおして土に親しみ、生命を育てる驚きと喜びを体験します。

　芸術科は音楽・美術・書道から成り、美しいものを「美しい」と感じることのできる豊かな感性と伸びやかな表現力を育みます。

行事やクラブもさかん

　学校行事やクラブ活動がさかんで、生徒会活動も活発です。学園祭や運動会は実行委員が自主的に運営しています。中1軽井沢追分山荘生活、中2菅平スキー教室、中3沖縄修学旅行など、宿泊行事も多く、幅広い学習と経験ができます。

　多彩な行事のなかで人間関係が広がり、豊かな人間性が育まれていきます。

大妻中学校
おおつま

OTSUMA Junior High School

東 京

千代田区

女子校

校訓「恥を知れ」を教育の基盤とする

2008年度に創立100周年を迎えた大妻中学校・高等学校。校訓「恥を知れ」を人間教育の根幹とし、一貫して「時代の要請に応える教育」を実践しています。

創立者・大妻コタカ先生は、校訓「恥を知れ」の意味を「これは決して他人に対して言うことではなく、あくまでも自分に対して言うことです。人に見られたり、聞かれて恥ずかしいようなことをしたかどうかと自分を戒めることなのです」と、自分を律する心を教えられました。この「恥を知れ」という言葉は、修養を積み、自分の人格を高めていく努力を怠ってはならないということを伝えているとともに、深い知性と気高い品性を備えた女性を育成したいというコタカ先生の教育への熱い思いがこめられています。

社会に貢献できる人材の育成

大妻の教育方針は、「社会に貢献できる人材の育成」をめざした、「『学力の向上』と『人間教育』」です。『学力の向上』では中高一貫教育のメリットをいかし、教科によって、先取り学習、実験を中心にした学習、教材を吟味した教育、少人数教育などを行っています。

また、『人間教育』では、行事などをつうじ、活発な学校生活のなかでも「感謝」「礼儀」を忘れず、生きる力を身につけるよう教育が行われています。

優秀な大学合格実績

生徒一人ひとりの個性を大切にして、社会で活躍できる女性に成長していけるよう、さまざまな角度から応援している大妻。

中学から始まるきめ細かな進学指導の結果は、東大や早慶をはじめとした難関国公立大・私立大への優秀な大学合格実績として表れています。伝統をいしずえに、時代の要請に応える教育を実践する大妻中学校・高等学校です。

■東京都千代田区三番町12
■地下鉄半蔵門線「半蔵門」徒歩5分、JR線・都営地下鉄新宿線・地下鉄有楽町線・南北線「市ヶ谷」徒歩10分
■女子のみ847名
■03-5275-6002
■http://www.otsuma.ed.jp/

中学受験用語集

■朝読書

1時限目の授業開始までの10分間ほどを「朝の読書の時間」と定め、ホームルーム単位で先生も生徒も読書をする時間帯のこと。長くても20分程度。

ある高校の取り組みが伝わり、全国に広がったとされる。

生徒が1人ひとり自分で選んだ本（漫画以外）を読み、生徒全員が一斉に読書だけを目的にした時間となっている。

読書の習慣化・読解力の定着、思考力や集中力を身につけることを目的としているが、心を落ちつかせることにもつながり、授業にスムースに入っていけるプラス面が見逃せない。

朝読書では、感想文などの提出を目的とせず、自主的な活動としている学校がほとんど。

■1月入試

首都圏の茨城、千葉、埼玉、また、地方の寮制学校の首都圏入試は、1月のうちに入試が始まる。

東京、神奈川は2月1日からの入試なので、東京、神奈川からも試験慣れや腕試しのために、これら1月の入試を受ける受験生が多い。このため千葉、埼玉の学校では受験生数がふくらむことになり、合格者も「辞退」を見こんで多くだす傾向がある。

ただし、最近では1月校の入試難度もあがっており、安易に受験すると「試し受験」どころか、自信を失ってしまうことになり、逆効果になってしまうマイナス面がクローズアップされている。

■SSH・SELHi

文部科学省が特定分野の先進研究事例として指定する高校。学習指導要領を越えた教育課程を編成できる。

SSH（スーパー・サイエンス・ハイスクール）は科学技術・理科、数学教育を重点（指定期間5年）として実施中、SELHi（スーパー・イングリッシュ・ランゲージ・ハイスクール）は英語教育重視（指定期間3年）で実施、2007年（～09年）の指定まで全169校で成果をあげて終了した。

■インターネット出願・発表

インターネットを使い、願書の受付や合否発表を行う方法。

出願は中学校ではまだ少ないが採用した学校もある。24時間受付なので、他校の合否を見ての出願が容易。

ただし、インターネットでの出願だけで手続きが完了するわけではなく仮出願のあつかいとなる。別途、窓口持参や郵送での手続きが必要。

インターネットでの合否発表は、多くの学校が行っているが、これも学校での掲示発表が正式なものとされる。

大妻多摩中学校

おおつまたま

OTSUMA TAMA Junior High School

東 京

多摩市

女子校

■東京都多摩市唐木田２－７－１
■小田急多摩線「唐木田」徒歩７分
■女子のみ988名
■042－372－9113
■http://www.otsuma-tama.ed.jp

多様化の時代に活躍する自立した個人の育成

　大妻多摩中学・高等学校が所属する大妻学院の創立は、1908年（明治41年）、学祖・大妻コタカ先生が私塾を設立したことに始まります。

　100年という長き歴史のなか、高い知性と豊かな情操を兼ね備えた心身ともに健やかな人材を、つねに世に送りだしてきました。

　そして、ひとりの女性としてだけでなく、ひとりの社会人としてなにができるか、どれだけ輝いているかが問われているいま、大妻多摩は日本国内だけでなく、国際社会に積極的に貢献できる、自立した女性の育成をめざしています。

　それは、グローバルな視点を持ちつつ、自分の夢の実現に向かって努力し、たくましく自分の道を開拓していく、また、他人の心の痛みを思いやり、周囲から慕われ、尊敬されるようなバランスのとれた人材の育成にほかなりません。

進学校型中高一貫校

　毎年ほぼ全員が大学に進学している大妻多摩。とくに医学・薬学・国際関係・法学部といった方面への進学希望者が増えており、ほとんどの生徒が系列の大妻女子大学以外の大学を受験し、進学しています。

　こうした意味では、大妻多摩は、進学校型附属校であるといってよいでしょう。

　そのため、学校では生徒全員を受験生としてとらえ、一人ひとりにしっかりとした実力をつけさせています。授業だけでなく、さらに勉強したい生徒を強力にバックアップするため、さまざまなかたちで受験補習も実施しています。

　そうした指導により、毎年85％以上の生徒が４年制大学へ進学しています。2011年の大学入試も、一橋大や東京医科歯科大をはじめとする国公立大学の合格者23名、早大21名、慶應大18名、上智大18名、MARCH165名という優秀な結果となりました。

「夢 ふくらむ、広がる 世界」

　そんなすぐれた大学進学結果をだす大妻多摩の進路指導は、生徒一人ひとりの「夢の実現」をサポートするものです。

　カリキュラムは、多様な進路を実現するため、大妻多摩独自のものを用意しています。このカリキュラムは、生徒一人ひとりがしっかりとした学力を無理なく身につけられるものとなっているところが特徴です。そうすることで日々の授業では生徒の知的好奇心を刺激し、高い学力を修得させているのです。

　中学の３年間は、知的好奇心を刺激しながら高い学力を養うため、高校での学習内容を意識しながら指導していきます。基礎学力の充実をめざすとともに、学校行事やクラブ活動などをとおし、人とのかかわりや社会とのかかわりを学びながら生徒の可能性の芽をふくらませていく進路指導を展開しています。

　そして、高校の３年間は、生徒一人ひとりが見つけた「夢」を実現するための進路指導が展開されます。多彩な選択科目の導入、受験補習の実施によるハイレベルな学習指導を行っています。

　生徒と先生との密なコミュニケーションにより、つねに意識を共有しながら指導しているのも、大妻多摩進路指導の大きな特色といってよいでしょう。

　カリキュラムもニーズに応じてつねに調整している大妻多摩。中高一貫教育ならではの「ゆとりある先取り」を磨きあげ、着実にその成果を伸ばしつづけているのがめだちます。

大妻中野中学校
おおつまなかの

OTSUMA NAKANO Junior High School

■東京都中野区上高田2-3-7
■西武新宿線「新井薬師前」徒歩8分、JR線・地下鉄東西線「中野」徒歩10分
■女子のみ797名
■03-3389-7211
■http://www.otsumanakano.ac.jp/

校訓「恥を知れ」・建学の精神「学芸を修めて人類のために」

校訓である学祖・大妻コタカ先生の「恥を知れ」という言葉は、けっして他人に対して言うものではありません。あくまで自分自身に向かって問いかける言葉です。自分の『良心』に対して『恥ずるような行いをしていませんか』と問いかける言葉なのです。

大妻中野の建学の精神は「学芸を修めて人類のために」です。大妻コタカ先生の精神を21世紀に具現化するために、大妻中野では、学びを人類のために役立てるという目標を掲げています。

大妻中野で経験する教育活動は、生徒の学びが生徒だけのものでなく、他人のため、社会のため、人類のためのなにかにつながるようにと考え、計画されています。

中高完全一貫教育で進路希望を実現する

2011年（平成23年）3月、高校募集のない中高完全一貫生としての1期生が高等学校を卒業しました。大妻中野での6年間、教職員は生徒の進路希望実現に向けて最大限の支援を約束しています。

進路希望とは志望大学合格への希望だけを意味するのではありません。大妻中野での学びが、大学卒業後の生徒の人生でかならず結実するという希望を意味しているのです。そのような教育活動を支えるために多くの教育システムを導入しています。

・大学教育を受けるにじゅうぶんかつ幅広い学力の養成を目的とするカリキュラムの充実。

・アドバンスト選抜入試（特待制度あり）により、中学1〜2年で「アドバンストクラス」を設置。

・海外帰国生入試により、中学1〜2年次に「帰国生クラス」を設置。

・中学3〜高校1年次に「アドバンストクラス」「英語ハ

イレベルクラス」を設置。

・高校2〜3年次に各進路希望別コースを設置。

・中学3〜高校1年次にスーパーイングリッシュ講座、スーパーサイエンス講座を設置。

こうしたプログラムにより、意欲のある生徒には平等のチャンスが与えられるよう重視されています。

実践的英語コミュニケーション能力を身につける育成プログラムを実施

大妻中野は、2011年度（平成23年度）より、私立中学高等学校協会認定の「実践的英語コミュニケーション能力」育成プログラムの研究校となりました。

帰国生教育や、中学でのカナダと高校でのオーストラリアへの海外短期留学、日常の英語教育の充実に加えて、「実践的英語生活力」修得のための教育活動を計画しています。

新校舎で始まる新しい生活

いよいよ、2011年度（平成23年度）2学期より7階建て新校舎の利用が始まります。新しい環境で、生徒のための教育活動がさらに充実します。新校舎では、全普通教室・特別教室に「電子黒板」を設置していることも特徴です。

みなさんがこれまでに経験したことのないような新しいかたちの授業がスタートします。

ピア・サポートですばらしい友人を

大妻中野では、充実した道徳教育で生徒の心の成長を支えます。ピア・サポート学習では、中学1年次から、自分自身を知り、他者を理解し、素敵な人間関係をつくりあげていくための柔らかな、かつ力強い心を育てます。

小野学園女子中学校
<ruby>小<rt>お</rt></ruby><ruby>野<rt>の</rt></ruby><ruby>学<rt>がく</rt></ruby><ruby>園<rt>えん</rt></ruby><ruby>女<rt>じょ</rt></ruby><ruby>子<rt>し</rt></ruby>中学校

ONO GAKUEN GIRLS' Junior High School

東京

品川区

女子校

■東京都品川区西大井1－6－13
■JR線「西大井」徒歩5分、JR線
　ほか「大井町」徒歩10分
■女子のみ121名
■03-3774-1151
■http://onogakuen-jyoshi.jp/

「どっちもできる育成」が教育ビジョン

　「どっちもできる育成」という教育のビジョンを掲げた小野学園女子中学・高等学校は、斬新な教育改革をスタートした学校として、いま注目を集めています。

　「どっちもできる育成」とは、社会で生きる。家庭で生きる。両方で生きる。どれでも自由に選べる基礎を育てることで、人間力（対話力・包容力・マネジメント力・創造力等）と知性力（学問・教養）に分類された14の力を育てます。この力を持った女性は、社会ではリーダーとなって活躍し、家庭では「賢母」としてすばらしい家庭を築くことでしょう。

　小野学園女子では、すべての学校行事・授業・クラブ活動・その他の教育活動がこの力を育成することにつながるようにしています。

学習習慣をつけるプログラム
6時間目は「予習」の時間

　小野学園女子では「学習習慣がある生徒は学力が伸びる」という考えのもと、学習習慣をつけるプログラムを実行しています。

　特徴的なのは、中1と高1の4～5月に実施する「学習習慣強化プログラム」です。

　新しい学年となってから最初の2週間の時間割のなかには「予習」という時間があります。この予習と授業が連動しているため、予習の大切さを実感するということがポイントです。

　この経験をもとに、つぎの2週間は家庭で予習をします。最後の1週間は合宿を行い、中間テストで得点できるよう試験勉強の仕方も含め学習します。

　また、高校では、私立文系大学をめざす普通科I類と国公立大学（文理）と私立難関大学（文理）をめざす普通科II類に分け、I類では英語を、II類では理科と数学をとく

に強化します。

　ほかにも、年4回のロールモデル講演、年間12講座開講される大学教授による授業などの進路学習を実施しています。

生徒の好奇心を引きだす
サイエンス・レッスン実施

　生徒の「好奇心」を引きだし、それを「探究心」へと変えていく。それが小野学園女子の理科教育です。

　そのために、1分野では「問題解決力」を、2分野では「観察力」を身につけるため、授業のほかに「4つのサイエンス・レッスン」を実施しています。

　授業ではあつかえない、生徒の好奇心をくすぐる実験を、仮説→実験→考察のプロセスを大切にして行う「サイエンスラボラトリー」。人に説明するという視点から知識を吸収し、好奇心を育てる「サイエンスオープンキャンパス」。ホタルプロジェクトなどで観察力を身につけ、観察を続けることで探究心を育てる「サイエンスパートナーシッププロジェクト（SPP）」。失敗しながらプログラミングを学ぶことで問題解決力を養ったり、ノーベル賞を受賞した実験を再現することで偉人たちの好奇心・探究心に触れたりする「サイエンスデー」。

　これら理科教育の成果として、この春も東京理大や法政大などの難関大への合格者を輩出しています。

　さらに、日東駒専をはじめとする中堅大学への合格率も4年連続で上昇しています。入試での受験者数も5年連続で上昇するなど、小野学園女子の取り組みが評価されていることがわかります。

　2010年からは、全校生徒がピーチベージュの新しい制服で学校生活を送る小野学園女子。いま、目が離せない学校のひとつです。

海城中学校
かいじょう

KAIJO Junior High School

■東京都新宿区大久保3－6－1
■JR線「新大久保」・地下鉄副都
心線「西早稲田」徒歩5分、JR
線「大久保」徒歩10分
■男子のみ909名
■03－3209－5880
■http://www.kaijo.ed.jp/

「新しい紳士」を育成する
ジェントルマン

東大34名、慶應大137名、早大200名、上智大44名…。難関大学へ多くの合格者を送ることで知られる海城中学校・高等学校の、2011年（平成23年）の大学進学実績です。

海城の創立は1891年（明治24年）。とかくその優秀な進学実績ばかりに目がいってしまう海城ですが、創立以来、しっかりした男子教育を行うことで定評があります。建学の精神は、「国家・社会に有為な人材を育成する」こと。いつの世にあっても自らを見失うことなく自己実現をめざし、世界の人びとと共存をはかり、平和で豊かな社会を創造するリーダーとしての役割を担う人材を育成することを使命として教育を行っています。こうした人材を、海城では「新しい紳士（ジェントルマン）」と呼び、「フェアーな精神」、「思いやりの心」、「民主主義を守る態度」、「明確に意志を伝える能力」などの資質を身につけ、社会変化に創造的に対応していける力を育成しています。

一人ひとりの個性を磨き
能力を高める

授業では、中学から高校1年までの4年間を基礎学力の伸長と充実をはかる時期と位置づけ、主要教科・科目の時間を増加、内容の深い学習指導を行っているのが特徴です。

高校2年からは、コース制で、めざす進路に適したカリキュラムを編成し、指導の充実をはかっています。希望と適性に応じて、「文科コース」と「理科コース」、ふたつのコースが用意されています。

また、正規の授業のほか、学習意欲旺盛な生徒、補習の必要な生徒を対象として、放課後や夏休みなどに講習を行い、すべての生徒が各自の能力をじゅうぶんに開発できるシステムも備えています。

「体験学習」「国際理解教育」

大切にしているのは進学のための勉強だけではありません。海城は、自然に触れ、文化に触れ、自発的な学習意欲を引きだす「体験学習」を、非常に大切にしている学校でもあります。

60年以上の伝統を持つ行事である「海の家」、「山の家」、そして修学旅行などの宿泊行事や校外行事に参加することで、生徒は生涯の友を得たり、自己研鑽のよい機会となったりしています。

また、地球規模で考え、行動できる人材を育成するため、「国際理解教育」にも力を入れています。

「ネイティブによる授業」、「インターネットを活用した指導」、「海外研修」や帰国子弟の積極的な受け入れなどを行い、国際性豊かな人間の育成に努めています。

教育環境がつぎつぎと充実

2006年に海城のシンボルとなる新校舎が誕生しました。

この新校舎は、2号館の上に、まるで鳥が卵を大切に抱くようなかたちで建設されているのが特徴です。

旧2号館の外部に、新たに2号館と一体となる柱と梁がつくられ、その柱の上に免震装置をはさんで建設されました。最先端の技術により、地震にきわめて強く、安全な新旧一体型の校舎となっています。

また、2008年に校門付近の植栽や前庭の一部芝生化など、生徒の生活環境の整備とヒートアイランド現象の軽減などをはかった工事が完了し、3号館1階には現在の生徒や先生の活動を見ることができる展示室（スタディーホール）も完成しました。

開成中学校
（かいせい）

KAISEI Junior High School

■東京都荒川区西日暮里４－２－４
■ＪＲ線・地下鉄千代田線「西日暮里」徒歩１分
■男子のみ910名
■03-3822-0741
■http://www.kaiseigakuen.jp/

東大合格者第１位を誇る難関校

　日本を代表する私学、「開成」。毎年、３桁におよぶ東大合格者を輩出し、その数は他校を圧倒しています。

　1871年（明治４年）、幕末の進歩的知識人であった佐野鼎先生によってつくられ、日本で最も長い歴史を持つ名門私立学校でもあります。

　創立以来、社会のあらゆる分野に、多くのリーダーとしての逸材を輩出してきました。

　佐野鼎先生亡きあと、初代校長として、高橋是清先生が就任され、学園の基礎が築かれました。

校風は自由かつ質実剛健

　創立者が掲げた「進取の気象・自由の精神」という建学の精神は、高橋是清先生のもとで確立され、自由、質実剛健の気風のなかで現在にいたるまで連綿と継承されています。

　そうした校風のもと、開成では、生徒の自主性を尊重した教育が行われています。

　生徒は、入学したその日から一人前のおとなとしてあつかわれます。

　勉強においても、生徒が自ら学び取っていく、「自学自習」の学習態度が要求されます。そのためグレード別授業は実施されません。それに応えられる開成生がそこに存在しているのも事実ですが、生徒はわからない点について、どんどん先生のところに質問に出向き、自学自習の精神をいかんなく発揮して勉学に励んでいます。

　また、多くの学校行事も自治の伝統のもと、生徒の自主運営が基本となっています。生徒は任せられることで主体性を滋養すると同時に、責任についても学んでいきます。

自主教材で工夫された授業

　もちろん、東大への最多合格者数を誇る開成では、授業のカリキュラムとして独自のものが用意されています。授業の進み方は速く、内容も濃いハイレベルなものばかりです。

　また工夫された自主教材をもとに進められる授業も多く、先生がたのつくったプリントが中心になっているのが特徴です。

　「開成の授業をきちんと受けていれば、塾に通う必要はない」と多くの卒業生が語るその裏には、こうした先生がたの授業に対する並々ならぬ努力の積み重ねが存在しているのです。

「知・心・体」 バランス重視の教育

　「部活に８割の生徒が加入している」、超名門進学校・開成の知られざる一面です。学校では、クラブ活動をおおいに奨励していますので、伝統のボート部を筆頭に、大きな大会でも活躍するクラブが少なくありません。文武両道は当たり前という開成教育の表れといってよいでしょう。

　また、一般の進学校ではとかくおろそかにされがちな主要教科以外の授業に対しても、開成ではしっかりと取り組まれています。

　中学では音楽、美術、技術・家庭科を学び、実技を中心に活発な授業が展開されています。こうしたすべての教科を大切にする開成の教育方針は、「知・心・体」のバランスを重視する学園の理念に基づくものです。

　さて、学校名の「開成」は、中国の古典「易経」にある「開物成務」に由来し、ものごとの道理と人間性の啓発培養に努めることを意味しています。また校章の、いわゆる「ペンケン」は、有名な格言「ペンは剣より強し」を図案化したもので、いずれも学園の校風を象徴するものになっているのです。

かえつ有明中学校

KAETSU ARIAKE Junior High School

■東京都江東区東雲２－16－１
■りんかい線「東雲」徒歩８分、地
　下鉄有楽町線「豊洲」バス、地下
　鉄有楽町線「辰巳」徒歩18分
■男子304名、女子213名
■03－5564－2161
■http://www.ariake.kaetsu.ac.jp/

強く豊かな心を基礎とした行動力、思考力、学力を育てます

　かえつ有明中・高は2006年（平成18年）に臨海副都心に移転、同時に共学化し新たなステージを迎えました。安全と環境に配慮した新校舎や最新の人工芝のグラウンドなど設備の充実はもちろんのこと、一人ひとりのキャリアデザインに基づき、目標進路に合わせた「難関大学進学コース」と「総合進学コース」のふたつのコース設定と独自のカリキュラムで充実した６年間を過ごすことができます。

　交通アクセスは、りんかい線「東雲」駅より徒歩約８分、りんかい線は埼京線との乗り入れで埼玉方面からの通学も可能ですし、「大井町」駅での乗り換えで横浜方面からの通学も便利です。

　また、臨海副都心周辺には日本科学未来館をはじめとするさまざまな文化・スポーツ施設があり、授業と連携をとりながら有効に活用しています。

　この最先端の街で、かえつ有明は、21世紀の新しい教育を、校訓である「怒るな働け」をもとに、「国際社会においてリーダーとして活躍できる人材」の育成をめざしています。また、すぐれた「学力」と豊かな「人間性」を備え、高い「志」を持ち、自己表現力・プレゼンテーション力などコミュニケーション能力を向上させ、知性と感性、他人を理解できる心の力をバランスよく育成していきます。

確かな合格力と
オリジナル科目「サイエンス」

　教育プログラムでは、６年間を導入期（中１・中２）、発展期（中３・高１）、実現期（高２・高３）と区別し、先取り学習や演習を含めたカリキュラムの充実をはかり、大学受験に向けて確かな学力を養います。

　また、特徴として、世の中の出来事を読み解き、自ら問題を見つけ、解決し、自分自身の言葉で表現するためのオリジナル教科「サイエンス」を取り入れました。連携する大学などでの講義・実験やフィールドワークをとおして、思考力・判断力・表現力を養います。

コース設定と
学習サポートシステム

　総合進学コースの授業は基礎基本を理解し、学習内容の定着をはかるものとなっています。高校２年末までに高校課程の学習内容を習得し、高校３年では大学進学に対応した選択教科や演習で実践的指導を実現します。

　難関大学進学コースの授業進度は総合進学コースと変わりませんが、内容は問題演習などの発展的な内容を取り入れたものとなっています。

　高校２年末までに高校課程の学習内容を習得し、高校３年では個別プログラムと徹底した大学入試演習で実践指導を実施します。

　さらに、これらの授業展開に加え、放課後「学習支援センター」にて本校教員、予備校で指導経験のある教員、外部講師による受験対策講座を行っています。

　進路・進学指導では、生徒一人ひとりの志望を尊重し、「どんな人間になっていくか」「どんな人生を送りたいか」「将来なにによって生きるべきか」を考えることに目標をおいて展開します。

　さて、校舎前のグラウンドには、最新の人工芝のサッカー場が広がります。中学男子サッカー部は、東京都大会で春季・夏季大会で２連覇しています。

　そのほかの魅力あふれる部活動も用意し、多くの生徒の期待に応えます。

　あらたな教育プログラムと充実した校舎で、期待が高まる、かえつ有明中・高等学校です。

学習院中等科
GAKUSHUIN BOYS' Junior High School

■東京都豊島区目白1−5−1
■JR山手線「目白」徒歩５分、都電荒川線「学習院下」徒歩７分、地下鉄副都心線「雑司が谷」徒歩５分
■男子のみ599名
■03−3986−0221
■http://www.gakushuin.ac.jp/bjh/

都内随一の環境にある名門一貫校

都心の真ん中に約６万坪もの敷地を有する学習院中等科・高等科。校内に入ると、都会の喧噪を忘れてしまう静けさがキャンパス全体をおおいます。

学習院の創建は1847年（弘化４年）、公家の学問所としての開講でした。しかし現在では、入学試験の成績のみが合否の判断基準になっています。縁故はいっさいありません。

多くの支持者を持つ、そのつねに変わらぬ教育風土は、「自由と倫理」の精神によって特徴づけられています。自由を尊ぶ気持ちは独立性、創造性へとつながり、倫理性は、その自由を放縦に走らせず、多くの個性ある人材を育てています。

武者小路実篤氏や三島由紀夫氏をはじめ、岩城宏之氏、麻生太郎氏、服部幸應氏、鳩山由紀夫氏は学習院中等科の卒業生です。

個性の芽を育む教育

教育目標は「ひろい視野、たくましい創造力、ゆたかな感受性の実現」となっています。学習院の一貫教育は、「『受験指導に重点をおいて、大学入試に焦点を当てている進学校』や『大学とつながっていてエスカレーター式に大学へ進学する学校』の、どちらの型にも該当しない」ことが大きな特徴です。

そんな中等科の特徴は、林知宏中等科長によれば、つぎのように表現されます。「中学時代は、自分自身がどのような人間であるのかを自覚し、それぞれの個性を育むための準備をする時期です。その後押しとなる教育を心がけています。少年からおとなへと成長するプロセスをどれだけ充実させることができるか、私たちは授業内容だけでなく、学校行事やクラブ活動・委員会活動、学校生活全般に対して細心の注意を払って考え、工夫しています」。

錬成されたカリキュラム
英・数では習熟度別授業

各教科の授業内容や指導は、中高で綿密に連絡を取り、合理的かつ効果的なカリキュラムの編成がなされています。また、授業では、独自に編纂されたテキストや手づくりプリント、資料集、問題集などを使い、より高度な内容にも触れていきます。

英語は、１クラスを２分割にした習熟度別での授業を実施。英会話では20名前後のクラスをふたりの教員が担当するという念の入れようです。数学は、代数と幾何に分かれます。また、１クラスを２分割します。

ただ、習熟度別の授業は３年次以降です。理科教育にも力を入れ、実験室、講義室が各４教室あり、時間数も私立校の平均を大きく上回ります。

そして、最新の人工芝グラウンド、野球場、土のグラウンド、体育館（２棟）、屋内温水プール、武道場を利用した体育の授業にも多くの時間を割くとともに、総合学習、芸術鑑賞会も行っています。

学習院大学には約６割
他難関大学にも多く進学

学習院大への内部進学は、高等科での学業成績、実力試験、各学科の指定科目の成績、および出席・素行を審議のうえ、推薦が決定されます。この制度を利用して、2011年度は123名（卒業生全体の60％以上）の生徒が学習院大への進学を果たしています。

同時に、豊富な選択科目を用意して他大学受験もしっかり応援しています。2011年度は、東大４名、早大18名、慶應大18名、東京理大９名、上智大８名という、優秀な合格進学実績となっています。

学習院女子中等科
GAKUSHUIN GIRLS' Junior High School

■東京都新宿区戸山3−20−1
■地下鉄副都心線「西早稲田」徒歩
　3分、地下鉄東西線「早稲田」徒
　歩10分、JR線・西武新宿線「高
　田馬場」徒歩20分
■女子のみ619名
■03−3203−1901
■http://www.gakushuin.ac.jp/girl/

未来を切り拓く力を育てる

　都心にありながら、広大で緑豊かなキャンパスを有する学習院女子中等科・女子高等科。

　キャンパスを彩る四季折おりの草花が、生徒の心に安らぎを与えます。

　学習院女子というと、その前身が1885年（明治18年）に設立された「華族女学校」であることから、特別なイメージを抱くかたもいらっしゃるかもしれません。

　しかし、現在の学習院女子はごくふつうの私学であり、その優秀な大学進学実績が表すように、女子進学校として着実にその名を高めている学校です。

　もちろんそれが、学習院女子の長きよき伝統と歴史のうえに成り立っていることはいうまでもありません。

　教育理念は、1887年（明治20年）に皇后陛下（昭憲皇太后）から賜った御歌「金剛石・水は器」に表されています。学習院女子では、「金剛石も磨かすは珠の光はそはさらむ」の一節を原点に、ダイヤモンドの原石である生徒の能力を磨きあげるとともに、生徒一人ひとりの光り輝く個性を引きだし、伸ばす教育を実践しています。

少人数授業できめ細かな指導

　中高一貫の学習院女子は、どの教科も6年間をひとつの流れとした教育計画を編成し、無理なく高い教育効果をあげているのが特徴です。

　中1〜高1の4年間は、基礎学力の充実をめざし、国語・数学・英語は基準時間数より多く、体育・芸術・家庭についてもバランスよく配分されています。

　高2・高3では、文系・理系のコースを設定するとともに、幅広い選択科目を用意し、生徒一人ひとりがそれぞれの進路・関心に応じた科目を学習することが可能となっています。

　また、中1の国語・数学、中2の数学などではクラスを2つに分割し、20人前後の少人数編成授業を実施しており、質問や発言を自由にできる雰囲気づくりが行われています。

　英語では、6年間一貫して分割授業を行っており、口頭練習・口頭発表の機会も多いのが特徴です。こうした取り組みをすることで、コミュニケーション能力の育成に成果をあげています。

　高等科では、多くの選択授業において少人数の授業が実施されています。

豊かな海外体験から広がる
異文化への積極的姿勢

　早くから国際理解教育に取り組んできた学習院女子では、留学や海外研修旅行もさかんに行っています。

　また、帰国生の受け入れにも熱心で、海外生活経験者の数は中等科全体の約1割にもおよんでいます。帰国生は長い海外生活で培った国際感覚を、個性を重んじる校風のなかでさらに伸ばすことが可能です。

　また、海外生活経験者と一般生徒がそれぞれの考え方・感じ方を理解し、認めあうプロセスをとおして、どちらの生徒も異文化への前向きな姿勢を養っています。

　学習院女子高等科から学習院大や学習院女子大へは、約70%が内部推薦で進学しています。内部推薦は、高等科での学業成績や実力考査の成績により決定されますが、希望する生徒のほとんどが推薦されています。

　他大学へ進学する生徒も、毎年20%前後います。近年は、東大や早大・慶應大などの難関校への合格者もでています。

　学習院女子は、現在にいたるまで一貫して「その時代に生きる女性にふさわしい品性と知性を身につける」女子教育を行っています。

川村中学校
（かわむら）
KAWAMURA Junior High School

■東京都豊島区目白２−22−３
■JR線「目白」徒歩２分、地下鉄
　副都心線「雑司が谷」徒歩７分
■女子のみ363名
■03−3984−8321
■http://www.kawamura.ac.jp/

知・徳・体の調和のとれた女性を育成

　JR山手線の目白駅から徒歩２分という立地の川村学園は、1924年（大正13年）、川村文子先生によって設立され、長い歴史を刻んできた学校です。その間、教育理念である「感謝の心」「女性の自覚」「社会への奉仕」を３本の柱として掲げ、生徒一人ひとりを大切に見守りつづけてきました。

　また、変化する時代のなかで、川村学園の教育として残すべきものをじゅうぶんに見極め、さらに時代のニーズを的確に教育に反映させることを心がけ、中学校・高等学校６年間の一貫教育を中核とし、幼稚園から大学までのゆとりある女子教育を行っています。

　明るく、心豊かに、人の痛みがわかる女性として成長し、深く自己を知るとともに、力強く生きることの大切さを学び、充実した学園生活を送ることができるよう導いていきたいというのが、川村教育の願いです。

　川村学園では、知・徳・体の調和のとれた、豊かな感性と品格を兼ね備えた女性を育てることをめざしており、これまでにも多くのすぐれた人材を輩出してきました。この建学の心をいしずえに、年齢にふさわしい自覚と責任感を身につけさせ、かつまた複雑な現代社会に対応できる力を養うために、実体験をとおして「学ぶ」ことの楽しさ、知的好奇心を喚起し、個々の潜在能力を引きだし、自分らしい生き方を発見できるよう、つぎのような教育実践に力を入れています。

教育実践の重点８つ

　①講堂朝礼…毎月１回、各分野から講師を招いて講話を実施しています。知・徳・体の全般にわたり幅広い教養を身につけるのが目的です。

　②国語力の育成…言語能力は知的活動の基盤であると考え、日常生活での言葉づかいはもとより、筋道を立ててものごとを理解し、正しい判断・認識を得ることができるように、また豊かな感受性を培うことができるよう指導しています。

　③英語教育…現在の国際化の波にしっかりと対応できるよう、実践的総合英語力を養っています。英語の知識をじゅうぶんに修得させ、自分の考えや意見を英語で表すことができるよう指導しています。

　④学力の徹底および情報処理能力の向上…年間を前期・後期に分ける２学期制を導入し、ゆったりとした時間のなかで、じっくりと学力向上に努めています。

　⑤総合的な学習の時間への積極的な取り組み…ひとつのテーマに沿って自ら考え、計画・実行し、そして自ら評価・反省するという主体的体験をつうじて各教科の知識をいきたものにしていきます。生徒たちに多くの発見や問題意識を持たせるのが目的です。

　⑥芸術鑑賞会や校外授業などの多彩な行事…伝統文化や異文化に直に触れ、より深い理解に導き、豊かでみずみずしい感性や情操を養います。

　⑦「食育」の重視…独自の給食制度（「会食」と呼んでいます）があります。手づくりのものをおいしく食べながら、感謝の心やマナーを身につけ、さらに現代の食をとりまく問題にまで目を向けます。川村独自の「食育」には、建学の精神が根底に流れています。

　⑧蓼科山荘の活用…学園併設の蓼科山荘での合宿では、集団生活のマナーのほか、信州の豊かな自然のなかで、自然との共生や慈しみの心の重要さを学び、感謝の精神や思いやりの心を育てます。

　川村中学校の生徒たちは、中学校・高等学校の多感な６年間をとおして、自己啓発と学習に取り組み、「考える力」や「自分を律していく力」を育て、嬉々とした明るい学園生活を送っています。

吉祥女子中学校

きちじょうじょし

KICHIJO GIRLS' Junior High School

■東京都武蔵野市吉祥寺東町4－12－20
■ＪＲ線「西荻窪」徒歩8分
■女子のみ817名
■0422－22－8117
■http://www.kichijo-joshi.ed.jp/

個性・自主性を発揮し、互いの価値観を尊重しあう校風

難関大学への高い進学実績

　武蔵野の静かな住宅街をぬけると、吉祥女子中学・高等学校があります。創立は1938年（昭和13年）、卓越した独自のカリキュラムにより、優秀な大学進学実績をあげつづけていることで知られています。

　2011年も、文理系の大学合格状況は、東大・東工大・お茶の水女子大・東京外大・国公立医学部をはじめとする国公立大学へ70名（内現役55名）、早大・慶應大・上智大・国際基督教大・東京理大へ169名（内現役145名）という輝かしい成績を残しました。

　また、今春の卒業生の約80％が現役で大学に進学しているというのも、吉祥女子中学・高等学校の大学進学実績の大きな特色といってよいでしょう。

社会に貢献する
自立した女性を育成

　すばらしい大学進学実績をあげる吉祥女子中学・高等学校ですが、けっしてたんなる進学をめざす学校ではありません。

　「社会に貢献する自立した女性の育成」を建学の精神に掲げ、自らの個性と自立性を発揮するだけでなく、互いの異なる価値観を尊重しあう土壌というものがあります。

　進路・進学指導は、生徒が自分を見つめ、ふさわしい生き方を見出すことができるようなプログラムを組んで行われているのが特長です。

　中学では、「進路・生き方に関するプログラム」を組み、目さきの受験だけではなく、人間としての生き方の次元から将来像を掘り起こす指導をしています。

　高校では各学年ステップアップしていく進路指導プログラムを実施し、目標とする職業像の設定から学部・学科の選択、そして第1志望の決定まで、進路ガイダンスを中心にきめ細やかな指導をしています。

理科は実験を多く取り入れ
レポート指導も万全

　学習意欲を引きだす独自のカリキュラムに基づき、思考力や創造性、感受性を育成しています。授業では、生徒の不思議に思う気持ちを刺激し満足させる授業形態を数多く取り入れているのが特長です。

　国語では調べ学習や小論文、社会ではディベートなどの授業を行い、幅広く知識を身につけ、問題意識を深めます。

　理科では実験を多く取り入れ、レポート指導に力を入れています。

　英会話ではクラスを2分割し、日本人とネイティブの先生による少人数授業を行っています。

　国語・社会・数学・理科・英語といった主要科目には多くの時間を配当し、ハイレベルな教材をテキストとして使用しています。

　また、数学と英語では週1回の補習があり、基礎学力を確実に身につけることができます。

高校2年生から
進路別クラスに分かれる！

　高校では、1年次には共通カリキュラムを履修し、2年次より国公立文系・私立文系・理系・芸術系の4系統に分かれます。

　英語や理科系科目では習熟度別授業も取り入れて、進路達成をはかります。芸術系は音楽と美術の専門分野に分かれ、10～14単位の専門科目を履修することができるようになっています。

共栄学園中学校
きょうえいがくえん

KYOEI GAKUEN Junior High School

東　京

共学校

葛飾区

■東京都葛飾区お花茶屋２－６－１
■京成本線「お花茶屋」徒歩５分
■男子94名、女子163名
■03－3601－7136
■http://www.kyoei-g.ed.jp/

文武不岐　～活力あふれる進学校～

　1947年（昭和22年）、学識の高揚と礼節・徳操の滋養をめざし、知・徳・体が調和した全人的な人間の育成を基本理念として設立された、共栄学園中学校・高等学校。

　21世紀の国際社会で活躍する人材育成をめざし、自発性・創造性を大切にしながら新しい時代に即した教養と実践力で、豊かな人間性と困難な課題をやりぬく力を育成しています。

学習意欲を高める
さまざまな仕掛け

　共栄学園には、最先端の校舎を有効に使ったさまざまな仕掛けが用意されています。

　高層棟3・4階に2部屋あるマルチメディアルームは、アロック学習やスーパージムなど多彩な授業に利用されています。

　アロック学習とは、パソコンを使ってゲーム感覚で英文・英単語を身につけていく学習法のこと。中1で英検準2級を取得する生徒もでています。

　スーパージムは、生徒各自がパソコンから自分に合ったプリントを引きだせるシステムで、基本問題から難関大学入試問題レベルまで5教科36万題が用意されています。

　国語の授業では、論理をすべての学問のエンジン部分と考え開発された「論理エンジン」を中学1・2年生に導入しました。

　また、長期休暇中には、中1から高3まで全学年で「特訓講座」を実施しています。毎回多数の生徒が受講している人気の講座です。

　高校課程の校内勉強合宿や、中1・中2のスクールステイでは、合宿施設（合宿所・風呂・シャワー室）を利用して、週末や長期休暇中に学校で合宿をし、集中して学習を深めています。

英数先行型先取り学習と
2―2―2制カリキュラム

　英語・数学は、公立中学校のおよそ2倍の授業時間を割りあて、先取り学習を進め、前期課程の2年間でほぼ中学課程の学習を終えます。

　しかし、やみくもにさきに進むのではなく、先取り学習と並行して演習の時間を設け、また、長期休暇中の特訓講座などで、既習事項の「さかのぼり学習」を行っています。

　また、6年間を2年ずつに分割して発達段階に応じた指導を進めていく2―2―2制をとっています。

　2年間という中期目標を設定し、つぎの段階へステップアップするのだという意識づけが効果を表しています。さらに、4年次から選抜クラスを設定するとともに、選抜クラスと特進クラスには優秀な高入生を迎え、混成クラスを編成することで、互いによい意味での緊張感を持った環境を構築しています。

特進クラス＆進学クラス

　共栄学園中学校では、特進クラスと進学クラスの2コースで募集が行われます。

　中学3年次までは、授業進度はそろえながら「特進クラス」では発展的な問題の研究を積極的に取り入れ、「進学クラス」では基礎学力の徹底を主眼に授業を進めます。

　「特進クラス」では、放課後の「プラス1レッスン」「長期休暇中の特訓講習」などを行い（進学クラスも希望者は参加できます）、より高い目標をめざします。2年・3年・高校課程進級時に、本人の希望と学力適性により、「進学クラス」から「特進クラス」にステップアップすることもできます。

北豊島中学校
きたとしま

KITATOSHIMA Junior High School

東 京
荒川区
女子校

徹底した少人数制教育を推進する

北豊島中学校の母体である北豊島学園は、1926年（大正15年）創立という、長い歴史を誇る学校です。

その間、一貫して社会で活躍できる女性の育成をめざし、女子教育の推進に努めてきました。

従来型の詰めこみ教育ではなく、「個人として考える力」、「社会で自立できる女性」を育てるため、1クラスの人数を20名前後（25名以内）としています。

これは、生徒の個性を伸ばし育んでいくために最適な規模だと考えるからです。

みんなが主役になれる授業

国語・数学・英語の主要科目では、個々の学習状況や学力状況をふまえた習熟度別授業が行われます。

北豊島独自のきめ細かい対応のなか、「みなさんわかりますか」という問いかけではなく、「あなたはわかりますか」といったアッ

トホームな雰囲気の授業、つまり「生徒一人ひとりが主役」としてのぞめるような授業になっています。

北豊島は、少人数による「発信型英語教育」を徹底する学校としても知られています。「英語を話す」ことだけを目的とするのではなく、「考えられる国際人」の育成に向け、英語教育を展開しています。

英語の授業は週8時間、そのうち3時間を専任の外国人教師が担当し、5時間は日本人教師による習熟度別授業で行われます。教科書を使わず、独自教材をふんだんに取り入れ、なおかつ教師と生徒がインタラクティブなかたちで授業が進められます。

少人数制教育は進路指導にもいかされ、中高一貫生の現役大学進学率は91.8％と非常に高く、語学系の強みをいかしながらも、近年では理系進学者も増えてきました。

毎年、確実に前進する北豊島中学校は、今後も注目の1校です。

■東京都荒川区東尾久6－34－24
■日暮里・舎人ライナー「熊野前」徒歩5分、京成線・地下鉄千代田線「町屋」徒歩15分
■女子のみ166名
■03－3895－4490
■http://www.kitatoshima.ed.jp/

暁星中学校
ぎょうせい

GYOSEI Junior High School

東 京
千代田区
男子校

教育理念は「キリスト教の愛の理念」

1888年（明治21年）、カトリックの男子修道会マリア会によって創立された暁星中学校。その教育理念は「キリスト教の愛の理念」そのものです。暁星では、生活指導をとおして、①厳しさに耐えられる人間、②けじめのある生活のできる人間、③他人を愛することのできる人間、④つねに感謝の気持ちを持つ人間づくりをめざしています。

英語とフランス語が必修

中高6カ年一貫教育を行う暁星では、一貫したカリキュラムに則って授業を展開しています。中学では基礎学力の充実をめざし、習熟度別授業や先取り授業も実施しています。

高2からは文系・理系に分かれ、さらに高3では志望コース別に分かれます。

教育効果をあげる習熟度別授業や、それぞれの進路に応じたクラス編成を実施しているだけでなく、中・高一貫教育の利点を最大限にいかすため、学校独自の教材を数多く用意

し、カリキュラムに基づいた授業が行われています。

少人数による授業や、課外指導、添削指導は確実に効果をあげています。また、中1～高3までの6カ年をひとつの流れとしてとらえる実力試験システムは、中だるみの早期発見や苦手科目の克服にも役立ちます。

暁星では、語学教育にも特色があり、中1から英語とフランス語の2カ国語を履修しています。授業時間は、英語を週に6時間、フランス語を週2時間実施。もちろん、外国人教師による生きた本場の言語を直接学ぶことが可能です。また、英語とフランス語どちらも高1でホームステイを含む海外での語学研修が準備されており、語学力を大きく伸ばす体制が整っています。

きめ細かな進学指導にも定評があり、毎年東大をはじめとした国公立大学や早大、慶應大などの難関私立大学へ多くの卒業生を送りだしています。

■東京都千代田区富士見1－2－5
■地下鉄東西線ほか「九段下」徒歩5分、JR線・地下鉄有楽町線ほか「飯田橋」徒歩8分
■男子のみ539名
■03－3262－3291
■http://www.gyosei-h.ed.jp/

東京
神奈川
千葉
埼玉
茨城
寮制
あ行
か行
さ行
た行
な行
は行
ま行
や行
ら行
わ行

共立女子中学校
きょうりつじょし

KYORITSU GIRLS' Junior High School

- ■東京都千代田区一ツ橋2－2－1
- ■都営三田線・新宿線・地下鉄半蔵門線「神保町」徒歩3分、地下鉄東西線「竹橋」徒歩5分、ＪＲ線「水道橋」徒歩15分
- ■女子のみ963名
- ■03－3237－2744
- ■http://www.kyoritsu-wu.ac.jp/chukou/

校訓は誠実・勤勉・友愛

共立女子は、創立以来、つねに社会の第一線で活躍できる女性の育成をめざし、時代の歩みとともに時代を先取りしながら進化しつづけてきました。誠実・勤勉・友愛を基調とした共立の教育は、その126年の伝統のなかで価値あるものをしっかりと継承しながら、高貴なリベラリズムへと昇華されてきたのです。女性が女性としての特性を捨て去るのではなく、細やかな感性など、女性としての特性に磨きをかけ、同時に知的能力を高めていく。その高度に調和した女子教育が、多くの卒業生たちの活躍を生みだし、女性としての高いスタンスを社会に築きあげることにつながっています。

女性が社会に進出しその能力を発揮していくためにも、細やかな心遣いや品格ある所作が重要となってきます。マナーにかなった自然な振る舞いや言葉は一朝一夕には身につきません。

共立女子中学高等学校では、その6年間の日常と数多くの機会をとおして気品ある女性を育てるためのしつけに力をそそいでいます。

週6日制で深みのある授業

それぞれの可能性を掘り起こし、発展性のある確かな基礎をつくりあげるのが中学校の3年間です。共立女子の中高一貫カリキュラムは、どの教科にも相当の時間数を割いています。これにより、生徒は学習の幅を広げることができます。

また、中1から英語で少人数授業を、さらに中2から数学、中3から古典で習熟度別授業を行っています。英語・国語・数学はもちろん、美術や音楽も含めて全教科、全授業が高度に練磨され、それぞれの深みへと興味をうながす独自の工夫が散りばめられています。

そして、それぞれの授業は、他教科にまたがる数多くの

知的啓発を含んでいます。また、共立女子では、これまでの深みある授業と先取り進度を維持していくため、週6日制を継続・堅持し、学力の伸長に重きをおいています。

夢中になって取り組むことが大切

机上の学習にかぎらず、学校生活すべてに一生懸命さを求めるのが、共立女子の教育の特徴のひとつです。それにはもちろん、入学者個々の学習面における基礎能力の高さが前提となっていますが、中等教育課程6年間の中1～高1の4カ年は、分野をしぼらず、運動やそのほかの活動にも積極的に取り組んでいくことがとても大切だと考えています。その多様な活動への熱心な取り組みが、潜在する個々の可能性を引きだし、大学進学だけにとどまらない大きな開花を実現させているのです。

共立生になったという実感と喜びを感じる新入生歓迎会や、楽しいクラスづくりをするための1・2年生の校外オリエンテーション、教科学習の充実とさまざまな思い出が残る修学旅行など、行事も多彩です。また、共立祭をはじめ、企画から運営まで中学生だけで行い、やり遂げる苦労から強い連帯感が生まれる行事も多くあります。

気品ある女性をつくる

きちんとしたマナーのかたちを知り、自然で美しい振る舞いを身につけることを大切にする共立女子。隔週で3年間、礼法の指導者から正式な小笠原流礼法を学びます。中1では基本動作、2年では日常生活での作法、3年では伝統的なしきたりとしての作法というように、日本女性として身につけておきたい作法をひととおり学習し、礼のかたちを学ぶことをつうじて思いやりのあるおだやかで豊かな心を育んでいきます。

共立女子第二中学校
きょうりつじょしだいに

The Second Kyoritsu Girls' Junior High School

■東京都八王子市元八王子町1－710
■JR線・京王線「高尾」スクールバス10分
■女子のみ327名
■042－661－9952
■http://www.kyoritsu-wu.ac.jp/nichukou/

新校舎、新制服、新共立第二へ

共立女子第二中学校・高等学校は、武蔵陵に近い八王子の丘陵「月夜峰」に立地しています。共立女子学園の建学の精神は「女性の自立」、校訓は「誠実・勤勉・友愛」。共立では勉強も大切ですが、まずはこの校訓を理解し、そしてそれを自らのものとして実践する、そうした豊かな心の持ち主になることが最大の目標です。

バランスのとれた人間の育成

学園の建学の精神や校訓をもとに、共立女子第二中学校・高等学校ではさらに独自の教育理念を有します。それは、充実した施設・設備や豊かな自然環境をいかし、大学付属校の利点である安心の進学システムを土台に、伸びのびとした教育を展開し、バランスのとれた人間を育成することです。大学受験を見据えて充実したサポートを行い、いま必要な教育、そして10年先、20年先の生徒にとって大切な教育とはなにか、それをつきつめていったところに共立女子第二の教育理念があると考えています。

新教育制度がスタート

生徒の多様な志望をかなえるために、2011年、教育制度が改革されました。中高6カ年一貫教育の完全実施により、中学1・2年で学習の基礎を徹底して築くとともに、主要5教科について6年間を見据えた先取り学習を導入しました。高校2年ですべての課程を修了させ、高校3年できめ細かい受験指導を展開していきます。これにともない、中学課程においては基礎学力の習得を徹底させるべく英語・国語・数学を標準単位数の約1.5倍に増単し、無理なく先取り学習を実施できる環境を整えています。

なお、中学3年と高校1年では、外部難関大受験への対処などを念頭にAPクラスを設置し、高校2年以降のコース制に効果的につなげていける体制を整えています。

新校舎へ移転、新制服を採用 給付奨学金制度も導入

共立女子第二は、2011年（平成23年）1月、八王子キャンパス中央に改築された新校舎に移転しました。少人数分割授業の円滑な実施に欠かせない小教室の多数設置、ゆとりある学校生活に必要なオープンスペースの積極的導入、食育の場となる食堂の設置など、学校の現状に即して設計されました。既存の大講堂や9面のテニスコート、ゴルフ練習場なども含め、伸びのびと学業・運動に打ちこめる環境が整備されています。

また、今年度より制服も一新しました。中学生は若々しい紺色、高校生は落ちついたグレーの「ELLE」の正装に加え、「Peter MacArthur」のタータンチェックの替えスカートをはじめ、バリエーションも豊富です。

給付奨学金制度も導入されました。中学入試の合計点得点率により、入学金や授業料などを免除します。高校進学時にも同様に奨学金給付のチャンスが用意されています。

共立女子大・短大併願のもと 安心して外部大学にもチャレンジ

進学時には、大学付属校として有利な制度が設けられています。共立女子大・短大の推薦入試による合格を得ながら、さらに外部大学も受験できる「併願型特別推薦制度」です。難関大挑戦も、ゆとりを持ってのぞめます。

また、共立女子大・短期大も時代のニーズに合わせキャンパスを神田に集中化させ、新たに児童学科や看護学科などが新設されるなどの改革が進み、志望する生徒も増加しています。中学受験生にとってはさきの長い学校生活、さまざまな選択肢が用意されていることが共立女子学園の大きな特長でもあります。

国本女子中学校
KUNIMOTO GIRLS' Junior High School

「礼を重んずるは国の本を為す所以なり」

幼稚園から高校までを擁する国本学園。校名「国本」は、中国の古書『礼記』に記された「礼を重んずるは国の本を為す所以なり」に由来します。校訓は「真心の発揮」「自然に対する素直さの涵養」「恩を知り恩に報ゆる心の育成」です。

「礼を重んずる」国本女子では、人を大切にする心、敬う心、誠意をもって人と接することに重きをおき、「人々のために自分の能力を発揮できることを喜びとする人材」の育成に努めています。

国際的視野を持つ女性を育成

学習においては、国際的な視野を持った女性を育成することをめざし、語学教育を充実させているのが特徴です。

とくに英語教育には力を入れ、独自の教科課程を編成、計画的に指導しています。授業で学んだことを実践する場として「ブリティッシュヒルズ語学研修」（中学1・2年次）や、修学旅行で「カナダ語学研修」（中学3年次）を行い、生きた英語の習得を充実させています。

進化した2コース制

国本女子では中学3年次よりコース制が導入されています。難関大学への現役合格をめざす「スーパーアドバンストコース」と、さまざまな選択科目や体験学習で個性を伸ばす「総合進学コース」のふたつがあります。中高一貫の生徒たちは、中学3年次にスーパーアドバンストコースへ直結します。

中学1～2年の段階は基礎力充実期とし、学力の土台を築くことに重点がおかれます。反復学習により、基礎学力を身につけます。

中学3年から高校1年にかけては、応用力の養成期に入ります。その後、自己力完結期へとシフトし、実践的・総合的な学力の完成をめざします。

※来年度よりコース名が変更になります。

■東京都世田谷区喜多見8−15−33
■小田急線「喜多見」徒歩2分
■女子のみ49名
■03−3416−4722
■http://www.kunimoto.ed.jp/

中学受験用語集

■延納・延納手続き金

公立の中高一貫校が増加し、私立中学校の一部で公立中高一貫校の合格発表日まで入学手続きを延期できる制度を持つ学校がでてきた。このように、他校の発表を待つために、入学手続き締切日を延ばす制度を「延納」という。

このとき、入学金の一部を延納手続き時に納める制度を持つ学校があり、これを「延納手続き金」と呼ぶ。入学すれば、入学金に充当されるが、入学辞退の際には返金されないことがある。

■オープンスクール

学校を見学できる機会。施設の見学だけでなく、クラブ活動や授業の実際を体験できるのでこう呼ぶ。学校の雰囲気を自分の目で確かめることができる。学校説明会と同時に開催するケースも多くなっている。

■オリジナル教材

学校が指定している自校のテキストの内容を補完する目的で、先生がた自らが作成したプリント教材のこと。

私立の中高一貫校は、検定教科書もあつかうものの、その内容に飽きたらず、学校で選定したテキスト・参考書などを指定教科書としている。いわゆる『プログレス』や『A級数学問題集』などがそれにあたる。それを補って、授業中に数多く使用されているのがオリジナル教材。優れた内容のものが多く、やがて見いだされ出版社からテキストとして刊行されることもある。

■過去問題（過去入試問題）

その学校が過去に課した入試問題。各校それぞれに出題傾向や配点傾向があるので研究は欠かせない。第1志望校については5年はさかのぼって解いてみたい。学校で頒布・配付している場合もあるし、書店でも手に入る。

解いたあと、その年度の合格最低点や設問ごとの得点分布などを参考にする。また、過去問題を解きながら時間配分も身につける。

一般的には略して「カコモン」と呼ばれる。

■学校説明会

少ないが「学校見学会」と呼ぶ学校もある。

その学校の教育理念や教育方針、授業の実際やカリキュラム、系列大学への進学、大学入試に関する取り組み、大学進学実績、そして、入試日や入試方式などについて、各中学校が受験生とその保護者を対象に行う説明会のこと。施設や校内の見学もできる。

学校への交通、通学路のアクセス方法なども含めて入試に関する下見をすることができる。

慶應義塾中等部

けいおうぎじゅく

KEIO CHUTOBU Junior High School

■東京都港区三田2−17−10
■JR線「田町」、都営浅草線・三田線「三田」、地下鉄南北線「麻布十番」徒歩10分、都営大江戸線「赤羽橋」徒歩15分
■男子468名、女子287名
■03−5427−1677
■http://www.kgc.keio.ac.jp/

「独立自尊」の思想を重視

慶應義塾大学三田キャンパスの西隣に、慶應義塾中等部はあります。戦後の学制改革にともない、1947年（昭和22年）に中等部として発足。福澤諭吉翁が提唱した「独立自尊」「気品の泉源」「智徳の模範」の建学の精神に則って、誇り高き校風を形成してきました。3本の柱のなかでもとくに重視されるのが独立自尊の思想です。「自ら考え、自ら判断し、自ら行動する」と現代風に言いかえられ、教育理念の要ともなっています。それを端的に表すのが禁止事項の少なさでしょう。たとえば服装も、学校行事などに着る基準服が決められてはいますが、制服は定められていません。中学生にふさわしい服装とはどんなものか。それひとつの選択にも、自ら判断するという自発性と主体性が求められるのです。校則でしばることなく生徒の自主的な判断に任せるというやり方をとおして、伸びやかでしなやかな、かつ責任をともなった自立の精神を学んでいきます。

私学の雄へのパスポート

独立自尊の精神は学校のあり方そのものにも貫かれ、慶應義塾では「附属」という言葉は使いません。中等部、高等学校、大学のあいだには対等の関係が築かれているのです。そのため、いわゆる中高6年間をとおした受験用の一貫制がとられていないのも特徴といえます。それが慶應義塾らしいおおらかさを醸しだす要因となっているのも事実でしょう。

慶應大を頂点とする進学コースのなかで、中等部を卒業すればほぼ全員が各自が希望する義塾内の高等学校に中等部長の推薦により進学し、さらに大学の各学部へと道が開かれているのが現状です。その意味で、中等部への入学が大きなアドバンテージになることはいうまでもありません。また独立性はあっても一貫教育校間のきずなはきわめて強く、同じ「塾」の仲間として六大学野球の慶早戦の応援ほか、多彩な行事が用意されています。慶應義塾の一員としての自覚はこうした機会によっても芽生えていくはずです。

幼稚舎（小学校）からの進学者を合わせ、1学年は約250名で構成されます。男女比はおおむね2対1となっていますが、人数の少ない女子の元気さが目につくのも昨今の風潮でしょう。ちなみに、1992年（平成4年）に湘南藤沢中・高等部が創立されるまでは、中学校・高等学校で男女共学制を敷くのは慶應義塾中等部だけでした。創立以来の伝統ある共学教育の成果は、女子においても数多くの有能な人材の輩出をもたらしてきたことで証明されています。

将来、慶應大を卒業して社会の中核を担っていくという観点から、いろいろな学問の基礎を身につけることが求められます。そのためには学科や科目による偏りがあってはならないとされ、オールラウンドに学ぶ姿勢が強調されます。そこには自らの可能性を発見するために、さまざまな経験を積ませたいという義塾側の"親心"もうかがえるのです。

校友会活動にも重きをおく

林間学校やクラス対抗の運動会ほか、学校行事もさかんです。

また、クラブ活動である校友会の活発さも特筆できます。学芸部、運動部を兼部することも可能であり、生徒たちも熱心に取り組んでいます。

慶應義塾は塾生間のきずなが強いとよく言われています。つきあいの始まりはこの校友会活動からというケースも多く、中等部時代に育んだ友情はきっと人生の財産となっていくことでしょう。

京華中学校
けいか

KEIKA BOYS' Junior High School

■東京都文京区白山5－6－6
■都営三田線「白山」徒歩3分、地
下鉄南北線「本駒込」徒歩8分
■男子のみ373名
■03－3946－4451
■http://www.keika.ed.jp/

ネバーダイの精神で未来をたくましく

創立は1897年（明治30年）の京華。110年を越す歴史と伝統をいしずえに、「今を超える」教育を展開し、建学の精神「英才教育」と校訓「ネバーダイ（Never Die）」の精神のもと、つぎの3つのテーマを掲げ、未来をたくましく生きる人間育成をめざしています。

テーマのひとつ目は、自立と自律の心を持ち、自らを見つめる力を持つ豊かな人間性を育成すること。ふたつ目は、将来の夢や進路希望の実現に向け、勉学のモチベーションを高める徹底した進路教育。3つ目は、多様化する社会に対応できるよう、自己表現力とコミュニケーション能力を育成することです。

無限大の未来を実現する
教育システム

京華は進学校として、生徒それぞれの学力、志望に応じた指導を行う教育体制をとっています。そのバックボーンとなっているのが、つぎにあげる6つのシステムです。

①自己適性把握、キャリア意識を確立した上での目標設定、学習意欲の向上、学力アップと確認を4本の柱とした、継続的進学マネージメントシステム。

②ゆとりある週6日制による授業時間の確保に加え、パワーアップされた学習指導システム。

③導入コースを皮切りとし、生徒それぞれが3年間を有効に活用できる、各段階ごとのコースシステム。

④自分の未来を考え、認識し、他とコミュニケートしながら自己表現する「自分育て」システム。

⑤本格的国際化のなか、広い視野を持つグローバルな人間育成システム。

⑥生徒の学力と個性にマンツーマンで対応する教育支援システム。

これらのシステムが、生徒一人ひとりを熱くサポートしています。

生徒と先生が本音で交流する双方向でのコミュニケーションのもと、中学では主要科目を徹底指導。標準単位よりも多くの時間を設定し、ゆとりを持ってじっくりと学習できる環境を整えています。

また、授業以外にも学力を総合的に向上させるために、さまざまな検定試験の推奨、IT教育への取り組みなど、オーダーメイドの教育を進めています。

一人ひとりの夢を実現するために

「進学は夢を叶えるための重要な1歩」と考える京華は、明確な進学校です。

来年度、従来行っていた中学3年次からのコース制を、入学時よりの「特別選抜クラス」「一般クラス」というコース制に変更しました。よりきめ細かく学力・志望に応じた指導を展開していくためです。

その代表が、数学・英語で行われる1クラス2分割授業です。

数学では、通常の授業ではカバーしにくい実践的な問題演習に慣れさせることをねらいとした「アドバンスゼミ」と、基礎的な問題を解くトレーニングを中心に行う「マスターゼミ」を実施。英語では、「ENGLISH COMMUNICATION」で、2名の外国人講師と本校英語教員による少人数の英会話・リスニング・ライティングの演習を行います。英文読解と英文法のマスターに重点を置く通常の英語の授業と別に行うことで、英語による実践的なコミュニケーション能力を高めます。

生徒は、不得意な教科には苦手意識を持ちがちですが、京華では早めの対策を講じることによって苦手意識を払拭し、「やればできる」というプラス思考へと弾みをつけられるよう、一人ひとりを支えています。

京華女子中学校
けい　か　じょ　し

KEIKA GIRLS' Junior High School

■東京都文京区白山5−13−5
■都営三田線「千石」「白山」徒歩
　5分、地下鉄南北線「本駒込」徒
　歩8分
■女子のみ133名
■03−3946−4434
■http://www.keika-g.ed.jp/

21世紀を支える真に賢い女性を育む

　東京の文教地区・白山に位置する京華女子中学校。京華学園の名前には、「華々しく光り輝き、永遠に発展する東京の華」という意味がこめられています。学園創立は1897年（明治30年）で、110年を越える歴史を有し、各界に優秀な人材を輩出しつづけています。京華女子は、1909年（明治42年）、現在の地に京華高等女学校として誕生しました。

1世紀を経て
継承される教育理念

　創立当時の理念は、1世紀を経た現在も継承されています。

　京華女子では「自ら考える力の基礎となる学習の充実、コミュニケーション能力を高める積極的なクラブ活動、人間尊重の規律ある生活態度」を教育理念とし、生徒一人ひとりに秘められた無限の可能性を引き出す教育を推進しています。京華女子の学びは、国際感覚や人間愛を身につけた、自ら考える力を持つ21世紀を支える真に賢い女性を育てます。

きめ細やかに手づくりの教育

　京華女子では、つぎの3つを教育方針として掲げています。

１．EHD

　EHD（Education for Human Development）とは、体験学習を中心とした独自の教育プログラムです。毎朝始業前に10分間行われる朝読書をはじめ、中学校では毎週土曜日を「EHDの日」と定め、ボランティア体験学習、箏曲、茶道・華道・礼法などを学ぶ伝統文化学習、国際・情報・環境を考える総合学習などを行っています。

２．英語と国際理解

　急速にグローバル化していく現代社会に適応するため、とくに英語を重視したカリキュラムが組まれています。英語の授業を週6日設定し、英会話の授業はネイティブスピーカーが担当します。そのほか、英語を学ぶ環境を増やすため、中1で「八ヶ岳英会話教室」、中3で「シンガポール海外修学旅行」、高1で「語学研修擬似留学体験」のプログラムが用意されています。中2以上の希望者は「オーストラリア語学研修」に参加することもできます。

３．情報

　マルチメディアラボには最新のパソコンを設置。いつでも自由にパソコンを使うことができる環境のもと、現代の情報化社会に必要な素養を身につけていきます。情報の授業でも使い方・活用方法の指導を行い、自ら発表・発信できるツールとしてのスキルを養います。

　また、インターネットをつうじて自分に必要な情報を得るだけでなく、生徒一人ひとりがeメールアドレスを持ち、自作のホームページをつくるなど、情報の発信源としてもコンピュータを活用しています。eメールを利用した海外との情報交換も活発で、ここでも国際交流の和を広げています。

少人数クラスで実現した
きめ細かい教育

　中学校では「英語」「情報」「心の教育」を重視して、京華女子独自の教育プログラムのなかで、広い視野、深い知性、優しい心を持った女性を育てます。

　生徒個々の特性、学力、希望進路などはみなちがいます。それらを満たすために、京華女子では多様な選択科目を用意し、少人数でも開講しています。また、小規模校であるからこそできるきめ細やかな授業、一人ひとりに目を向けた進路指導・教育相談などを実践しています。

恵泉女学園中学校
KEISEN GIRLS' Junior High School

■東京都世田谷区船橋5−8−1
■小田急線「経堂」「千歳船橋」徒歩12分、京王線「桜上水」徒歩25分
■女子のみ587名
■03−3303−2115
■http://www.keisen.jp/

広く世界に向かって心の開かれた女性を育成

恵泉女学園中学・高等学校は、キリスト教徒である河井道によって、1929年（昭和4年）に創立されました。

「広く世界に向かって心の開かれた女性を育てなければ、戦争はなくならない」との固い信念に基づいての開校です。

河井道は、教育者・新渡戸稲造の薫陶を受け、そのすすめで米国に留学し、帰国後、日本YWCAの創立に尽力されたことでも知られています。

学園では、創立者の意志を受け継ぎ、キリスト教信仰に教育の基盤をおき、その教育を行っています。

「聖書」「国際」「園芸」を教育の柱に据える

恵泉女学園では、通常のカリキュラムに加え、「聖書」、「国際」、「園芸」という特徴のある教育を行っています。

生徒たちは、毎朝の礼拝をとおして、あらゆるものの命をつくり育てる神様を信じ、困っている人の友だちになれる心を大切にすることを学びます。

国際教育は創立時から行われてきました。平和をつくりだす女性となるため、世界に向かって開かれた心を持ち、国を越えて信頼されるよう、たんに英語を学ぶというだけでなく、多彩な平和学習や国際交流プログラムがあります。

そして、園芸では、自然を愛し、土に親しむことをとおして、生命の尊さや働く喜びを学びます。

1年生は、草花、綿、ジャガイモなどを栽培し、ほかにもジャムづくりや調理も行います。上級の学年になると、さらに数多くの作物栽培や梅干などの食品加工も行うようになります。

生徒は、土と親しみ、植物を友とし、自分の身体を動かし、仲間たちと協力して作業を行います。これらの体験は、人間として生きる力を育んでいきます。

成長段階に応じて3段階に分けた教育を

授業では、成長段階に応じてメリハリのある生活を送れるよう、中・高の6年間を前期、中期、後期の3段階に分けているのが大きな特色です。

[前期「出会う」]

前期（1年、2年）は、学園での生活に慣れ親しみながら基礎的な勉強の習慣を身につける段階です。生徒は、体験学習や調べ学習をとおして自主的に学ぶ楽しさに出会います。

また、園芸や芸術など、生徒の感性や創造力を育む時間が多いのも特徴です。

[中期「深める」]

中期（3年、4年）は、自分のことや進路について探究していく時期です。習熟度別や少人数制の授業で、それぞれの個性や能力を深めていきます。生徒同士で意見を交換しあう機会もたくさん設けられており、他人への理解を深めていく段階でもあります。

[後期「つなげる」]

後期（5年、6年）は、生徒自身が選択科目から自主的にカリキュラムを組み、それぞれの個性や希望に応じて進路を決める時期です。学校行事やクラブ活動でも下級生をリードする存在となり、人間として生きる力を磨いていきます。

コース制を取らず、自らの進路に合わせた選択科目を取り入れ、それぞれの方向性に合わせて自主的なカリキュラムづくりが可能となっているのも、一人ひとりの個性を伸ばす恵泉のカリキュラムの大きな特徴といえるでしょう。

京北中学校
けいほく

KEIHOKU Junior High School

学力と創造力を育む一貫教育

京北中学校・高等学校は、2011年（平成23年）、学校法人東洋大学と合併して併設校となりました。校舎も移転し、新たな歴史が刻まれています。

この法人合併により、これまでの教育提携をさらに強化することができるようになりました。大学教育と連携していくことにより、中学・高校ではなし得ない質の高い教育が実現することでしょう。

もちろん、これまで同様、少人数教育にも力をそそぎます。放課後の個別指導（朝テストと補習）、学力の到達点に即した習熟度別授業（数学演習・英語演習）、年3回の英検・数検・漢検の検定に合わせた特別講習など、少人数制だからこそ可能な学力向上システムが効果的に設定されています。

楽しく学んで実力をつける

補習や講習の体制も充実している京北。朝の小テストや午後の補習・講習などを実施し、それぞれの生徒に対して基本力の徹底と学力伸長に向けて、ていねいな手当てを行い、勉強の習慣を身につけることができます。また、学力伸長合宿（稲取プログレスキャンプ）も3泊4日で実施しています。

京北は、学習ばかりでなく、人として成長する場でもあります。教師や、ともに学ぶ仲間との多様な活動をとおして、将来を担う社会人として立派に成長していくのです。

そのために、自己をしっかりと表現し、同時に相手の気持ちを大切にすることなどを実践するための授業や行事にも力を入れています。

京北は、学習ばかりでなく、人として成長する場でもあります。教師や、ともに学ぶ仲間との多様な活動をとおして、将来を担う社会人として立派に成長していくのです。そのために、自己をしっかりと表現し、同時に相手の気持ちを大切にすることなどを実践するための授業や行事にも力を入れています。

■東京都北区赤羽台1－7－12
■JR線「赤羽」徒歩9分
■男子のみ128名
■03－5948－9111
■http://www.toyo.ac.jp/keihoku/

啓明学園中学校
けいめいがくえん

KEIMEI GAKUEN Junior High School

いましかできない「学習と体験」を

多くの自然が残る東京都昭島市。そこを流れる多摩川のほとりに、啓明学園はあります。啓明学園の創立は、1940年（昭和15年）、三井高維氏が東京都港区赤坂台町の私邸に、帰国生のためにつくった小学校をその前身とします。

三井高維氏は、学園創立にあたり、①キリスト教の教えに基づく人間教育の実践、②民族・人種のちがいを越えた国際理解と個性の尊重、③体験学習による創造力の養成、④世界市民としてのマナーと品性の習得という教育方針を掲げ、今日にいたるまで変わらず受け継がれています。

啓明学園の基本的精神は、キリストの教えである「正直・純潔・無私・敬愛」です。「隣人を愛せよ」というキリストの教えに基づき、人間形成の基盤となる言葉として採用されました。他者を愛し育成し、その個性を認めあいながら、一人ひとりを大切にすることのできる人を育成しています。

異文化理解を大切にしている

帰国生のための教育の場として始まった啓明学園では、現在でも中学校で約3割、高校で約4割の生徒が帰国生・外国籍の生徒で占められています。

啓明学園では、生徒たちが生活してきた地域や分化のちがいを認めあうことをとおして、高い国際感覚と自立した生活力を身につけることを目標としています。

また、こうした恵まれた環境をいしずえに、創立以来語学教育に力をそそいできました。なかでも、きめ細かな指導体制が特徴の英語教育には定評があります。通常授業に加えて「土曜講座」として、希望者を対象に1回4時間をすべてネイティブ教員による「英語集中コース」も開講しています。

学園の伝統行事として1966年（昭和41年）からつづけられている英語の「スピーチコンテスト」もあり、英語力を伸ばします。

■東京都昭島市拝島町5－11－15
■JR線・西武拝島線「拝島」バス8分、JR線・京王線「八王子」スクールバス20分
■男子139名、女子144名
■042－541－1003
■http://www.keimei.ac.jp/

光塩女子学院中等科

こうえんじょしがくいん

KOEN GIRLS' Junior High School

東 京

杉並区

女子校

■東京都杉並区高円寺南2-33-28
■地下鉄丸ノ内線「東高円寺」徒歩7分、「新高円寺」徒歩10分、JR線「高円寺」徒歩12分
■女子のみ448名
■03-3315-1911
■http://www.koen-ejh.ed.jp/

「キリスト教の人間観・世界観」を基盤に

一人ひとりを温かく見守る

光塩女子学院中等科・高等科の校名の「光塩」とは、聖書の「あなたがたは世の光…あなたがたは地の塩」という言葉から生まれました。その言葉は、「人は誰でも、ありのままで神から愛されており、一人ひとりはそのままで世を照らす光であり、地に味をつける塩である」ことを表しています。この精神のもと、日々の教育が行われているのが光塩女子学院の大きな特徴です。

生徒は、学習・学校行事・クラブ活動に精一杯打ちこむなか、さまざまな人とのかかわりをとおして、自分自身も他者もともにかけがえのないユニークな存在であること、多様な人との共存が相互の豊かさとなることを体験的に学んでいます。

一人ひとりを大切にする光塩では、1学年4クラス全体を6人ほどの先生で受け持つ、光塩独自のユニークな「共同担任制」を取り入れています。この制度は、創立当初から、おもに精神面での指導を受け持つスペイン人やアメリカ人のシスターと、日本人の先生がチームで担任していたころからのもので、光塩教育の大きな特色となっています。多角的な視点で生徒一人ひとりを指導し、その個性を伸ばすなかで、生徒も多くの教師とかかわる豊かさを体験します。多くの先生の目で、生徒一人ひとりを見守っていく光塩の姿勢を表すものといってよいでしょう。学校行事などにおいても、学年単位で行動することが多く、友だちもクラスを越えて広がります。中等科で初めて出会った160名が、卒業していくときにはかけがえのない仲間となっていきます。

このように、生徒と教師のきめ細かなかかわりを大切にしているのも、光塩の大きな魅力です。生徒や保護者との個人面接が、学期ごとに行われ、なんでも自由に話せる機会となっています。

生徒の理解度に応じた きめ細かな教科指導

光塩では、例年多くの生徒が難関大学へと進学しています。2011年度では、約8割の生徒が進学を果たし、東大7名をはじめとする国公立大学33名、早大45名、慶應大27名の合格者をだしました。医学部への合格者が毎年多いこともよく知られていますが、進学の分野が理数系・社会科学系・人文科学系と多岐にわたっているのも特徴です。

こうした優秀な実績を生みだす学習の原動力は、中等科からの学習指導も含め、教師が一人ひとりの生徒に対して、親身になって相談にのり、それぞれの生徒の現状に合わせてきめ細かく指導していることにあるといってよいでしょう。

中学では、英・数で、高校では英・理・数・選択国語などで習熟度別授業を取り入れています。手づくりプリントや自主教材を活用した、生徒の理解度に合わせた指導で効果をあげています。

週1時間の倫理の授業

全学年で週1時間の「倫理」の授業があるのも、光塩の特色。キリスト教を基盤とする光塩ですが、「宗教」や「聖書」という名称を使わず「倫理」としています。

それは、生徒が他者とのかかわりをとおして、社会での自分の役割について自覚しつつ、人間として成長することを重視した指導を行っているからにほかなりません。

中学では、「人間、そしてあらゆる生命」をテーマに、他者も自分と同様にかけがえのない存在であることを認め、共生していくことの大切さを学んでいきます。

晃華学園中学校
KOKA GAKUEN Junior High School

東 京

女子校

調布市

■東京都調布市佐須町5−28−1
■京王線「つつじヶ丘」・JR線
「三鷹」バス
■女子のみ470名
■042−482−8952
■http://www.kokagakuen.ac.jp/

カトリック精神に基づく全人教育

晃華学園はカトリックの汚れなきマリア修道会を母体として、1949年に設立されました。以来、幼稚園・小学校・中学校・高等学校と総合的な教育に携わり今日にいたります。

こうした歴史を有する晃華学園では、カトリック精神に基づく全人格教育、ならびに語学教育重視の教育方針のもと、学力、品格、および豊かな国際性を備え、世界に貢献できる女性の育成をめざしています。

中1から高3まで週1時間、「宗教」の授業を実施するとともに、中3と高2では自主的なボランティア活動を行わせているのが特徴です。

また、ノーブレス・オブリージュ（恵まれている者は恵まれない者のために）をモットーに、すべての授業をとおして、他者に思いをいたらせることのできる豊かな心を育てています。

国際語学教育を重視

学習においては、使える英語の習得をめざした語学教育をとくに重視しています。

これは、学園では「隣人のため人びとのために尽くせる人になれるよう、地球上のさまざまな人に語りかけ働きかけようとするときに役立つよう」にと、考えているからにほかなりません。

英語には最も多くの時間があてられ、教授力にすぐれた3名の外国人教師（2名は専任教員）による実践的な英会話の場を数多く設置しています。

中2からは習熟度別授業を実施し、中3ではリーダーの授業を英語で指導する「英英授業」を行っています。習熟度の高いクラスはすべて英語で、ゆっくり進むクラスでは日本語も交え、無理のないように授業を進めます。

さらに、英語の実践力を高める場として、校内イングリッシュ・スピーチ・コンテストを実施。高1の夏休みには、希望制による約3週間の海外語学研修（カナダ）が行われています。

進路別選択で進路対策も万全

中1から高1は、高1の芸術を除いてすべて必須科目ですが、将来の受験に備えて内容はかなりレベルの高いものになっています。高2では、英数国社理の5教科で進路に応じた授業選択が可能となっており、高3では、全授業時間数の半分以上の時間が受験選択となります。必要であれば受講者が少数であっても講座が開かれるなど、進路対策は万全です。

こうした指導の結果、毎年、東大をはじめとする国公立大学や難関私立大学に多くの卒業生を送りだしています。

昨年度、今年度ともに、卒業生の2人に1人が、国公立、早慶上智、医学部医学科のいずれかに進学しました。

陽光あふれる新校舎

晃華学園では、2007年に新しい校舎が完成しました。

新校舎の特徴は、自然木をふんだんに使用し、大きなガラス窓を設置していることです。自然な木の色と白を基調とした校内は、とても明るく清新な空気に満ちあふれています。

ホームルーム教室は、木の香りが心地よい快適なスペースになっており、廊下側の大きなガラス窓が開放的な雰囲気を醸しだしています。採光が工夫された明るい図書情報センターは、3万冊の蔵書と、パソコンなど情報機器を完備した情報収集の場となっています。個別学習用のスペースもあり、生徒たちの自習に利用されています。

また、木々の緑が美しく映える生徒ラウンジは、昼食や勉強にと、生徒が自由に使える場となっています。

東
京

神奈川

千葉

埼玉

茨城

寮制

あ行

か行

さ行

た行

な行

は行

ま行

や行

ら行

わ行

81

工学院大学附属中学校
こうがくいんだいがくふぞく

KOGAKUIN UNIVERSITY Junior High School

東　京

八王子市

共学校

■東京都八王子市中野町２６４７－
　２
■ＪＲ線「八王子」バス15分、京
　王線「京王八王子」バス20分、
　ＪＲ線ほか「拝島」スクールバス
　20分
■男子156名、女子92名
■042－628－4914
■http://www.js.kogakuin.ac.jp/
　junior/

天体ドームつき高校校舎完成

　共学化10年目を迎え、ますます活気あふれる工学院大学附属中学校・高等学校。9年前には、中学校新校舎が完成していますが、2006年春には、さらにハイテク装備の高校校舎が完成しています。

　高校校舎は4階建て。1階から4階までの吹きぬけのアトリウムが配され、キャンパス全体が視覚的なつながりを持ち、生徒同士あるいは生徒と教職員のコミュニケーションが、いっそう密になるよう工夫されています。

　新校舎に入ってまず驚くのは、その広い空間と、外光を取り入れたまばゆいばかりの明るさです。「採光と色調に配慮した」という新校舎は、まさに「風、光を感じる自由な空気のハイテク校舎」であることが実感されます。

　施設では、理科教育の必要性を重視し、実験室として中学理科室、中高共通の物理実験室、化学実験室、生物実験室と4教室を設置。また、女子生徒の数を増加し共学化をさらに推進していくために、12畳の和室を設け、茶道などの新しい活動もできるようになっています。

　そして、屋上には40㎝の反射式天体望遠鏡がある天文台が設置されました。理科への関心を高め、さらに創造性、知的好奇心や探求心を育むことをめざしています。同時に新築された2階建ての図書室は、旧棟と新校舎の間に位置し、連絡廊下でつながっています。特筆すべきは、この連絡廊下がギャラリーになっていることです。また、6コースのプールも新設され、生徒の運動面での配慮も行われました。

挑戦・創造・貢献

　教育指針に「創造的な生き方のできる生徒を育てる」ことを掲げる工学院大学附属。2階のテラスには、「挑戦（Challenge）・創造（Creation）・貢献（Contribution）」という、いずれも〝C〟で始まる3つの言葉が刻まれています。この「創造」とは、ものや作品をつくるだけでなく、授業や行事をとおして友人との人間関係を築く力、自分自身の「主体的な生き方」を創造する力を表します。「挑戦し、創造し、社会に貢献する人材」の育成をめざす工学院大学附属の特徴がよく表れています。

中高一貫コースのさらなる進化

　「中高一貫教育を実践する進学校として、6年後にきちんとした結果をだしていきたい」と考える工学院大学附属では、大学受験に対応した教育プログラムと少人数制により、きめの細かい教育を展開しています。

　2011年4月より1クラス定員を増やして3クラス体制となり、1クラスは選抜クラスとなりました。基礎基本を大切にしますが、成績上位生にも競争があるシステムにしていきます。

　大学進学指導の強化がだんだんと実を結び、2011年度入試では、国公立大学の合格実績が前年度と比較して2.4倍となり、成果に現れてきました。

オーストラリア異文化研修

　工学院大学附属で力を入れていることのひとつに、体験学習があげられます。

　そのひとつが、中学3年の夏休みを利用した、3週間の日程で行われる全員参加の「オーストラリア異文化体験研修」です。ホストの家から現地の学校に通うなど、多くの体験をとおして、生徒は文化のちがいを肌で感じて帰国します。一貫生は高校入学金を免除して、その費用に充当します。

　ますます充実した教育の展開が期待される工学院大学附属中学校・高等学校です。

攻玉社中学校

KOGYOKUSHA Junior High School

男子校

■東京都品川区西五反田５−14−
2
■東急目黒線「不動前」徒歩２分
■男子のみ764名
■03−3493−0331
■http://www.kogyokusha.ed.jp/

140年を越える歴史の男子名門進学校

　毎年、難関大学に多くの合格者を輩出する名門進学校、攻玉社中学校・高等学校。その創立は、江戸時代末期の1863年、蘭学者の近藤真琴先生によりつくられた蘭学塾にさかのぼります。校名「攻玉」は、詩経の「他山の石以って玉を攻（みが）くべし」から取られ、攻玉社の建学の精神となっています。

　攻玉社では、海国、資源小国である日本を人材育成によって興そうとした創立者・近藤真琴先生の建学の精神そのままに高く、大きな志を持ち、明日の日本や世界に飛躍する人材を育成しています。

6年一貫の英才開発教育

　目標達成のため、つぎの4点の教育目標を掲げて教育を実践しています。
①［6年間一貫英才開発教育を推進］
　6年間を低学年（中1・中2）、中学年（中3・高1）、高学年（高2・高3）の3ステージに分け、低学年では学習の習慣づけに努めて基礎学力を養い、中学年では自主的学習態度の確立と基礎学力の充実強化をはかっています。高学年では、小人数制によるきめ細かな指導を行います。
②［道徳教育を教育の基礎と考え、その充実のために努力］
　日常の生活規律の実行、ホームルーム活動等を中心に、あらゆる教育活動をとおして、近藤先生の遺訓である「誠意・礼譲・質実剛健」の校訓の具体的実践をはかり、徳性を養います。
③［生徒の自主性を尊重し、自由な創造活動を重視して、これを促進］
　学習活動や学友会、クラブ活動等、生徒の活動における自主的、創造的活動を重んじ、その両立をはかります。
④［強健な体力、旺盛な気力を養う］

体育的諸行事、授業などを中心に、あらゆる諸活動をとおしてこれを養います。

国際化時代に対応
特別教育活動も充実

　攻玉社では、帰国生を対象とした国際学級を設けています。この国際学級は、4年（高1）からは一般生と合流しますが、一般生は、国際学級の生徒から日常的に英語を聞くことができ、日々の学校生活のなかで生きた英語に接するよい機会となっています。一般生に対する英語教育にも力を入れており、中1から外国人教師による英会話の授業を実施、中3ではニュージーランドへのホームステイも実施しています（希望者）。

　また、攻玉社では、特別教育活動も充実しているのが特徴です。平素の授業のほかに、力のある生徒には特別講座、力不足の生徒には補習授業を実施。これにより、弱点を克服して学習意欲を持たせ、さらに高いレベルの大学をめざし、合格への道を築きます。

充実した施設

　2003年に完成した、地下2階・地上7階建ての新校舎（1号館）は、自然光をふんだんに採り入れた吹きぬけ回廊式の構造で、屋上は庭園となっています。普通教室のほか、1500名収容の体育館兼講堂、最新のコンピュータを設置した情報科教室等を完備。2号館には実験室や音楽室、さらに柔道場、剣道場などの特別教室も設置され、3号館には視聴覚設備を完備した250名収容大教室や70名分の個別ブースが設置されている自習室が完成しました。

　140余年という長き歴史と伝統のもと、教育活動の質的向上のために、絶えず進化しつづける攻玉社です。

東
京

神奈川

千葉

埼玉

茨城

寮制

あ行

か行

さ行

た行

な行

は行

ま行

や行

ら行

わ行

麹町学園女子中学校
KOJIMACHI GAKUEN GIRLS' Junior High School

東京

女子校

千代田区

■東京都千代田区麹町3－8
■地下鉄有楽町線「麹町」徒歩1分
地下鉄半蔵門線「半蔵門」徒歩2分、JR線・地下鉄南北線・都営新宿線「市ヶ谷」、JR線ほか「四ッ谷」徒歩10分
■女子のみ470名
■03-3263-3011
■http://www.kojimachi.ed.jp/

国際社会に貢献する自立した女性を育成

　歴史ある学校が多く集まる千代田区麹町。皇居に近いこの地は、都心とはいえ緑も多く、英国大使館をはじめとする各国の大使館にかこまれ、大変落ちついた環境です。そんな恵まれた地に、1905年（明治38年）、麹町学園女子中学校・高等学校は誕生しました。今年、創立106周年を迎えています。

　創立者・大築佛郎先生により、女性の自立をめざして創立された 麹町学園女子はいま、創立の精神を具現化した「聡明」「端正」の校訓のもと、豊かな人生を自らデザインでき、かつ国際社会に貢献する自立した女性の育成をめざしています。

完全中高一貫体制!!
大学進学実績の大幅向上をめざす

　麹町学園女子では、そのような女性を育成するには、「自立への壁を乗り越え、夢を大きく掲げ、国公立および難関私大などへ合格できる力を身につけること」が必要であると考えています。そこで、100周年を機に、10年計画を策定し、学校改革に積極的に取り組みつづけています。

　その大きな柱は、大学進学実績の大幅な向上です。4年制大学への現役合格率を、3年後には国公立および難関私大を含め85％以上にすることを目標にしています。すでに、お茶の水女子大、筑波大、千葉大、横浜市立大、早大、慶應大、上智大への合格者を輩出した麹町学園女子は、中高一貫6カ年教育により、着実にその目標に向かって歩みだしています。

「みらい科」プログラム

　そんな麹町学園女子ならではの授業に、「みらい科」（Designing My Life Program）があります。

　前述の「豊かな人生を自らデザインできる自立した女性を育てる」という学園の教育ビジョンを実現するために策定されたもので、自分の将来を形づくるための力を段階的に養います。「自分の考えをもち、表現する力を身につけさせる」「自分の生きがい・人生の目標を見つけることを支援する」というふたつの教育方針を中心にプログラムを展開しています。

　たとえば、中2の「みらい科」では、「身近な仕事を通じて世の中を知ろう」そして「社会と女性について考える」をテーマに、卒業生による講演を聴くなど、さまざまな実践的な取り組みを行っています。

充実空間の次世代校舎

　校舎は地震エネルギーを吸収する制震構造を備えており、地震による倒壊・災害を回避します。また、非常時の備えも万全で、「大災害マニュアル」を5年前より全校生徒の家庭に配付しています。

　建築コンセプトは、情報化社会への対応を考慮した「マルチメディア」、人と人とのつながりを大切にした「コミュニケーション」、都心の立地ながら充実した設備の「ハイパフォーマンス」、学園生活にうるおいをあたえる「アメニティ」。それぞれのコンセプトが重なりあい、さらに大きな力を発揮しています。

　地下1階、地上7階の新校舎の地下1階には、温水プール、体育館と講堂のふた役をこなす大築アリーナなどがあり、1階には、コンピュータ実習室、さらに100名収容可能なカフェテリアが設置されています。2階には、図書館（学習相談コーナーを併設）やLL教室のほか、屋外グラウンドが現れます。また、3階にルーフガーデン、7階にスカイスタジオが設けられ、生徒が伸びのび生活できるよう配慮がなされ、生徒の人気の場所となっています。

佼成学園中学校

こうせいがくえん

KOSEI GAKUEN Junior High School

■東京都杉並区和田2－6－29
■地下鉄丸ノ内線「方南町」徒歩5分
■男子のみ385名
■03－3381－7227
■http://www.kosei.ac.jp/kosei_danshi/

平和な社会繁栄に役立つ若者を育成

1954年（昭和29年）、佼成学園は庭野日敬先生によって、「平和な社会の繁栄に役立つ人を育成したい」との思いから創立されました。学園では身につける知識・技術を世のため、人のために活用しようという思いやりの心を持った生徒の育成を行っています。

校訓は「行学二道」。これは、「行い」と「学び」両方そろってこそ真価が発揮できるというもので、勉強はもちろんのこと、毎日正しい行いによって人間を磨いてほしいという願いがこめられた言葉です。

学校生活で佼成学園が最も大切にしていることは、生徒と教師のコミュニケーションです。親しい関係だからこそ、「言わなくてもわかる」ではなく、「話すべきことがある」のです。

目的意識に沿った知を育む

佼成学園の教育の特色は、「入学した生徒一人ひとりを伸ばしていくこと」にあります。

大学受験に対しても、生徒に自分の将来の生き方を考えさせ、勉強に対する目的意識を持ったうえでの受験をさせる指導を行っています。

そのため、授業は1クラス36名を基本とした少人数制で行われ、生徒一人ひとりに目がいきとどく、面倒見のよい学習環境を実現しています。

中学1、2年生の英語では、1クラスを2分割して授業を行い、初めて学習する教科に対する不安を取り除いています。また、ネイティブによる英会話も同様の2分割で授業を行い、積極的に参加できるようになっています。希望者には、中学2、3年生でオーストラリアへのホームステイ、高校1、2年生で英国への語学研修を実施して、語学力の向上と異文化理解を深めています。

英語以外の教科でも、自学自習を習慣化するとともに、

毎週小テストを実施し、その結果によって補習を実施して実力を伸ばします。

実力考査や模擬試験も各自が志望校を定める資料として活用され、生徒の将来のビジョンを確認できるようにしています。

とくに中学3年では、社会で現実に起きている問題について考える「佼成よのなか科」の授業を行って、進路指導を効果的にしています。

また、入学直後より、朝読書を継続して行うとともに、各学期1回「作文道場」を実施します。これは、国語科が各学年の生徒のために厳選した文章や映像に関して、事前指導を受けたあとに作文を書き、ていねいな添削指導と事後指導を受けます。

活発なクラブ活動と勉強との両立を実現

佼成学園では、クラブ活動は充実した学校生活のために不可欠なものと考えられており、16の運動部と13の文化部が活発に活動しています。

運動部では、野球・サッカー・アメリカンフットボールなどがとくに人気ですが、そのほかにも、ソフトテニス・卓球・弓道・剣道・柔道など専用の練習場所のあるクラブも多くあります。

文化部も鉄道研究は雑誌で紹介されたほか、生物研究・書道はコンクールで受賞するなどしており、根強い活動を行っています。

週1日、全クラブの活動休止日を設け、英語を中心とした補習を開講します。夏期・冬期・春期講習は、午前中に開講して午後にはクラブ活動を行うなど、勉強もクラブもがんばりたいという生徒が両立できるような環境を用意しています。

佼成学園女子中学校
こうせいがくえんじょし

KOSEI GAKUEN GIRLS' Junior High School

■東京都世田谷区給田2－1－1
■京王線「千歳烏山」徒歩6分
■女子のみ172名
■03－3300－2351
■http://www.girls.kosei.ac.jp/

多様なコース設定で進学実績伸長

京王線「千歳烏山」駅から徒歩6分ほどにある佼成学園女子中学校。中高一貫の女子校として、国際化・情報化に対応できる21世紀の教育をめざしています。

無理のない先取り授業により、基礎学力を養うとともに、時代にさきがけた先進的な教育内容を取り入れていることでも知られています。

「英語の佼成」の充実をめざして

いま、子どもたちの将来がなかなか見えにくい世の中になっています。そんなときだからこそ、なにかに自信の持てる輝きのある人間として育ってほしい、それが佼成学園女子中学校の思いです。

生徒一人ひとりの将来をホンキで考えたとき、佼成学園女子がだした答えは『英語』でした。それも『使える英語』、『世界のどこに行っても自分を語れる自らの言葉としての英語』でした。そのさきに、アドバンテージとしての英語を駆使してのぞむ大学進学という目標も見えてきたのです。

英語のほかに、音楽、美術の授業やコンピュータやスポーツアクティビティの指導が、外国人教員により英語で行われるのが特徴です。

英語漬けの毎日を送ることができる環境を整え、「英語の佼成」という方針のもと、さまざまなかたちで成果をあげています。

そして、中学校で培われた会話能力をさらに伸長させるべく、高校に設置されているのが、「特進留学コース」です。

4年生（高1）の1月から5年生（高2）の12月までの1年間、ニュージーランドに留学します。11の提携校に2～3名で編入し、ひとり1家庭にホームステイし、留学生活を送ります。

すべて英語で生活しなければならない環境を提供するのが、このコースの特徴です。

そして、留学後の1年間は英語能力をいかして難関大学合格をめざし、クラスが一丸となって大学受験にチャレンジします。

高校には、このほかに「特進文理コース」、「進学コース」があります。「特進文理コース」は難関大学進学をめざす文理クラスと、そのなかでも医歯薬看護を中心に理系全般の学部をめざすメディカルクラスがあります。「進学コース」は、クラブ活動や特技と学習を両立して大学進学をめざします。

「英語の佼成」らしい 独自の取り組み「英検まつり」

6月と10月の年2回、英検受検に向けてクラスみんなで取り組む「英検まつり」では、楽しく単語や熟語を覚えることで、英検合格者が飛躍的に伸びています。朝学習や放課後の講座が特徴で、高校を卒業するまでに、4人にひとりは2級以上を取得します。

また、大学進学への取り組みとしては、放課後の「進学講習室」の開設が特筆されます。ここでは、教員と受験専門スタッフが二人三脚で生徒一人ひとりの夢を支えるシステムが展開されています。

伸びる伸びる！ 難関大学進学実績

このような取り組みの成果が、大学合格実績にも大きなプラスとなって現われました。2011年は国公立大に5名、早慶上理に15名、G—MARCHに45名合格しました。「使える英語」を身につけることを目標に「英語に強い」学校をめざしていたら、佼成学園女子は「難関大学に強い」学校へと伸長していたのです。

香蘭女学校中等科
こうらんじょがっこう

KORAN GIRLS' Junior High School

■東京都品川区旗の台6−22−21
■東急池上線・大井町線「旗の台」
　徒歩5分
■女子のみ520名
■03−3786−1136
■http://www.koran.ed.jp/

ミッションスクールとしての「心の教育」

　1888年（明治21年）、英国国教会の宣教団が、女性の教育の重要性を考え、香蘭女学校を創立しました。

　理性と伝統の価値を重んずる同教会の教育姿勢は、いまでも直轄の大学であるケンブリッジ・オックスフォードの人間教育のなかで脈々と生きています。その流れをくむ学校として建てられたのが香蘭女学校ST.HILDA'S SCHOOL（セント・ヒルダズ・スクール）です。

　英国からの宣教師が注目したのは、古い歴史を有する日本の婦人が持っている固有の道徳と、「日本文化」のすばらしさでした。この徳をさらにキリスト教の倫理によって高めようと考え、「キリスト教による全人教育」を目標に教育にあたってきました。

　この東西文化の粋に着眼し、独特の校風を培ってきたのが香蘭女学校の特徴です。現在も礼法が必修科目であり、茶道も中等科のSE学習（自己啓発学習）の授業に取り入れられています。

　キリスト教の他者に対する「愛」の教えと、礼法の「もてなしの心」には共通して謙虚な心で他者を重んじる精神が流れているのです。

生徒一人ひとりを
大切にする教育

　香蘭女学校では、「生徒一人ひとりを大切にする教育」を重んじています。そのため、生徒の人格を尊重し、それぞれの資質を、学業と人格の両面で伸ばすことをめざしています。

　そして、知識教育に偏ることなく、生徒の主体性と自主性を重んじる生活指導、宗教教育、情操教育をとおして、人を愛する優しい思いやりの心を育て、人生を真実に生きることのできる女性の育成をめざしています。

　また、真理を探究する心の育成に努めながら、未知のことがらに関心を持ち、学ぶ意欲と探求心を養い、新時代に生きる女性として必要な素養の基礎を培っています。

　もちろん、社会に奉仕するためには、それに必要な「力」をつけなくてはなりません。ほぼ全員が大学進学を希望する香蘭女学校では、その目標達成のため、中高一貫教育の利点をいかした授業を展開、中等科では基礎の確立を重視、高等科では各自の関心、適性、進路に応じた指導を重視しています。

香蘭の英語教育は
カリキュラムの柱

　創立以来最も重視してきた英語教育は、いまもカリキュラムの柱です。

　英語にはハーフクラスの少人数授業が効果的に取り入れられ、ネイティブによる英会話が6学年すべてで行われています。

　また、イギリスの伝統的パブリックスクールでの語学研修や、カナダの聖公会の教区主催のサマーキャンプ等に参加し、同世代の女子生徒と生活をともにします。

　積極的に英語を使っての語学研修や文化交流は、自己研鑽のよい機会となっています。2007年度からは国際教育のひとつとしてあらたに韓国の女子高校との交流も始まりました。

2008年度より
立教大へ80名の推薦枠

　さて、香蘭女学校といえば、高等科から同じ日本聖公会に属するキリスト教学校である立教大への進学に指定推薦制度がある学校として知られています。

　その指定枠は、2008年度から学年の2分の1にあたる80名という、大幅な増加となりました。

国学院大学久我山中学校
（こくがくいんだいがくくがやま）

KOKUGAKUIN UNIV. KUGAYAMA Junior High School

東京

杉並区

別学校

明日の日本を担う青少年の育成

杉並の閑静な住宅地にある国学院大学久我山中学校・高等学校。教育理念の根幹をなす「忠君孝親」「明朗剛健」「研学練能」の3つの箴言にまとめた「学園三箴」をもとに、「規律を守り誇りと勇気を持って責任を果たそう」、「たがいに感謝の心をいだき明るいきずなを作ろう」、「たゆまざる努力に自らを鍛えたくましく生きよう」を実践目標に据え、その教育を発展させています。

国学院久我山のめざすところは、「明るく、たくましく、さわやかな、明日の日本を担う青少年の育成」なのです。

特徴ある学習システム

個々の希望をかなえるためのカリキュラムと、「朝の10分間読書」や「作文」、「各種検定試験」の導入など、充実した学習システムが自慢です。中1・中2の前期課程では、先取り学習により基礎を固めます。少人数制授業も実施され、個に応じた指導が光り

ます。中3・高1の中期課程では、国公立・私立コースへと分かれ、高2・高3の後期課程で文理にコース分けが行われます。早朝・放課後講習や、夏期・冬期・入試直前講習など、実践的演習中心の学習の場が数多く設定されています。

カリキュラムは「国公立対応型」に組まれており、高2からは正規の授業に加えて、課外に「自由選択演習」の講座を設け、大学入試センター試験に万全の態勢でのぞみます。

こうした進学指導の結果、生徒の進路の幅はきわめて広く、国学院大学久我山では、毎年東大、一橋大をはじめとする国公立大や、早慶上智などの難関私立大へ多数合格を果たしています。

もちろん、併設する國學院大學への進学は、附属校の特典として、文学部・神道文化学部・法学部・経済学部・人間開発学部の各学部へ「優先入学推薦制度」により進学することも可能となっています。

■東京都杉並区久我山1－9－1
■京王井の頭線「久我山」徒歩12分
■男子682名、女子390名
■03－3334－1151
■http://www.kugayama-h.ed.jp/

国士舘中学校
（こくしかん）

KOKUSHIKAN Junior High School

東京

世田谷区

共学校

「これからの力」を養う6年間

国士舘中学校は、東急世田谷線「松陰神社前」駅から歩いてすぐのところに、系列の国士舘大に寄り添うように位置しています。

国士舘中が最も重視しているのは「考える力」の養成です。考える力ーそれは、すべての基本となるものです。知識の吸収に偏ることなく、総合的にものごとを判断・思考できる「考える力」を養うことを目標に、中高6年間の学校生活における多彩な経験・学習機会をつうじて自らの適性を見出し、その可能性に磨きをかけながら将来を切りひらくための実力を身につけさせる、それが国士舘中学校の教育です。

指導面では、生徒一人ひとりの個性と可能性を第一に考え、多様な方向性に対応し、希望する道を実現できるよう取り組んでいます。

さらに、ゆとりある教育環境を整えることで、生徒が個性と学力、可能性、そして「生きる力」を伸ばし、育めるよう万全の態勢で

教育に取り組んでいます。

生徒の個性や可能性をサポート

中学校の3年間では、基礎学力の向上と情操教育を視野に入れたカリキュラムを編成しています。

道徳の時間や特別活動の時間を有効に活用するとともに、国語の授業とは別に習字（書道）を取り入れ、週1回ずつ3年間学びます。また、武道（柔道・剣道）も1年次より導入しています。

さらに、国際化に対応するための英語力の養成として、ネイティブスピーカーの講師による英会話の授業を設け、実践で役立つ会話力を身につけるとともに、卒業までに英検準2級の取得を目標としています。

数学と英語では、2年・3年次に少数分割習熟度別授業を導入。生徒一人ひとりの能力と進度に応じて理解を深められるよう工夫されています。

■東京都世田谷区若林4－32－1
■東急世田谷線「松陰神社前」徒歩6分、小田急線「梅ヶ丘」徒歩13分
■男子113名、女子30名
■03－5481－3114
■http://www.schoolguide.ne.jp/kokushikan/

駒込中学校
KOMAGOME Junior High School

■東京都文京区千駄木5－6－25
■地下鉄南北線「本駒込」徒歩5分
　地下鉄千代田線「千駄木」・都営
　三田線「白山」徒歩7分
■男子161名、女子91名
■03－3828－4141
■http://www.komagome.ed.jp/

子どもたちの未来を支える教育理念「一隅を照らす」

　夏目漱石や森鷗外をはじめとする名だたる文豪の住まいも近く、文化の薫り高い恵まれた閑静な街に、中高一貫の駒込中学校・高等学校はあります。

　学校は江戸時代の1682年(天和2年)にまでさかのぼり、今日まで、「一隅を照らす」という一貫した教育理念を掲げています。

　この理念は仏教天台宗の開祖、伝教大師・最澄の教えでもあり、「人間は広い世界の一隅に生きる小さな存在でも、一人ひとりはかけがえのない尊い存在である。そして、相手を思いやり、一隅にあってよく言い、よく行い、全力を尽くす人こそ国の宝である」という言葉を土台に置く人間教育をつうじて、「自らが光り輝く存在」となることを6年後の達成目標に掲げています。この人物こそが再生する日本のリーダー像と考えられます。

　この人物像は、知識だけのマニュアル型の人物ではなく、複雑多様な世界に柔軟に適合できるフレキシブル型の人物です。個性ある生徒それぞれに、本来のeducate「（能力を）外に引き出す」を日々実践しています。

臨界年齢に達する前に

　駒込の教員はよく生徒を観察しているため、思春期特有の心の揺れをしっかりキャッチすることが可能となります。同時に、あいさつの大切さ、給食での「いただきます」の真意、相手の立場に立って考える力、そして、自分のことを論理的に語ることができること、そのどれを取っても「人生の必需品」となることを経験的に学びます。この「感情教育」を重視するのが大きな特色のひとつです。

　しかし、人とのかかわりあいをつうじて感情や感覚の幅を拡充し、他者を思いやり、自らの幸福につなげられるような人間になるには、臨界年齢があるとされています。だからこそ「一隅を照らす」という教育理念のプラットフォ

ームで、駒込生として6カ年生活する意味がここにあると考えています。

国際化教育を環太平洋地域に置くわけ

　とかく海外に目を向けることが「グローバル」ととらえられがちですが、駒込では自国の風土をよく知り、その文化思想をしっかり学んだうえで世界貢献へチャレンジすべきだと考えています。駒込の中高一貫の国際化教育が日本を含むアジア、環太平洋地域にしぼっている点もここにあります。プログラムとして用意されている語学研修、留学制度、修学旅行などもこの地域内に収まり、共通語である英語の習得がたんなる語学を超えた意味を持ちます。ネイティブを登用して語学教育に重点を置くのも、大学受験のさきにある目標に焦点を合わせているからです。

アドバンスコースを設け余裕ある先取り授業を実施

　6カ年一貫での学習時間の絶対量は、それだけで学力増強を保証するものですが、そこにはしっかりとしたビジョンと計画が備わっています。駒込では、アドバンスコースを設けて、十二分な時間のなかで、シラバスに則った先取りの教育を実践しています。こうして生徒全体が導かれ、自らが発見する喜びを知り、さらに意欲を持って学習に取り組む「やる気サイクル」をまわしつづけられるようにサポートしていきます。

　結果として、難関大への現役合格を果たすことも可能となり、生徒にとっては、学習での適度な負荷は歓迎すべきチャレンジになります。それが、主体的に生きる力を獲得するにいたる、真に自律した人間を育てる原動力になると考えています。

駒沢学園女子中学校
KOMAZAWA GAKUEN GIRLS' Junior High School

東 京

女子校

稲城市

■東京都稲城市坂浜238
■京王相模原線「稲城」・小田急線
「新百合ヶ丘」バス、東急田園都
市線ほか「あざみ野」・ＪＲ線「
南多摩」スクールバス
■女子のみ142名
■042－350－7123
■http://www.komajo.ac.jp/

一人ひとりを大切に育てる

昭和２年、曹洞宗大本山永平寺によって創立され、小学校を除く幼稚園から大学院まで擁する女子の総合学園です。

道元禅師の教え「正念・行学一如」を建学の精神に仰いでいます。学習にも、いろいろな活動にも意欲的であり、人には優しく、自分の目標に向かっては苦しくても信念を貫く。そんな人格の育成をめざしています。

「想い」をゆっくり創る場所

生徒の『想い』親の『想い』教員の『想い』。自分らしさを大切に、学園生活を楽しみながら将来の夢へとつなげていく。時代に流されることなく、社会のため、世界のために貢献できる人材の育成をめざして、三者がひとつになり一人ひとりの『想い』を、ゆっくり、着実に創りあげていく。これが駒沢学園のスクールアイデンティティです。

人として生きる力を育む
バランスよいカリキュラム

学ぶ意欲や自己開拓力をそなえた「人間としての成長＝生きる力」を育むためのカリキュラムが編成され、すべての授業で「感じる」「習う」「じっくり考える」「試す・やってみる」の４つの学びのスタイルをバランスよく行い、興味・関心を高めます。計算クイズや図形パズルに挑戦し、興味をもって数学に親しむ「数楽」。「読むこと」をとおして「考えて書くこと」を身につけ、読書に親しみ、中学３年間で100冊以上の本を読むことを目標にする「国語講読」。年度テーマを設定し、音楽・美術・書道・言語表現活動を総合的に行って情操を高める「総合芸術」など多彩なプログラムが行われています。国内外のニュースに関心を持ち、報道をもとに論理的に真実を判断する力を養うための活動にも力を入れています。

将来への夢をかなえる

入学直後から、自分の将来に向かってどのように準備していくべきなのかを、ホームルームやガイダンスをとおして学習していきます。大学での生活・入試の形態・社会状況・求められる学力・学問と職業などについて、学びながら、進路が決定できるようにプログラムされています。卒業生とのパネルディスカッションも人気です。これらのガイダンスは保護者にも公開されており、最新の情報をお伝えしています。

学習指導と進路指導の相乗効果で、大学進学率はめざましく向上してきています。今春は４年制大学に65.0％、短大に19.5％の生徒が進学しています。中学の卒業生のほとんどが駒沢学園女子高等学校へ進学し、その後、一定の基準を満たせば、駒沢女子大学と駒沢女子短期大学に推薦で進学することができます。

自然のなかでのびのび

深い森に囲まれた20万㎡のキャンパス。平成21年度に全面改修されたグラウンドや校舎は、自然の環境にとけ込むようにゆったりと配置され、教育設備も充実しています。各所に警備員と監視カメラを配置し、24時間のチェック体制を敷いています。また、災害を想定して、食料や燃料を備蓄しています。

さらに、思春期は気持ちが不安定になることがあることを考慮し、臨床心理士が常勤する「心理相談センター」を設けています。親子で専門的なカウンセリングを受けることもできます。

現在、運動系クラブが12、文化系クラブが20あり、クラブ加入率は90％です。特に硬式野球部・バスケットボール部、ウィンドアンサンブル部の活動がさかんです。

駒場東邦中学校

KOMABA TOHO Junior High School

■東京都世田谷区池尻4－5－1
■京王井の頭線「駒場東大前」
　東急田園都市線「池尻大橋」徒歩
　10分
■男子のみ715名
■03－3466－8221
■http://www.komabajh.toho-u.
　ac.jp/

自主独立の気概と科学的精神で次代のリーダーを育てる

　都内屈指の大学進学実績を誇る駒場東邦中学・高等学校。例年、東大をはじめとする超難関大学へ多くの卒業生を送る学校として知られています。

　創立は1957年（昭和32年）、東邦大学によって設立されました。当時の東邦大学理事長・額田豊博士と都立日比谷高等学校の校長であった菊地龍道先生が、大きな教育の理想を持って設立したのです。

　「資源のない日本では、頭脳の資源化こそが急務である」という理念から、「科学的精神に支えられた合理的な考え方を培うこと」そして「自主独立の精神を養うこと」を重視しています。

　そのため、中学・高校の6年間を一体化した中等教育の必要性を唱え、実践してきました。

自分で考え、答えを出す

　駒場東邦の学習方針においては、すべての教科において、「自分で考え、答えを出す」習慣をつけること、そして早い時期に「文・理」に偏ることなく各教科間でバランスの取れた能力を身につけることを第一にあげています。

　中学時には自分でつくるレポート提出が多いのが特徴となっています。また、英・数・国は5年（高2）で高校課程を修了しますが、それを経て高3になってから、「文系・理系」に分け、専門性をさらに高めていきます。

　英語・数学・理科実験などには分割授業を取り入れ、少数教育による理解の徹底と実習の充実がはかられています。

幅広い視野からの進路指導

　進路指導については、ただ大学進学だけを目標にするのではなく、そのさきの職業を含め、将来について幅広い視野から指導を行っているのが特徴です。

　その活動は、3年（中3）後半の「進路を考えるホームルーム活動」から始まります。

　自分にとってやりたいことはなにか、そのためになにを勉強したらよいのか、その勉強をするためにはどこの大学がふさわしいのかということについて、必要な情報を提供しながら、自分で考え、自分で判断できるように指導されます。

　高校段階に入ると、より具体的な進路指導が行われます。4年生（高1）では、保護者やOBから職業観を聞いたり、先輩の「合格体験記」などを読んで、受験について具体的なイメージをつくりながら進学への心がまえを養うのです。

　実力試験などで大学入試に即した学力を養成するとともに、けっして受験勉強に偏ることがないよう、5年生（高2）の後半までは部活や生徒会活動にも熱心に取り組むように指導されています。

生徒は自分の行動に責任を持つ

　駒場東邦では、生活指導の基本を生徒の自主的な判断に委ねていることが特色です。極端にいえば、校則は学校生活時間と制服があるだけで、ほかはかなり自由といってよいでしょう。

　それは、「自らの行動に自らが責任を持つことを基本とする」と駒場東邦では考えているからです。

　自分の判断に基づき、責任をしっかりと持って行動することが求められています。つねに〈自主・自律の精神〉を高めていくように指導されています。

　生徒会やクラブ活動、文化祭、体育祭などの運営では、上級生が下級生をしっかりと導き、よく面倒をみるのが駒場東邦のよき伝統となっています。

　創立以来変わらぬ制服にも、根強い人気があります。

桜丘中学校

さくらがおか

SAKURAGAOKA Junior High School

■東京都北区滝野川1－51－12
■JR線・地下鉄南北線「王子」徒
　歩8分、都営三田線「西巣鴨」徒
　歩8分
■男子78名、女子107名
■03－3910－6161
■http://www.sakuragaoka.ac.jp/

現役進学にこだわる共学校

　共学第8期生を迎えた桜丘中学校・高等学校は、今春の卒業生の88.3%が大学へ現役合格を果たしました。

　共学一貫第2期卒業生からはお茶の水女子大・早大2名、上智大・明治大7名、青山学院大3名、立教大2名、中央大4名と上位大への合格者をだしています。

　「自立した個人」の育成をめざしつづけてきた教育が進学面でも実を結んでいます。

　桜丘のめざす自立とは、単純に進学すること、社会にでて就職することだけを意味しているわけではありません。

　大学進学への高い学力に加えて、生涯学習につながる深い教養と知識欲、論理的な思考や繊細で豊かな表現力を身につけることに真の「自立した個人」があると考えます。この理念のもとに、つぎの3つを柱とした教育が展開されています。

「使える」をめざした英語教育

　桜丘では、学力としての英語力とともに、コミュニケーションのための英語力も重視しています。

　中学1年では、外国人教員による授業を中心に（週7時間中5時間）、自然な英語を聴きながら、聴く力・話す力を身につけることを大切にした指導が行われます。そして、学習が進むにつれ、大学入試にもじゅうぶん対応できる基礎づくりが行われます。

　中1・中2では、外国人教員による「アフタースクール・レッスン」も行われています。このレッスンは、歌ありゲームありの内容で、生徒はみな楽しみながら英語を学んでいます。

　また、中3では、外国人教員の引率による2泊3日の「サマーキャンプ」やオーストラリアへのホームステイが行われ、実用的な英語力の育成が行われています。

　さらに、都内私学のコンテストで優勝者をだすほどレベルの高い「スピーチコンテスト」も行われ、「英語がふつうの環境」づくりが行われています。

さらに邁進する進学教育

　桜丘では、伝統あるていねいな指導で生徒の進学希望をかなえていますが、さらに高い進学目標値を掲げ、さまざまな進学支援が行われています。

　「進学情報WEB」も、その強力な支援のひとつです。生徒の現役合格を支援する情報を校内ネットワーク上で発信し、生徒がつねにアクセスできるようにしています。

　また、「チューター制度」では、生徒が目標とする大学へ進学した先輩たちを中心としたチューターが常駐しており、勉強の質問だけでなく、学習法や受験についてのさまざまな相談に対応してくれることも、大きな支えとなっています。

独自教育システムによる情報教育

　3つ目の柱は、情報教育です。インターネットをはじめとする各種メディアを必要に応じていつでもどこでも活用できるように、基本的なルール、使用法を学びます。

　情報授業は1年次のみですが、桜丘独自の教育システム「情報教育メニュー」により、国語や社会、理科、総合的な学習の時間などで課題に取り組みやすい・使用しやすい環境が準備されているのが特徴です。

　また学校としてもインターネットでの情報発信に力を入れており、webサイトはもちろんTwitter(http://twitter.com/sakuragaokajshs)や、Facebook(http://www.facebook.com/sakuragaokajshs)にもアカウントを持っています。

　3本の柱がひとつとなり、大きな力を発揮している桜丘中学校・高等学校です。

実践学園中学校
じっせんがくえん

JISSEN GAKUEN Junior High School

未来の教育を先取りする実践学園

2007年、創立80周年を迎えた実践学園。教育理念は「豊かな人間味のある人材の育成」であり、「人間性に富み、志が高く倫理観の強い、国際社会でリーダーとして活躍できる人材を育成する」ことです。

この理念のもと「難関大学をめざす指導の徹底」をはかりながら「学習と部活動の支援」を教育目標として、都内屈指の進学校をめざします。

実践学園では、生徒の難関大学合格をめざし6カ年一貫教育の場をいかした独自の教育プログラムを編成しています。6年間をベーシック・アドバンス・マスターの3段階に分け、基礎から応用まで高密度な授業を実施しています。

教育理念であるリーダーとして活躍できる人材を育成するため、英語力向上に力を入れており、中3で12日間のニュージーランド語学研修を実施してきました。さらに2009年より、青山学院大と提携し、コミュニケーションデザイン教育を実施することで、コミュニケーション力も伸ばします。

2011年「自由学習館」完成！

教育設備も充実している実践学園。全面人工芝の高尾総合グラウンドをはじめ、全教室にIWB（電子黒板）を導入し、画像・動画などにより集中力・理解力を高めた授業を進めています。

また、屋上に太陽光・風力発電を設置し、里山・池・田んぼ・畑のある「実践の森・農園」を建設しました。環境問題への体験的学習を実施し、地球環境について体感し学びます。

2011年4月には、現校舎に隣接する土地に、新たな学習施設となる「自由学習館」が完成しました。明るく開放的な学習施設の誕生により、生徒が「自由に学習できることができる館」として一人ひとりの夢の実現に大きく貢献します。

■東京都中野区中央2−34−2
■地下鉄丸ノ内線・都営大江戸線「中野坂上」徒歩5分、JR線「東中野」徒歩10分
■男子135名、女子102名
■03−3371−5268
■http://www.jissengakuen-h.ed.jp/

芝浦工業大学中学校
しばうらこうぎょうだいがく

SHIBAURA INSTITUTE OF TECHNOLOGY Junior High School

世界で活躍するエンジニアへの夢

芝浦工業大学を併設大学とする、芝浦工業大学中学校・高等学校。理系志望の生徒が多いことに配慮した、特色あるカリキュラムで生徒の志望に対応しています。

校訓は「敬愛の誠神を深めよう」「正義につく勇気を養おう」「自律の精神で貫こう」です。

この校訓に基づき、①豊かな心を持って、逞しく生きる人間の育成。②高等教育への発展可能な基礎学力の充実。③世界平和に貢献できる国際人の育成。の3つを教育方針として定めています。

高大連携をいかした教育

学習では、6年間を2年ずつ前期・中期・後期の3段階に分けているのが特徴です。

前期では、男子の特性を考慮し基礎学力の育成に力をそそぎます。

中期からは徹底した学習・進路指導を実施。とりわけ3年生ではサイエンス・テクノロジーアワーとランゲージアワーの時間を設け、科学とコミュニケーションの力を培います。

後期からは、芝浦工大推薦希望コースと他大学進学希望コース（理系・文系）に分かれ、大学進学に備えます。

高大連携教育が充実しているのも特徴のひとつ。芝浦工大の併設校である利点をいかした「理系講座」を開講しています。

5年生の理系選択者を対象に毎週土曜日に開講している「理系講座」は、芝浦工大の各学科の教授陣をはじめとする講師のかたがたに、最先端の研究内容をわかりやすく説明してもらっています。

また、6年生の希望者には、月曜から金曜までの5日間、午前中の授業の終了後、芝浦工大の大宮キャンパスに移動して大学生といっしょに大学の講義を受けることも可能です。中高から芝浦工大へは、例年、推薦希望者の約90%が進学しています。

■東京都板橋区坂下2−2−1
■都営三田線「志村三丁目」徒歩8分、JR線「浮間舟渡」徒歩15分
■男子のみ494名
■03−5994−0721
■http://www.shibaura-it.ac.jp/itabashi/

実践女子学園中学校

JISSEN JOSHI GAKUEN Junior High School

神奈川
千葉
埼玉
茨城
寮制
あ行
か行
さ
た行
な行
は行
ま行
や行
ら行
わ行

■東京都渋谷区東1−1−11
■JR線ほか「渋谷」徒歩10分、
地下鉄銀座線・千代田線・半蔵門
線「表参道」徒歩12分
■女子のみ831名
■03−3409−1771
■http://www.jissen.ac.jp/chuko/

堅実にして質素 品格ある女性の育成

革新する伝統校

実践女子学園は、女子教育の先覚者・下田歌子先生によって1899年（明治32年）に創立され、「品格　高雅　自立　自営」を建学の精神に、「堅実にして質素、しかも品格ある女性の育成」を教育方針とする中高一貫校です。

豊かな教養を身につけ、国際社会に貢献できる自立した女性を育てるという理念は現代にも脈々と受け継がれ、生徒たちが互いに切磋琢磨し規範意識を伝えあう豊かな教育文化と独自の伝統を築いてきました。

日本女性としての礼節と品格を重んじつつ、社会の変化や時代の要請に対して明確なビジョンを持って革新をつづけている伝統校です。

きめ細かな学習指導

国語・数学・英語に多くの授業時間をあて、きめ細かな指導とともに、先取り授業を行っています。国語は中2から古典文法を導入、数学は中3前期までに中学校の学習内容を終了し、中3後期からは高校の内容に入ります。

英語のテキストに「トレジャー」を使用、ネイティブ講師による英会話の授業はすべて少人数制で実施、さらに、高い英語力を持つ生徒を対象にした上級英語講座を放課後に設け、学年を越えた異年齢クラスでさらなる英語力の伸長をはかっています。

また、国語・数学・英語については年間をとおして補習制度があり、夏期休暇中にも補習・講座を実施しています。

教育の3つの柱

【キャリア教育】生徒一人ひとりが自らを見つめ、社会の要請や職業の実際を知り、それらを基に自分のライフデザインを描き、その実現に立ち向かう過程を強力に支援するプログラムです。卒業25年後の自分の生き方をデザインしながら、課題解決力、将来設計力、情報活用力、コミュニケーション力、自己教育力という真の「人間力」と、それらを支える確かな「学力」を養成していくことが目的です。

【国際交流教育】実践女子学園の国際教育は、たんなる国際理解ではなく、世界の人びとと対等の国際交流という考え方に立っています。

「日本を学び世界を知る」「学校自体が国際交流の舞台」「海外に行き世界を肌で感じる」という3つのコンセプトのもと、日本文化実習の重視、留学生の受け入れと派遣、語学研修、提携校との交流など、多彩なプログラムが組まれています。

【感性表現教育】キャリア教育、国際交流教育と並ぶ新たな教育の柱として、2008年度よりスタートしたのがこの「感性表現教育」です。本物の日本の芸術・芸能に触れ、さまざまな学校行事や部活動などをとおして豊かな感性を育み、主体的・創造的資質を養いながら、社会のなかで生きぬくためのすぐれた「判断力」を育成することをめざします。

世界にはばたく「GSC」！

2008年度にスタートした国際学級「グローバルスタディーズクラス」は、入学前に英語力を習得している生徒を対象とし、真の国際人をめざすクラスです。ハイレベルな英語の授業は習熟度別に3分割、国語と数学も2分割、また、音楽と美術は英語イマージョン授業、第2外国語として中国語が必修など、魅力的なプログラムが特色です。GSCは、国内の難関大学はもちろん、海外の大学への進学を強力にサポートします。

品川女子学院中等部
しながわじょしがくいん

SHINAGAWA JOSHI GAKUIN Junior High School

東 京

品川区

女子校

■東京都品川区北品川３－３－12
■京浜急行「北品川」徒歩１分、Ｊ
Ｒ線・都営浅草線「品川」徒歩10
分
■女子のみ651名
■03－3474－4048
■http://www.shinagawajoshigaku
in.jp/

社会で活躍する女性を育てる「28project」

京浜急行線「北品川」の駅前という交通至便のロケーションにある品川女子学院中等部は、女子中高一貫教育において「社会で活躍する女性の育成」を実践していることでよく知られています。

「世界をこころに、能動的に人生を創る日本女性として教養を高め、才能を伸ばし、夢を育てる」ことを目標に、積極的な学校改革を推し進め、近年めざましく進学実績を伸ばしています。

学校を「学びの場」としてだけではなく、「生活の場」としてとらえており、校舎は落ちついたパステルカラーで統一され、隅々にいたるまで細やかな配慮がなされています。学校の入り口はインターホン式で、安全面にも配慮されています。職員室の前の廊下にはホワイトボードと質問用の机が設置され、朝・昼・放課後と多くの生徒が質問に集まります。自学自習はもちろんのこと、「わからないことは質問して解決する」という文化があるのです。

細かな配慮は、教室の色調や細部の設計にも見られます。各階ごとに微妙に変化した色調で統一され、校内の各所に友だち同士や先生と楽しく語らうことのできるスペースが確保されています。

品川女子学院では、中高一貫教育のメリットをいかし、精選したカリキュラムのなか、効果的な学習課程を実現しています。

学習指導のきめ細かさに定評

学習内容については、各学年ごとに詳細なシラバスを毎年発行し、生徒・保護者が、いつでも学習内容や勉強のポイントを的確に把握できるようになっています。

これからの国際化時代に対応できる人材を育成するため、中学段階では、英語の授業を週７時間確保しています。また、高等部では必修で世界標準であるTOEICの学習をしています。

修学旅行は３年生の３月。女性が活躍する国、ニュージーランドへ行きます。体験型の旅行で１週間と３週間のコースが選べます。ホームステイをしながら現地の姉妹校・提携校に通うことで、さまざまな経験をとおして英語力のみならず多くの力が試され、一人ひとりが成長するよい機会となっています。

こうした制度的な整備だけでなく、細やかな指導が中学段階からなされていることでも定評があります。その一例として、担任は、生徒をよく知り、生活面・学習面のサポートをするため、生徒と年５回、保護者のかたとも年２回の面談を実施しています。保護者と学校が連携をとり、協力しながら生徒の学力向上や生活面でのケアをしていくためのものです。

目的を持った
大学選びをアシスト

大学進学という18歳のゴールはもちろん大切なものとして指導されますが、卒業後の人生を視野に入れた進路指導がされています。それが、28歳をイメージし、社会で活躍できる女性を育てる「28プロジェクト」です。

たとえば、中学３年では、総合学習の時間に企業の協力を得た長期間のプログラムが組まれています。企業のかたがたといっしょに、企画・デザイン・営業・広告などの課題に学年全員が取り組みます。高等部では、起業家プログラムや大学の教授の出張講義で、多様な人とのかかわりから視野を広げます。そうすることで、将来への夢を明確にし、学習の目的もはっきりしていきます。生徒たちが希望する大学に合格できる学力を養うため、段階に応じて細かい指導を行い、卒業後の希望に則した進路を選択できるよう、万全のバックアップ態勢が整えられています。

東
京

神奈川

千葉

埼玉

茨城

寮制

あ行

か行

さ行

た行

な行

は行

ま行

や行

ら行

わ行

95

芝中学校
しば

SHIBA Junior High School

■東京都港区芝公園３－５－37
■地下鉄日比谷線「神谷町」徒歩５分、都営三田線「御成門」徒歩７分
■男子のみ885名
■03－3431－2629
■http://www.shiba.ac.jp/

伸びやかな校風のもと 伸びる学力

芝中学校・高等学校は都心の芝公園を望み、校庭からは東京タワーが間近に見える交通至便の地にあります。

そのため、東京、神奈川、千葉、埼玉など広い地域から生徒が通学してきています。

2006年には創立100周年を迎えました。1998年に完成した校舎は地上８階、地下１階の総合校舎と、地上２階、地下１階の芸術棟からなり、芝公園の緑を望む雰囲気とよくマッチしていて、東京の中央部とは思えないほど静かな環境にあります。100年におよぶ伝統が、新しい校舎に新たな命を吹きこんでいるようです。

ゆとりある独自のカリキュラム

男子の中高一貫校として高い大学進学実績を誇る芝中・高は、伸びやかな校風のもと、しっかりした学力をつけてくれる学校として定評があります。

学校の基本理念に仏教の教えを有し、「遵法自治」を教訓として生徒の自主性を重んじた教育を行っています。

目的意識を持った大学進学を推し進める芝中・高ですが、勉強一色といった雰囲気ではなく、クラブ活動もさかんに行われています。全校生徒の約８割がいずれかのクラブに参加しています。

ゆとりのある独自のカリキュラムは、無理、ムダを省いた精選されたものを完全中高一貫教育のなかで効果的に学習できるよう工夫されています。

さらに近年、以前からの学年定員は変えずに７クラスとしてクラス定員を少なくしています。

高い大学合格率

やはり芝中・高が注目されるのは、大学への高い合格実績だといってよいでしょう。とくに、医歯薬獣医系大学・学部への合格者が多いことも特筆されます。

大学への高い合格実績は、すぐれたカリキュラムとともに、中・高の全生徒約1700名に対して、専任教員を94名もそろえている充実した教諭陣の熱心な指導がこれを支えています。各クラスとも正・副の担任ふたり体制をとり、先生と生徒がつねに接触し、きめ細かな指導を行っています。

先生がたばかりでなく、OBも在校生を勉強の面で応援しています。各大学に進んだOBたちがパネルディスカッションで「具体的な勉強の仕方」を教えてくれます。高校生には「大学入試激励会」を開催して強力に後輩をバックアップしてくれるのです。

保護者の信頼も厚い

芝中に入学したお子さんを持つ保護者のかたが、こうおっしゃっているのが印象的です。

「正直に申しあげて、第１志望校でないこと、遠距離通学で知っている友人がひとりもいないことを心配していました。しかし、それは杞憂に終わりました。日々の生活のなかで先生がたの心のケアは万全ですし、楽しい学校生活でお友だちもすぐにできたようです。芝独特のたすきがけのカバンを誇らしげに肩にかけて毎日喜んで学校に通っています」。

渋谷教育学園渋谷中学校
SHIBUYA KYOIKU GAKUEN SHIBUYA Junior High School

またたく間に進学名門校の座を獲得

渋谷教育学園渋谷中学校は開校16年目の学校ですが、短期間のうちに進学校としての評価を高め、いまや受験生たちから憧憬を集める対象となっています。

教育理念としては「自調自考」の精神、自分で課題を調べ、自分で解答をだしていく自主性と、自ら学ぶ姿勢が重視されます。

シラバスは渋谷教育学園渋谷で使用されている独自の学習設計図で、学年始めに1年間で学ぶ内容と計画を細かく記した冊子を生徒全員に配ります。特長は、「それぞれの教科の基礎からの学習をなんのために学び、覚えるのか、いま全体のどのあたりを勉強しているのか」をはっきり理解したうえで勉強を進めることができるという点にあります。

これは自分で目標を理解し、自分で取り組み方を決め、自分で自分の力を判断するというもので、渋谷教育学園渋谷の自調自考を授業のなかで実戦していくための取り組みです。

効率のよい6年間

進学校として急速に評価を高めた要因には、渋谷教育学園渋谷のすぐれた授業システムがあります。授業は6年間をA、B、Cの3つのブロックに分け、中1と中2をAブロックの「基礎基本」、中3と高1をBブロックの「自己理解」、そして高2と高3をCブロックの「自己実現」の各期とします。

これは6年間の長いレンジで起きやすい中だるみを防ぐ意味もありますが、3つに分割することで期間ごとのテーマが鮮明になり、生徒の自主性が喚起され、前向きに取り組む姿勢が明確になる利点を持っています。

さらに、効率的な教程を組み、教科内容を錬成工夫することで戦略的な先取り学習を推し進めています。カリキュラムや年間の教育目標も将来の難関大学をめざした主要教科重視型となっています。

これからも目が離せない1校です。

■東京都渋谷区渋谷1－21－18
■JR線・東急東横線ほか「渋谷」徒歩7分、地下鉄千代田線「明治神宮前」徒歩8分
■男子285名、女子338名
■03－3400－6363
■http://www.shibuya-shibuya-jh.ed.jp/

十文字中学校
JUMONJI Junior High School

個に応じた質の高い教育の実践

十文字学園の創立は1922年（大正11年）。創立89年を迎えた歴史ある学校です。創始者・十文字こと先生の「これからの女性は、社会にでて、世の中の役に立つ人にならなければならない」という理念は、教職員や生徒たちによって受け継がれています。

十文字の生活は、心と身体をリフレッシュする「自彊術体操」から始まります。

社会で役立つ人間になるためには心だけではなく身体もきたえなくてはいけないという創立者の理念に基づいて始められました。生徒たちは学園のスローガン「自彊不息（つねに自分自身を鍛え続ける）」という言葉のもと、自彊術体操によって日々研鑽を重ねています。

人生を展望した進路指導

中学では基礎学力の養成に力を入れ、少人数による授業も取り入れています。高校では、早期進路指導によって自分の志望分野を決め、習熟度に合わせて総合的な学習を養成して大学進学に向けた指導を行っています。

スーパー選抜・選抜・進学と個に応じたクラス分けで生徒にとって最もふさわしい進路のサポートも万全です。

早い時期から進路についての学習を始め、担任、教科担任との綿密な連携のもと生徒の適性や学力を正しく把握したうえで、伸長に努めます。

このような努力により、東大をはじめとした難関大学に多くの合格者を輩出していますが、十文字の進路指導は、大学進学を最終目標ではなく、その後の人生を展望した真の進路指導となっているのが特色です。

また、十文字ではさまざまな学校行事があり、優秀な成績を収めているクラブも存在します。

このような恵まれた環境のもと、十文字の生徒たちは日々充実し、自立した学園生活を送っています。

■東京都豊島区北大塚1－10－33
■JR線「巣鴨」・「大塚」徒歩5分、都営三田線「巣鴨」徒歩5分
■女子のみ755名
■03－3918－0511
■http://www.jumonji-u.ac.jp/high/

修徳中学校
しゅうとく

SHUTOKU Junior High School

東京

葛飾区

共学校

■東京都葛飾区青戸8−10−1
■JR線・地下鉄千代田線「亀有」
　徒歩12分、京成線「青砥」徒歩
　17分
■男子89名、女子67名
■03−3601−0116
■http://www.shutoku.ac.jp/

笑顔であいさつ　さわやか修徳生

1904年（明治37年）に創立された修徳学園は、100年を超える歴史と伝統のある学校です。

一人ひとりの可能性や潜在能力を信じ、得意分野や個性的能力を最大限に発揮し、理想の実現に向かって努力できる教育を行います。

三位一体教育

修徳を語るうえで欠かせないのは、徳育、知育、体育の3つのバランスがとれた三位一体教育です。将来を築くにふさわしい体力と知性、それに個性豊かな人間形成「文武一体」を目標に、毎日の学習からクラブ活動、文化的活動をとおして徳育（自律心を養う）指導を行い、人間力を高め、勉学とクラブ活動の一体化を果たしています。徳育に関しては、建学の精神を目標にした独自の授業を行っています。中学では「自律」として、自分を律する力を養い、高校では「自立」として、自分を律し、自ら歩む力を身につけます。

生徒一人ひとりが確かな学力を身につけていけるようにするため、学習プログラムも充実させています。

授業は週6日制で、学習量を確保するために、月〜金曜日に加え土曜日も正規授業を実施しています。さらに、正規授業のほかに「講習・補習制度」を設け、徹底した発展的学習と基礎学力の充実をはかっています。この「講習・補習制度」では、得意科目の向上と苦手意識の克服をめざし、学力の定着に努めています。そのほかにも、クラブごとに週1日を学習集中日に設定したり、検定試験へのチャレンジをサポートしたりするなど、学力向上のためのシステムは万全です。

また、2011年（平成23年）の秋には、新校舎が完成する予定です。教育内容だけでなく、ハードの面でも、さらなる充実をはかります。

特色あるふたつのクラス

修徳には、「特進クラス」と「普通クラス」というふたつのクラスがあります。

特進クラスは、発展的な学習を取り入れ、大学受験への土台をつくるクラスです。高い目標に向けて生徒一人ひとりの能力を最大限伸長させ、難関大学合格をめざします。授業の内容は、基礎知識の理解はもちろん、発展的な内容にもふみこみ、「質を高めた」教育を実施します。

こうした教育の成果は大学合格実績として現れており、これまでにも、国公立大や、早稲田大、上智大、東京理大などをはじめとする難関私立大にも合格者を輩出してきました。

普通クラスは、「文武一体」をモットーに、確実な基礎力をつけていくクラスです。大学進学者は現役合格と確かな進路の実現に向けて、真の勉学とクラブ活動の一体化を果たし、総合的人間力を高める教育を実践しています。実際に修徳はクラブ活動の活躍がめざましく、柔道部やサッカー部（男子・女子）をはじめとして各クラブがさまざまな大会で実績をあげています。

修徳ネイチャープログラム

修徳学園独自の教育内容としてあげられるのが、「修徳ネイチャープログラム」です。これは、講演会、博物館などでの調べ学習、研究機関の見学、自然のなかでの実体験など、多くの体験のなかから、さまざまなことを積極的に学ぼうとするプログラムです。

3年間をかけて、自然をとおして、科学・経済・歴史・環境を学ぶことを主眼としています。地球に親しみ、日本や世界を知り、国際的に活躍できる人材の育成をめざします。

淑徳ＳＣ中等部

SHUKUTOKU SUCCESSFUL CAREER Junior High School

凛として、しなやかに。

　1892年（明治25年）、淑徳女学校は、徳川家康公の母君「於大の方」をはじめ徳川家御台所様がたが眠る「傳通院」の境内に輪島聞声先生により産声をあげました。文の京・礫川は、多くの文人に愛され、あちこちに碑が建てられています。

　2008年（平成20年）春、よき伝統を継承しつつ、さらに質の高い教育をめざして校名変更しました。ＳＣとはサクセスフル・キャリア「よりよく生きる」の略です。創立120年を迎え、学校改革を行いながら、高い知性と豊かな人間性を育む「心の教育」を実戦しています。

多彩な体験型教育プログラム

　数学・英語では、教科担当を複数配置し、習熟度に応じて細かく対応していきます。総合学習・道徳・HRを「SCアワー」と称して、茶道・華道・食育・論語・インプロなど体験型教育の多彩なプログラムをとおして、情操教育を行います。また、朝礼前には朝読書が行われます。

　さらに、放課後を有効活用して、希望制で「7時限目講習」を実施。発展応用の講習のほか、チューター（大学生）・コーチャー（大学院生）による個別指導を受けることもできます。

　中高6年間の淑徳SCでは、クラブ・研究会が中高合同で活発に活動しています。週1～2回程度のクラブから、ほぼ毎日活動するクラブまでさまざまです。

　なかでも、バレーボール部・卓球部は中高ともに関東大会に出場するなど好成績を収めています。また、華道部や茶道部といった文化部の活動も充実しており、多彩ななかから選ぶことができます。

　仏教行事としては、花まつりや成道会、涅槃会、盂蘭盆会などがあります。こうした行事は、淑徳の教育の大きな特徴として、大切にされています。

■東京都文京区小石川３－１４－３
■地下鉄丸ノ内線・南北線「後楽園」・都営三田線・大江戸線「春日」徒歩8分
■女子のみ61名
■03-3811-0237
■http://ssc.ed.jp/

頌栄女子学院中学校

SHOEI GIRLS' Junior High School

キリスト教に基づき理想の女子教育を行う

　頌栄女子学院は、キリスト教の学校で、聖書の教えを徳育の基礎においています。校名「頌栄」は神の栄光をほめたたえるという意味で、学院の特色を表わします。

　また、キリスト教の観点から、土曜日を休日にして日曜日には教会の礼拝に参加することを奨励しているほか、入学式・卒業式などの学校行事は礼拝で始まり週日にも毎朝礼拝があります。

　頌栄女子学院の特徴は、聖書の時間があることと、英語・数学の授業時数が標準よりも多いことです。英語と数学（一部学年）の授業は、中・高とも少人数習熟度別の特別クラス編成で行います。

　また、コース制を採用し、高2からは文科コースと理科コースに、さらに高3では理科コースがふたつに分けられます。高3では、コース別の授業のほかに主要科目を中心とした受験講習があり、進路に合わせて自由に選択することが可能です。

多彩な英語教育と高い進学実績

　英語の授業は中学校で週6時間、高校1年で週7時間を配当し、各学級を2分割して少人数制による授業を行っています。高2・高3では、学年を習熟度別に7クラスに分け、個々の到達度に応じた効果的な学習指導を実施しています。また、高校卒業までに英検2級を取得することを目標としています。

　そのほか、語学修養の機会として中学では軽井沢での英会話研修およびカナダ語学研修、高校ではニュージーランド語学研修を希望者のために設けています。

　大学進学実績では、長期の計画に基づいて中3より進路指導を行っています。このほか説明会や卒業生の体験談を聞く会などを設けています。こうした取り組みの結果、難関大学進学者が着実に増加し、卒業生の約半数が現役で国公立大や早大・慶應大・上智大など私立難関大へ進学しています。

■東京都港区白金台２－２６－５
■都営浅草線「高輪台」徒歩1分、ＪＲ線・東急池上線「五反田」徒歩10分
■女子のみ662名
■03-3441-2005
■http://www.shoei.ed.jp/

淑徳中学校
しゅく とく

SHUKUTOKU Junior High School

東　京

共学校

板橋区

■東京都板橋区前野町5－14－1
■東武東上線「ときわ台」・都営三
田線「志村三丁目」徒歩13分
■男子245名、女子241名
■03－3969－7411
■http://www.shukutoku.ed.jp/

スーパー特進コースが2年連続東大合格を実現

「進みゆく世におくれるな、有為な人間になれ」

これは創立者である尼僧・輪島聞声先生の言葉です。淑徳中学高等学校は、1892年（明治25年）に創立された120年の歴史を誇る伝統校で、夏目漱石の処女作『吾輩は猫である』にその名が登場するほどです。

この激変する社会のなかで、創立者の思いを受け継ぎ、21世紀に活躍する心豊かな若者を育成しています。

スーパー特進セレクトコースと 21世紀型の新校舎

淑徳のスーパー特進コースが新設されて早6年。これまでの取り組みを結集し、スーパー特進コースの選抜クラスとして「スーパー特進セレクトコース」が新たに登場します。意欲的に学習と向きあう生徒が多くなり、2011年度もまた、過去最高の大学合格実績が実現されましたが、セレクトコースを新設してさらなる高みをめざします。

そして、新たに登場する新校舎は、21世紀型の多様な教育を可能にする設計となっており、生徒の学習意欲に応える工夫が随所に見られます。

自学自習の習慣づくりと 4カ国から選べる1年留学コース

面倒見のよさを大切にしながら、自学自習の姿勢づくりに力をそそぎます。その後の学力を伸ばすポイントとなる、中学時代の学習時間や習慣。そこで、家庭学習週25時間を中1の目標に掲げ、記録ノートを活用して計画性や集中力、継続力を高め、学習とクラブを両立し、やりぬく力を養います。

大学受験対策としては、ゼミ・講習がきわめて豊富。たとえば高3夏期講習は、難易度もさまざまな50講座から選ぶことができ、大学別の対策講座も実施し、毎年多くの生徒が参加します。

また、放課後の居残り学習やゼミ・講習の必修化、主要3教科の小テストなど、学習習慣を自らのものとするための指導を徹底的に行います。

教科としては、英語の授業が特徴的です。週8時間という、私学でもトップクラスのボリュームです。中3で英検準2級合格を目標とし、従来のスーパー特進コースの生徒は8割が合格するという実績をあげています。

ホームステイや現地校交流を行うオーストラリア語学研修は全員参加です。抜群の英語力をつけたい生徒は、高校進級後の1年留学コースがおすすめです。

学習をつうじて自分と向きあい、友と支えあい認めあいながら、高い目標にチャレンジする。それが淑徳スタイルなのです。

2011年3月、淑徳では、昨年に引きつづき東大合格を実現しました。そのほか、東工大・東北大・東京外大・国立大医学部など、最難関大学の栄冠をつかんだ生徒が多数でました。さらに、MARCH以上の難関大学合格者数は250名を突破しています。国公立大・医学部医学科・早大・慶應大・上智大・東京理大・国際基督教大（ICU）への合格実績は過去最高と健闘しました。

「淑徳の時間」で心の教育を

中学時代は学力だけではなく心の教育が大切な多感な時期ですが、淑徳は浄土宗の尼僧が創始者であり、その教えをわかりやすくした3L（LIFE・LOVE・LIBERTY）を教育理念としています。

週1回の授業「淑徳の時間」をはじめとし、他者への思いやりと自立心を学校生活のさまざまな場面で伝えます。

淑徳は、学習指導とともに心の教育を行い、21世紀に羽ばたく人材を育成しています。

淑徳巣鴨中学校
SHUKUTOKU SUGAMO Junior High School

■東京都豊島区西巣鴨2−22−16
■都営三田線「西巣鴨」徒歩3分、
都電荒川線「庚申塚」徒歩4分、
JR線「板橋」徒歩10分、東武東
上線「北池袋」徒歩15分、JR線
ほか「池袋」よりバス
■男子143名、女子136名
■03−3918−6451
■http://www.shukusu.ed.jp

Change&Challenge!!　2012年度より新制服、新コース制へ

社会に有為な形成者を育てる進学校として大躍進

淑徳巣鴨は、1919年（大正8年）に社会福祉事業家兼浄土宗僧侶の長谷川良信により創立され、1950年（昭和25年）、学校法人大乗淑徳学園が誕生し系列校となりました。1985年（昭和60年）に淑徳巣鴨に校名を変更し、1992年（平成4年）に男女共学化、1996年（平成8年）には中高一貫校となり、文武両道の進学校として大躍進をつづけています。2012年（平成24年）には新制服、新コース制となり、新たなステージが始まります。淑徳巣鴨では、宗教の強制はいっさい行っていませんが、大乗仏教精神に基づく人格陶治をめざし、社会に有為な形成者として必要な資質を養うことを目標としています。

教育方針として、校訓「感恩奉仕」を掲げ、すべてのことに感謝することができ、その感謝の気持ちをすべてのことに奉仕していくことのできる人間を育てています。

2012年度からの新制服と新コース制

特色のある教育内容も魅力です。淑徳巣鴨では、より計画的な学校生活を送るために、「5学期制」を導入。3学期制よりも学習や生活にメリハリがつきます。

また、社会の第一線で活躍する方々と直にふれあうことができる「スポンサー講座」を実施。広く職業や世の中のようすを知り、将来に向け具体的な設計図を描くことができます。さらに、放課後に実施する特別講座「BSC」や、大学生による自学自習サポート教室「SSC」など、万全のフォロー体制で生徒をバックアップしています。

自習ノートとして「チャレンジノート」を用意し、1日の学習予定・学習時間・達成した目標を毎日生徒に記入してもらい、教員からのコメントをつけて返しています。これにより、計画的に学習ができ、文章を書く習慣を身につ

けることで国語力アップにもつながっています。

淑徳巣鴨では、2012年度（平成24年度）より新制服となり、新コース制も始まります。新制服は、豊かな人間性の証として身につけてほしいという願いがこめられ、「自立心」「知性」「信頼」を表す青色を基調としています。また、毎日快適な気持ちで過ごしてほしいという思いから、生徒にとってファッションセンスがあふれ、個性も豊かなデザインとしてます。新コース制は、同学力の生徒が同クラスで学習し、互いの進路希望や学力を高めあう環境のなかで教育を行うため、東大をはじめとした難関国立大学や最難関私立大学への進学をめざす「特進コース」と、難関私立大学や有名私立大学への進学をめざす「進学コース」の2コースに分けて生徒募集が実施されます。

国際教育にも力が入れられ、多彩な国際教育プログラムを展開しています。中3ではシアトル修学旅行でホームステイを、高2ではオーストラリア修学旅行でファームステイを実施しています。また夏休み中には中高ともに希望者を対象とし、オレゴンでホームステイを経験します。

徹底した進学・学習指導により大学合格実績も年々増加しています。2011年度は、東工大、東京外大、東京学芸大、筑波大などの国公立大や、早慶上智やMARCHをはじめとした難関私立大へ多くの合格者をだしています。部活動もさかんで、バドミントン部、水泳部、空手道部、剣道部は全国レベルで活躍しています。

特徴ある入試制度

淑徳巣鴨では、通常の入試に加え、特進コースでは特待生を募集する「スカラシップ入試」、進学コースではオリジナルドリルを試験範囲とした「チャレンジドリル入試」という特色ある入試制度も導入しています。これからも躍進が期待され、大きな注目を集めている学校です。

順天中学校
じゅんてん

JUNTEN Junior High School

東京　**共学校**

北区

■東京都北区王子本町1－17－13
■JR線・地下鉄南北線「王子」徒歩3分
■男子201名、女子143名
■03－3908－2966
■http://www.junten.ed.jp/

新システムの導入で躍進つづく

中高一貫教育がスタートして以来、「早慶上理」といわれる最難関私立大や「MARCH」の難関私立大に多くの生徒が現役合格するようになった順天中学校。

日々の着実な努力の積み重ねが、大学入試の結果に結実した成果として注目されています。

ユニークな学びの仕組み

順天では、中高一貫の新しいシステムとして、教科別に系統学習・探究学習・統合学習という学習カテゴリーを形成しました。基本科目となる英語・数学・国語については、体系的な学習を重視し、基礎から応用までをらせん状に繰り返し、完全習得をめざします。

また、3段階に分かれた習熟度別クラス授業を行っています。この体系的な授業に関連し、表現力を養うための課外学習も行われています。学習成果発表会では、英文暗唱、読書感想文発表などがなされます。

社会・理科については、体系的な教科学習に加えて、社会や自然のなかに問題を発見し解決していこうという探究学習が行われています。これは、実際に現場を訪れるフィールドワークとリンクして、各人の知的好奇心を育む学習となっています。

芸術・技術家庭・保健体育・道徳の4教科で構成される統合学習では、教科学習とともに、ボランティアや国際交流などを含む、幅広い体験学習を行っています。

英語が好きになる授業

広く国際社会に雄飛できる人材を輩出するため、順天では、とくに英語力の養成に力を入れています。

英検やTOEFL、TOEICなどの検定試験にも、学校をあげて積極的に取り組んでいます。

ほんとうに英語を身につけるためには、まず「英語を好きになること」という考えから順天の英語教育は始まります。英語が楽しい、聞いてわかり、自分で話せることがうれしい、そんな体験を積み重ねることで、本物の英語力を養って総合的な英語を身につけていきます。

充実したふたつのキャンパス

順天は、王子駅から徒歩3分の「王子キャンパス」に、明るく機能的な学びの場としての施設が完備されている本館と、そのほかに、実験・実技などの授業に使用されている2、3、5号館があります。

また、体育の授業や運動系のクラブ活動、各種宿泊行事などが行われるのは「新田キャンパス」です。

体育館、武道館、研修館、メモリアルホール、グラウンドなどの設備がそろっています。「王子キャンパス」からでている専用のスクールバスにより約10分で移動ができます。

さらなるステップ・アップを

こうした綿密な学習システムによって、毎年、大学合格実績が飛躍的に向上し、さらなる高い目標に向けての挑戦をつづけています。意欲的な生徒たちと、それを支える熱心な先生がたは、今後も周囲の期待に応えるすぐれた教育実践をつづけていくことでしょう。

東京
神奈川
千葉
埼玉
茨城
寮制
あ行
か行
さ行
た行
な行
は行
ま行
や行
ら行
わ行

城西大学附属城西中学校
じょうさいだいがくふぞくじょうさい

JOSAI UNIV. Junior High School

■東京都豊島区千早1−10−26
■西武池袋線「椎名町」・地下鉄有
楽町線「要町」徒歩7分
■男子218名、女子162名
■03−3973−6331
■http://josaigakuen.ac.jp/

自由な校風のもと大切にする「報恩感謝」の心

　城西大学附属城西中学・高等学校が所属する城西学園は、1918年（大正7年）、大正デモクラシーを背景とした自由主義教育の私学として誕生しました。そのため、創立当初から、自由な校風を教育理念とし、教育の本来の目的である子ども達の自主・自立の育成に努めてきました。

　校訓は「報恩感謝」。いうまでもなく、この言葉は、自分が大きく成長できたのは、両親をはじめとして周囲のかたがたの支えや、自然の恵みを享受してきたおかげである、そのことをまず知り、また一方では、自分の能力を最大限に発揮できるよう日々努力し、社会で立派に活躍することが自分を育んでくれたすべてのものへのお礼になる、ということを教えている言葉です。

特徴ある城西教育

　学校生活の基本となるホームルームは、平等主義による「自然学級編成」です。個人の尊厳と相互教育力による個性の伸張をはかっています。この「自然学級編成」とは、学力をはじめ男女比や選択科目など、あらゆる要素を均等化してどのクラスも同質とする編成方法のことです。能力別編成やコース別編成などが一般化するなかで、城西ではあえてこのような名称を使っています。

　学力の基本となるカリキュラムは、中学では基礎基本の徹底を重視しながら、学力差がでやすい英語と数学について習熟度別授業を実施し、一人ひとりの実力アップをはかっています。高校では2年次より段階的に大幅な「選択制」を取り入れ、一人ひとりが自分に必要な授業を選んで時間割を決めるといった「生徒の数だけコースがある」といえる完全受験対応カリキュラムとなっています。

国際的視野の養成

　「国際的視野の養成」という見地から、城西では「外」

を見るチャンスとして、短期留学と長期留学の制度を設けています。城西の交換留学制度は他校にない伝統と実績を誇ります。

　短期留学は、1983年（昭和58年）からスタートしたもので、夏休みなどを利用してアメリカ・オーストラリア・韓国・中国のなどに留学生を派遣しています。ホームステイによる英会話の実践をとおして、短い期間でも異国の生活や文化を肌で感じ取れるプログラムです。

　また、高校1・2年生を対象に、アメリカ・オーストラリア・韓国・中国の高校に1年間の長期留学生を派遣。それぞれの国の一般家庭に滞在し、現地の高校生といっしょに学習や体験活動を行います。なお、習得した単位は、そのまま城西高校の単位として認定されます。

生徒の多彩な進路選択を応援

　城西では「生き方としての進路指導」という考え方を大切にしています。生徒自身がどのような人間になりそのような道に進みたいのかをじっくり時間をかけて見出し、努力して夢の実現を果たす。

　年間をとおして行われる模試の個人データを6年間、管理、分析、研究し、徹底した進路指導を展開します。また、外部予備校の講師がポイントをしぼりこんで開講する「V-STEP」講座や小論文講座、志賀高原で行われる夏季合宿、校内で展開される夏季ゼミ、冬季ゼミなど受験をターゲットにしたさまざまな講座を設け、一人ひとりの進路実現に対応しています。

　系列の大学には城西大学・城西国際大学・日本医療科学大学があります。もちろん附属校推薦などがあり、一定の学力基準をクリアすれば推薦資格が与えられます。系列大学へは全体の20％程度の生徒が進学し、そのほかの生徒は他大学へ進学しています。

聖徳学園中学校
しょうとくがくえん

SHOTOKU GAKUEN Junior High School

- ■東京都武蔵野市境南町2－11－8
- ■JR線・西武多摩川線「武蔵境」徒歩3分
- ■男子296名、女子126名
- ■0422－31－5121
- ■http://www.shotoku.ed.jp/

難関大学チャレンジクラス新設！

武蔵野市に位置する聖徳学園中学・高等学校は、少人数制を導入し、生徒一人ひとりにできるだけ学校が合わせていくという特色を持った男女共学の学校です。さまざまな体験をとおして自分を発見し、自己の可能性を磨いていきます。そのような生徒を全力でサポートしていく、きめ細かな指導に定評があります。

聖徳学園の1クラスの人数は35人前後。中1・中2ではふたりの担任が担当します。恵まれた環境のなかで、生徒の個性に応じた魅力的な授業を展開しています。

新学習指導要領実施に対応し聖徳学園の新たなチャレンジ

2012年度（平成24年度）から新学習指導要領が実施され、必修語彙数が5割増になるなど学習内容が大幅に増えます。これまで聖徳学園では、英語と数学は到達度別授業により、一律に中学2年間で中学の学習内容を修了してきました。

しかし、学習内容の大幅増加に対応して修了期限を中3夏とし、到達度別授業と新設の「難関大学チャレンジコース」によって一人ひとりの理解の深まりと進度に応じ、これまで以上にていねいな指導を徹底します。

難関大学チャレンジコースの仕組み

難関大学チャレンジコース選抜クラスは、入学試験で「難関大学チャレンジコース」合格となった生徒によって編成されます。この選抜クラスは固定的なものではなく、成績などによって毎年入れかえが行われます。高校からは「難関大学チャレンジクラス」1クラス40名の生徒が入学してきますので、この生徒も交えて高校2年から文系・理系に分かれ、文系選抜と理系選抜のクラスがつくられ、高い目標に向かって進んで行きます。

6年間の確かな学力形成

聖徳学園は、スピーチコンテスト、スペリングコンテスト、計算力コンテスト、読書感想文コンテスト、百人一首大会などの学習系行事を大切にし、英語・漢字・数学など各検定受検も積極的に指導して、一人ひとりの意欲を引きだします。高校からは、約50講座にのぼる進学セミナーで難関大学合格への確かな学力を形成します。

個性と可能性を引きだすプログラム

個性を伸ばす教育は聖徳学園の基本です。とくに中1・中2の前期課程では、各教科において知識をただ受け入れて覚えこむのではなく、「なぜだろう」という疑問を大切にしています。一人ひとりの知的好奇心を尊重し、可能性を伸ばす指導をすることで、生徒自身の成長につなげます。

その後は、発達段階に応じて、自ら学び解決していく姿勢を定着させます。その結果、学習における集中力を高め、じっくりと考える習慣を身につけていくのです。

また、中1では日本文化への原点を学ぶため、新潟県で農家への民泊を行い、田植えなども体験します。中2ではホンダの協力でプレゼンテーション能力を育成するプログラムを体験します。国際理解教育にも力を入れ、中3ではアメリカ・オーストラリア・ニュージーランド・シンガポールなどから選択しての国際研修旅行で、交流校訪問やホームステイを体験します。

2011年度入試では、卒業生142名ながら北大、東北大などの国立大学に7名、慶應大医学部や他の私大医学部、早慶上智の3大学に12名の合格者をだしました。

進学実績は年々著しい進歩があると高い評価を受けています。

城北中学校
JOHOKU Junior High School

東　京
板橋区
男子校

■東京都板橋区東新町２−２８−１
■東武東上線「上板橋」徒歩10分、地下鉄有楽町線・副都心線「小竹向原」徒歩20分
■男子のみ880名
■03−3956−3157
■http://www.johoku.ac.jp/

教育目標は「人間形成と大学進学」

　毎年、多くの卒業生を難関大に送りだす城北中学校・高等学校。2011年度も難関４大（東大・京大・東工大・一橋大）に49名（現役36名）をはじめ国立大学総計136名（現役93名）、早大・慶應大・上智大は、328名（現役214名）という実績をあげました。

　その建学の精神は、「青年期の人間形成と大学への進学」です。創立者・深井鑑一郎先生が、儒学に裏づけされた規律正しい生活習慣・礼儀と、社会の指導者を養成するための上級学校への進学を、青年教育の根本においたことに始まります。

　城北中学校・高等学校では深井先生の青年教育にかける情熱を受け継ぎ、正しい道理を見極め、良識を備えた青年を育成し、社会性や創造力を持った社会の指導者を送りだすことを目標としています。同時に、より高度な専門知識を身につけるため、大学への進学を目標とした教育活動も積極的に展開しています。

いきとどいた教育の３期指導体制

　具体的には、中高一貫教育の利点をさらにいかすため、６カ年を２年ずつの３期に分け、生徒の発達・変化に応じて最も効果のある指導を行っています。そして、それぞれの期の目標を着実に達成していくことで大学進学にふさわしい人間性と学力を身につけていきます。

　「基礎期」は、中学１・２年。ここでは、基本的な生活習慣を身につけ、各教科の基礎をしっかり理解し、さらに応用力を身につけます。補習や個人指導を実施し、不得意科目をつくらせないことをコンセプトに全体の学力アップをはかっています。中学では、主要教科の授業時間数を増やしてあるのが特徴です。中学校の学習内容は原則的にこの基礎期で終了します。

　「錬成期」は、中３・高１。中３からは高校の学習内容に入り、自立的、自主的な学習生活態度の確立をめざします。また、この時期は、クラブ活動や委員会活動などに学校の中核として積極的に参加することが求められています。

　「習熟期」は、高２・高３。ここでは、より高い学力と豊かな教養を身につけ、自分の適性に合わせて志望をしっかり考えて進学への意識を高めます。また、クラブ活動や委員会活動などでは、リーダーシップを発揮することを求められます。

　高校では、個々の関心・適性・志望に応じてさまざまな教科の学習が深められるようコース制を取り入れ、選択科目・選択ゼミを増やし、志望大学に対応した学力を身につけます。それが、確かな学力と豊かな人間性を身につける「３期体制」です。

年間行事も豊富

　６年間の教育のなかで「人間形成」を大切にする城北中学校・高等学校では、年間行事も豊富で、活発に行われています。

　そのひとつが、「大町オリエンテーション」です。北アルプスの大自然を背景とした大町山荘で、新入生は学校生活の基礎づくりとして社会性、自主性を体得し、友だちとの協調の大切さを学んでいます。

　また、「海外語学研修」は、世界で最も美しい町といわれるオーストラリアのパースで行われ、さらに英語力を磨きます。

　そのほか、演劇鑑賞や音楽鑑賞も城北の伝統の教育です。実際に自分の目や耳で芸術に触れることにより、生徒は情操面で大きな成長を果たします。

　進学教育だけでなく、人間教育にも熱心に取り組む城北中学校・高等学校です。

昭和女子大学附属昭和中学校

しょうわじょしだいがくふぞくしょうわ

SHOWA WOMENS' UNIV. SHOWA Junior High School

■東京都世田谷区太子堂1－7
■東急田園都市線・世田谷線「三軒茶屋」徒歩7分
■女子のみ764名
■03－3411－5115
■http://jhs.swu.ac.jp/

「世の光となろう」を目標として

創立者人見圓吉・緑夫妻は、偉大な教育者でもあったロシアの文豪トルストイのヒューマニズムに満ちた教育観に共鳴し、1920年（大正9年）、学校を創立しました。その誠実で自立心に富み、自己実現をめざしながら社会に貢献できる人間を育成する姿勢は、いまも学校の目標、「世の光となろう」という言葉にしめされています。

豊かな人間性としっかりとした学力を

教育の大きな特色は、「人間としてどう生きていくべきか」に焦点があてられているところにあります。知識だけでなく、知育・徳育・体育の面でバランスのとれた人間を育むため、多くのユニークな制度やカリキュラムが用意されています。

全人教育の一環として行われる体験学習の目標は、自分で考えて行動し、体験をとおして人間性を磨くこと。6学年を縦割りにした、年齢の異なる集団活動もそのひとつです。上級生が責任を持ってグループをまとめ、下級生は上級生を見習うなど、校内にはたくさんの「姉妹」が誕生し、まるで家族のような雰囲気のなか、協調性や自主性が自然と身につきます。

また、5年生（高2）では、併設幼稚園で保育補助を体験します。園児の世話を手伝うことをとおして、思いやりや奉仕の精神を学びます。少子化や核家族化が進む現代、こうしたふれあいが、生徒の個性や人間性を豊かに育みます。

「五修生制度」で大学の講義にも参加

学習では、独自の「五修生制度」の存在が光ります。これは、中高の教科・学年間の重複を避け、6年間の学習課程を5年間で無理なく修了することで、高校3年生から科目等履修生として昭和女子大で学ぶ生徒が誕生するというもの。

この制度により、大学で専門分野を深く学べるだけでなく、専門外の講義も受講できる余裕が生まれ、学識をいっそう深めることが可能です。さらに、大学院に内部進学する場合には、1年早く進学することも可能です。

とくに英語に力を入れている

英語の学習目標は、「考えていることを英語で表現できること」です。

4年生（高1）で実施される英語プロジェクト（必修）では、各人の興味あるテーマを選び、楽しみながら会話や表現法を身につけていきます。「イングリッシュ・ルーム」では、放課後、外国人教師から個人レッスンを受けることも可能。また、英語科と国語科が連携して、表現能力を向上させながら指導にあたっているところも大きな特徴です。

中学2年では、昭和女子大学が所有する米国ボストンのキャンパスで12日間の海外英語研修を実施します。ネイティブ・ティーチャーの授業を受けるとともに、現地の中高生と実際に文化交流を体験することで、英語でコミュニケーションできる能力の育成に、さらに磨きがかかるのです。

さて、併設大学へは成績や人物などを総合的に判断し、校長推薦で進学することが可能です。さらに、推薦を得ながら他大学を受験することもできるので、生徒はさまざまな大学入試に挑戦し、その可能性を広げることができます。そのために、長年つづけてきた5日制にピリオドを打ち、2008年度から6日制のカリキュラムを組み、英語や理数をさらに強化しています。

豊かな心と知恵を育み、生徒一人ひとりの未来と可能性を大きく広げる昭和女子大学附属昭和中学校です。

女子学院中学校
JOSHI GAKUIN Junior High School

■東京都千代田区一番町22－10
■地下鉄有楽町線「麹町」徒歩3分
　ＪＲ線・都営新宿線「市ヶ谷」徒
　歩8分
■女子のみ689名
■03－3263－1711
■http://www.joshigakuin.ed.jp/

自由な校風で伸びのび学ぶ

　創立は1870年（明治3年）という長い歴史に育まれた女子学院は、キリスト教主義を教育理念として、独特の校風を培ってきました。学校の規則はほとんどなく、制服もありません。

　こうした自由な雰囲気のなかで、生徒たちは自主性を持って生活しています。ほんとうの意味で自立した女性の育成をめざす女子学院の教育は、多くの保護者や生徒たちから支持を集めています。

高校募集のない中高完全一貫教育

　カリキュラムは、中高6年間の一貫教育の利点をいかし、学習指導要領をもとに作成しています。

　女子学院独自の科目としては、各学年に聖書の時間をおいていること、高校では近・現代史とキリスト教音楽の授業が行われていることなどがあげられます。

　また、高2までは基本的な学力の育成と心身のバランスの取れた成長を目標にして、全科目を共通に学んでいます。

　高校の一部に選択制度を取り入れ、高3では一人ひとりの個性や可能性に応じた科目の学習ができるようにしているのも特色です。中高ともに、科目によってはクラスを分割した授業も設けています。

実質授業5日で2期制を採用

　授業は前期・後期の2期制を採用し、週5日・30時間で行われていますが、どの教科も中高6年間で完成するよう単元を組み替えたり、教科間の重なりを整理したりして、効率のよい授業を行っています。

　生徒の旺盛な学習意欲を満たすよう、授業は実験・観察と考察、レポート、作文、作品制作などにも時間をかけ、学習の仕方を体得することを目標にしています。

　総合的な学習の時間も6年間を見通した目標を立て、学校行事を中心にその準備の活動やまとめを組みあわせて行うことで、生徒たちの成長につなげます。

難関大への高い合格実績を誇る

　多くの生徒が難関大への入学をめざしていますが、学校の授業はとくに大学入試だけを目的にしたものではありません。じっくり考え、ものごとへの興味と関心を養う授業が基本となっています。

　女子学院は創立が米国人による私塾であったこともあり、英語の教育には定評があります。中1ではフォニックス理論を取り入れた授業を行い、英語の音を基礎から身につけられるようにしています。加えて、学校独自の編集による教材を活用するなど総合的な英語力の養成に努めています。

　生徒の学力が定着するように学校側の細かなケアがあるのも女子学院の特徴です。日常的に小テストを実施、基礎力のチェックが細かになされていきます。

　また、礼拝・講演会などをとおし、広い視野を持って社会に目を向ける機会が多く与えられます。こうした万全の教育態勢のなかで、生徒が自主的に勉強に向かう姿勢が養われることによって、学校の勉強を主軸にした高い大学合格実績を可能にしています。

女子聖学院中学校

じょしせいがくいん

JOSHISEIGAKUIN Junior High School

東 京

北区

女子校

■東京都北区中里3－12－2
■JR線「駒込」徒歩7分、地下鉄
　南北線「駒込」徒歩8分、JR線
　「上中里」徒歩10分
■女子のみ593名
■03－3917－2277
■http://www.joshiseigakuin.ed.jp/

伝統あるミッションスクール

　女子聖学院は1905年（明治38年）に創立されたミッションスクールです。初代院長バーサ・クローソンは米国のプロテスタント教会から派遣された宣教師でした。

　高校からの募集はなく、女子のみの完全中高一貫校ですので、6年間をともにする同学年約200人の仲間たちは生涯の友となります。

　また、中高が同じ校地のひとつの校舎に入っていますので、6学年の一体感があります。そのなかで生徒たちは、安定した温かい人間関係を育みつつ勉学に諸活動に励んでいます。

　女子聖学院の教育の基盤はキリスト教による人間教育です。生きることの尊さを学ぶことの意義を伝えるのです。学校生活の1日は毎朝15分の礼拝から始まります。美しいチャペルで心を合わせて讃美歌を歌い、聖書を読み、お話を聞くとき、若い心が育っていきます。

　また、礼拝のほかに、キリスト教に基づく「人間教育プログラム」を実施しています。プログラムの例をあげると、中学1年では「いのち」を主題とする「翠の学校（旧・軽井沢生活）」、中学2年では「自己啓発」を主題とする遠足や講習会などがあります。

学習そして進路

　もちろん、教科と進路の教育にも力をそそいでいます。中学校初期には学力の基礎固めをし、高校では受験に対応できる段階までじゅうぶんな学力を養成すべく指導しています。

　教科教育においては、中学・高校という枠にとらわれることなく、一貫教育だからこそできるプログラムを組んでいます。とくに、中学3年・高校1年では、学年の範囲を越えた先取り学習や、少人数授業を取り入れるなど工夫を凝らしたカリキュラムを実施しています。さらに、　高校

2・3年では、完全に文系・理系に分けて受験に向けて学習します。多様な選択科目を設けているほか、受験問題演習にも力を入れています。

　女子聖学院では、進路教育もキリスト教教育の一環として位置づけ、熱心に取り組んでいます。

　生徒一人ひとりの個性や希望に配慮しつつ、①神様から与えられている賜物（個性、能力）を見出し、それを磨くこと、②その賜物をさらにいかすために、ふさわしい進路を獲得できるよう努めることを目標に指導しています。

　進路指導の特徴は、職業への夢は思考を育てることから始めるという点です。ほとんどの生徒が4年制大学への進学を希望していますので、受験学力の養成はもちろん、学部学科研究などの進路学習にも力を入れています。

6学年が一体になる運動会・記念祭

　たくさんの行事があるなかで、運動会や記念祭（文化祭）は生徒会の実行委員会が企画し、運営しています。リーダーとしても、裏方としても熱心に働く生徒たちの姿が見られます。6学年が一体となって参加するので、行事はとても盛大です。中学生だけではできないことも高校生と力を合わせればできることもあります。

　上級生下級生との交わり、同級生との団結をとおして生徒は大きく成長します。

東京 神奈川 千葉 埼玉 茨城 寮制 あ行 か行 さ行 た行 な行 は行 ま行 や行 ら行 わ行

女子美術大学付属中学校

じょしびじゅつだいがくふぞく

JOSHIBI HIGH SCHOOL OF ART AND DESIGN Junior High School

■東京都杉並区和田1−49−8
■地下鉄丸ノ内線「東高円寺」徒歩
　8分
■女子のみ383名
■03−5340−4541
■http://www.joshibi.ac.jp/fuzoku/

「変わらぬもの」を大切に

　杉並区の閑静な住宅街にある女子美術大学付属中学校・高等学校。所属する女子美術大学は、1900年（明治33年）に設立許可を受けた、古い歴史を有する大学です。100年を超すその歴史のなかからは、片岡珠子、三岸節子、堀文子など多くの優秀な美術家を世に送りだしてきました。

　女子美では、「美術教育を通して、各人が感性を磨き、より創造性豊かな人間の育成をめざす」ことを教育理念にするとともに、創立期の「女性の自立」「わが国の文化に貢献する有能な女性の育成」という教育目標も、現在もなお連綿と受け継がれ、その特色ある教育を行っています。

中学では週4時間の
美術の授業

　中学校におけるカリキュラムの最大の特徴は、絵画・デザインを中心に美術の授業が週4時間あること。高校・大学への一貫性を考慮した独自の美術教育を展開しています。また、彫刻・陶芸・版画・染色・美術鑑賞なども取り入れ、生徒が美術の世界に触れる楽しさを理解することに重点がおかれています。

　もちろん、義務教育期間であるということをふまえ、文部省が定めた教科・科目はすべて履修します。幅広く知識・教養を身につけるため、週6日制のもと一般教科にも力を入れた授業体制となっています。

普通科の高校で美術教育に重点

　高等学校は、普通科（普通課程）ですが、美術教育に重点をおいたカリキュラム編成になっています。専門家への道を拓くとともに、一般社会にあってもおおいに歓迎される存在としての、人間性豊かで高度な感受性を備えた、調和の取れた人間の育成をめざしています。

　2年次から、絵画コース、デザインコースのいずれかを選択し、それぞれの分野を専門的に学ぶとともに、1〜3年をとおして基礎実技を学び、分野を超えた共通の基礎力を養います。もちろん、高校卒業生は、つねに約90％が美術系に進路を定めます。

　ほかの大学への進学希望者は、その大学の入試科目に合わせ、美術ではなく学科を選択することができます。これにより、多くの生徒が毎年美術系以外の大学にも希望どおり進学しています。なお、系列の女子美術大学へは、推薦入学制度により、多くの生徒が進学しています。

　自己表現が好きな生徒が多い女子美術大学付属では、学校行事が大変さかんです。生徒は自分に合ったさまざまな表現方法を見出しながら、学園祭や運動会応援などの行事に積極的に取り組んでいます。

　卒業生の多くが、行事で培った企画力、行動力をいかしており、行事・学校生活そのものがキャリア教育となっているのです。

　また、生徒と先生が信頼しあいながら、コミュニケーションが取れているのも女子美術大学付属の大きな特色。休み時間や放課後、職員室はいつも生徒でいっぱいです。

中学生も高校生も
いっしょに過ごすキャンパス

　女子美術大学付属では、敷地・校舎・教員・学校行事などに中高で明確な区別を設けていません。

　そのため、中学生と高校生が気軽にコミュニケーションを取れる環境となっており、学園祭や運動会など、中学生と高校生が仲よくともに行事に取り組む姿がめだちます。

　「明るく、伸びのびとした校風」が、キャンパスのいたるところにあふれる女子美術大学付属中学校・高等学校です。

白梅学園清修中高一貫部
しらうめがくえんせいしゅう

SHIRAUME GAKUEN SEISHU Junior High School

東京

女子校

小平市

■東京都小平市小川町１－830
■西武国分寺線「鷹の台」徒歩13分
■女子のみ125名
■042－346－5129
■http://seishu.shiraume.ac.jp/

気品とフロンティア精神を備えた女性を育成

　2006年春、その斬新な教育方法に多くの受験生から共感を集めて開校した白梅学園清修中高一貫部。同じ学園には、伝統ある白梅学園高等学校がありますが、席を異にする新たな女子の中高一貫教育を行う学校です。

　校名「清修」は、「厳冬にあっても凛と咲く白梅のような清々しい姿で学び修め、気品とフロンティア精神を兼ね備えた女性を育てる」という学校の熱き思いがこめられたもの。

　清修では、生徒が将来、社会の一線で、勇気を持って未来を切り拓いていくことができるような女性に成長することを目標に、中高一貫教育を行っています。

授業重視のオールインワン

　教育は、大学進学をめざした、日々の「授業重視のオールインワン」教育が基本。中１・中２では、基礎・基本科目である数・英・国の授業において、65分授業をメインにカリキュラムを編成しています。

　そして、昼・放課後に設けた「セルフラーニングタイム（自学自習の時間）」は、自立心を育む「学びの時間」として機能しています。フォロー役として全教科の先生が常駐しているので安心です。

　また、従来のクラブ活動にかわるものとして用意されているのは、近隣の大学や研究室などから専門家を招き、指導してもらう「エリア・コラボレーション」と呼ばれる取り組みです。弦楽器・エアロビクス・茶道・囲碁・硬式テニスなどの専門家から、本物の指導を受けることができます。

ヨーロッパにフォーカスする「グローバルプログラム」

　国際感覚を持ち、社会の一線で活躍できる人材の育成を

めざしている白梅学園清修では、全生徒が参加するふたつの「グローバルプログラム」を用意しています。

　中２で実施される「英国研修」では、語学研修のみならず、学生寮での生活を体験することによって自立する心を養います。2010年で４回目となった英国研修ですが、毎年語学力の向上はもちろんのこと、基礎となる人間力についても非常に得るものが多い、実りある３週間となっています。

　高校段階に入ると、１年次にフランスを拠点にＥＵ現地日本企業とも連携した２週間の研修が組みこまれた「ＥＵ研修」を実施します。

　従来の修学旅行とは一線を画したこれらのプログラムを、白梅学園清修では中１からスタートする授業内容および進路・キャリア教育と密接に連動するフィールドワークのひとつとして位置づけています。

明るい校舎！

　2006年、モダンな新校舎も完成しました。そのコンセプトは、「生徒が楽しく安全に学校生活が送れ、勉強に集中できるような環境をつくる」こと。採光を工夫した明るい校舎は、従来の学校建築が見過ごしがちだった居住空間としての環境性能、いわば「人と地球にやさしい」設計思想とアイデアに満ちています。「太陽光が隅々まで明るく照らし、自然の風が通り抜ける」、そんな表現がぴったりの新校舎です。

　また、ネットワーク端末などの最新設備を持つ教室のほか、校舎中央の吹きぬけに設けられたコミュニケーション空間「ラーニングアトリウム」や、開放的なテラスがある「ラウンジ」など、生徒が休み時間や放課後を過ごす空間が大切に確保されているのも、新校舎の特徴のひとつといってよいでしょう。

白百合学園中学校
しらゆりがくえん

SHIRAYURI GAKUEN Junior High School

キリストの愛の教えに基づく全人教育

白百合学園の設立母体は、17世紀に誕生したシャルトル聖パウロ修道女会です。1878年（明治11年）、函館に上陸した3人のフランス人修道女により日本での活動が始まりました。1881年（明治14年）に東京に学校が設立されて以来130年にわたって、誠実さと愛をもって社会に貢献できる子女の育成をめざし、「キリストの愛の教え」に基づく全人教育を行っています。

白百合学園では、週5日制のゆとりあるカリキュラムのもと、家庭との連絡を密にしながら、一人ひとりに与えられた能力を豊かに開花させるためのきめ細やかな指導を行っています。宗教教育を基盤とする学園生活のあらゆる場面で、生徒たちは「愛と奉仕」の心を学び成長していきます。

中学1年〜2年は基礎的な学力・体力を養成し、ものごとへの意欲と豊かな感性を身につけることが目標です。中学3年〜高校1年では基礎・基本の定着に重点をおき、自己の確立と個性の発見に努めます。

高校2年〜3年は確立した基礎力の上に、自己実現に向けた発展的な学力開発をめざす2年間です。高校2年から進路（文・理・芸術）に合わせた科目を選択し、高校3年で具体的な「進路」を見つけ、その実現のため大学への現役進学をめざします。つねに「授業を大切に」という指導を行い、生徒もよくそれに応えています。

中学からフランス語の学習

白百合学園の教育の大きな特色のひとつとして、外国語教育があげられます。生徒全員が英語・フランス語の2カ国語を学びます。中学1年で英語かフランス語を第1外国語として選択し、選択しなかった方は第2外国語として中学3年より履修します。

少人数クラス編成、ネイティブスピーカーの教師による授業、LLの活用などにより実践的な語学力の習得をはかります。

■東京都千代田区九段北2−4−1
■JR線・地下鉄東西線・有楽町線・南北線・都営大江戸線「飯田橋」、地下鉄東西線・半蔵門線・都営新宿線「九段下」徒歩10分
■女子のみ572名
■03−3234−6661
■http://www.shirayuri.ed.jp/

聖学院中学校
せいがくいん

SEIGAKUIN Junior High School

知識の土台となる基礎学習

聖学院では、生徒に真のゆとりをもたらす教育という観点から、週6日制を維持しています。英語や数学では従来以上の授業時間を設けていますが、聖学院がとくに力を入れているのは基礎力の養成です。とくに暗記が必要とされる科目は、そうした能力が豊かな低学年のうちから時間数を厚く充当します。

英語は中1から、数学は中3から、習熟度別のクラス編成を実施。それぞれの理解度に応じた学習ができるように配慮しています。

基本的には中2までで中学の課程をすべて修了し、中3から高校の課程へと入っていきます。さらに、聖学院の人間教育のいしずえとなる「礼拝の時間」、「聖書の時間」もカリキュラムに組みこみ、キリスト教精神から、自らの行動に責任を持つ意識を芽生えさせ、自学自習できる環境を育んでいきます。

英語の聖学院　一人ひとりが主人公

これからの若者にとっては、世界が活躍のフィールドです。英語はそのために当然必要な手段となります。

「英語の聖学院」と言われる聖学院では、とくに英語教育に力を入れてきました。キーワードは"使える英語"です。

教員と生徒のコミュニケーションを重視して、中1から少人数制の授業を行い、中2からは5グレードの習熟度のクラス編成を実施。教科書はハイレベルな『Just English Is It』を使用し、さらに、英語力の高い生徒たちのために「無学年クラス」を編成して指導しています。

聖学院のモットーは、生徒一人ひとりの将来を見つめたきめ細かな指導。少人数教育を基本に、6年間で実力を伸ばし、将来につなげる教育を実践します。

自分だけの夢をドラマに描き、その主人公として生きていく力と自信を身につけること。それが「聖学院のOnly One教育」です。

■東京都北区中里3−12−1
■JR線「駒込」徒歩5分、地下鉄南北線「駒込」徒歩7分
■男子のみ500名
■03−3917−1121
■http://www.seig-boys.org/

巣鴨中学校
SUGAMO GAKUEN Junior High School

東 京

豊島区

男子校

■東京都豊島区上池袋１−21−１
■JR線「大塚」・東武東上線「北池袋」徒歩10分、JR線ほか「池袋」徒歩15分
■男子のみ734名
■03−3918−5311
■http://www.sugamo.ed.jp/

少年を伸ばす「硬教育」を実践

　巣鴨中学校・高等学校は、1910年（明治43年）、遠藤隆吉博士により硬教育による男子英才教育と人間研究の実践をめざして創立されました。以来、創立者の「建学の趣旨」と「教育の根本理念」を核として教育にあたり、今日にいたっています。

　堀内不二夫校長先生を筆頭にした先生がたの熱い指導により、毎年、東京大学をはじめとする難関大学へ多くの進学者を輩出することで定評があります。東京都以外の関東一円からの通学生は全生徒の約半数で、その教育は広く支持されています。こうした優秀な生徒をつくりだす巣鴨の教育は、学園ならではの「硬教育」の存在をぬきに語ることはできません。

「万人に通ずる 真にやさしい心」の教育

　この「硬教育」とは、よく「硬派・軟派」の「硬派」に勘ちがいされがちですが、これは、創立者・遠藤隆吉博士の造語で、明治時代にアメリカで唱えられていた『軟教育』に対する概念として、成長期の青少年に必要な人間としてのトレーニングを与えようという理念から生まれたものです。その理念は、個人・自由尊重だけにとらわれ、基礎的なトレーニングを欠いた人間では中途半端な人格しか生まれないことを認識し、「おっくうがらない性格」を学校教育をつうじて涵養していこうというものです。ここに巣鴨の教育の神髄があります。

真のエリートである 「新しいエリート」を育成

　こうした「硬教育」のもと、巣鴨学園では「真のエリート」、「新しいエリート」づくりを行っているのが特色です。

　「エリート」というと、とかく学業面だけに秀でた怜悧な人間像をイメージしがちですが、巣鴨の意味する真のエリートとは、そんなものではありません。この「新しいエリート」とは、勉強ができるだけの「頭でっかち」な人間ではなく、文武両道にすぐれ、かつ立派に社会貢献できる人間をつくることを目標としているのです。

　そのため、巣鴨では学業面はもちろんのこと、心身ともに成長をはかるため、中学では剣道が必修、高校では柔道・剣道が選択必修となっています。

　ここでの目標は、「全校有段者主義」。卒業時までに、なんと半数以上の生徒が有段者となっているとのこと。こうして培われた精神力は生徒たちの自信となり、学業面でも大きく寄与しています。

　大菩薩峠越え強歩大会や巣園流水泳学校、森林公園マラソン大会に早朝寒稽古など、さまざまなスポーツ行事が用意されているのも、巣鴨ならではといってよいでしょう。

努力主義と英才早教育

　東京大をはじめとする難関大学に多くの卒業生を送っている巣鴨。そこには、長年かかって構築された綿密かつ計画的なカリキュラムが存在しています。小学校の教育を終えた生徒たちの学力が、広く、深く、ダイナミックに構築されるよう、心理学的に分析・構築してつくりあげられたカリキュラムによって学習していきます。

　このカリキュラムは、全教科を総合的に体系化したもので、「らせん状階段方式」と呼ばれる、反復学習によって完全理解を可能とする独自のシステムを採用しているのが特徴です。

　数々の伝統的行事とともに、この優秀なカリキュラムの存在が、多くの難関大学への合格者数を生みだしているといってよいでしょう。

杉並学院中学校

すぎ なみ がく いん

SUGINAMI GAKUIN Junior High School

東　京

共学校

杉並区

■東京都杉並区阿佐谷南２−30−
17
■ＪＲ線・地下鉄東西線「高円寺」
「阿佐ヶ谷」徒歩８分
■男子39名、女子29名
■03−3316−3311
■http://www.suginami.ac.jp/

「夢が君の未来を創る」

「自立・成楽」を建学の精神として、「自立した責任感のある人間を育成」する杉並学院中学校・高等学校。物質的な欲求だけでなく、精神的な成長を人生の目標と考えることのできる青年の育成をめざしています。

「自立」とは、杉並学院で学ぶ生徒たちに、将来はひとりの職業人としてひとり立ちをして、社会に役立つ人となってほしいこと。そして、「成楽」は、自分の楽しみとすること、自分が好きなことを生涯にわたって成し遂げてほしいということを表しています。

自主的に学習する習慣と 基礎学力を確実にする

こうした教育を行う杉並学院中の目標は、高等学校と合わせた６年間を見通して「心と身体」をきたえ、望ましい生き方、考え方のできる人間となる準備をすることです。

具体的には、「自主的に学習する習慣を身につけ、基礎学力を確実にすること」、そして「自分で考え、自分で判断し、適切な行動をとることができる資質を身につけること」を課題としています。

この目標達成のための具体的な手立てとして、杉並学院中では、つぎのような特色ある教育活動を行っています。
（１）基礎学力の定着
①効率的なカリキュラムの編成、②放課後教室、③テストへの再チャレンジ、④ベーシック講習や発展的講習など。
（２）基本的な生活習慣の育成
①生徒指導の充実、②朝の読書マラソン、③１年次の移動教室、④生徒会活動や様々な学校行事など。
（３）健やかな心身の育成
①総合的な学習の時間「エテニホ・タイム」、②大学生によるサポート学習「親世紀プロジェクト」、③国際交流、④地域交流など。

エテニホ・タイム

総合的な学習の時間である「エテニホ・タイム」は、「得手に帆を揚げ」という言葉から命名したもので、自分の得意とするところをどんどん伸ばすという意味を持っています。内容は、「絵本・童話・児童文学を楽しむ」、「イングリッシュ・パフォーマンス」、「音楽を楽しむ」、「囲碁」、「ゴルフ」、「硬式テニス」、「アートに親しむ」の７種目で、講師にはプロを招き充実した内容で展開しています。

親世紀プロジェクト

大学生（明大・斎藤ゼミ）によるサポート学習としての「親世紀プロジェクト」は明大文学部教授の斎藤孝先生が命名されたものです。

人間関係の希薄さが懸念される現代において、横のみに広がる人間関係にくさびを打ち、新たにつながりを構築していくため、普段交流の少ない大学生による特別授業を行い、中学生の学習における基本的な能力の開発、訓練を行うことを目的にしています。

コース分けで各人に合った受験指導

高等学校では、習熟度別授業を効果的に展開するため、「特進コース」と「文理コース」を設定しています。５教科の平常授業の指導目標を「センター試験レベルの学力の定着」として、基礎から応用までていねいに指導しています。２年進級時には、１年次の学習状態などをもとにコースの変更も可能です。

また、２年生からは、さらに「私大受験型文系」、「私大受験型理数系」の類型を選択、特進コースでは、「国公立受験型」を選ぶことも可能です。

東
京

神奈川

千葉

埼玉

茨城

寮制

あ行 | か行

さ行

た行 | な行 | は行 | ま行 | や行 | ら行 | わ行

東　京

神奈川

千葉

埼玉

茨城

寮制

あ行

か行

さ行

た行

な行

は行

ま行

や行

ら行

わ行

成蹊中学校
せい けい
SEIKEI Junior High School

■東京都武蔵野市吉祥寺北町３－10－13
■ＪＲ線、地下鉄東西線、京王井の頭線「吉祥寺」徒歩20分
■男子436名、女子359名
■0422−37−3818
■http://www.seikei.ac.jp/jsh/

教育の理想は「桃李不言下自成蹊」

「桃李ものいはざれども、下おのづから蹊（こみち）を成す」、この有名な故事に教育の理想を託し校名とした成蹊中学・高等学校。2007年より、その教育内容をさらに充実させ、大きな注目を集めています。

学園は、国文学者の中村春二が、実業家・岩崎小弥太（三菱の二代目・岩崎弥之助の長男）、今村繁三（銀行家・今村清之助の長男）の支援により、1912年、成蹊実務学校を創立したことに始まります。現在では、豊かな武蔵野の自然を有する約27万㎡ものワンキャンパスに、小学生から大学院生までが集います。

個性の尊重
品性の陶冶・勤労の実践

これは、成蹊の建学時からの教育の理念です。この理念のもと、成蹊では、2012年の創立100周年に向け、建学の精神を未来にいかしてさらに発展するため、「個性を持った自立的な人間の創造」をめざし、新・成蹊創造プランを始動しています。

社会の発展に貢献する人材育成のため、中高の教育ビジョンとして、さらに「グローバルに認知される教養と個性の育成」「協調性のある自立精神と自律的行動力の育成」「知的好奇心と科学的探究心の育成」を掲げ、伝統のある一貫教育、全人教育、生徒一人ひとりの個性を伸ばす教育の3本柱をいっそう充実させています。

さらなる教育内容の充実
発育・成長に合わせた教育

2007年度、中学入試内容が大きく変わった成蹊。その一貫教育の内容も学力増進と学校の個性化をめざし、さらに充実しました。6年間のカリキュラムはさらに濃い内容となり、全人教育では、主体性、社会性の伸長とキャリ

ア意識醸成教育を行います。また、国際化に対応した教育の充実もはかりました。クラスは、きめ細かな教育の推進のため、各クラスの少人数化が行われています。

導入期の中1は、36人程度の少人数制できめ細かい指導を行い、充実期に向けて学習面を含めた自立をうながしています。

歴史ある国際学級においては、中1のみの1学年編成にして日本の教育への早期適応をはかり、中2以降は全員が一般学級へ移行。培ってきた語学力維持のため、中2・中3の英語の授業は、普通学級の英語の授業と並行し、帰国生のための特設英語授業を展開します。

高大連携もさかん

同じキャンパスにある成蹊大学との連携もさかんに行われており、各学部の説明会や、大学教員による模擬授業が実施されています。大学の正規講義を高校生が履修することもでき、単位を修得した場合は、成蹊大進学後に大学の単位として認められます。

また、高校生は2006年に開館した成蹊大学情報図書館の利用も可能です。

IT時代に対応した新校舎

2007年には、「温かみ」をコンセプトとした新中学校ホームルーム棟が完成し、情報設備を備えたゆとりある教室や、生徒と教員との密接なコミュニケーションを支える空間が充実しました。つづいて2008年には「機能性」をコンセプトとした新高校ホームルーム棟が完成しました。

IT時代に対応した施設の総合的な再開発を行い、国際化・情報化の時代にふさわしい人材育成に邁進する成蹊中学・高等学校です。

成城中学校
せいじょう

SEIJO Junior High School

■東京都新宿区原町3－87
■都営大江戸線「牛込柳町」徒歩1分
■男子のみ728名
■03－3341－6141
■http://www.seijogakko.ed.jp/

125年間「国家に有為な人材」を育成

2010年、成城中学校・高等学校は、創立125周年を迎えました。校名「成城」は、「詩経」大雅編のなかにある「哲夫成城」の「城を成す」に由来します。「哲夫」とは知徳のすぐれた男子、「城」とは国をさし、「智達の士は国家を隆盛させる者である」ことを意味します。

この創立以来の「国家に有為な人材を育成する」という建学の精神は、成城教育の根底をなすものです。

校訓は、「敬愛親和」「自治自立」「自学自習」「質実剛健」。この校訓のもと、教育目標に、「知育・徳育・体育の指導を通して、調和のとれた心豊かな人間の育成」を掲げ、建学の精神の実現をはかります。

進学校でありながら
バランスのとれた生徒指導

成城では、全員が難関大学進学をめざすので、カリキュラムは完全に大学受験対応です。毎年、国公私立の有名大学に多数の進学者をだしています。

では、主要教科の指導のみに力点を置いているかといえば、そうではありません。進学指導、生活指導、クラブ活動、生徒会活動、行事など、およそ学校生活のどれも疎かにせず、土曜日も授業を行う『昔ながら』の学校が成城なのです。

自慢は学年別のきめ細かな指導

中学のカリキュラムの特徴は、教科書と並行してプリントや自主教材を使い、深い内容を学習していることです。また、中学1年生では、週1時間計算練習の時間を設けるなど、基礎的な学力の定着を意識したカリキュラムとなっていますが、実績と必要に合わせた「単元別さきどり学習」で高校へ向けて準備していきます。

また、勉強がとくに大変な英・数・国の単位数を多く取り、重点的に学習しているのも成城の特徴です。

そして、高校1年生では、全般にわたって学習することにより自分の適性を探り、2年生では、自分の興味に合わせ、文系・理系に分かれて科目を選択します。3年生では、具体的な進路に応じてコースを選択することで、私立文系、国公立文系、私立理系および国公立理系に分かれます。

ほかにも、放課後や長期休暇を利用した「補習」で日常の学習をサポート。1年生から長期休暇中の「進学講習」で大学受験に向けて準備します。大学入試直前には、希望制の講座制授業も開講。3年間でのべ10回の全国模試を実施し、学力を把握し進学への意識を高めています。

このような指導の結果が、さきの進学実績となって表れています。

課内活動では生徒を厳しく律し、秩序を重んじた教育を行うとともに、課外活動では生徒の自主的な運営に任せています。成城生の明るく伸びやかな姿は、きっとこうした独特の成城教育から生まれているにちがいありません。都内とはいえ土のグラウンドを有するキャンパスから、成城生の元気な声がこだまします。

共学校

成城学園中学校
せい じょう がく えん

SEIJO GAKUEN Junior High School

■東京都世田谷区成城6-1-20
■小田急線「成城学園前」徒歩5分
■男子328名、女子391名
■03-3482-2105
■http://www.seijogakuen.ed.jp/chukou/

「心と心がふれあう教育」

　閑静な成城の住宅街が広がる「成城学園前」駅のすぐ近くに、成城学園中学校高等学校はあります。

　所属する成城学園は、幼稚園から大学院までを擁する総合学園です。その教育理念に、「個性尊重の教育」「自然と親しむ教育」「心情の教育」「科学的研究を基とする教育」を掲げます。

　成城学園中高では、学園の伝統である、「学習を通じての人間形成」を第一義に、「①将来への基礎となる学力をしっかりと身につけ、培っていく教育、②一人ひとりのかけがえのない人格を尊重し、一人ひとりが伸びる教育、③自学自習・自治自律の精神と力を育て、自主性を重んじる教育、④自然や芸術と親しみ、たくましい意志と豊かな心情を養う教育、⑤異文化を理解し、国際社会の中で活躍する力をはぐくむ教育」を展開しています。

総合学園ならではの
落ちついたキャンパス

　中高のキャンパスは、大学や短期大学と同じ敷地内にあります。仕切りなどありませんので、大学生と中高生が混じりあい歩いている姿が、なぜか自然です。そんなキャンパスで学園生活を送る中高生は、大学生になる自覚が身についていくにちがいありません。

　学校を訪れてまず感じるのは、生徒たちの屈託のない明るさと学内の温かな雰囲気。「個性尊重の教育」を実践する成城学園ならではの姿といえるでしょう。

英語教育の重視

　中学の学習においては、国語・数学・英語を中心とした基礎学力の充実をめざした教育が行われています。これは、基礎学力をしっかり身につけ、発展期である高校において、それぞれの進路に適したかたちで学べるようにと工夫したものです。

　そして、それを可能にするのが、成城学園の「少人数授業」。1クラスは40人編成ですが、ほとんどの教科で、よりきめ細かに一人ひとりを見ていこうという考えから、導入しています。

　さらに、3年生の3学期に週5時間の選択授業を実施。ひとつの課題に集中して取り組むとともに、大作をつくりあげる楽しさを体験します。

少人数授業により基礎学力充実をはかる

　成城学園では英語教育重視の観点から、ネイティブ・スピーカーによる授業を中学から導入するとともに、少人数・習熟度別授業編成などにより、生徒全員の英語力向上をめざす取り組みを行っています。

　さらに、中学3年生でのオーストラリア語学研修、高校ではカナダへの短期留学や、アメリカへの1年間の長期留学も行っています。また、必修化されている英検も、協会より優良団体賞を受賞するなど好結果を残しています。

高校では幅広い選択制で
他大学受験にも対応可能

　高等学校の課程では、生徒一人ひとりの進路に適した科目履修が可能なように、コース制と幅広い選択制を設けて充実した進路サポートをしています。

　また、2008年度から、成城大でも、内部推薦生の他大学併願が全学部で自由化されました。

　成城大への進学が保証されつつ、医・歯・薬を含めた理系、芸術系だけでなく、文系難関大などの受験に対応可能な制度とカリキュラムを採用しています。その結果、近年では多くの難関大学に合格者をだしている成城学園中学校高等学校です。

聖心女子学院中等科
SEISHIN JOSHI GAKUIN Junior High School

東　京
港区
女子校

学業をとおしての人間形成を

聖心女子学院は、すべての教育活動をとおして、ものごとを深く味わい、他者と共感できる豊かな心を養う学校です。創造性に富む堅実な思考力と正しい判断力を育て、愛をもって、義務を果たす習慣と、責任ある行動力を培います。

社会に役立つ人間の育成をめざしたカリキュラムの重点は、思考力と判断力の養成におかれています。中・高6年間の一貫教育の流れのなかで発達段階に応じて学習効果を高める工夫をしています。

英語教育では、世界に貢献することをめざして、実践的な英語力を身につけることに主眼をおいています。中1から高3まで、少人数制のクラス編成で、できるだけ生きた英語に触れ、自分の考えを的確に表現できる力を養うことが目標です。そのため、外国人教員による授業やイングリッシュデー（中等科）などの行事も実施しています。

また、ニュージーランド姉妹校交流プログラム、オーストラリア語学研修（隔年実施・高等科）では、語学力の向上、異文化体験や姉妹校生徒との交流が経験できます。さらに、スピーチ・英作文コンテストなどのコンクールにも積極的に参加し、多くの成果をあげています。

「心の教育」としての情報教育

聖心女子学院では、インターネット接続の可能な44台のコンピュータを備えたマルチメディア教室を完備。また、機器の整備だけではなく、「情報教育」についても実践・研究を重ねています。

「情報」は現代の子どもたちに不可欠です。しかし、それはたんなる技術の教育にとどまらず、情報社会を生きるための「心の教育」であるべきだと考えています。

社会に役立つ女性となるために、変容する時代の生き方を学び、流行に流されない判断力を身につけます。

- 東京都港区白金4－11－1
- 地下鉄南北線・都営三田線「白金台」徒歩11分
- 女子のみ383名
- 03－3444－7671
- http://www.tky-sacred-heart.ed.jp/

東京
神奈川
千葉
埼玉
茨城
寮制

成立学園中学校
SEIRITSU GAKUEN Junior High School

東　京
北区
共学校

Let's! Challenge⁺

今春、成立学園中学校2期生が入学、「TRY！1000days」をスローガンに掲げ、実りある学校生活と大学受験結果を残す成立学園高校のもとで、新たに中高一貫教育を行う成立学園中学校が誕生しました。「礼節・勤倹・建設」を校訓に、国際社会および地域社会が希求する「グローカル」な人材の育成に向けて、学習面・人間育成面における個性を創造し、伸長をはかる教育を展開しています。望む未来を自ら見出し、地球規模でものごとを広くとらえられる人材を育成します。

子どもたちの心を世界に拓く

自らの意志で学び成長するために、「生涯学び続けるための基礎力」「問題を見つける力と解決する力」「何事にも挑戦できる柔軟な心」、そして「幅広い教養」が必要だと考え、多彩な授業をつうじて知識と国際感覚を身につけ、多種多様な人間とふれあいながら過ごすことを大切にしています。教養プログラムと食育プログラムがコラボレーションした「アースプロジェクト」や「調べ学習」をバックアップし、「興味をチカラ」へ変えるためのメディアセンターを備え、「自分をこえる」環境を準備しています。

日本で初めての「ナショナルジオグラフィック教育実験校」として活動を始めました。「英語を」学ぶのではなく、「英語で」なにを学ぶのかを大切にし、ナショナルジオグラフィックの本やDVDを教材に授業を展開し、知的好奇心を刺激します。地球規模でのさまざまな現象を知ることで、国や文化の考え方など、本質的理解を目標とします。

「批判的思考力」を磨くために、対話型の授業も重視しています。さらに、多様な行事と連動させ、自分の考えを表現していく場も用意し、想像力豊かな発信力を生みだします。他校に見られない、さまざまなプログラムで「オトナの想像を遥かにしのぐ、新たな未来を創り出す力」を備えた人格を育成します。

- 東京都北区東十条6－9－13
- JR線「赤羽」・JR線「東十条」徒歩8分、地下鉄南北線・埼玉高速鉄道「赤羽岩淵」徒歩14分
- 男子61名、女子29名（中1・中2のみ）
- 03－3902－5494
- http://www.seiritsu.ac.jp/

あ行
か行
さ行
た行
な行
は行
ま行
や行
ら行
わ行

青稜中学校
SEIRYO Junior High School

■東京都品川区二葉１－６－６
■東急大井町線「下神明」徒歩１分
　ＪＲ線・りんかい線「大井町」徒
　歩７分、ＪＲ線「西大井」徒歩10分
■男子409名、女子169名
■03-3782-1502
■http://www.seiryo-js.ed.jp/

教育目標は「意志」「情操」「自己啓発」

　週６日制を堅持し、ていねいな指導を追求しつづける青稜中学校・高等学校。「下神明」「大井町」「西大井」のいずれの駅からも徒歩10分圏内という、交通至便の地にあります。りんかい線も開通し、学校へのアクセスはさらに便利になっています。

　開発めざましい大井町駅周辺にありながら、キャンパスは閑静な住宅地、まわりには図書館などがあり、生徒が勉強に集中できる環境です。

　そんな青稜の教育の根底にあるものは、「人間教育」。どのような社会でも自ら幸せを築いていける人づくりを志し、心の教育を重視しています。そのため、教育目標には、「意志の教育」「情操の教育」「自己啓発の教育」を掲げているのが特徴です。困難にくじけない強い意志、他人の痛みを思いやる心や感謝する気持ち、美しいものに素直に感動する豊かな心、そして、個性と能力を磨きつづけようという前向きな姿勢、このような心の力を育てることを教育の根幹に据えています。

進学校として学力形成に全力

　こうした人間教育のもと、青稜では進学校として学力形成に全力をそそぎ、中高６年一貫体制を整えています。

　中学段階では心の力とともに学力、体力の基礎を形成する基礎力養成期と位置づけ、この時期にしっかりとした土台を築きます。

　高校段階に入ると、国公立・理系大学への進学の対応を強化します。とくに選択科目では、少人数制授業を導入し、最も効率的に学んでいけるように受験指導体制を整えています。

　英・数・国をとくに厚くしたカリキュラムを基盤に、高校２年次より希望進路別にコースを分け、希望校の受験科目に応じて力を養います。３年次には日々の授業でも、難関大学突破を前提に各種の副教材を活用。目標校に合わせた選択科目を中心にじゅうぶんな演習をします。

サテライト講習もある充実した放課後講習

　受験指導の大きな特色は、「個への対応」です。一人ひとりの理解とやりがいを高めることを重視し、生徒個々の理解度や応用力と向きあい、きめ細やかな指導を行っています。

　このため、高校期の放課後の講習には、「もうひとつの学校」と呼べるほど多彩で充実したカリキュラムを用意しています。加えて、大手予備校の講座を学べるサテライト講習も実施しています。この授業には教師がつき、独自の指導や質疑応答を行うことで、内容をいっそう濃いものとしています。さらに、長期休暇には進学合宿講習も実施しています。

　そして、月曜日の放課後は、全校をあげての「質問の日」。生徒は、各教室にいる教師のもとを自主的に訪ね、自らの課題を解決します。教職員もこの時間はすべての校務を休止して個別指導にあたっています。

　いま、青稜は大学合格目標数を明確に掲げるとともに、その目標値に向け着実に実績をあげています。

英語教育を重視

　「活躍の場は国際社会だ」と考える青稜では、国際社会でのコミュニケーションを見据え、読む、書くだけでなく、話す力、聴く力をも総合的に養成する本格的な英語教育を進めています。

　その特徴は、「少人数教育」「優れた教授法」「よい先生」の３つの基本を柱に据えていること。これにより、生徒は着実にそのレベルをアップさせています。なお、希望者は早朝学習を受講できます。

世田谷学園中学校

せ た がや がくえん

SETAGAYA GAKUEN Junior High School

■東京都世田谷区三宿1−16−31
■東急田園都市線・世田谷線「三軒茶屋」徒歩10分、小田急線・京王井の頭線「下北沢」徒歩25分
■男子のみ660名
■03−3411−8661
■http://www.setagayagakuen.ac.jp/

Think & Shareの精神で教育を実践する

「Think & Share」の教育理念を掲げ、優秀な人材を輩出する世田谷学園中学校・高等学校。仏教の禅の教えを基にした人間教育を行うとともに、優秀な進学校として独自の教育を展開しています。

そのすぐれた教育は、2011年度の大学合格者においても、東大7名（内現役7名）、一橋大5名（内現役4名）、東工大2名（内現役1名）などの国公立大に46名（内現役38名）、慶應大・早大・上智大・東京理大に287名（内現役250名）などの数字となって表れています。

優秀な生徒を育てる世田谷学園の教育理念「Think & Share」とは、釈尊の言葉「天上天下唯我独尊」を英訳したもの。

「この世界で、私には、私だけが持っているかけがえのない価値がある。それと同じように、私だけではなくすべての人びとにその人だけが持っているかけがえのない価値がある」ことを表します。地球社会は、かけがえのない価値を持った人びとが、ちがいを認めあって共存できる社会でなければなりません。

世田谷学園では、この「人びと」を「地球上の生物や環境」にまで意味を広げて、「Think & Share」の理念にいたりました。

この教育理念に基づき、世田谷学園では、つぎのような人間像を求めています。
①自立心にあふれ知性を高めていく人。
②喜びを多くの人と分かちあえる人。
③地球的視野に立って積極的に行動する人。

この達成のため、学園のモットーとして「明日をみつめて、今をひたすらに」「違いを認め合って、思いやりの心を」のふたつを定め、学習指導やクラブ活動などあらゆる場で実践しています。

教育・カリキュラムの特色

世田谷学園の6年間は、中学1・2年生を前期（1・2年）、中学3年・高校1・2年生を中期（3・4・5年）、高校3年生を後期（6年）として位置づけ、大学現役合格を意図した進路別・学力別のカリキュラムを組んでいます。

また、「コンパス」（各教科の学習指針をしめしたもの）を学年別に配付し、自主的・計画的に学習が進められるようにしています。

そして、入学時の1年生より、入学試験の成績と参考学力テストの結果によって、学力均等クラスの4クラスと、東大をめざす特進クラスの計5クラス編成をしています。

特進クラスは固定的なものではなく、1年間の成績によって必要に応じて編成替えを行い、4年生までは、知識を総合的な教養に高めるハイレベルな授業を展開します。

他のクラスは、国公立大学・難関私立大学をめざし、じっくりと着実に力をつける、きめ細やかな指導を行います。

さらに、5・6年生になると、すべてのクラスが文系・理系に分かれた進路別の指導に入り、ムダのない密度の高い授業で、志望大学の現役合格をめざします。

高輪中学校
TAKANAWA Junior High School

■東京都港区高輪2－1－32
■都営浅草線・京浜急行線「泉岳寺」
徒歩3分、地下鉄南北線・都営三
田線「白金高輪」徒歩5分
■男子のみ674名
■03－3441－7201
■http://www.takanawa.ed.jp/

高く・大きく・豊かに・深く

　港区高輪、泉岳寺に隣接する静かな環境のなかに高輪中学校はあります。

　「見えるものの奥にある　見えないものを見つめよう」が高輪の理念です。「なにごとも表面を見るだけでなく、その奥にある本質を探究することが大切」という精神を6年の間に学び、さらに探った本質から得たものを、表現・伝達する方法、手段を身につけます。

　2005年度より土曜日を平常授業に戻し、基礎学力の定着と先取り学習の充実をはかるとともに、増えた時間を問題演習、理科などは各分野で実験を多くし、実際に目の前で起こった変化を体得し知識の定着をはかっています。

本質を見つめる教育

　高輪は、中学校再開以来、教育の表面的なものだけをとらえるのではなく、ものごとの本質を探り、それを表現・伝達することを大切にしてきました。「見えるものの奥にある　見えないものを見つめよう」というコンセプトは、とかく表層に現れた部分のみで教育を語りがちな現代において、きわめて貴重な存在です。

　こうした高輪の教育理念は、具体的な学力の養成となって表れています。「学力」のうち、将来、大学や大学院に進んだときに大きな武器となる知識・経験などをとくに「知力」と呼びます。そして、自らの頭で考え、自らの足で立つことで、問題を設定・発見し、問題を解決する能力を「智力」と呼んでいます。高輪の6年間は、知力をきたえ、智力を育成する6年間なのです。

オリジナルのカリキュラム

　高輪の特徴のひとつが、6年一貫教育を前提にしたオリジナルのカリキュラムです。ゆとりある6年間を過ごすために、基礎学力の充実にはとくに力をそそいでいます。す

べての学習の基礎となる国語・数学・英語の主要3教科については、通常よりかなり多めの授業時間を取り、学力の土台づくりを行っています。

　また、中3からは、高校課程の「国語総合」や「数学Ⅰ」「数学A」「物理基礎・生物基礎」「英語Ⅰ」などを先取りした学習内容になり、より高い学力の養成へとつながっています。

　さらに授業形態にも工夫が凝らされており、中1作文では1クラスを2分割、また、中3から選抜クラスが2学級編成され、学力伸長発展期において習熟度に合わせた授業が行われています。

ハードはもちろんのこと
ソフトが真骨頂

　高輪は、1996年（平成8年）に新校舎と体育館が完成、さらに1998年（平成10年）には全天候型グラウンドも完成しました。こうした教育環境としてのハードの充実ぶりもさることながら、高輪の魅力は、教育のソフト面での配慮ではないかと思います。

　その一例としてあげられるのが、以前は設置されていた入学願書の自動販売機をあえて取りはずしたことです。これについて櫻橋稔・前学校長は「自動販売機というのは合理化の一環かもしれませんが、受験生がひと言も発せずに願書を手にするのは、心を育てる本校の教育にはそぐわない」と考えたのだそうです。多少の手間ひまをかけても言葉を大切にしようという姿勢が強く感じられるエピソードです。

　さらにソフト面の充実としては、高輪独自の数多くのオリジナル教材の開発があります。先生がたの熱い思いがこめられた豊富なオリジナル教材は、毎年丹念な検証と改訂が加えられ、中身の濃い授業が展開されています。

玉川学園
TAMAGAWA GAKUEN
たまがわがくえん

■東京都町田市玉川学園６－１－１
■小田急線「玉川学園前」徒歩３分
　（正門まで）、東急田園都市線「
　青葉台」バス17分
■男子292名、女子424名
■042－739－8931
■http://www.tamagawa.ed.jp/

自然豊かな玉川の丘に「学びの場」

多摩丘陵に広がる59万㎡もの広大なキャンパスには、「自然の素晴らしさ、生命の神秘に触れることが健やかな身体と精神の形成に不可欠である」という創立者の理念により自然がたっぷりと残されており、四季折おりさまざまな動植物を観察できます。

玉川学園が誕生したのは1929年（昭和４年）。総合学園として幼稚部生から大学・大学院生までが同一キャンパスで学びます。

充実した施設と定評ある教育理念

総合学園としての玉川学園は、一貫教育のメリットをいかした最新の教育施設を整え、大学施設を共用するなど、学年や世代を越えたコミュニケーションを行っています。玉川学園は、施設面での充実はもちろんのこと、「学びの場」としてすぐれた環境となっているのです。

とくに、周囲の自然とマッチして点在する施設は、校舎はもとより50m屋内温水プール、チャペル、教育博物館、デジタル式プラネタリウムなど玉川学園ならではのものも多くあります。

このように恵まれた自然と充実した施設とともに、玉川学園には創立以来貫かれてきた教育理念があります。それは、創立者・小原國芳が掲げた"人間文化の価値観をその人格の中に調和的に形成すること"をめざす「全人教育」の理念です。獲得した豊かな知識を正しい目的のために行使する気概を育て、智育・徳育・体育の三分野のバランスがとれた人材養成をめざしているのです。

さらに、生徒と家庭・教師をコンピュータ・ネットワークで結ぶ学内ネットワーク CHaT Net（Children Homes and Teachers）を導入し、「Any Time & Any Place」の21世紀志向の教育環境を整備し、学校と家庭間の情報交換はもちろんのこと、家庭にいながらにして教育に参加することができます。

個に対応した教科指導と国際理解教育

一人ひとりの関心や資質を尊重し、個性に応じた教育を実現しようという姿勢は、教科指導にはっきりと現れています。主要科目にはじゅうぶんな授業時間を配当し、習熟度別のプログラムが用意されている点も特色です。さらに、生徒が「わかる授業」を第一目標とし、教科書とは別に玉川オリジナルの「学習の手引き」を独自に制作し、生徒一人ひとりの完全理解をめざしています。

また、玉川学園では、言語の学習に加え、国際人として世界の文化や価値観の多様性を理解するため、体験をとおした知識に基づいて国際社会を考える「国際理解教育」を教育信条のひとつに掲げ、展開しています。生徒の海外派遣に40年以上の歴史と実績があり、目的や時期、滞在期間によってさまざまな研修・留学先を設定しており、希望のプログラムを選ぶことができます。受け入れも積極的に行っており、年間をつうじて、教室には海外からの留学生の姿があり、学内にいながら自然と国際感覚が身につきます。

他大学進学も積極的に支援

生徒全員が大学進学を希望しており、約５割の生徒が併設の玉川大に進学しています。玉川大以外の大学への進学をすることももちろん可能です。そうした生徒には、それぞれの志望に応じた科目履修を個別に指導したり、細かな進路指導を早い時期から実施し、生徒の進路希望を積極的に支援しています。

このため、慶應大・早大・上智大・青山学院大・ICU・北里大・東京女子医科大などの私立大学を中心に海外の大学にも、多くの生徒が進学を果たしています。

玉川聖学院中等部

TAMAGAWA SEIGAKUIN Junior High School

東京
女子校
世田谷区

■東京都世田谷区奥沢7−11−22
■東急東横線「自由が丘」徒歩7分
　東急大井町線「九品仏」徒歩3分
■女子のみ498名
■03−3702−4141
■http://www.tamasei.ed.jp/

「生徒がまんなか」の教育を実践

　「玉聖」の愛称で親しまれる玉川聖学院中等部・高等部。勉強でも行事でも、生徒がまんなかにいる学校です。玉聖に入学した人はだれもがみな「まんなか」、伸びのびすこやかに「玉聖らしさ」を身につけます。

　玉川聖学院中等部・高等部の創立は1950年（昭和25年）。「戦後の新しい時代の青年を教育するにはキリスト教を土台に」と決意した谷口茂寿先生により設立されました。

教育の土台は聖書の人間観

　ミッションスクールである玉川聖学院の教育は、「神様は人をそれぞれの目的のために、かけがえのない存在として造られた」という聖書の人間観を土台としています。

　学校のモットーは、新約聖書の聖句から、「神に対しては信仰、事に対しては希望、人に対しては愛」。思春期の6年間の発達段階をふまえた人格教育を実践しています。

　具体的には、①かけがえのない私を大事にする心を育てること、②目の前にいるあなたとの関係を大切にすること、③私自身の可能性を最大限に伸ばすことを目標にしています。聖書では人間は神につくられた大事な存在と書かれていますが、その価値観を一貫して徹底的に実践している学校です。

　このキリスト教の土台の上に、明るく活気のある学校生活が生徒たちによって展開されています。

教育の中身は「生徒が主役」

　玉川聖学院では、自分で考える力、判断し行動できる力を養うことを大切な学習目標としています。

　そのための道具となる基礎的な学力が、中学時代に身につくようにいろいろな支援をしています。基礎力をつけないと、自分で考える力はつかないからです。学習につまず

いた生徒には、個別の補習も行っています。

　コミュニケーションの道具となる英語は、6年間少人数で学習します。中1から高3までバートン学院長をはじめとするネイティブの先生たちによって教えられます。

　実際に役立つ英語を自分のものにすることで、自信を持って外国の人たち（修学旅行では、韓国の高校生と1対1で話しあいます）との交流を持つことができるようになります。

　自分で考える力は、論文、発表、実験、討論、表現などさまざまな体験をとおして自分のものになっていきます。教科の授業や総合学習をとおしてこれらの力を身につけていきます。

　学校生活は、非常に活発な生徒会活動を中心に、クラブ活動や学校行事がぎっしりとつまった6年間となっています。すべての行事は生徒が主役で行われているのが特色です。それをとおして友だちの輪を広げ、学校全体がひとつになり、毎日の生活ができるのです。

　明るくさわやかな生徒たち、卒業してもいつまでもつづく信頼しあった友だちとの交流、いつでも帰ってくることのできる愛する母校としての学校など、玉川聖学院独特の雰囲気はこうしたなかから生まれてくるのです。「百聞は一見にしかず」、ぜひ学校を訪問してみましょう。

多摩大学附属聖ヶ丘中学校
TAMA UNIV. HIJIRIGAOKA Junior High School

東 京 / 多摩市 / 共学校

向上心の強い若者を育てる

1991年（平成3年）、富士山の見える多摩丘陵に開設された多摩大学附属聖ヶ丘中学校は、「向上心の強い、背筋をぴんと伸ばした若者」を育てています。

ほとんどの生徒が4年制大学をはじめとする高等教育機関へ進学する聖ヶ丘では、「学び」の主役を生徒とし、生徒たちが掲げた目標を確実に達成できるような創意と工夫ある教育カリキュラムが実施されています。

中学1・2年生は「基礎学力を養う段階」とし、生徒自らが勉強に取り組む基本姿勢を養っています。中学3年・高校1年は「学力を充実させる段階」とし、選択教科を取り入れ、学力をいっそう充実させます。そして高校2・3年になると大学受験へ向けた演習問題を多く取り入れた授業を行います。

5教科対応の受験体制

最終ブロックの高校2・3年次で特徴的なことは、文系と理系の進学コースに分かれるとはいえ、文系には数学、理系では社会を必修選択科目にするなど、あくまでも5教科をしっかり勉強していることです。

高3からは自由選択科目を多く設け、小論文・古典・地歴・政経・数ⅠA・ⅡBなどの演習問題にできるだけ慣れ、入試への自信を高める工夫がなされています。また、全学年をとおして放課後講習や夏期講習が実施されていますので、自分の弱点や遅れを克服することが可能になっています。こうした教育により、聖ヶ丘中・高では、東大をはじめとする国公立大、難関私立大への進学実勢を着実に向上させているのです。

学校行事も大変活発です。体育祭や聖祭（文化祭）、中3の2月には海外研修（ニュージーランド・ホームステイ）も行われます。

さまざまな教室の外での行事が、聖ヶ丘中・高生の大きなハートづくりに役立っています。

■東京都多摩市聖ヶ丘4－1－1
■小田急線・京王線「永山」バス10分、京王線「聖蹟桜ヶ丘」バス14分
■男子234名、女子140名
■042－372－9393
■http://www.hijirigaoka.ed.jp/

東海大学付属高輪台高等学校中等部
TOKAI UNIVERSITY TAKANAWADAI Junior High School

東 京 / 港区 / 共学校

中高大10年間の一貫教育スタート

2007年（平成19年）、伝統ある東海大学付属高輪台高等学校を母体に、中等部が開校。学内・学外からの「中高大10年間の一貫教育制度を整えてほしい」という強い要望から誕生しました。東海大の付属としての特性をフルにいかした、受験勉強だけでない、余裕をもった学習を実践しています。

ゆとりある学校生活が、より深い内容の学習や、さまざまなユニークな取り組みを可能にします。

文理融合のハイレベルな教育

中高一貫教育のもと、6年間を有効に使えるため、中学3年ぶんの内容を中2で終わらせるような「先取り学習」は行っていません。とはいえ中学内容をより深く学ぶために高校内容にふみこんだり、高校の発想を中学の授業に持ちこんだりするので、より密度の濃い授業内容となります。

なかでも、とくに英語については、かなり重点がおかれています。

3年生でニュージーランドでのホームステイをともなう海外研修を実施しますので、それに向けて中学内容の教育にこだわらず、日常から必要な語学力を身につけるよう指導していきます。1年ではネイティブとともにバスで東京見学を行う「Tokyo Sightseeing Tour」、2年は「English Summer Camp（英語国内宿泊研修）」などさまざまな企画が用意されています。

母体となる東海大学付属高輪台高等学校は「文部科学省スーパーサイエンスハイスクール（SSH）指定校」に認定されています。こうした環境をいかし、中等部においてはSSHクラスの高校生が中学生の理科実験で高度な内容を指導します。

東海大高輪台高等学校中等部は、英語教育だけ、理数教育だけといったことではなく、どちらも高いレベルでの「文理融合」をめざした教育が行われています。

■東京都港区高輪2－2－16
■地下鉄南北線・都営三田線「白金高輪」徒歩6分、都営浅草線「泉岳寺」徒歩7分
■男子173名、女子97名
■03－3448－4011
■http://www.takanawadai.tokai.ed.jp/

東京 神奈川 千葉 埼玉 茨城 寮制
あ行 か行 さ行 た行 な行 は行 ま行 や行 ら行 わ行

多摩大学目黒中学校
たまだいがくめぐろ

TAMA UNIV. MEGURO Junior High School

東　京

共学校

目黒区

■東京都目黒区下目黒4－10－24
■JR線・東急目黒線・地下鉄南北
　線・都営三田線「目黒」徒歩12
　分
■男子250名、女子89名
■03-3714-2661
■http://www.tmh.ac.jp/

目標に向かって意欲的に学習できる環境

多摩大学目黒中学校は、交通アクセスにすぐれ、目黒駅から伸びるメインストリート・目黒通り沿いの静かな住宅街にさしかかったあたりに位置しています。

学校のシンボルでもある、ギリシャ神話を連想させるような巨大な円柱によって構成された校門をくぐると、校舎や体育館に取りかこまれるかたちでグラウンドが広がっています。体育館、パソコン教室などの諸施設がきわめて機能的に整備されていて、生徒が楽しく勉強できるようにと細かな部分にも配慮がいきとどいています。また、交通至便なニュータウンあざみ野には広大なグラウンド、教室、宿泊施設などを備えたセミナーハウスがあり、豊かな自然にかこまれて学習やクラブ活動に打ちこめる環境が提供されています。

進学準備に直結するカリキュラム編成

多摩大学目黒では、生徒一人ひとりが自分の特性に気づき、個性に合った進路希望を可能なかぎり高いレベルで実現できるように、学力増進のための独自のカリキュラムを編成しています。

そして、日々の授業を理解することが将来の大学進学にも役立つように工夫されています。また、「学ぶ姿勢」の確立がなによりも大切と考え、自宅学習の習慣をつけるため、毎日こなせる無理とムダのない家庭学習課題が用意されています。

学習到達度については、数多くの小テストなどをつうじて、きめの細かいチェックと実力養成のための具体的な方策が用意されています。放課後補習、朝学習、特進クラスの設置、スタディー週間、個別指導希望者対象のチューター制度、放課後のフォニックス講座（英会話講座）など、多摩大学目黒独自のプログラムは、一つひとつあげていけばきりがないほどです。

「気づき教育」により目的意識を形成

多摩大学目黒では、学力向上のためのさまざまなシステムと並行して「気づき教育」に力を入れています。多摩大学総合研究所が開発したTHPS（Total Health Promotion System）の導入、自己発見ノートの活用などをつうじて生徒一人ひとりが社会とのかかわりを考え、ほんとうにやりたいことを見つけだすための手助けをしています。

こうした取り組みは、生徒一人ひとりに潜む能力と個性を掘り起こし、各人の将来に向けての目的意識の形成、学習意欲の喚起に役立つものとなっています。

生徒一人ひとりが、自分の将来像を明確にして夢に向かって意欲的に学習すること、そして、成人したときに満足できる自分を創生することを大切に考えています。

多摩大の協力を得て運営

多摩大学目黒は、その名称がしめすように、多摩大の系列のもとに教育活動を行っている学校です。多摩大は既存の大学とは異なり、目的を持って積極的に学び、果敢に新しいことに挑戦するベンチャー精神にあふれた俊英の育成をめざしている大学で、さまざまな面で協力しあっています。

また、学問や人生の目的に気づかせるための「自己発見」講座や、毎朝シャワーを浴びるように英語を聴き、話す「English Expression」など、少人数による手づくり教育を実践していることで知られています。

多摩大の理念は、当然、多摩大学目黒にも反映され、多摩大学学長・寺島実郎先生をはじめとする大学教授も中学・高校の教育に全面的に協力して運営する体制が整っています。

中央大学附属中学校
Chuo Univ. Junior High School

■東京都小金井市貫井北町3－22－1
■JR線「武蔵小金井」・西武新宿線「花小金井」「小平」バス
■男子185名、女子168名（１年・２年のみ）
■042－381－7651
■http://www.hs.chuo-u.ac.jp/

中大の学風をそのままに、はじめての附属中学校

武蔵野の面影が残る広々とした小金井の大地に、中央大学附属中学校の新校舎が建設されました。そして2010年春、中大との高・大一貫教育を進める中央大学附属高等学校のもとに、中学校が開校されました。

中大附属中学校は、中大の学風「質実剛健」を基盤に、「明るく、強く、正しく」の校訓を掲げ、知育・徳育・体育の調和ある教育を教育理念とする中大附属高校との連携をもとにして、一貫教育を行います。そして、「高い知性と豊かな感性を持つ、心身ともに健康な、社会有為な人材の育成」をめざしています。

男女共学30人学級
受験にとらわれない学校生活

高・大と連続する一貫教育の特色をいかし、受験勉強にとらわれない授業を展開することが特徴です。これにより、生徒の知的好奇心を喚起するのです。学校では、生徒会活動やクラブ活動などに積極的な参加を勧めています。

また、30人学級であることも特筆されます。少人数で「face to face」の指導を行い、しっかりとした基礎学力の定着をめざします。生徒と教師のコミュニケーションのよさも、自然と生まれてくるにちがいありません。

英語では、外国人講師の指導のもと身の回りのさまざまなトピックについて英語で発信できる力をつける「プロジェクト・イン・イングリッシュ」を実施しています。

中大との強い連携

すでにある中大附属高校の大学進学状況をみると、約9割の生徒が中大に進学。これは、在学生の中大への進学志望の高さ・強さがうかがい知れる数字です。

中大附属高校では、中大の附属である利点をいかし、「大学の授業を先取り！」を合い言葉に、高・大一貫教育

だからできる授業を展開しているのが特徴です。

高2生対象の「ステップ講座」では、「大学で何を学ぶのか」を年5～6回に分け、大学の教授が、その専門分野のおもしろさや研究方法などを講義します。これは、生徒の興味・関心・適性に応じた進路の選択におおいに役立っています。また、高3の3学期には、内定学部ごとに受講できる「特別授業」を開講。大学進学後、実際に受ける授業をひと足早く体験できる機会となっています。

裁判体験授業など
中大附属ならではの教育

もちろん中大附属中学校でも、中大との連携を重視したさまざまな教育課程を用意しています。

そのひとつが、中大法科大学院の学内に設置されている模擬法廷を利用しての裁判体験授業です。そのほかにも、3年次に行う「プロジェクト・イン・サイエンス」では、中大理工学部との連携による生徒の興味・関心をもとに日常の事象を科学的に分析・研究。教科書の枠を越えた授業を行います。

大学・大学院・専門職大学院のマンパワーや整った施設を活用したカリキュラムにより、中学生のうちから社会に対する意識を高められるのも、中大附属ならではのことといってよいでしょう。

千代田女学園中学校
（ちよだじょがくえん）

CHIYODA JOGAKUEN Junior High School

■東京都千代田区四番町11
■地下鉄有楽町線「麹町」・半蔵門
　線「半蔵門」徒歩5分、ＪＲ線「
　市ヶ谷」「四ッ谷」徒歩10分
■女子のみ91名
■03-3263-6551
■http://www.chiyoda-j.ac.jp/

確かな学力と心豊かな女性を育てる

千代田女学園は1888年（明治21年）の創立以来、学園の心として【叡知・温情・真実・健康・謙虚】を掲げています。学力のみが高まるのではなく、その根底にしっかりと人生を生きぬいていくことができる力を育てているのが千代田女学園です。

2007年、千代田女学園ではこの力を「生涯偏差値」と名づけました。ふつうにいう偏差値とは、受験生の学力分布のものさしです。生涯偏差値とは、学力の偏差値を必要としない大学生となっても、しっかりと勉学に取り組み、社会生活に順応し、国際世界を理解していく心の力を高めていくものです。

中学校での国際理解教育

千代田女学園では、国際理解教育を重視しています。7年生（千代田女学園ではアメリカンスクールふうに中1を7年生として高3が12年生となります）では、フレッシュマンキャンプをブリティッシュヒルズで2泊3日行い、習いたての英語で外国のかたとコミュニケーションの場をつくります。8年生では留学生交流キャンプを同様に行い、急速に国際化されている社会にひるむことなく対応できる力を身につけます。

9年生の11月には、それまで培ってきた力でオーストラリアでのホームステイを8泊9日体験します。ほとんどが初めての海外体験ですが、不安を乗り越えて大きな喜びへと変わっていきます。

さらに、国際理解に関心を持つ生徒には、高校でイギリス海外総合セミナーが用意されています。中学生活では、キャリアガイダンスとして提携した海外企業の訪問や、プレゼンテーション能力を磨くためにオーストラリア研修報告と企業訪問報告の発表を行います。音楽会での合唱コンクールや英語スピーチデイなどでも表現力により磨きをか

けることができます。

武蔵野大内部進学枠

高等学校では、特進コース、進学コース（文・理・国際専攻）が設置されています。

系列校の武蔵野大へは、薬学部、看護学部、人間関係学部（心理、福祉、児童教育系）、政治経済学部など、多数の推薦枠があり、推薦を確保したままでほかの大学を受験できる優遇制度も用意されています。

また、首都圏を中心に400名を超える大学指定校推薦枠があり、学校での学習の成果が大学進学に直結します。少人数制の利点をいかし、AO・公募制推薦は、マンツーマンで小論・面接対策を行い、一般入試においても、きめ細やかな学習指導で、難関国公私立大学への合格を実現します。4年制大学への現役進学率は、例年70％を超えています。

特進コースでは、生徒の意欲を高め、一人ひとりの生徒に合ったアドバイスをするため、年5回の面談を行っています。毎日の生活では学習記録をチェックし、勉強する習慣を身につけさせています。通常の授業はもちろんのこと、週3回の7時限授業、4泊5日の夏期合宿、春・夏・冬期間の講習を実施し、受験に必要な情報を与えながら、学習時間をじゅうぶんに確保しています。

確かな学力をつけて大学入試へ

確かな学力を育むために、大学入試に必要な学力は受験科目が決まる高校から具体的に身につけていきますが、中学では基礎基本をマスターすることが大切です。学習システム「プログレス」は、英・数のハイグレード授業、伸びやかな学園生活を送りながら進学する「スタンダード」で自分に合った学習ができます。

筑波大学附属中学校
TSUKUBA UNIV. Junior High School

■東京都文京区大塚1－9－1
■地下鉄有楽町線「護国寺」徒歩7分、丸ノ内線「茗荷谷」徒歩10分
■男子305名、女子307名
■03－3945－3231
■http://www.high-s.tsukuba.ac.jp/

自主・自律の精神を育む

筑波大学附属中学校は、地下鉄有楽町線の護国寺駅から徒歩7分の、交通至便な立地にあります。まわりにはお茶の水女子大や拓殖大などがあり、閑静な文教地区といった雰囲気が漂っています。

学校の歴史は古く、首都圏の大学附属校のなかで最も伝統ある学校のひとつです。筑波大学附属中では、中等普通教育を行うとともに、筑波大における生徒の教育に関する研究に協力し、学生の教育実習の実施にあたる使命を持っています。

調和的な心身の発達と確かな知性の育成ならびに豊かな個性の伸長をはかるとともに、民主的社会の一員として人生を主体的に開拓し、進んで人類社会の進展に寄与することができる人間を育成するという教育方針のもと、①自主自律の精神、②強い意志とたくましい実践力、③積極的な創意と探究心、④広い視野に立つ正しい判断力、⑤明朗率直で誠実な態度、⑥集団生活における協力と責任、⑦人間愛に基づく思いやりの心、の7つの資質の育成をめざしています。

魅力的な授業 多彩な活動

「強く、正しく、朗らかに」の校訓のもと、魅力的な授業と、多種多彩な活動をとおして、確かな知性と自主自律の精神の育成をめざしています。

日本の教育の中枢を担ってきた東京高等師範、東京教育大の歴史と伝統を引き継ぎながら、全人教育をめざし、どの授業も基礎・基本をふまえつつ、より高度で魅力的な学習内容となっており、自分の頭で考え、心で感じ、全身で表現する学習が繰り広げられています。

生徒の自主性と独創性を育てる学校行事もさかんで、汗と涙の運動会、個性の光る学芸発表会、ハーモニーが響く合唱発表会、現実を見て、聞いて、感じ、考える学習とし

ての校外学習や文字どおり「学を修める旅行」としての修学旅行、1～2年生での富浦海浜生活と菅平林間生活と、楽しくて充実した行事が目白押しです。

生徒一人ひとりが、自分の考えを持ち、自ら進んでさまざまな活動に取り組んでいきます。生徒会活動や部研究会活動、生徒会行事など、自治の精神が代々受け継がれてきています。卒業生においては多くの逸材が、学会・政界・経済界などで活躍しています。

蔵書数2万冊を超える図書館、都内随一の体育館とグラウンド、そして全教室に冷暖房が完備されており、豊かな教育活動が保障されています。

約80%が併設の高等学校へ

中学から併設の筑波大学附属高等学校へは、およそ160名（約80%）の生徒が進学することができます。高校側の実施する試験を受け、その結果と中学在学中の成績との総合評価で進学が決定します。

多くの生徒が附属高校へ進学することから、中学の3年間を受験勉強に汲々とすることなく、将来へ向けて自分を見つめなおすことができるといえるでしょう。

なお、高校入試での外部からの募集数は男女約80名です。筑波大学附属高等学校からは毎年、東大をはじめ一橋大、東工大、早大、慶應大、上智大などの難関大や国私立大医学部へ多数の合格者を輩出しています。

筑波大学附属駒場中学校

TSUKUBA UNIV. KOMABA Junior High School

東京

世田谷区

男子校

■東京都世田谷区池尻４－７－１
■京王井の頭線「駒場東大前」徒歩
　７分、東急田園都市線「池尻大橋」
　徒歩15分
■男子のみ366名
■03－3411－8521
■http://www.komaba-s.tsukuba.
　ac.jp/

抜群の大学合格実績を誇る進学校

首都圏随一の進学校として、その名声は高く、例年併設高校の卒業生の半数近くが現役で東大に合格している学校として知られています。

2011年度は、国公立大に140名（内現役生91名）、私立大に183名（内現役生71名）が進学しています。ここで注目すべきは、これは大学合格実績ではなく、あくまで実進学数であることです。国公立大への現役進学者91名のうち圧倒的多数を占めるのが東大進学者74名となっています。

この現役での国公立大学への合格率の高さが、「筑波大学附属駒場中・高」が有する高い教育力をしめしています。

自由な校風が知性を育む

抜群の大学合格実績にもかかわらず、その教育内容はつめこみ教育やスパルタ教育とは対極に位置するオーソドックスなものです。ほとんど校則もない自由な校風をモットーとして、すぐれた資質を有する生徒たちの個性を伸ばそうとする教育姿勢を貫いています。

中学・高校とも制服はなく、生徒たちは思い思いのカジュアルな服装で登校してきます。とはいえ奇矯ないでたちの生徒はまったく見かけられず、各人の意識の高さがうかがわれます。この自由は、生徒の自覚に基づき、自ら考えて行動することの大切さを体得できる教育として具現化しています。

そして、この自由は、勉学の面にも表れてきています。勉強してもしなくても自由。先生が「勉強しなさい」と強要することはいっさいないという環境のもとで、生徒たちは勉学に対する本質的な興味や関心を見つけだし、互いに切磋琢磨するなかで、本物の知性を身につけていくことができます。

学問探究の姿勢が具現化
多彩な学習テーマ

教科ごとの学習とは別に、より大きな学習テーマを設定し、さまざまな角度から学ぶ学習が行われています。

その代表的なものが、「水田学習」です。同校の前身である駒場農学校時代から伝承されてきた「学校田」で、中1では田植え、稲刈り、脱穀を体験し、そのお米で餅つきをしたり、新入生や卒業生に赤飯として配り、門出のお祝の品としています。

また、「地域研究」として中2では東京地区、中3では東北地方について、歴史、文化、産業、経済、自然など個々人がテーマを設定し、文献にあたって事前調査をします。そのあと実際に現場でのフィールドワークを行ってレポートにまとめます。

さらに中3では、高度で専門的な内容を学ぶ「テーマ学習」や、選択による「チャレンジ学習」の場が用意され、少人数クラスで、じっくりと勉強に取り組んでいきます。

高校進学のための受験勉強を必要としないメリットを存分にいかした学習は、こうして興味ある分野の能力をおおいに伸ばす一方、部活動や同好会活動なども活発で、ほんとうの学問へのしっかりした基礎固めが実現できる教育が行われています。

帝京中学校
TEIKYO Junior High School

■東京都板橋区稲荷台27－1
■ＪＲ線「十条」徒歩12分、都営
　三田線「板橋本町」徒歩８分
■男子171名、女子136名
■03－3963－6383
■http://www.teikyo.ed.jp/

Feel your Future at Teikyo

2004年（平成16年）春、新校舎の完成で、また新たな一歩をふみだした帝京中学校・高等学校。いま、「生徒一人ひとりが自分らしさを見出せる教育」を一段と発展させていることで注目されています。

教室棟、体育館棟、管理棟の３つからなる新校舎は、全室南向きで日当たりのよい普通教室、最新のパソコンを完備したふたつのITルームなどなど、学習スペースはどこも大変質の高いものばかりとなっています。

また、明るく落ちついた雰囲気のカフェテリアは、昼休みなどに多くの生徒が利用しています。光あふれる開放感いっぱいの空間に、先進の設備がいっぱいの校舎は、まさに快適な教育環境といえるでしょう。

高い目標をめざして学ぶ

1982年（昭和57年）にスタートした帝京中学校・高等学校の中高一貫教育は、学習効果の高い独自のカリキュラムを構築・発展させ、実績をあげて今日にいたります。

その内容は、前述の「生徒一人ひとりが自分らしさを見出せる教育」をテーマに、６年間を見据えたムリ・ムダのない効率的なものとなっているのが特徴です。

生徒一人ひとりの理解度や個性を把握した教師陣が、中高をとおしてきめ細かな指導を行い、各人の持てる力を最大限に引きだしているのがめだちます。

日常的に生徒の質問にいつでも、どこでもきめ細かく対応しているほか、夏期・冬期の補講も合わせて100講座以上開講するなど、学習支援体制も万全です。自ら課題を見つけ主体的に学習に取り組むための「自学ノート」や、苦手な教科について、勉強のやり方がわからない生徒をすくいあげるための「教科相談」などをとおして、勉強がわからない、だから学校がつまらないという生徒をださないことを徹底しています。

授業は、週６日制を堅持。従来どおりの豊富な授業数により、中身の濃い教育を実践しています。系属の大学を有しながらも、国公立などの難関大学への進学をめざせる学力の養成と、社会で求められる教養や学識を備えた人間教育を行っています。

また、先取り学習も実施しており、中学３年からは高校課程の学習に入ります。高校３年になると、演習を中心とした授業で受験対策が行える体制を整えているので安心です。なお、高校からは志望する進路に応じた４つのコース編成となっています。一人ひとりが自分の夢に向かって、さらに実力を養うことが可能です。

一人ひとりの挑戦を力強く支援

帝京中学校・高等学校は、グループ校の帝京大学・帝京平成大学などがあり、無試験で進学できる制度もありますが、その進路指導においては、生徒一人ひとりに自分の将来、職業を考えさせ、むしろ積極的に上位大学への受験を支援していくところに特徴があります。

それに一役買っているのが、先生と生徒との距離の近さです。放課後や昼休み、生徒たちは当たり前のように職員室を訪ね、密接なコミュニケーションのなかで進路の問題を早くから考えていきます。中学の進路ガイダンスでは村上龍の『新13歳のハローワーク』を使い、教科の視点から職業を見つめていきます。

先が見えない時代のなかで、真に自分に合った職業にであうためにはさまざまな勉強が必要です。だからこそ9教科すべてに真剣に取り組んでもらいたいというメッセージを、あらゆる機会をとらえて力強く送りつづけているのです。

生徒の幅広い進学を、しっかり応援してくれる帝京中学校・高等学校です。

帝京大学中学校

TEIKYO UNIV. Junior High School

■東京都八王子市越野322
■小田急線・京王相模原線「多摩センター」、ＪＲ線「豊田」、京王線「平山城址公園」スクールバス
■男子240名、女子145名
■042－676－9511
■http://www.teikyo-u.ed.jp/

ふたつの心─HeartとMind─を豊かなものに

　緑豊かな多摩丘陵の一角にある帝京大学中学校・高等学校。「全員の『なるほど』を大切にする」教科指導のもと、めきめきと優秀な進学実績をあげている学校として注目されています。

　その建学の精神は、「努力をすべての基とし、偏見を排し、幅広い知識を身につけ、国際的視野に立って判断できる人材を育成する」。この精神に則り、帝京大学中・高では、心身ともに健やかで、創造力と責任感に富む公人を育てるための教育が展開されています。

　その成果として、2011年度は東大4名をはじめとする国公立大に55名の合格者を輩出しました。

　生徒数は、現在385名。それほど多い生徒数ではありませんので、学校全体が大きな家族のような、おだやかな雰囲気につつまれており、卒業生からも「生徒と先生の距離が近い」と言われるほど、信頼を基にした先生と生徒との親密なコミュニケーションを大切にした教育が行われています。

大学受験を目標にした教育システム

　生徒一人ひとりの夢の実現をめざす帝京大学中・高は、大学の附属校ではありますが、生徒に多くの選択肢を持ってもらいたいと考えています。

　そのため、その中高一貫教育システムは、帝京大の附属校でありながら大学受験を目標においた、希望する大学への進学を実現させるための教育システムとなっているのです。授業は週6日制を実施し、クラスは少人数制となっています。

　中学1・2年では、基礎学力の充実を目標に、学力均等のクラス編成のもと、英語と数学では習熟度別授業が組まれています。

　中学3年・高校1年のステージでは、生徒一人ひとりの理解と適性に応じて指導を行うため、応用力を磨くⅠ類クラスと基礎学力をさらに徹底化するⅡ類クラスに分かれたクラス編成を行います。これにより、生徒の能力を最大限に引きだすことが可能となっています。

個性に合わせた徹底した進路指導

　そして、いよいよ高校2・3年では、徹底した進学指導が行われます。

　ここでは、東大など難関国立大、国立医学部をめざす生徒のために、5教科必修型カリキュラムを組む「東大・難関国立コース」と、志望に応じて科目を選択する「国公立・早慶、理系コース／文系コース」、「私大理系／文系コース」の5つのコースに分かれ、生徒一人ひとりに対して、大学入試制度に応じた合理的な進学指導が行われています。

　帝京大学中・高の徹底した進路指導は、それだけにとどまりません。

　生徒の進路と目標の大学が決まると、志望大学の受験に沿った勉強を進めるため、その進路に応じて授業のクラスがさらに細分化されているのです。

　まさに、それぞれの進路のために、きめ細かな指導が行われているといってよいでしょう。

無試験入学特典

　そして、併設の帝京大への進学には、無試験入学の特典が用意されています。この特典の特筆すべきことは、国立大と早大・慶應大・首都大を受験する場合には、その特典が卒業後2年間有効だという点です。

　生徒が安心して難関大を受験することを、制度面でもしっかりバックアップしてくれている帝京大学中学校・高等学校です。

田園調布学園中等部
DEN-EN CHOFU GAKUEN Junior High School

東京

女子校

世田谷区

■東京都世田谷区東玉川2－21－8
■東急東横線・目黒線「田園調布」徒歩8分、東急池上線「雪が谷大塚」徒歩10分
■女子のみ646名
■03－3727－6121
■http://www.chofu.ed.jp/

「捨我精進」の心とともに

田園調布学園は、武蔵野台地の南端、多摩川に接する緑濃い田園調布に1926年（大正15年）、「調布女学校」として設立されました。

創立者の西村庄平先生は、日本郵船の外国航路船長をつとめ、欧米での見聞を深めるにつれて日本の女子教育の遅れを痛感し、私財を投じて学園を設立しました。初代校長には卓越した教育者として知られた川村理助先生を迎え、先生の「捨我精進」の教えを建学の精神として掲げました。

初代理事長である西村先生の像は、いまも田園調布学園にモップを持った作業服姿で立っています。「わがままな心を捨て自分の目標に向かって積極的に努力するとき、人の心は澄みわたり無限の力を発揮できる」という心を表したこの"精進像"こそ、西村先生が自ら建学の精神を実践している姿なのです。

女子教育の発展に後半生を捧げたふたりの先生の教えは、80年を経ても脈々と受け継がれています。

心を落ちつけて学園生活を送る

田園調布学園では毎朝、教室や講堂で朝礼が行われます。この朝礼は黙想して心を落ちつけ、講話を聴いてものごとを考える時間です。

黙想は、背筋を伸ばし、両手を前に組み合わせ、軽く目を閉じ、呼吸を整え、心を鎮めて行われます。そして、「精進の鐘」が3回鳴り響きます。この鐘の音は田園調布学園の1日の始まりを意味し、学校周辺でも"時を告げる鐘"として知られています。

田園調布学園では、中等部1年生のときに「きょう1日の自分」を見つめて、「精進日誌」を書きます。これは、1日のできごとをただ書き連ねるというものではなく、その日の生活を思い起こして自分が感じたこと、考えたこと

を書くものです。これは、生徒とクラス担任とのコミュニケーションツールともなっており、人間関係の形成にもおおいに役立っています。

また、礼法の授業は、校長先生が自ら担当されます。相手を思いやる気持ちで自然に振る舞えるようになることが、建学の精神「捨我精進」につうじるということを教えていきます。

快適な校舎での生活

田園調布学園の緑豊かなキャンパスは、2005年3月に完成しました。この校舎は地上5階・地下2階建てで、教室のほかにプラザ、ラウンジ、屋上庭園、図書館なども設置されています。

校舎中央部に位置するプラザは、1階から3階までの吹きぬけ空間となっており、生徒たちの交流や学年単位の集会や催しものに利用されます。

ラウンジは、広々としたテーブル席と、広場に面したカウンター席が約60席用意されています。ここでは、手づくりのパンなどの販売が行われ、飲み物の自動販売機や電子レンジも設置されています。

蔵書数4万冊を誇る図書館は、授業やHRなどでの調べ学習にも幅広く利用され、長期休暇中も開館しています。

戸板中学校
TOITA Junior High School

東 京
世田谷区
女子校

■東京都世田谷区用賀２−16−１
■東急田園都市線「用賀」徒歩５分
■女子のみ199名
■03−3707−5676
■http://www.toita.ed.jp/

昔もいまも「ガールズ ビー アンビシャス」

　1902年（明治35年）、戸板関子先生により現在の芝公園の一角に開校された「戸板裁縫学校」を前身とする戸板中学校・女子高等学校。戸板関子先生は「高く理想を掲げて前向きに学ぶ女性を育てたい」と願い、学校を創立しました。そして、生徒が裁縫を学びながら女性としての人格を形成することをめざしていました。その指導理念は、現在も校訓として受け継がれている「知・好・楽」という言葉です。

　この言葉は『論語』の一節によるもので、ものごとは、知ることから始め、好きになり、それを楽しむという境地にいたったとき、はじめて自分自身のものになり、自らも豊かになるのだということを説いたものです。

息づく「知好楽」の精神

　現代社会では女性の社会進出が進み、女性の判断力、行動力が望まれる時代となってきています。創立以来、女性の自立をめざしてきた戸板ですが、授業では「知る」ことから始め、興味を持ち応用力や自由な思考力を育て、「好き」だけに終わらせず、さらにその上を考える指導が展開されています。また、困難を乗り越えて「楽しむ」にいたるためのコーチングなども導入されています。

　つまり、戸板中学校では生活のあらゆる場面で、一人ひとりが活躍できるチャンスと未来を切り拓くチャレンジの場が与えられているのです。

チャレンジ精神を育む

　明るく安定した学校生活が自立と挑戦の精神を育てると考える戸板は、「人間力」「学力」「教育力」を教育の柱としています。「正しく学ぶ」「幅広く学ぶ」「自主的に学ぶ」ために、生徒一人ひとりに時間をかけて、ていねいに指導されているのが戸板の授業の特徴です。

　「朝の学習」も、戸板の特徴のひとつです。朝の10分間、中１から高３まですべての生徒が国語、英語、数学のドリルや読書に取り組みます。それぞれの学力を向上させるとともに、そのあとにつづく授業に対する姿勢も養われます。

　生徒の学力を最大限に伸ばすために、「明確な指標」「効率の良い学習」「最高の学習環境」の３つを方針に据え、中学３年生からの選抜クラス、高校２年生からの特進クラスを中心に、学習意欲を喚起し、達成感を大切に、挑戦する喜びを育てています。現在８割近い現役大学進学率のさらなる充実をめざしています。

　また、英語の授業は、ネイティブの先生による会話力育成を目標として、高校からの「オーラル英語」「国際交流」へと発展していきます。中学２年では国内語学研修、中学３年ではオーストラリア修学旅行が実施され、その実力を試すよい機会となっています。さらに、海外の大学進学希望者には、ネイティブの先生を中心とした指導体制もとられ、着実に実績をあげています。

　すぐれて経験豊かな教師陣、特色ある教育プラン、魅力ある施設設備を背景に、「ガールズ ビー アンビシャス」を合い言葉として、「生徒が主役」の学校生活に邁進する戸板中学校です。

東海大学菅生高等学校中等部
とうかいだいがくすがおこうとうがっこうちゅうとうぶ

TOKAI UNIVERSITY SUGAO Junior High School

■東京都あきる野市菅生1468
■JR線「秋川」・「小作」バス、
　JR線「高尾」・「八王子」スク
　ールバス
■男子150名、女子69名
■042-559-2411
■http://www.sugao.ed.jp/jhs/

夢を育む新キャンパス

東海大学菅生中学校は、2008年春、東海大学菅生高等学校中等部と名称を新たにスタートを切りました。

これは、所属する東海大が、北海道東海大、九州東海大を統合し、新しい東海大として生まれ変わることにともなうもの。各附属の中学校はそれぞれの高等学校の中等部と名称を変更し、中高大の一貫教育の強化をはかることになったのです。

この大きな飛躍を前に、2006年、中等部は新校舎に移転しました。あきる野の高台に広がる5万7000㎡の敷地に6階建ての校舎がそびえ、日当たりのよい明るい学園生活を可能にしています。各教室は大型ヴィジョンを備え、ITを駆使した授業ができるようになっています。廊下やフリースペースが広く取られ、生徒が自由に使って調べものができるネット環境も整いました。私立校ではめずらしい給食は、食育を考え地元の野菜をふんだんに使ったメニューが評判です。さらに自慢の施設はJFA（日本サッカー協会）公認の人工芝グラウンドです。汚れない快適な環境で体育やクラブができます。

「夢育て講座」を開設

東海大学菅生高等学校中等部では、生徒たち全員が自分の夢を熱く語れる生徒になってほしいと考え、「夢育て講座」を設置しています。各界で活躍されているかたを招いて、講演や実演をしていただくという内容です。自らも夢を持ち、それに向けた自発的な行動や熱意、探究心、そして努力しようという気持ちを養います。

少人数でクラスを運営
中1はふたり担任制

学習では、少人数クラス運営によって、一人ひとりの生徒に細かく指導がいきわたる体制を組んでいます。しかも中1では、1クラスにふたりのクラス担任態勢で、さらにきめ細かな対応を充実させています。

また、中高一貫6カ年の教育によって、無理とムダのないカリキュラムが組まれ、勉強にクラブ活動に励むことができます。

6年間を4ステージに区切っての基礎力・応用力養成が可能となったことで、将来の志望大学合格という目標が達成できるシステムなのです。

じゅうぶんな授業時間で
進学実績も向上している

2学期制と週6日制の導入で、主要科目をはじめ、じゅうぶんな授業時間を確保しました。英・数の習熟度別授業や、英会話の少人数授業で個々の理解度にぴったりと合った授業が展開され、英検3級合格者は学年の8割に迫り、高校では特別進学コースを中心として大学進学実績も伸びてきました。

この3年間で、東京学芸大や首都大などの国公立大にも合格者を輩出するなど、着実に成果があがってきています。

自然のなかで環境を学ぶ

東海大学菅生高等学校中等部は、まさしく自然に抱かれたキャンパスです。この恵まれた自然環境を存分に活用して、自然と一体になった環境教育が日常的に行われています。「自然が教科書だ」というダイナミックなスローガンのもと、野外体験学習や自然体験学習など、教室を飛びだした授業を数多く取り入れているのが特色です。武蔵野の面影を残す自然環境のなかでいきいきと過ごし、じっくりと学ぶ。人間性にあふれた知性と感性を磨き、自分の力で生きていけるたくましさを身につけることを目標としている東海大学菅生高等学校中等部です。

東京家政学院中学校
とうきょうかせいがくいん

TOKYO KASEI GAKUIN Junior High School

東京

女子校

千代田区

■東京都千代田区三番町22
■地下鉄有楽町線・南北線・都営新
宿線「市ヶ谷」徒歩6分、ＪＲ線
「市ヶ谷」・半蔵門線「半蔵門」
徒歩8分、東西線「九段下」徒歩
10分
■女子のみ183名
■03－3262－2255
■http://www.kasei-gakuin.ac.jp/
chuko/

東京家政学院　進化への挑戦

活性化する三番町キャンパス
家政学院ブランド

2011年春から、東京家政学院大学の健康栄養学科と現代家政学科が、中高と同じ千代田区三番町のキャンパスに移転しました。中学・高校・大学の連携を深めながら、多彩なキャリア教育を行う環境が整いました。

パーソナルな学習指導
一人ひとりにきめ細かく

「学力の基本は継続性」を合い言葉に、すべての生徒に自主学習の習慣が定着するよう、さまざまな学習プログラムを展開しています。毎日提出する自学自習ノート、生徒が自主的に管理する朝テストなど、自分の弱点をすぐに見つけることができるプログラムが整っています。さらに1クラス25名を基本として、生徒一人ひとりのつまずきや悩み、希望に教師が真摯に向き合う、そのような環境を目標にしています。

また東京家政学院では、すべての学年・教科でシラバス（年間授業計画）を公開しています。生徒はいつ・なにを・どんな順序で学ぶのか、その学習項目のポイントはなにかをいつでも確認でき、学習意欲向上につなげています。

2コース新設で安心できる進路へ

東京家政学院ではこれまでも、少人数の強みをいかしたきめ細かな教育を行い、4年制大学への進学率は約80%となりました。

2011年度より、伝統ある併設大学への進学に特化した総合進学コースを創設しました。また最近の進路希望の広がりをふまえ、併設大学以外の大学への進学希望者を対象に特別進学コースも同時にスタートします。

じっくり時間をかけて学習し、何度も繰り返すことで、定着した実力をつけていく生徒には、総合進学コースがおすすめです。先取り学習中心で、スピードの早い授業にもついていく意欲的な生徒には、7時間目のハイレベルな講習で応用力をつける特別進学コースをおすすめします。

伝統ある女子校としての家政学院

千代田区三番町、市ヶ谷の高台に位置する東京家政学院中学校・高等学校。この地域は、多くの大使館や学校がある場所としても知られています。学校の近くには、皇居や靖国神社、北の丸公園などがあり、都心にありながらも多くの緑や自然に包まれています。

東京家政学院では開校以来、あいさつを大切にしてきました。生徒の1日は、「ごきげんよう」のすがすがしいあいさつで始まり、「ごきげんよう」でなごやかに終わります。こうした教育が、生徒たちの素直さや和やかさを育むのかもしれません。

すべての行事を生徒たちが主体的に取り仕切るため、どの生徒にも責任や役割が与えられ、またどの生徒にも協力の仕方が身についています。みんなのために役立つ自分でありたいと自信に満ちた笑顔いっぱいの学院です。

東京家政大学附属女子中学校

とうきょうかせいだいがくふぞくじょし

TOKYO KASEI Junior High School

■東京都板橋区加賀1－18－1
■JR線「十条」徒歩5分、都営三田線「新板橋」徒歩12分、東武東上線「下板橋」徒歩15分
■女子のみ393名
■03－3961－2447
■http://www.tokyo-kasei.ed.jp/

生徒ひとりひとりに愛情をかける本物の教育

日本女子教育の先駆けとして1881年（明治14年）に創立された東京家政大学附属女子中学校・高等学校。130年にわたる長い歴史のなかで、つねに時代の変化に対応して、女性の社会的役割や地位の向上に貢献してきました。

建学の精神は「自主・自律」。「自分の意志で学び、進む道を選び、生涯現役で活躍する女性」を育てることを目標に教育活動を展開しています。この建学の精神のもと、東京家政大学附属女子が生活信条としているのは、「愛情・勤勉・聡明」。家族、友人などの他の人びとに思いやりを持つこと（愛情）。その目標を実現するために一生懸命努力すること（勤勉）。学校生活や社会生活で経験する問題を正しい判断力で解決すること（聡明）。すべての先生がたが、生徒一人ひとりがこれらを実践し成長していけるよう、あふれる愛情を持って教育を行っています。

「躍進コース」と「創造コース」

東京家政大学附属女子では、進路の目標に合わせて特徴的な学びのスタイルを持つ「躍進コース」と「創造コース」というふたつのコースを設定しています。どちらのコースも希望進路を実現するためのカリキュラムや学習サポート体制を用意しています。

「躍進コース」は、高いレベルの課題に挑戦し、学力を飛躍的に伸ばしたいという生徒のためのコースです。国公立大学や、早慶上智・G-MARCHレベルの難関私立大学への合格をめざします。数学・英語など5科の授業時間を多くして十分な学習時間を確保するとともに、中高6年一貫のシラバスで中学段階から高校の学習内容を先取りし、学力の充実、応用力の養成をめざします。高校3年生では、難関大学入試に対応した演習中心の授業や講習を行うことで、目標達成のための高いレベルの学力を身につけていきます。

「創造コース」は、幅広い知識をもとに自分の学びを創造し、着実に目標に向かって進みたいという生徒のためのコースです。東京家政大学への内部推薦による入学、そして東京家政大学以外の難関・中堅私立大学への合格をめざします。中学では、少人数授業によるていねいな学習指導、自学自習の習慣を確立するための指導で、基礎学力を定着させ、徐々に学習内容を先取りしていきます。高校では、多様な希望進路に応えるためのカリキュラムと進路指導で希望進路の実現をめざします。

ヴァンサンカン・プラン

特徴的な取り組みとして、希望する進路を達成するための、「ヴァンサンカン・プラン」があげられます。

この「ヴァンサンカン・プラン」とは、25歳の理想の自分をめざし、上級学校ではなにを学ぶべきかを知り、その専門分野を学べる大学・短大などの学部・学科について研究し、進路を実現させるための知識、技能を深める総合学習の総称です。

中学では、スピーチ大会・職業調べ・環境教育など体験型学習を行っています。高校では、より具体的に25歳の自己をイメージし、大学各学部の内容研究やオープンキャンパスへの参加、ボランティア体験、OG講演会をとおして、職業観を確立していきます。

家政ビオトープ

9万㎡の敷地には里山を代表するコナラ・クヌギをはじめ、各種サクラ・ユリノキなど2000本の樹木が育ち四季の変化を見せてくれます。

中庭のビオトープは理科の授業などに活用され、また保護者対象の観察会なども開催されます。

東京純心女子中学校
とうきょうじゅんしんじょし

TOKYO JUNSHIN GIRLS' Junior High School

東　京

女子校

八王子市

■東京都八王子市滝山町２−600
■ＪＲ線「八王子」、京王線「京王八王子」バス10分
■女子のみ370名
■042−691−1345
■http://www.t-junshin.ac.jp/jhs/

マリアさま、いやなことは私がよろこんで

八王子市のなだらかな丘陵に位置する、東京純心女子中学校・高等学校。多くの樹木におおわれた美しいキャンパスには、季節の花が咲き誇ります。「秩序と落ち着きと明るさがあふれている」、そんな言葉がぴったりの学びの場といってよいでしょう。

東京純心女子の設置母体である長崎純心聖母会は、聖母マリアの汚れなき御心に奉献された教育修道会として、1934年（昭和９年）、江角ヤス先生（学園の創立者）によって長崎で始められました。現在、東京・長崎・鹿児島のそれぞれに大学・短大（東京はなし）・高校・中学校を設置し、女子教育の発展に努めています。

その建学の精神は、「キリストのみ教えにのっとり、やさしく、かしこい久遠の女性、聖母マリアを理想と仰ぎ、純粋なやさしい心情と高い知性を兼ね備えた献身的な、キリストの精神をもつ女性を育成すること」。この理念のもと、「知の教育」と「こころの教育」を表裏一体とした全人教育が行われているのが特色です。

今年から完全中高一貫へ
新カリキュラムも始動

東京純心女子では、中高一貫のメリットをいかした「3ステージ制」で授業を展開しています。

中学１年・２年は「導入期」。基礎学力の充実をはかりながら、創造的思考力の開発に努めています。中学３年・高校１年は「展開期」。応用力を育みながら、生徒各自が自分の資質・適性を探ります。そして、高校２年・３年は「完成期」です。多くの選択科目を用意して授業を展開し、生徒一人ひとりの志望大学に必要な学力の強化をはかっています。

また、２期制・週６日制により、授業時間と行事の多様性を確保。2011年から完全中高一貫校となりましたが、2010年より新カリキュラムが始動しています。さらに、きめ細かな少人数制授業や習熟度別授業、学ぶ目的を明確にして視野を広げる進路教育や体験型の校外学習を組み合わせ、主体的に学ぼうとする感性を養いながら、生徒一人ひとりのニーズに対応しています。こうした着実な「知の教育」の成果は、優秀な大学合格者数に表れています。

人間としてのあり方を探る
「こころの教育」

東京純心女子の教育の基本を強く表しているのが、「こころの教育」といってよいでしょう。

東京純心女子では、土に触れて自然のありがたみを肌で感じたり、ボランティア活動などをつうじて自分や他者を大切にしたりと、さまざまな実践から精神的な成長をうながす「こころの教育」に力を入れています。

そのひとつが「労作」の授業です。この「労作」は、農作物を栽培し、自然の恵みや自然とのかかわり方を知るための授業で、創立当初からつづいている伝統の授業です。「労作」は東京純心女子の総合的な学習の真骨頂であり、こころと身体をリフレッシュさせる貴重なものとなっています。

「ボランティア活動」も活発です。自分たちの身の回りで自分たちの手でできる活動をつうじ、どんな時代においても純粋で献身的であることの美徳を失わないこころを育みます。

そして、週１時間の「宗教」の時間では、キリストの教えに基づいた宗教倫理を中心に、賢く優しい人間としてのこころを育んでいます。

あえて小規模校を維持してその特性をいかし、生徒一人ひとりを大切にしているのが、東京純心女子です。

東京 / 神奈川 / 千葉 / 埼玉 / 茨城 / 寮制 / あ行 / か行 / さ行 / た行 / な行 / は行 / ま行 / や行 / ら行 / わ行

東京女学館中学校
TOKYO JOGAKKAN Middle School

東　京
女子校
渋谷区

■東京都渋谷区広尾３－７－16
■地下鉄日比谷線「広尾」徒歩12分、ＪＲ線ほか「渋谷」・「恵比寿」バス
■女子のみ765名
■03-3400-0867
■http://www.tjk.jp/mh/

東
京

神奈川

千葉

埼玉

茨城

寮制

あ行 か行 さ行 た行 な行 は行 ま行 や行 ら行 わ行

日本の女性教育のパイオニア

広尾の緑豊かな町並みの一角に、東京女学館中学校・高等学校はあります。創立は1888年（明治21年）「諸外国の人びとと対等に交際できる国際性を備えた、知性豊かな気品ある女性の育成」を目標に設立され、これは現在の「高い品性を備え、人と社会に貢献する女性の育成」に受け継がれています。

こうした伝統をさらに継承、発展させるため中１では「スクールアイデンティティー」という時間を設け、東京女学館で学ぶことの意味を考えてもらいます。その際、卒業生の協力を得て、生徒6～7名の班に2～3名の先輩を迎え、この学校で学び、現在感じていることを語っていただきます。

英語教育の充実と体験を重視した学習

東京女学館では創立以来、英語の学習に力を入れています。中学の英語すべての時間を分割授業とし、１クラス約20名の少人数教育を行い効果をあげています。また、英会話は中１からネイティブスピーカーの教員が行っています。

理科は実験を中心にした授業を行い、他教科においても充実した設備を活用し実習や実験に力を入れています。調理室、被服室、美術室、音楽室、書道室、コンピュータ室など生徒の安全を第一に、ゆとりある空間を重視し設計されています。また、雨天時、グラウンドが使用できなくても3つの体育館があるためかならず体育が行えます。

高１では１年間かけて課題研究を行います。教員ひとりが3～4名の生徒を担当し、テーマは生徒が興味を持った内容を自由に決め、論文形式でまとめリポートを完成させます。

また、東京女学館では女子の特性をいかしたリーダーシップ教育に力を入れています。それは、社会のどのようなところでも人との関係を豊かに結びあい、よりよい社会をつくることのできる女性に育ってほしいからです。そのために、球技会・体育大会・記念祭などの行事、クラブ活動、中3・高2の修学旅行実行委員会などは生徒が中心となって運営します。

リーダーシップを発揮する人、それを支える人と、行事の内容により、さまざまな役割を経験することで、お互いを認めあい、尊重しあいながら達成感を味わい、充実した学校生活を過ごしています。

発達段階に合った進路指導

生徒の発達段階をふまえて、2年ごとの3ブロックに分けた、きめ細かな進路指導を展開しています。

中１・中２は基礎基本を身につけるため、学習習慣の見直し、友だちづくりワークショップなどを行います。中3・高１では個性化への対応に力を入れ、社会的視野を持った自己理解を進めるため、生徒一人ひとりが自身と向きあい、生き方・進路について考える機会を豊富に設けています。中3の沖縄修学旅行は実行委員会が中心に運営し、高１の研修旅行では進路指導の一環として将来を真剣に考えます。

高２・高３では自己実現に向け主体的な学校生活のもと、自分に合った進路選択ができるよう選択授業を充実させ、個に応じたカリキュラムが組まれています。

このように、東京女学館で過ごす6年間を主体的に誇りを持って生活し、多くの友だちとのであいやさまざまな感動・体験をとおして、実り豊かな人生のスタートを切ることができます。

生徒が輝かしい青春の一時期を、落ちついた環境のもと、有意義に学校生活を過ごし、大きく成長して羽ばたいていけるよう全力で支援している東京女学館です。

東京女子学院中学校
TOKYO JOSHI GAKUIN Junior High School

「環境」は「人」をつくる

東京女子学院がめざすもの

1936年（昭和11年）、酒井堯先生により創立され、時代を予見し、先駆けとなってきた東京女子学院。創立以来、健全な社会を構成する「気品ある女性の育成」をめざしてきました。

現代社会において見失われがちな教養や情緒・情操といった「目には見えないもの」を重んじながらほんものの品性を育む教育を伝統としています。

いまこそ女子教育

多くの学校で共学化が進んでいる昨今ですが、東京女子学院の「女子教育」という根幹はこれからも変わりません。

思春期の数年間は、生徒たちの心と頭の基礎が築かれる、人生のうちで最も大切な時間です。だからこそ、知性や感性という目には見えにくいものを磨きあげるために、自分自身がなすべきことに集中できる女子生徒だけの環境が必要なのです。

東京女子学院では、女子の発達段階に合わせた教育のなかで、異性との比較ではなく、適切で正当な評価が受けられます。そこから、生徒たちの心に意欲と自信が芽生え、胸をはって自分の道を歩んでいかれるようになるのです。

「学びの力」

「学びの力」には、数字で表しやすい「目に見える力（思考的価値）」と計数できない「目に見えない力（情操的価値）」があります。それぞれの力の調和をはかりながら生徒を育てていくことで、現代社会に誇りを持って旅立つことができる、すばらしい女性に成長していくと考えています。

「考えつつ学び」「学びつつ行い」「行いつつ考える」ことのできる生徒を育成していく東京女子学院です。

■東京都練馬区関町北4－16－11
■西武新宿線「武蔵関」徒歩3分
■女子のみ61名
■03－3920－5151
■http://www.tjg.ac.jp/

桐朋中学校
TOHO GAKUEN Junior High School

自主性を重んじほんとうの自由を追求

桐朋中学校・高等学校は、恵まれた自然環境のなか、開校以来、自主性を育む教育を実践してきました。生徒の個性を尊重し、自由な気風で知られる学校です。生徒を規制するような校則もほとんどなく、自主的な判断で行動することを重視しています。高校からは制服もありません。

しかし、生徒たちは、「自由だからこそ自分で判断することの大切さを自覚する」と、ほんとうの自由のあり方を体得しています。

桐朋は東京西部を代表する進学校として知られています。東大や国立大学医学部を中心に、難関大学への合格者を毎年数多く輩出しています。この多摩地区に熱烈な「桐朋ファン」が多いのは、高い進学実績だけではなく、熱心な先生がたの存在と、運動部をはじめ活発なクラブ活動が行われているためです。

また、桐朋の特徴は日々行われている授業にあります。どの先生も万全の授業準備でのぞみ、授業で使用されている教材やプリント類の充実は「学校の授業だけで大学入試に対応できる」と多くの卒業生が言うほどです。

満足度の高い学校生活

桐朋の生徒たちは「学校は楽しい、桐朋に来てよかった」。卒業生たちも「桐朋での生活は充実していた」と述懐します。

自由のなかで友情を育み、本物の教育を受けてきたからこそ満足感を持っているようです。桐朋の学校文化として、たんに勉強ができることは、それほど評価されません。その人間でなければ有しない個性を持っているかどうかが問われます。

互いの存在を認めあって各人が成長していくのが桐朋の生徒たちです。

責任のともなう自由の重みを学びつつ、伸びのびと人間性を育んでいく桐朋教育は、「私学らしい私学」の代表として、これからも大きな支持を集めることでしょう。

■東京都国立市中3－1－10
■ＪＲ線「国立」・「谷保」徒歩15分
■男子のみ810名
■042－577－2171
■http://www.toho.ed.jp/

東京女子学園中学校

TOKYO JOSHI GAKUEN Junior High School

東　京
港区
女子校

■東京都港区芝4－1－30
■都営三田線・浅草線「三田」徒歩
　2分、ＪＲ線「田町」徒歩5分、
　都営大江戸線「赤羽橋」徒歩10
　分
■女子のみ265名
■03－3451－6523
■http://www.tokyo-joshi.ac.jp/

教育理念は「人の中なる人となれ」

　東京女子学園中学校・高等学校は、建学の精神「教養と行動力を兼ね備えた女性（ひと）の育成」をもとに、英語力を中心にした、時代が求める学力を育成するためのカリキュラムや教材、指導法の改善をつづけています。その結果、ここ数年では大学進学実績が着実に上昇し、国・私立の難関大学にも多数の合格者を輩出しています。

　たんに大学進学実績を向上させるためだけではなく、生き方・あり方を考える進路指導を行っているという点も大きな特徴です。学力育成に力をそそぎ、より高い大学への進学を推し進めているのも、卒業したあとの長い人生を、いきいきと幸福に過ごしていってほしいと願っているからです。

　また、東京女子学園では、社会環境が大きく変化したいま、人間関係を築く力を養うことも重要だと考えています。人間が社会的な存在である以上、幸福は自分ひとりで得られるものではありません。教育理念である「人の中なる人となれ」という言葉には、他者や社会に役立つ存在になってほしいという願いとともに、生徒一人ひとりへの幸福な人生を願う想いが強くこめられています。

未来の自分とであう
「ライフプランニング」

　東京女子学園の教育プログラムは、「ライフプランニング」「カリキュラム」「国際理解教育」の3つの大きな柱によって構成されています。それぞれのプログラムが融合することで大きな成長を導くことができます。

　そのなかでも「ライフプランニング」のキャリア教育プログラムは、生徒たちが将来について幅広い視野を広げるために重要な役目を果たしています。このプログラムは、漠然と将来像を描かせるものではなく、大学研究や職業研修をとおして、未来に想定されるできごとまでを勘案し

て具体的な人生設計を行うオリジナルな内容となっています。

　その大きな意義は、自分の人生を真剣に考え組みあげてみることと、自らの人生プランを描き、課題をとらえ解消していく能力を養成していくことです。

　グループミーティングやディベート、ゲーム形式のワークショップを行いながらキャリアカウンセリングを実施することにより「自他の理解能力」「選択能力」「課題解決能力」「計画実行能力」などのセルフ・ソリューション、セルフ・マネジメントに不可欠なスキルを身につけていきます。

学校内予備校の開設

　東京女子学園では、「ライフプランニング」のキャリア教育の最終段階の施策として、2009年度より「学校内予備校」を開設しました。

　このプログラムは、講義だけではなく、演習・復習・習熟チェック・弱点補強・面談と徹底した習熟サイクルにより、生徒個々の志望大学・学部を明確にし、責任を持って合格までサポートしていくものです。

　大きな特色は、個々ばらばらに受験に向かわせるのではなく、集団で受験に立ち向かっていこうという団体戦構想にあります。

　最高のコーチ陣をそろえた「受験クラブ」として、互いを励ましあい、助けあいながらその成果を共有していくのです。カリキュラムとの連携や学校行事などの調整ができるという利点も、このプログラムの大きな特徴となっています。

　充実した教育プログラムのもと、社会で愛され、凛としていきいきと活躍できる女性に育ってほしいと願っている東京女子学園中学校・高等学校です。

東京

神奈川

千葉

埼玉

茨城

寮制

あ行

か行

さ行

た行

な行

は行

ま行

や行

ら行

わ行

139

東京成徳大学中学校
とうきょうせいとくだいがく

TOKYO SEITOKU UNIV. Junior High School

東京

北区

共学校

■東京都北区豊島8−26−9
■地下鉄南北線「王子神谷」徒歩3分
■男子244名、女子257名
■03−3911−7109
■http://www.tokyoseitoku.jp/

大学進学にとどまらない人間力にあふれた人格を養成

東京成徳大中高一貫コースの教育テーマは〝創造性と自律〟です。6年間の時間のなかで生徒個々の特性を大切にしながら、じっくりと育てていくことを目標としています。そのなかで、不透明な未来にも柔軟に自分を発揮しながら、賢く、たくましく道を切り拓いていける人間力にあふれた人格を養成していきます。

机上での確かな学びとともに、たんなる自分勝手な学力ではなく実社会で力を発揮する能力を養うための、豊かな人間関係によるさまざまな学びの経験ができる理想の教育環境があるのです。

意欲を喚起する6年間

中高6年間という期間が持つ大きな可能性のなかで、計画的・段階的なプログラムによって個々の成長が主体的な意欲をともなったものとなるように展開します。学力の点では、中学3年間で英・数・国の時間を多くとることによって、無理のないペースで高校範囲までの先取り学習が進みます。英語と数学では少人数による分級授業が行われ、きめ細やかな指導がなされます。また、英語コミュニケーション能力を養うために、ネイティブによる英会話の授業を週1時間3年間実施しています。

土曜日には、中学1・2年の間は3・4時間目にサタデープログラムと呼ばれる独自の講座が用意されており、コンピュータ・スポーツ系・教養系・芸術系・英会話・英語・数学のなかから好きなものを選ぶことができ、ふだんの授業ではできない深い内容を自分のペースで取り組むことができます。

中学3年の3学期には、希望者はニュージーランドでホームステイしながら現地の学校に1学期間留学できるプログラムもあり、異文化を肌で感じることができるまたとない貴重な経験をすることができます。

4コースで進路希望に応える

高校生になると、2年生から文系・理系、私立・国公立の進路希望によって4コースに分かれます。長期休暇中には講習や勉強合宿があり、生徒の夢の実現に向けて教職員が全力でバックアップします。このような、学力を向上させるための理想的な環境づくりをする一方、その身につけた力を多様な他者の集まる実社会のなかで発揮していくことができるように、豊かな人間関係によるさまざまな学びの経験ができる環境づくりも行っています。

そのひとつの取り組みとして、「自分を深める学習」があります。新入生に対しては期待と不安から不安の部分を取り除き、残った期待によって前向きに学校生活に取り組んでもらうことが目的であり、また上級生には「自分とはなにか」「なぜ学ぶのか」「どう生きたらよいのか」を考えていくための学習として位置づけられています。

学校教育が、生きる力、道を切り拓く力として、生徒個々のなかに真に養われていくためには、たんなる知識の習得から一歩進んで、主体的に学ぶ姿勢や成長への意欲が不可欠となってきます。この意欲を引きだす大きな要因も人間関係にあります。信頼関係を基盤にした細やかな指導が、生徒の意識を、成長と未来への創造へと導いているのです。

東京電機大学中学校

とうきょうでんきだいがく

TOKYO DENKI UNIV. Junior High School

東　京

共学校

小金井市

■東京都小金井市梶野町４－８－１
■JR線「東小金井」徒歩５分
■男子332名、女子169名
■0422－37－6441
■http://www.dendai.ed.jp/

豊かな心・創造力と知性・健やかな身体

　東小金井駅から北に数分歩くと、斬新なデザインの校舎を有する東京電機大学中学校・高等学校が現れます。

　校門を入って正面に見えるのが、教育棟です。棟上部の突起部分がキラキラ輝き、ひときわ目をひきます。この部分は全面ガラス張りで、晴れた日にはエントランスホールいっぱいに陽光が降りそそぐように工夫されています。

　教育棟の入り口の上を見ると、見慣れない文字が書かれていることに気づきます。不思議なこの文字の正体は、ギリシャ語です。「人間らしく生きることを学ぶ」と書かれ、校訓を表しています。この言葉には、「人間だけが、自らの夢の実現に向かって向上心を持ちつづけ、その努力をつづけることができる！　向上心を持ちつづけ、積極的に生きてこそ〝人間〟なのだ」という、学校の熱いメッセージがこめられています。

　この校訓のもと、東京電機大学中高では、「豊かな心・創造力と知性・健やかな身体」を備えた人を育成することを目標に教育活動を展開しています。

中学校の３つの教育方針

　こうした目標を達成するため、東京電機大学中学校では、教育方針としてつぎの３つを掲げて教育にあたっています。

①［少人数制をいかした指導］中学は１クラスを30名前後で編成、一人ひとりにきめ細かな対応をしています。

②［個性と適性を引きだす］さまざまな教育活動をとおして、生徒が自分の個性や適性をしっかり理解、そのうえで将来の夢や希望を明確化させます。

③［進路を見つめ、豊かな心を育む］将来の夢や希望の実現に向けて学習に励むとともに、さまざまな体験をとおして、人として生きていくうえで不可欠な幅広い教養と倫理観を育てています。

高等学校の３つの教育方針

　そして、高等学校では、つぎの３つの教育方針を掲げて学習を展開しています。

①［生徒一人ひとりのやる気を引きだす学習指導］３年間を見据えた授業計画に基づき、興味・関心を持って基礎から応用まで無理なくレベルアップ。どんな質問にもていねいに答える教員スタッフが、夢の実現を強力にサポートします。

②［校則をつうじた規範意識の涵養］具体的な行動指針や規則を守ることをとおして、自らの行動に責任を持ち、周囲から信頼と尊敬を得る人間を育成します。

③［個性を大切にした進路指導］「人間らしく生きる」ために必要な知識・教養を身につけ、生涯にわたって自己実現をめざす人間を育成することが、東京電機大学中高の進路指導目標です。「どんな人間になりたいか」をじっくり考えさせ、それぞれにきめ細かな進路選択を行います。

学園創立100周年
校舎内をリニューアル

　2007年度、所属する学園が創立100周年を迎えた東京電機大学中高。その記念事業のひとつとして、教育棟や体育館のリニューアル工事が実施されました。

　ホームルーム教室内設備の入れ替えと壁や床の塗り替え・張り替えを実施、生徒の居住スペースを一新しました。

　また、新たな選択授業用の小教室をつくり、よりきめ細かな学習指導に役立てています。さらに、小ホールや図書館、コンピュータ室などの設備も最新機器にリニューアル。教育のソフトの面とともにハード面でも進化しつづけています。

東京都市大学等々力中学校
とうきょうとしだいがくとどろき

TOKYO CITY UNIV.TODOROKI Junior High School

■東京都世田谷区等々力８－10－1
■東急大井町線「等々力」徒歩10分
■男子171名、女子98名
■03－5962－0104
■http://www.tcu-todoroki.ed.jp

注目の共学部がスタート

　系列の大学グループが名称変更をするのにともない、2009年４月から東横学園中学校は、東京都市大学等々力中学校へと校名変更し、さらなるステップアップをしています。

ノブレス・オブリージュと
グローバルリーダーの育成

　2010年度、ついに共学部がスタートした東京都市大学等々力中学校。共学部が理想とする教育像は、「ノブレス・オブリージュ」です。これは、誇り高く高潔な人間には、それにふさわしい重い責任と義務があるとする考え方のことです。この言葉に基づいた道徳教育・情操教育で、将来国際社会で活躍できる、グローバルリーダーを育成することをめざしています。

　具体的な教育内容も、特色のあるものが数多く用意されています。

　中１と中２では、「命のはぐくみ体験学習」（菜園づくり）から、共生の意義、仲間の大切さ、いじめの問題などについて考えます。

　中２では、栃木県のツインリンクもてぎで「自己発見の旅」を実施します。グループ討論やプレゼンテーションの初歩を学び、生徒たちの潜在能力を開花させます。中３の修学旅行「平和と命の旅」では、命のはぐくみ教育のまとめとして、また「ノブレス・オブリージュ」の重要な柱として、特攻隊の基地があった鹿児島県指宿市や、水俣病で知られる熊本県水俣市を訪問します。平和を守るための責務をどう果たすかを学ぶことが目的です。

　高校でも、「ノブレス・オブリージュ」に基づいた教育が行われます。とくに重要なのは、高２で行われる「オックスフォード語学研修旅行」です。名門校ハートフォードカレッジ・オックスフォードで、英語と異文化のレッスンを受けます。生徒たちは日本文化と「ノブレス・オブリージュ」について、英語でプレゼンテーションができるようになることをめざします。

画期的な新学習支援システム

　「ノブレス・オブリージュ」がめざす人間像のひとつが「自ら時間管理のできる人」。その実践のひとつとして生まれたのが『システム4A』です。

　これは、毎朝到達度テストを実施→生徒の学習進度を分析→分析に基づいて未到達の部分を再指導→学力向上につなげる、という４段階が循環していく新しい学習支援システムです。わからないことはその日のうちに解決し、時間を有効に使えるようにします。これを毎日繰り返すことで、生徒たちは自然と時間を管理することができるようになるのです。

　そしてもうひとつの学習システムが『LiP』です。『LiP』は、Literacy（読み取り能力）とPresentation（意思伝達能力）を組み合わせた造語で、文章を正しく読み解く能力と、人を「その気にさせる」説明力を養う独自のシステムです。

　こうした学習支援システム以外でも、英語教育や理科教育にはとくに力がそそがれています。東京都市大学グループのメリットをいかしたプログラムで、大学入試の対策も万全です。

系列大学への推薦制度

　東京都市大学等々力では、難関国公立大学合格を目標としていますが、系列校の東京都市大学への優先入学制度があります。

　系列校以外でも、法政大、成蹊大など多くの私立大学への推薦制度もあり、大変充実しています。

東京都市大学付属中学校
とうきょうとしだいがくふぞく

TOKYO CITY UNIVERSITY Junior High School

■東京都世田谷区成城1−13−1
■小田急線「成城学園前」徒歩10分、東急田園都市線「二子玉川」バス20分
■男子のみ745名
■03−3415−0104
■http://www.tcu-jsh.ed.jp/

「人間力」を育成する明るく元気な進学校

　東京都市大学付属中学校は『進路と将来を見据えた6年間の一貫教育システム』を推進しています。①自分の「よさ」・「能力」・「個性」を伸ばす。②「知力」と「創造力」を培う。③新しい自分の再発見。④「将来の夢」、「希望の進路・職業」の実現。⑤明るく、元気に、楽しく、仲良く学習し、成果をしめす。これら5つをいろいろな活動のなかに具体的に織りこみ、充実した学校生活を送ります。

　そんな東京都市大付属の合い言葉は、「一番星になろう」です。

　一人ひとりが持つ夢や希望、いちばん大切なものを「一番星」と呼び、その夢を見つけ、実現することが「一番星になる」ということです。

　東京都市大付属では、生徒一人ひとりに自分だけの夢や希望、自分のいちばん大切なもの「一番星」を見つけ、自分の人生を「考える力」と、学力だけでなく総合的な「人間力」を身につけるため、あいさつや部活動、そしてもちろん勉強と、生活の1つひとつを大切にする教育が行われています。

全力で究める・学ぶ・競いあう

　中1・中2の前期2年間は基礎生活を身につけ、学習習慣を確立することに重点をおいています。

　中期の中3から習熟度別のクラス編成を実施し、高1まではバランスのとれた科目配置となり、総合的な学力を養成します。

　また、職業研修や学部学科ガイダンスなどにより、卒業後の進路に視野を広げています。

　後期の高2からは文・理のコース別に、高3では志望校に応じた8コースに細分化され、難関大学受験に対応した学習を展開しています。

大学付属校でありながら進学校として躍進する

　東京都市大付属は大学の付属校ではありますが、文系、理系と幅広く進学ができる進学校としての姿勢を明確にし、教育の充実にあたっています。

　「難関大学への合格を目指す進学校」として、生徒が「一番星になる」ため、カリキュラムも生徒の志望に合わせて進化しています。

　2012年度（平成24年度）からは、全員が国公立大学を受験できるよう、高2では数学を必修とし、高3での時間増のほか、コース精選も行います。

　進学についての目標は、「難関大学進学実績の大幅アップと希望大学への全員合格」です。そのための学習指導体制は大幅に強化されています。

　こうした学習システムの拡充とともに、難関大学への合格者も増加し、2011年度（平成23年度）の大学進学実績においては、早大、慶應大、上智大、東京理大に34％が、G−MARCHに71％の生徒が合格し、いずれも過去最高の実績をしめしました。

　また、慶應大、早大、上智大をはじめとする多くの他大学推薦入学も可能です。

　東京都市大付属は2007年度から定員を60名増やして240名（40名6クラス）としました。

　さらに、2010年度には高校募集を停止し完全中高一貫校にステップアップしています。これに合わせハード面も充実を期し、環境に配慮しながらも快適な学校生活のためにさまざまな工夫を施した新校舎と全面人工芝のグラウンドが完成しています。

　東京都市大付属は伝統を大切にしながらもいまなお進化しつづけています。

東京農業大学第一高等学校中等部

とうきょうのうぎょうだいがくだいいちこうとうがっこう

TOKYO NODAI-1 Junior High School

■東京都世田谷区桜3-33-1
■小田急線「経堂」、東急世田谷線
　「上町」徒歩15分
■男子313名、女子228名
■03-3425-4481
■http://www.nodai-1-h.ed.jp/

「共学」の完全中高一貫「進学校」

　2005年（平成17年）に共学校として開校した東京農業大学第一高等学校中等部は、中高一貫教育をとおして、「進学校」としての位置づけを明確にしています。

　高校を卒業する6年後には、「世界にはばたく」こと、「国立大学や難関私立大学へ進学する」こと、「併設の東京農業大学の専門領域を究める」ことなどをめざした教育が行われており、21世紀において幅広い分野で活躍できる人材を育成します。

国公立・早慶上智に 50%合格をめざす

　東京農大第一が掲げる大学進学目標は、「国公立・早大・慶應大・上智大に50%合格」。その実現をサポートするため、各種のプログラムを用意し、着実な学力の定着をはかっています。

　具体的には、中学校の3年間は、「実物・本物にふれる」「自ら体験する」「考え実行する」などの実学教育をとおして、自分のやりたいこと、将来の夢を探し、学びの楽しさを知ると同時に基礎学力の修得を徹底しています。

　これは、「中学時代に夢が見つかり、基礎学力が定着していれば、高校時代の勉強は大変効率があがり、日々の学習が充実」すると、東京農大第一は考えているからです。

　高校の3年間では、夢や目標を実現するのに最適な学部・学科を選び、その分野における最高レベルの大学へ進学するための学習を充実させていきます。

　東京農業大学の専門施設や分析機器の活用、トップレベルの研究者（大学教員）の授業を受けるプログラムを用意し、最先端の学術を体験できるのも、併設大学を持つ東京農大第一ならではといってよいでしょう。

　中高6年間で、生徒が自分の夢を見つけ、育て、その夢を実現させることをしっかりサポートする学校、それが東京農大第一です。

「知耕実学」で育む「知・心・体」

　「知耕実学」をモットーにする東京農大第一では、「学ぶ楽しさを知る」「学びを定着させる」「能動的な学び」「世界で通用する学力」などを実現させるために、「確認テスト」「習熟度別授業」「総合学習」「体験授業」「心の教育」「個別指導・講習」など、豊富なプログラムを用意しています。

　この学びのおもしろさを見つける試みのひとつが、「ダイズとイネから学ぶ」と題した総合学習です。大学レベルの栽培実験を専門レベルで指導しています。

　発芽から収穫までを観察・体験しながら生徒の興味、関心の芽を育て、「発見」や「着眼」、学びのさきにある「実現の楽しさ」や「知的充実感」を追求しています。さらに、生徒たちはこの授業をとおして学習全般のベースとなる『学びの姿勢や方法』を身につけていきます。

　こうした総合的学びによって「いま学んでいることは、こんなところで活用できるんだ」と理解することになります。

　勉強のおもしろさを実感できる東京農大第一です。

東京立正中学校
とうきょうりっしょう

TOKYO RISSHO Junior High School

■東京都杉並区堀ノ内２－41－15
■地下鉄丸ノ内線「新高円寺」徒歩
　7分
■男子16名、女子24名
■03－3312－1111
■http://www.tokyorissho.ed.jp/

先生と生徒の鼓動が響きあう「木もれ日の学園」

　男女共学化がスタートして、今年で10年目の東京立正中学校・高等学校。本年創立85周年を迎えた古き歴史とよき伝統を有する学校です。

　設立以来、その教育のめざすところは、「生命の尊重と慈悲・平和の教えを根底にし、社会に貢献する人材の育成」。

　これを実現するため、①「どんな困難にもくじけず、自分を高め、心を磨き、個性を伸ばすために、すすんで勉学の道に励むこと」、②「喜びも悩みも分かちあい、学びあい、助けあい、信じあい、明るく楽しい学園生活をおくるように努めること」、③「命を尊び、自然の恵みに感謝し、すべての人の幸せと、安らかで平和な社会の実現に努めること」の３つを努力目標に掲げています。

　こうした教育を行う東京立正の先生がたの特徴は、生徒一人ひとりに的確で親身な指導を行っていることです。教師と生徒は密接に関わりあい、コミュニケーションのよさもめだちます。

　まさに、「先生と生徒の鼓動が響きあう、『木もれ日の学園』」といってよいでしょう。

じっくりと幹の太い人間を
育成するサポート体制

　東京立正では、生徒たちが幹の太い人間になれるよう、万全の体制が用意されています。

　学習に関しては、とくに基礎的な内容を重視しています。とりこぼしがないよう、繰り返し学習を徹底することにより揺るぎない基礎力を養成していきます。

　さまざまな体験をとおしたキャリアプログラムが充実しているのも、魅力的な点です。農業体験や林間教室など、自然に親しむものはもちろん、校外学習見学会では、新聞社や証券取引所などを訪れ、社会の仕組みを感じ取ること

ができます。

　工夫が凝らされているのは学校のなかだけではありません。東京立正では、生徒たちをきちんと見守っていくためには各家庭との連携がとても大切であると考え、面談やメール配信など、いろいろな方法で連絡を取りあえるようにしています。

　こうした安心・安全を感じられる体制のなかで、生徒たちはじっくりと時間をかけて成長していきます。

進路に対応した豊富な選択科目

　高校ではさらに発展した特徴ある授業を展開しています。それぞれの進路に応じて豊富な選択科目の履修が可能となっており、「アドバンストクラス」では、難関校をめざした学習が行われ、夏休みの勉強合宿や特訓講習など、学力アップのための指導がきめ細かく行われます。

　高校２年生になると、実力アップを約束する習熟度別授業があります。スタンダードクラスは文理系、アドバンストクラスは文系・理系に分かれ、希望進路実現をめざします。

瞑想で心の教育

　「生命を尊重し、慈悲と平和の精神を養う心の教育があってこそ、身につけた能力を社会に貢献できるすぐれた人間性を育むことができる」と考える東京立正。その特徴ある教育のひとつに瞑想があります。

　これは、毎週月曜日に生徒全員が講堂に集まって行われ、「心の安定をはかり、生き方を学ぶ」ことを目標にしています。

　生徒は、この瞑想により、深く自分の心を見つめ、自分自身のあり方、生き方を発見、確立し、心の安定と強い精神力を養います。

東星学園中学校

とうせいがくえん

TOSEI GAKUEN Junior High School

東　京

清瀬市

共学校

■東京都清瀬市梅園3−14−47
■西武池袋線「秋津」徒歩10分、
　JR線「新秋津」徒歩15分
■男子51名、女子105名
■042−493−3201
■http://www.tosei.ed.jp/

豊かな精神性と知性を育む

　多くの木々にかこまれ、緑豊かな環境にある東星学園中学校・高等学校。1936年、フランス人宣教師・ヨセフ・フロジャク神父が東星尋常小学校を設立したことに始まります。フロジャク神父は宣教活動とともに、さまざまな救済活動を行い、近代日本における社会福祉の草分け的存在として知られています。

　東星学園がある敷地は、フロジャク神父により、「ベトレヘムの園」と名づけられ、多くの「ベタニア（慈しみの家）」がつくられました。現在敷地内に、教育施設のほか、教会、修道院、病院、老人ホーム、児童福祉施設などがあるのは、こうした歴史によるものです。

男女共学・中高一貫校として
新たなスタート

　カトリックのミッションスクールである東星学園は、キリストの愛の精神を基本に、2008年度より、教育の幅を広げるべく、カトリック系としては数少ない男女共学中高一貫校として新たな出発をしました。

　その東星学園で最も重視されているのは、「人を大切にすること」です。生徒一人ひとりの感性を高め、豊かな精神性と知性を育む「心の教育」「全人教育」を基本として教育を展開しています。具体的には「誠実」「努力」「自立」「奉仕の精神」を教育目標に掲げ、より豊かな人間性の育成をめざして日常の指導が行われています。

少人数教育で生徒一人ひとりを大切に

　東星学園では、1学年2クラス（1クラス30名）の少人数教育を取り入れています。その利点をいかして、生徒一人ひとりの学習状況を把握し、その生徒に適した方法で考えさせていく指導がなされているのが特徴です。

　また、生徒一人ひとりがゆとりを持ちながら、基礎・基本を着実に身につけていくことを重視し、英語学習や補習にも力を入れています。また、2006年度からの6日制への移行、2008年度からの共学化を機に、さらなるカリキュラムの充実がはかられています。

　中学2年次に行われる「英語劇発表」は、東星学園の英語学習の大きな特徴のひとつです。この英語劇は、生徒自らが題材を選び、みんなでシナリオをつくって演じられ、生徒の英語力向上におおいに役立っています。

　高校では、ただたんに進路を決定するのではなく、生徒一人ひとりがほんとうに望む進路を探っていく、その過程も大切にした指導が行われています。さまざまな進路に対応できる教科課程を組み、高校2年から文系と理数系教科間の必修選択制を採用。高校3年の一般授業は午前中心で、午後からは自由選択科目の少人数グループ授業を取り入れています。その他に、個別補習や受験指導にも力をそそぎ、進路実績の向上をめざしています。

　2004年の夏、東星学園中学校・高等学校は、大規模な校舎の改築工事を終えました。

　この改築は、校舎の耐震補強工事、空調工事、内装の刷新などを目的として行われ、東星学園の学習環境はより安全に、そして、さらに快適なものに生まれ変わりました。

　この学習空間のもと、学力だけでなく、人間性を育むことを大切にしつづける東星学園中学校・高等学校です。

桐朋女子中学校

TOHO JOSHI Junior High School

■東京都調布市若葉町１−41−１
■京王線「仙川」徒歩５分
■女子のみ842名
■03−3300−2111
■http://www.toho.ac.jp/

桐朋教育のねらいは「人間教育」

　京王線仙川駅から徒歩５分、調布市の東端で世田谷区に隣接する閑静な住宅街の一角に桐朋女子中学校・高等学校はあります。

　創立は、1940年、山下汽船社長山下亀三郎氏からの献金をもとに、山水育英会が組織されたのを始まりとします。終戦後、山水育英会は東京高等師範学校（のちの東京教育大学）が引き受け再出発しました。「桐朋」という校名の由来は、東京高等師範学校の校章が桐であり、その仲間ということからつけられたものです。

　現在、桐朋学園は、女子部門、国立市にある男子部門、また後年発足した音楽部門の３部門からなり、各校それぞれ協力しあいながらも独自の教育を展開しています。

　そんな桐朋女子の教育観をひと言で表現すると、「人間教育」だといってよいでしょう。生徒一人ひとりを大切にすることをつねに心がけ、豊かな人間性を育むことをめざしつづけています。

こころの健康、からだの健康

　６年一貫教育でめざす教育目標の大きな柱は、「こころの健康、からだの健康」と「生徒の『個性を伸ばす』ことを大切に」していることです。

　この「こころの健康、からだの健康」は、40年以上にわたって桐朋女子が掲げてきたモットーともいえるものです。桐朋女子では、生徒が心身ともに伸びのびと健やかに成長することが、すべての教育に優先すると考えています。教師は自分自身の実践した教育がこのモットーに背いていないか、おりに触れて検証します。

　ホームルーム活動、生徒会活動、クラブ活動、修学旅行、文化祭や体育祭など、生徒が主体となって活動する場が多いのも、こうした活動の場をとおして、生徒一人ひとりが自分の活躍できる場を見出し、自分の果たすべき役割を認識することが生徒の健全な成長には欠かせないものと考えているからです。

生徒の『個性を伸ばす』ことを大切に

　そして、「生徒の『個性を伸ばす』ことを大切に」することにおいては、生徒一人ひとりの持ち味を損ねることのないように配慮して生徒に接するように心がけられています。

　また、自分や仲間とちがう考え方を持っていることで他人を差別するのではなく、自分と他人はちがうことが前提で、むしろそこにこそ人の存在する価値を見出すよう指導されています。

　これらを実践するため、教科指導や学年指導のプログラムでは、多くの工夫されたメニューが用意されています。

生徒の多様な進路を応援　積極的な帰国生受け入れ

　授業においては、中１の英語・数学は分割授業を実施。また、中２と中３の英語・数学は習熟度別授業になっているのが特徴です。

　高２・高３では大幅な科目選択制を取っており、生徒は興味関心や進路に合わせて「自分の時間割」をつくります。こうした教育活動の結果、大学進学率はほぼ100％。国公立大学や難関私大、外国の大学への進学などがめだちます。

　そして、桐朋女子で忘れてならないのは、50年以上にわたり積極的に帰国生を受け入れていることです。在籍生徒の約15％が帰国生という状況です。

　こうした多くの帰国生の存在は、語学学習のみならず学校生活全般において大きな刺激となっています。

東洋英和女学院中学部
とうようえいわじょがくいん

TOYO EIWA Junior High School

東 京

港区

女子校

■東京都港区六本木5−14−40
■地下鉄南北線・都営大江戸線「麻布十番」徒歩5分、地下鉄日比谷線「六本木」徒歩7分
■女子のみ584名
■03−3583−0696
■http://www.toyoeiwa.ac.jp

キリスト教に基づく人間教育

1884年（明治17年）、カナダ・メソジスト教会から派遣された婦人宣教師マーサ・J・カートメルにより設立された東洋英和女学院中学部。

現在では、ミッションスクールというより「キリスト教主義学校」に位置づけられています。とはいえ、創立時からの「人のために働く使命の大切さを教える」伝統は、今日まで脈々と受け継がれ、聖書に基づく人間教育を重視した教育活動が展開されています。

その教育の根幹は、「敬神奉仕」。「敬神」は、「心を尽くし、精神を尽くし、思いを尽くし、力を尽くして、あなたの神である主を愛しなさい」ということを、「奉仕」は、「隣人を自分のように愛しなさい」という聖書の教えを表しています。東洋英和女学院で身につけた、この「敬神奉仕」の精神は、卒業後も、生徒の長い人生の指針となり、生きる力となっています。

充実した語学教育
中1からネイティブに学ぶ

カナダミッションにより設立された東洋英和女学院では、設立当初よりネイティブの教師が多く、語学教育においてはつねにほかをリードしてきました。

今日でもその伝統は守られ、中1からネイティブ教師による英語の授業を週に2時間設けているほか、英語による礼拝も行われています。

また、ふだんから英語に親しめるようイングリッシュ・ルームが設置され、昼休みには自由にネイティブの先生と英会話を楽しむことができるなど、英語教育の環境を整えています。

長年、英語教育を重視してきた東洋英和女学院ならではの学習方法が、生徒の語学力アップをきめ細かくサポートしているのがめだちます。

自立した女性を育む実践教育

カリキュラムは、中1から高1までを幅広く基礎学力をつける期間と位置づけ、中1・中2の基礎学年では、読書習慣を身につけることも大きなテーマとしています。そして、高2からは一人ひとりの能力や進路に合わせた選択科目重視のカリキュラムとなっています。理系分野への進学者の増加に応え、数学は中2から少人数制での授業を行っており、高2から数Ⅲの選択も可能となっています。また、国公立大の医学部が求める理科3科目にも対応できるなど、より進路に直結した学習が可能となっています。

きめ細かな進路指導
個人の能力をいかした選択

毎年、難関大学へ多くの合格者をだす東洋英和女学院。しかし、これは、「生徒自身が将来めざす夢を実現するために選択した結果にすぎない」、と東洋英和女学院では考えています。

なぜなら、東洋英和女学院の生徒は、有名大学であればどの学部でもよいとか、偏差値による受験は考えず、自分の進路や将来の夢を持って大学の学部選択を行っているからにほかなりません。

そのため、卒業生の進路は、人文科学系や社会科学系、理工系、医学系、芸術系と、大変幅広い分野にわたっているのが特徴です。毎年8割以上の生徒が、現役で4年制大学を中心に進学しています。

トキワ松学園中学校

TOKIWA MATSU GAKUEN Junior High School

■東京都目黒区碑文谷4－17－16
■東急東横線「都立大学」徒歩8分
　「学芸大学」徒歩12分
■女子のみ304名
■03－3713－8161
■http://www.tokiwamatsu.ac.jp/

鋼鉄（はがね）に一輪のすみれの花を添えて

　2016年（平成28年）、創立100周年を迎えるトキワ松学園中学校・高等学校。

　建学の精神に「鋼鉄（はがね）に一輪のすみれの花を添えて」という言葉を掲げます。

　この建学の精神は、創立者である三角錫子先生が生徒たちに贈った言葉で、「芯の強さと人を思いやる優しさをもち、バランス感覚のよいしなやかな女性であれ」ということを意味しています。トキワ松学園では、いまも変わらぬ建学の精神を大切にしながら、新しい時代に羽ばたく女性を育んでいます。

　なお、創立者・三角錫子先生は、唱歌「真白き富士の根」の作詞者としても、広く世に知られています。

生徒の「夢」を育てかなえる

　トキワ松学園は、豊かな人生の創造をめざして、大きな夢を持ってがんばりつづける生徒を育てています。

　中1、中2の2年間で基礎学力を定着させ、学習習慣を確立していきます。一人ひとりの学力、興味に対応するために、数学は中1から中3まで少人数の習熟度別、理科が中1で習熟度別、英語が中2と中3で少人数の習熟度別で授業を行っていきます。

　もしも学力的に心配になってきたときには英語と数学でキャッチアップ補習を、もっと力を伸ばしたいときには特進指導の講習を受けることができます。そして、中3で特進クラスと進学クラスへと分かれ、それぞれの力を伸ばしていきます。

　高校生では、高1が特進、進学、美術、高2からは理系、文系特進、文系進学、美術の各コースに分かれ、それぞれの「夢」の実現をめざしていきます。

　その「夢」の実現のためのプログラムも、外部講師による放課後、夏期、冬期、春期に行われるTokiゼミ、校内教諭による夏期、春期の受験講座、高1の勉強合宿、高2のサマーチャレンジなど、豊富なプログラムが用意されています。また、週に1日、7時間目に希望者対象に開講される「ランクアップ講座」は、英検、数検、漢検の各対策講座や、大学の先生による実験体験などのサイエンス講座など中1から高3まで学年の枠を取り払い、各自の興味、学力に応じて自分の力を伸ばしていくことができます。

真の生きる力を育てる

　トキワ松学園は、「真の生きる力を身につけていくには、学校、学級が居心地のよい場所でなければならない」と考え、堅固な耐震構造を持つ校舎、唯一人の出入りのあるエントランスへの24時間警備員の配置、保護者に対しての一斉メールの配信システムの実施など、安全に配慮した環境を整えてきました。

　こうしたなかで、身につけた学力を真の生きる力に変えるために、コミュニケーション能力とプレゼンテーション能力を育てる教育が行われてきました。

　心を磨き、信頼関係や積極性を身につける『プロジェクトアドベンチャー』を早くから取り入れ、クライミングウォールなどの本格的施設を体育館に常設しました。

　そして、調べ、まとめ、発表するということを重視する各授業の中心となるのが、2名の授業を持たない専任の司書教諭が管理する図書室です。この図書室には、毎月150冊前後の本が多くの先生たちの目をとおして選びぬかれ購入されていきます。また、英語科のイングリッシュルームにも4000冊の原書が備えられ、英語の授業でもたくさんのプレゼンテーションが課されていきます。

　「世界のことをしっかりと考え、自分の意見を英語で発信できる」。そんな生徒たちを育てていく学園がトキワ松学園です。

豊島岡女子学園中学校
としまがおかじょしがくえん

TOSHIMAGAOKA JOSHI GAKUEN Junior High School

東　京

豊島区

女子校

■東京都豊島区東池袋１－25－22
■ＪＲ線ほか「池袋」徒歩７分、地
　下鉄有楽町線「東池袋」徒歩２分
■女子のみ792名
■03-3983-8261
■http://www.toshimagaoka.ed.jp/

喜びと感動を与える教育

美しく清潔な学びの空間

　池袋駅から徒歩数分という交通至便の地にありながら、校門を一歩入ると都心のオフィス街とは思えない静寂さに包まれたキャンパスが広がります。

　16年かけて建設された学校の施設は、「整った広くよりよい設備で生徒に自信と誇りを持って勉強できる環境をつくってあげたい」という故・二木友吉先生の熱い願いが、それぞれの時点で考えうるかぎりのすばらしい施設環境の実現となったものです。

　生徒が１日のなかで最も長い時間を過ごすのは学校です。生徒たちにとって快適で充実した生活環境と、生徒に元気をださせ、「喜びと感動を与える教育」の実践が目標となっています。

個性を伸ばし
特技を磨くクラブ活動

　高い進学実績から勉強のイメージが強い豊島岡女子学園ですが、実際はクラブ活動や学校行事がさかんに行われています。生徒がそれぞれに持っている才能を発見し育てていこうという教育方針、「一能専念」に基づき、中１から高３まで生徒全員がどこかのクラブに所属し、活動しています。クラブ数は、文化部・運動部合わせて48もあり、"桃李連（とうりれん）"という阿波踊りのめずらしい部もあります。

　中学・高校時代は、学力の充実は当たり前ですが、そのほかにも協調性や企画力、行動力、それにリーダーシップといった『人間力』を養成していくことも大切だと考えています。

　クラブ活動や生徒会活動などをとおして養われた『人間力』は、社会人になってからおおいに発揮されてくると考えています。

明確な指導方針で学力向上

　在校生の全員が大学進学を希望している豊島岡女子学園は、二木謙一校長先生をはじめ、すべての先生がたが、生徒たちの希望をかなえるため、生徒たちの学力を伸ばし、持てる能力を開発する教育を実践しています。

　さらに、すべての授業で１時間１時間、生徒も先生も全力投球でのぞむ姿勢が徹底されています。授業の密度が濃く、内容もハイレベルであるため、塾や予備校に通わなくても志望の大学に合格していく生徒たちが年々多くなっています。

高い大学合格実績

　豊島岡女子学園の大きな特徴は、それぞれの教科ごとに、多種多様な課外講座が年間をつうじてコンスタントに行われていることです。この講座は放課後だけではなく、生徒の希望があれば始業前に行われるものもあります。

　熱意あふれる先生がたと意欲ある生徒たちによって、豊島岡女子学園は、６年後の大学入試において、年々、その実績を向上させ、めざましい大学合格実績をだしています。それも、卒業生の80％近くが、現役での合格を果たしている点が注目されます。

　また、豊島岡女子学園の大学入試実績が評価されるのは、その内容であると言われます。

　高い大学合格実績だけでなく、国公立大への合格者数が東大13名をはじめ145名でています。また近年、女子の理系志向の強さを反映して、医学部への合格者は国公立37名、私立46名に達しています。このほか、早大・慶應大・上智大に合計344名の合格者を輩出するなど、難関私立大への合格実績にも目をみはるものがあります。

獨協中学校
どっきょう

DOKKYO Junior High School

生徒一人ひとりの可能性を伸ばす教育

　1883年（明治16年）、独逸学協会によって設立された独逸学協会学校をその始まりとする獨協中学校・高等学校では、ていねいな指導のもと、生徒一人ひとりの可能性を伸ばしていくという姿勢を教育の基本としています。具体的には、6年間を2年ずつの3ブロックに分け、第1ブロックを基礎学力養成期、第2を学力伸長期、第3を学力完成期と位置づけ、生徒の発達段階に合わせた教育目標、教育活動が行われています。

　第2ブロックからは深く学ぶ選抜クラスとじっくり学ぶ一般クラスに分かれ、第3ブロックの高3では国公立・難関私大・医学部・私大コースに分かれて学習します。

　また、各ブロック目標に応じた、多彩で充実した内容の学校行事がバランスよく配置されていますので、生徒はさまざまな課題に取り組み、多くの刺激を受けながら多面的な成長を遂げることが可能です。これらは、人間教育を大切にする獨協教育の大きな柱のひとつとなっています。

細かな進路指導で多彩な進路を実現

　獨協の進学指導では、早い段階から自らの進路について考えられるように、独自に編集した「進路テキスト」や「進路だより」を中3生以上の生徒に配付し、指導にいかしているのが特徴です。

　さらに、進学までのじゅうぶんな指導が行われ、有名大学見学会、進路ガイダンス、獨協大への進学説明会、OB体験談、個人面接などを経て、本人の希望を重視した進路が決定されていきます。

　完全6年中高一貫制で行う、生徒の個性を大事にした質の高いカリキュラムと、こうした進路指導の結果、系列の獨協大、姫路獨協大、獨協医科大はもちろんのこと、国公立大や、早大・慶應大をはじめとした難関私立大に、獨協は多くの合格者を輩出しつづけています。

■東京都文京区関口3−8−1
■地下鉄有楽町線「護国寺」徒歩8分・地下鉄有楽町線「江戸川橋」徒歩10分
■男子のみ628名
■03−3943−3651
■http://www.dokkyo.ed.jp/

中村中学校
なかむら

NAKAMURA Junior High School

創造的学習空間「新館LADY」を建設

　2009年（平成21年）に創立100周年を迎えた中村中学校は、これを機に高校からの外部募集を停止し、完全な中高一貫校に移行し、6年間落ち着いた環境のなかで、生徒の個性や進路に応じた指導をより強化することが可能になりました。また、2012年にはキャリアデザイン教育の発展に挑戦する「新館LADY」がオープンします。

語学とは文化の発信力

　いま、中村では、生きた英語に直接触れるチャンスがいっぱいの「国際交流」と「英語力UP」に力をそそいでいます。

　中学では、福島県のブリティッシュヒルズで「国内サマースクール」を行います。すべてがイギリス式の施設で英語漬けの生活を送り、英語に親しみます。また、イギリス・ニュージーランドでの「海外サマースクール」もあり、ここではホストファミリーのお世話になりながら現地の学校に通学します。

　高校では、1・2年の希望者が「オーストラリア語学研修」に参加します。さらに国際科の生徒には1年間留学するプログラムが用意されています。

　また、海外にでて行くだけではなく、多くの海外研修生や留学生を積極的に受け入れていますので、生徒は学校生活や家庭生活をともにすることで、自然にお互いの文化や考えを理解することができます。

　ほかにも数多くの特色あるカリキュラムを組む中村ですが、授業にフルートを取り入れているのもそのひとつ。これは、自己表現教育の一貫で、中学の3年間、授業でフルートを学び、楽器を演奏する楽しさを学ぶものです。ほとんどの生徒が初めてフルートを手にしますが、基礎からのていねいな指導で演奏できる曲も増えていき、その成果を学内のコンサートで発表します。このように、勉強だけでなく、ひとりの人間として成長するさまざまな機会が用意されている中村です。

■東京都江東区清澄2−3−15
■都営大江戸線・地下鉄半蔵門線「清澄白河」徒歩1分
■女子のみ431名
■03−3642−8041
■http://www.nakamura.ed.jp/

日本工業大学駒場中学校
にっぽんこうぎょうだいがくこまば

KOMABA Junior High School ATTACHED TO NIPPON INSTITUTE OF TECHNOLOGY

東 京

目黒区

共学校

■東京都目黒区駒場1−35−32
■京王井の頭線「駒場東大前」徒歩3分、東急田園都市線「池尻大橋」徒歩15分
■男子206名、女子34名
■03−3467−2160
■http://www.nit-komaba.ed.jp/j/

「優しく、勁い心を育てたい」
つよ

　人の心がわかる優しい心と、なにがあってもくじけない勁さを持った心。日本工業大学駒場では、このふたつを育む教育を大切にしています。豊かな心を持ち、集中できる教室のなかで、自分自身と真剣に向きあってほしいと考えています。

　中学では基礎基本を身につけることに重点をおいた学習を進めます。2年生からは国語・数学・英語の主要3教科で習熟度別授業を実施しているので、自分に合った進度で学ぶことができ、また一つひとつ理解してからつぎの内容に進むことができます。2年生では宿泊行事として英語研修も実施。まったく日本語が使えない環境のなかで、授業で学習した知識をいかしながら、生きた英語に触れます。

　そして、3年生進級時には成績によって特進1クラスと標準2クラスに学級編成し、自分の目標を見定めて学習を進めます。そして高校進学時には、希望進路により、特進・進学・理数マスターの3コースに分かれます。

　生徒全員の夢をかなえるためのカリキュラムをそろえ、教員一丸となって応援していきます。

高等学校からは
希望進路をかなえる3コース

　中高一貫の6年制コースでは、高校から3つのコースに分かれます。

　「特進コース」は国公立大や難関私立大をめざすカリキュラムが組まれたコースです。2年生からは文系、理系に分かれ、3年生からは志望校によって国公立大や早慶上理をめざすα（アルファ）、G—MARCHなどの私立大を中心にめざすβ（ベータ）に分かれます。「進学コース」は国公立や日東駒専などの私立大への進学をめざすコースです。2年生から、希望進路により文系、理系に分かれます。放課後は挑戦したいことに思いきり打ちこめるよう

に、選択科目を展開しています。

　「理数マスターコース」は日本工業大学から、大学院までの進学を視野に入れたコースです。最先端の工学を学び、世界に通用するエンジニアを育てます。そのために必要な数学、理科はもちろん、英語にも重点をおいたカリキュラムが組まれています。

豊かな国際感覚を養う留学制度

　カナダのアルバータ州立レスブリッジカレッジと姉妹校提携を結んでおり、独自の留学プログラムを組んでいます。また、姉妹校とは別に、同校が所有するカナダキャンパスもあります。専属スタッフが15名ほど常駐し、留学先でも万全な態勢が整えられています。

　高校卒業後、27カ月にわたって留学する「カナダ長期留学プログラム」は今年度で17年目を迎えます。また、中学校2、3年生と高校生の希望者対象で、夏休みを利用して行う2週間の短期留学も人気のプログラムです。

生徒の夢をかたちにした空間

　学園創立100周年を記念してつくられた「100周年記念ホール」には、生徒の希望をかたちにしたさまざまな施設がそろっています。地下は森林をイメージした優しい緑色の図書館。1階は304席の可動式座席を設けたホール。式典や集会に利用したり、座席を収納して小体育館として使用することもできます。2階は茶道部も使う日当たりのよい和室。3階は「スチューデントホール」と呼ばれる憩いの空間です。昼休みや放課後は、友だちとおしゃべりしたり、勉強をしたり、自由に使用できます。

　本校舎の地下には、ガラス工芸や陶芸を作成する設備、レーザー加工や旋盤といった本格的な工業施設がところ狭しと並び、生徒の自由な発想をかたちにします。

新渡戸文化中学校

NITOBE BUNKA Junior High School

自分を "発信" する力を育てる

　2010年（平成22年）から、学校名を初代校長・新渡戸稲造にちなんで変更し、新たなスタートを切った新渡戸文化中学校。新渡戸稲造の教えである「センス・オブ・プロポーション―違いを認め合う思いやりの心―」と、創立者・森本厚吉の「3H精神」（Head・活く頭、Hands・勤しむ双手、Heart・寛き心）をいしずえとする「心の教育」によりいっそう力をそそぎながら、国際社会に対応できる感性・行動力などを備えた「凛とした品格ある女性」を育てています。

　そうしたなかで、新渡戸文化が力を入れているのが「リサーチ＆プレゼンテーション」をテーマとした授業の数々です。

　これは、課題を自ら調査し、まとめ、発信する力を養うもので、教科学習から体験学習まで、さまざまなテーマで実施されています。

　たとえば「Open End Report」という課題では、生徒それぞれが選択したテーマに対して、独自の考えで数学的に調べ、理論を立て、調べた内容を発表するというもの。数学の授業の一環として行われており、身近な疑問に数学の知識を応用しながら自分で考えをまとめていきます。クラス全員が発表し、優秀者は中学全体発表会に出場します。

　このような授業を経て、相手に正しく理解してもらえるよう、意見や考えを明確に伝える能力「発信力」を育てていくのです。

完全面倒見主義で進路実現をサポート

　勉強面に関しても、新渡戸文化は完全面倒見主義を掲げ、「6か年進路開発計画」、「『面談シラバス』と『面談シート』」、「One to One」、「ドラゴンクラス」の「4つの柱」を軸に、生徒の第1志望への進路を最後までサポートしています。

　新渡戸文化には、これからの国際人としての多様な能力を養いながら、同時に進路も実現できる環境が用意されています。

■東京都中野区本町6－38－1
■地下鉄丸ノ内線「東高円寺」徒歩5分、JR線・地下鉄東西線「中野」徒歩15分
■女子のみ44名
■03－3381－9772
■http://www.nitobebunka.ed.jp/

日本大学第一中学校

NIHON UNIV. DAIICHI Junior High School

中高一貫教育をいかした充実の教育環境

　2011年（平成23年）で創立99周年と、100周年まであとわずかとなった日本大学第一中学校は、校訓である真（知識を求め、心理を探求する）・健（心身健康で鍛錬に耐える力を持つ）・和（思いやり、協調の心を培う）のもと、『絆を重んじ、良き生活習慣をもった次世代人の育成』を行う伝統ある学校です。

　中学では、充実した教育環境のなか、豊かな知識と人間性の基礎を育てることを目標として、「基礎学力の向上」「英語力の向上」「個性を伸ばす教育」「健全な人間性を育む」の4つに重点を置いた教育が行われています。

　高校受験の必要がない中高一貫教育の利点をいかし、先取り学習を取り入れ、効率のよい授業を進めていきます。これにより、英語・数学・国語などの主要教科に偏らずに、全教科で基礎学力の充実、向上に重点を置くことができます。

高校3年間で進路実現への力をつける

　高校に入ると、生徒一人ひとりの個性に合った進路を見つけ、その進路実現へ向けた指導が行われます。高校でも教育の特色は4つあり、それが「確かな力を身につける」「総合大学付属のメリットを活かす」「自主性・責任感を育む」「思いやりを大切に」です。中学3年間で培ってきた学力や人間的な力をさらに発展させていくことに主眼が置かれています。

　高2から文系・理系それぞれで日大進学クラスと他大学進学クラスに分かれるのですが、そこからもわかるように、日大の付属校でありながら、他大学進学クラスが置かれることで、生徒の進路選択の幅を広げているのは大きな特徴と言えるでしょう。

　日本大学第一では、100年に近い伝統を誇る校風のなか、ゆとりある、しかし充実した教育が行われています。

■東京都墨田区横網1－5－2
■都営大江戸線「両国」徒歩1分、JR線「両国」徒歩5分
■男子367名、女子267名
■03－3625－0026
■http://www.nichidai-1.ed.jp/

日本学園中学校
にほんがくえん

NIHON GAKUEN Junior High School

東 京

世田谷区

男子校

■東京都世田谷区松原2−7−34
■京王線・京王井の頭線「明大前」
　徒歩5分、京王線・東急世田谷線
　「下高井戸」徒歩10分、小田急
　線「豪徳寺」・東急世田谷線「山
　下」徒歩15分
■男子のみ94名
■03−3322−6331
■http://www.nihongakuen.ed.jp/

「中高一貫進学校」として男子を伸ばす「にちがく」

　1885年（明治18年）創立の日本学園中学校・高等学校。120年を超える長き歴史のなか、文豪・永井荷風や日本画の大家・横山大観、岩波書店設立者・岩波茂雄、内閣総理大臣・吉田茂、作家・高山樗牛などなど各界にわたる著名人を多数輩出してきたことで知られています。

　創立以来変わらない教育理念は、「人間形成を重んじる」ことです。

　日本学園では、いつの世にあっても「時代を生きぬく個性豊かなたくましい人間を育てる」ことをめざした教育を行ってきました。

　そんな輝かしい歴史を持つ日本学園が、2007年度に大改革、「"にちがく"中高一貫進学校」として、男子を伸ばす新たな教育プログラムを推し進めています。

難関大学クラスと進学クラス

　この「中高一貫コース」の大きな特徴は、「難関大学クラス」と「進学クラス」を設定していることです。

　「難関大学クラス」では、6年後の進路を国公立大、早大・慶應大・上智大・東京理大、MARCHに想定してカリキュラムを展開。大学合格目標に、「50%」という高い数字を掲げています。

　授業では、主要3教科において、中学の3年間の内容を2年間で習熟、スパイラル式に先取り授業を展開していきます。高3では、難関大の入試問題を演習するとともに、志望・受験大学を意識した選択科目や対策講座が設置されました。

　日本学園では、特待生制度を用意してこのクラスを応援しています。

　「進学クラス」では、有名私立大学への進学をめざした学習を展開。日々の学習を積みあげ、学習とクラブの両立をめざします。高校では、AO入試対策や小論文対策など

も充実しています。

「にちがく」ならではの「創発学」を実践している

　このような学力養成の指導と並行して、日本学園では、社会人としてたくましく生きていくためには、総合的な人間力を構築することが必要であると考え、「創発学」を実践しています。

　これは、自ら創造し発信できる力を育てるためのスキルアップ・プログラムと、自ら進路を切り拓く力を育てるためのキャリア・エデュケーションを組み合わせた、日本学園オリジナルの教育プログラムです。

　キャリアをテーマにフィールドワークとプレゼンテーション実習を繰り返し、中3までに研究論文としてまとめあげます。

快適な教育環境

　新宿、渋谷、吉祥寺などからも通いやすい交通至便の地にありながら、2万5000㎡の敷地に1万7000㎡もの土のグラウンドを有する日本学園。キャンパスは100種を超える樹木でかこまれています。

　この恵まれたキャンパスは、体育の授業はもちろんのこと、野球部やサッカー部、テニス部などの運動部が大活躍している原動力となっています。

　こうした良質の教育環境に加え、校舎が国の有形文化財に指定された重厚な伝統的空間とともに、より快適な教育空間をめざし、プレゼン教育などに使用する第2コンピュータ室の設置や食堂なども改装されました。

　教育のソフトとともに、ハード面もさらなる充実をはかる日本学園中学校・高等学校。その新たなスタートが注目されています。

東
京

神奈川

千葉

埼玉

茨城

寮制

あ行

か行

さ行

た行

な行

は行

ま行

や行

ら行

わ行

日本大学第三中学校
にほんだいがくだいさん

THIRD H.S OF NIHON UNIV. Junior High School

■東京都町田市図師町11−2375
■JR線・小田急線「町田」等バス
■男子485名、女子286名
■042−793−2131
■http://www.nichidai3.ed.jp/

丘の上の広々としたキャンパスと充実施設

　緑豊かな多摩丘陵に、15万㎡もの広大なキャンパスを有する日本大学第三中学校・高等学校。学校を訪問すると、そのあまりの広さに、きっと驚かれるにちがいありません。

　恵まれたキャンパスには、第1・第2グラウンドなどのほか、生徒の確かな学力と健全な精神を育む充実の教育施設がたくさん設けられ、「気品ある人格・豊かな人間性」を重んじる、伝統ある学園生活が展開されています。

確かな学力と豊かな心を育む学校

　日本大学第三の教育目標は、「日本大学の目的および使命に基づき、平和的な国家社会の形成者として、真理を愛し、個人の価値を尊び、勤労と責任を重んじ、自主的精神に充ちた心身共に健康で教養高い人材を育成する」ことです。そのため、つぎのような伝統的な校風の助成に努力しています。

　ひとつ目は、「『明・正・強』の建学の精神に徹し、質実剛健、明朗闊達、気品のある人格を養う」こと。

　ふたつ目は、「学問を愛し、礼儀を尊び、社会と人生に対する深い理解と公正な判断力を養う」こと。

　3つ目は、「自主独立の気風と志操を保ち、実行力に富む人材を養う」こと。

　4番目は、「環境の整理と美化に意を用い、清潔を重んじる気風を作り、あわせて健康な身体を養う」こと。

　こうした校風のもと、日本大学第三では、「基礎学力の徹底的な習得」「幅広い能力の育成」「豊かな人間性の育成」の3つに重点をおいた教育を展開しているのが特徴です。

　そのため、必要に応じて授業以外にも習熟度別の講習・補習を行うとともに、「読解力」「表現力」が身につくよ

うに、勉強の動機づけや発展的なテーマを与えるなどの取り組みを実施しています。

　また、学校行事、学級活動、生徒会活動など学校生活全般をつうじて、生徒の人間性向上に努め、「自発的に物事に取り組む姿勢」「協調性と責任感」「真剣な授業態度」の育成に重点をおいています。

幅広い選択肢から希望の大学をめざす

　日大への進学については、附属校の推薦入学制度があります。高校3年間の学業成績・人物評価等の内申と、日本大学統一テストの成績により推薦資格が得られ（毎年約85％以上の生徒が有資格者）、各学部へ進学しています。

　近年の特徴は、他大学への進学者が増えていることです。その割合は、日大進学者を超えるほどになっています。

　これを支えているのが、日本大学第三のしっかりした進路指導の方針です。生徒全員が希望の大学へ進学できるよう、学力増進のための勉強合宿や校内講習を行い、模擬試験などを数多く取り入れることで生徒の実力を多角的に分析し、理数系国公立・医科歯科系大への入試にも対応しています。他大学の進学希望者にも適切な進学指導を行い、年々成果をあげています。

　その結果、2011年度の大学合格者は、国公立大学に13名、日大に129名、その他私立大学に169名となっています。

　また、特進クラスにより、そのグレードアップをはかっています。

　日本大学第三中学校・高等学校は、生徒のさまざまな夢を応援しています。

日本大学第二中学校

NIHON UNIV. DAINI Junior High School

東　京

杉並区

共学校

■東京都杉並区天沼1−45−33
■JR線・地下鉄丸ノ内線・地下鉄
　東西線「荻窪」徒歩13分
■男子356名、女子352名
■03−3391−5739
■http://www.nichidai2.ac.jp/

1927年開校の伝統を誇る

　日本大学第二中学校は1927年（昭和2年）開校の長い歴史を持つ学校です。すでに4万余名の卒業生を有し、詩人で直木賞作家であるねじめ正一さんをはじめ、各界で活躍する著名な人物を多く輩出しているのは周知のとおりです。

自主性・創造性を育む

　校訓は「信頼敬愛・自主協同・熱誠努力」で、「自主性・創造性」を育む教育方針のもと、知・徳・体・食の調和的発達がめざされています。

　この「自主・創造」の精神は、日大の創始者・山田顕義先生（吉田松陰の門下生で、日本最初の司法大臣）が説かれた「日本は今後、諸外国に学ぶだけではなく、自主的に、日本独自のものを創造していくべきである」という日大の建学の精神に基づいています。

具体的には、
①能力と個性の伸長
②集団生活をとおしての成長
③社会についての理解と公正な判断力の養成
④勤労を重んじる精神の涵養
⑤進路の選択
という5項目の教育方針のもとで指導がなされています。

中高一貫の全人的教育を

　日本大学第二では、中高一貫の教育体制のもと、6年間を3期に分けた学習指導がとられています。

　①基礎充実期（中1・中2）。平常授業による教科指導の徹底、夏・冬・春休み中における各学年企画の講習、放課後などを利用した補習による学力補充が行われます。

　②実力養成期（中3・高1）。中3では高校進学の準備、補習・講習が随時行われます。

　③進路選択期（高2・高3）。補習・講習は随時行われ、高2で文理コース、高3で文・理・国公立文理コースに分かれ授業が行われます。夏期講習や冬期講習・高3特別授業・高3特別講座などが組まれています。

明るく楽しい学校

　井上登高校校長先生は「本校の卒業生で、詩人・直木賞作家である、ねじめ正一氏は本校のよさを『おおらかさ』であると、著書で紹介しています。男女が互いにその特性を発揮し、啓発しあい、明るくいきいきとした学園生活を送っています」とおっしゃっています。

　また、悉知弘一中学校校長先生は「日大二中は『学校が楽しい』、『学校へ行くのが楽しみ』と言われる学校づくりをめざしています」とおっしゃっています。

　林間学校、臨海学校、修学旅行などのほか、たくさんの楽しい学校行事が行われています。

　また、クラブ活動も大変活発で、体育部・文化部合わせて32ものクラブが活動しています。クラブへの生徒の参加率は、なんと95％ということですから、その人気のほどがうかがえます。

多い医・歯・薬学部への進学

　日大各学部への附属推薦の制度が設けられていますが、他方面進学も認められていますので、本人の希望で他大学に進学することも可能です。日大をはじめ、国公立大・私立大等多方面への進学実績があり、幅広い進路指導が行われています。

　特筆すべきは、毎年多くの医学部・歯学部・薬学部への進学者がいることです。

　とくに日大医学部への進学者は、日大の附属校のなかでは最多となっています。

日本大学豊山中学校
にほんだいがくぶざん

NIHON UNIV. BUZAN Junior High School

東京
男子校
文京区

校訓は「強く、正しく、大らかに」

日本大学豊山中学校・高等学校は、「日本大学建学の精神に基づき、世界の平和と人類の福祉に貢献できる国家社会の有為な形成者の育成」をめざしています。また、日大豊山は日大附属校唯一の男子校として、「強く、正しく、大らかに」を校訓に掲げています。

キャンパスは地下鉄有楽町線護国寺駅出口から歩いて30秒の近さで、雨の日も傘がいらない学校です。この交通アクセスのよさから、東京だけでなく、神奈川、千葉、埼玉、茨城などからも通学が可能になっています。交通アクセスの便利さとともに、都心としては貴重な、護国寺の森が控える落ちついた雰囲気の校舎も大きな特色です。

伝統と新しさが同居する教育システム

教育システムでは「伝統ある日大豊山」と、「新しい日大豊山」が同居するのが大きな特徴です。「伝統」の部分は、「『知育・徳育・体育』のバランスがとれた全人教育を行い、凛とした青少年の育成」、「部活動の推進と、礼儀正しい健やかな高校生の育成を目指す」、「日大との高大連携教育体制の一層の推進」などで、「新しい」部分としては、「生徒の自己実現をめざす高校からの特進クラス設置」、「日大進学クラスのさらなる充実」、「ホームページからダウンロードできる英語の日大豊山オリジナルプリントシステム」があげられます。

日大へは、毎年卒業生の75%程度が進学していきますが、他大学への進学も15%を超えるなど、特進クラスを中心に、日大豊山の生徒には多様な進路への道が開かれています。

6年一貫のゆとりある教育システムのもと、勉強や、スポーツ、学校行事にじっくりと取り組むことで、自分の目標とする進路を実現し、また、校訓どおりの強く、正しく、大らかな人間性を養い、生涯をつうじての友人を得ることができるのです。

■東京都文京区大塚5−40−10
■地下鉄有楽町線「護国寺」徒歩1分
■男子のみ715名
■03−3943−2161
■http://www.buzan.hs.nihon-u.ac.jp/

富士見丘中学校
ふじみがおか

FUJIMIGAOKA EDUCATIONAL INSTITUTION Junior High School

東京
女子校
渋谷区

富士見丘で過ごす価値ある6年間

急速なグローバル化が進展する現代社会。このような時代の流れをふまえ、「思いやりの心」を持った、「国際性豊かな」若き淑女の育成を教育目標に掲げています。どのような状況下においても、国際的な視野に立った理知的な判断、行動、発言ができる女性が富士見丘の理想です。

富士見丘では、6年間を4年間の前期と2年間の後期に分けてデザインしています。

前期4年間では「勉強を主体的に取り組む姿勢づくり」と「知の土台作り」を重視した教育を行っています。

たとえば英語では、独自に開発したeラーニング教材を使って、家庭学習をベースにしたプログラムを実践しています。なかには中1の冬休みの段階で中学3年ぶんの英単語をマスターする生徒がでてくるなど、効果をあげています。

後期2年間では「将来のビジョン形成と学びたい分野の発見」が目標となります。この期間の時間割は、生徒各自が92種の選択科目のなかから自分で決定します。ここでは、自分にとって最も伸ばすべき分野を突きつめることが要求されているのです。こうしたプロセスを経て授業を選ぶことで、生徒の学習意欲は高まり、学力向上に役立っています。

富士見丘独自の自主研究「5×2」

独自の取り組みのひとつとして自主研究「5×2」があります。これは「学校で学ぶ5日間が、家庭での2日間の自主研修によって、より活かされ深められること」をねらいに生まれたもので、自分で決めたテーマについて、調べたり、現地調査をしたり、専門家の意見を聞いたりして、探求することのおもしろさを自覚させます。この研究がのちの進路選択につながる生徒も多数います。

富士見丘には、自身の独自性に目覚め、自己にふさわしい進路を切り開く6年間があります。

■東京都渋谷区笹塚3−19−9
■京王線・都営新宿線「笹塚」徒歩5分
■女子のみ195名
■03−3376−1481
■http://www.fujimigaoka.ac.jp

日本大学豊山女子中学校
にほんだいがくぶざんじょし

NIHON UNIV. BUZAN GIRLS' Junior High School

東 京

板橋区

女子校

■東京都板橋区中台3−15−1
■JR線「赤羽」、西 武池袋線ほ
か「練馬」スクールバス、東武東
上線「上板橋」、都営三田線「志
村三丁目」徒歩15分
■女子のみ473名
■03−3934−2341
■http://www.buzan-joshi.hs.nihon
-u.ac.jp/

「心の教育」

日本大学豊山女子中学校・高等学校は、1966年の創設以来、日本大学の建学の精神に基づき、「心身ともに健康で明るく闊達な生徒を育成すること」を目標として今日にいたります。

この間、日大豊山女子が最も大切にしてきたことは、たんに目さきの結果のみを求めるのではなく、「相手を生かすことによって自らも輝く（生きる）」人間教育です。

それは、自分や人のために誠実に努力することにより、初めてすぐれた創造力と人間的な魅力を身につけることができるということを意味する『心の教育』の実践にほかなりません。

こうした日大豊山女子教育のもと、個性豊かな教育を尊重しながらも、「生徒には集団のなかでも責任を持って人と協調できる人物になってほしい」と、曽田允校長先生は語ります。

希望をかなえる教育プログラム

学習においては、中高6カ年一貫教育、さらに大学までの10カ年を念頭においてカリキュラムを設定しています。心身の発達が顕著な時期、発達段階の特性に合わせたプログラムが、教育の基本となっています。

中学校では基礎学力の充実を目標に、国語・数学・英語・社会・理科の主要教科はゆとりを持って指導できるよう時間数を設定しています。

また、つねに高等学校の教科内容と関連づけながら指導されています。「総合的な学習の時間」では、情報教育や、外国人講師による英会話学習を取り入れ、国際社会に生きる資質の育成にも努められています。

高校では、年々多様化する生徒の進路選択に対応するため、日本大学への進学を中心に、国公立大学およびほかの私立大学への進学にも対応した授業を展開しています。

また、受験への応用力を養えるように高校2年次からは放課後の時間を利用して、各教科の補習を希望制で実施しています。

理科、数学に興味・関心を持つ生徒を育成する目的で設置された理数科を中心に、毎年多くの卒業生が医療系大学への進学を果たしており、本校の伝統のひとつとなっています。

豊かな感性を育む総合学習

総合的な学習の一環として、年に5回程度校外学習を実施しています。学年ごとの学習・発達段階に合わせ、博物館・美術館見学、芸術鑑賞、日本大学の学部見学と体験授業など多様な内容が用意されており、現地集合後、班別自主研修となる校外学習もあります。ふだんとちがった体験的な学習を行うことで、豊かな感性を養い、見聞を広めることが目的です。

さらに、自分で考えて行動する力や公共マナー、集団行動も身につきます。

事前には、調べ学習をしたり、行動予定表を作成します。実施後は、校外学習ノートに各自の感想・反省をまとめるなどの事後学習を行い、文化祭などで発表します。

日本橋女学館中学校
にほんばしじょがっかん

NIHONBASHI JOGAKKAN Junior High School

■東京都中央区日本橋馬喰町２−７−６
■JR線・都営浅草線「浅草橋」徒歩３分、JR線「馬喰町」・都営新宿線「馬喰横山」徒歩５分、JR線・つくばエクスプレス「秋葉原」徒歩10分
■女子のみ125名
■03−3662−2507
■http://www.njk.ed.jp/

思考力・表現力・理解力を養成

1905年（明治38年）創立の日本橋女学校を始まりとする、日本橋女学館中学校・高等学校。100余年を超える永き伝統を有する学校です。

建学の精神は、「質実穏健」です。これは、「真面目に学習に取り組み、優しく思いやりの心を大切にして、心身ともに健康であることを目指していく」ことを表し、社会で人と交わって生きていくうえでの大切な要素を含んでいる言葉です。

この建学の精神のもと、「理解力・思考力・表現力の養成」を教育目標に、「自立して社会で活躍できる、心身ともに健全な女性を育成する」ことをめざしています。

そして、中学教育方針には、①基本的生活習慣の育成、②基礎学力の習得を掲げ、高校教育方針では、①基礎学力に根ざした生きる力（読み解く力・表現する力・感動する力）の獲得、②夢の実現をめざす、適性に応じた進路指導を設定しています。

難関大学進学クラスと進学クラスを設置

学習においては、６年一貫教育のメリットをいかし、中学から国公立、早・慶・上智・東京理大などの難関大学をめざす「難関大学進学クラス」と、G―MARCHなどを筆頭に有名４年制大学をめざす「進学クラス」を設定して授業を行っています。

中学では、知育・徳育・体育をバランスよく配合した参加型学習を導入。そこから見つけた夢に向けて、高校では目標達成のためのカリキュラムを組んでいます。

なお、進学クラスは、高校で「難関大学進学コース」「進学コース」「芸術進学コース（演劇・美術デザイン・音楽）」へと発展、生徒の多様な夢の達成をさらに応援しています。いずれのクラスでも、６年間をかけ、生徒一人ひとりが積極的に授業に参加する「参加型学習」により、理解力・思考力・表現力を伸ばし、ほんとうの意味で自分をいかすことのできる、総合力のある女性の育成をめざしています。

2009年夏新校舎が完成

日本橋女学館では、2009年に新校舎が完成しました。学校の教育理念を体現し、時代に合った学習環境を整え、生徒一人ひとりが楽しい豊かな学園生活を送れるよう、つぎのようなコンセプトに基づいて設計されていることが特色です。

コンセプト１、「キャリア意識を創造する場」。メディアセンターは、コンピュータ教室、ライブラリなど、生徒が自然にインターネットや書物をつうじて世界を広げ、自らの将来を探ることができる場となっています。

コンセプト２、「きめ細やかな指導の場」。イングリッシュルーム、自習室など、少人数教育、個別指導を実践する場として課外授業にも活用されています。

コンセプト３、「多様な教育が実現する場」。クラブ活動などに使用する屋上運動場は、緑にかこまれた環境に優しく心安らぐ施設として設計されています。体育館は明るいラウンジのある開放的なつくりで、ギャラリー等の周辺施設も充実しています。多目的ホールは、本格的な劇場設備を備え、演劇研究系列の発表の場や芸術鑑賞はもちろんのこと、座席が電動収納され、授業でのダンスレッスン、クラブ活動等に使用する小体育館になるなど、周辺施設も充実しています。

コンセプト４、「コミュニケーションの場」。ラウンジなど、生徒同士、生徒と教師とのコミュニケーションをはかる場として、また生徒の作品を鑑賞できる場としても活用されています。

八王子学園八王子中学校

はちおうじがくえんはちおうじ

Hachioji Junior High School　　<2012年度開校予定・設置認可申請中>

東京

共学校

八王子市

東京／神奈川／千葉／埼玉／茨城／寮制／あ行／か行／さ行／た行／な行／は行／ま行／や行／ら行／わ行

■東京都八王子市台町4−35−1
■JR線「西八王子」徒歩5分
■募集生徒数男女120名
■042−623−3461
■http://www.hachioji-js.com/top/index-javatest6A.html

未来へ、力強い一歩

伝統ある学園に中学校が誕生

創立83年を迎え、めざましい大学合格実績の伸長をしめす八王子高等学校に、来春新たに中学校が併設されます。八王子高校の自由な雰囲気のなかにも規律ある校風を受け継ぎ、中学生全員が中高特進クラスに所属して6年間の一貫教育を行います。

八王子学園八王子中学校には、教育を支える3つの柱があります。ひとつ目は、「中高特進教育」です。難関大学合格という狭き門を突破するためには、早い段階から受験を意識することが大切になってきます。中学校入学とともに6年間かけて難関大学への合格をめざすこの「中高特進教育」は、早期戦略プログラムといえるでしょう。

ふたつ目の柱は、やはり「学力養成」です。大学進学をめざすうえで、学力を重視する姿勢は欠かせません。教科によって少人数制授業を導入し、教材もレベルの高いものや、学校オリジナルのものを使用していきます。また、集中して学習に取り組めるための環境も整えられています。たとえば、校内には中学生専用の自習室が用意されており、朝や放課後に自由に利用することができます。

3つ目は、「人間の育成」という柱です。大学進学をめざすために学習面を充実させるのはもちろんですが、豊かな心を育むことも大きな目標と考えています。具体的には、ボランティア活動や朝読書の時間を設けて心の充実をはかり、芸術鑑賞教室なども行います。また、広い視野を身につけ、国際社会で活躍できる人材を育成するため、中学3年次には短期海外留学も実施します。

中学入学生は文理特進コースに進学

中学生が所属する「中高特進クラス」では、6年間を3つのステージに分けています。

まず、中学1年・2年をSTAGE1として、2年間で中学校の学習範囲を修了します。つぎの2年間であるSTAGE2では、中学3年で先取り教育を開始し、そして八王子高校文理特進コースに進学します。STAGE3に入ると、生徒の志望に合わせて文系と理系にクラスを分けます。高校2年で、高等学校の学習範囲を修了し、高校3年ではより大学入試に向けて力を入れられるように工夫されているのも魅力です。

中学生は、全員が八王子高校「文理特進コース」に進学します。近年、大学合格者数が飛躍的に伸びている注目のコースです。とくに難関私立大学である早慶上理への合格者数は、この2年間で2倍以上に増えました。

もちろんそれだけではなく、東大をはじめとした国公立大学へも合格者を輩出しており、また医歯薬系学部への合格者も年々増加しています。

この文理特進コースで築いた教育が、中学校でも展開されるのです。中学校に入学した1期生が卒業する6年後には、きっとすばらしい大学合格実績が生まれるでしょう。

高校生といっしょに活動する部活動にも注目

中学校のクラブ活動は、伝統と実績ある八王子高校のクラブとともに活動していきます。

八王子高等学校には、全国レベルで活躍するクラブがたくさんあり、たとえば男子バスケットボール部は2010年（平成22年）のインターハイ（全国大会）で全国優勝を成し遂げました。そのほかにもさまざまな部活が、それぞれのフィールドで成績をあげてきました。また、クラブ生は文武両道の精神で大学進学でもめざましい成果をあげています。クラブ活動も勉強もがんばるのが「八王子学園のスピリット」なのです。

八王子実践中学校
はちおうじ じっせん

HACHIOJI JISSEN Junior High School

■東京都八王子市台町１－６－15
■ＪＲ線「八王子」徒歩15分
■男女40名
■042－622－0654
■http://www.hachioji-jissen.ac.jp/

「知育・徳育・体育」の調和をめざす

学習とスポーツの
バランスのとれた教育

八王子市の閑静な住宅街に位置する八王子実践中学校・高等学校。所属する矢野学園は、今年、創立84周年を迎えた長き歴史と伝統を誇る学園です。

伝統的教育精神の『実践』と『自重・自愛・自制・自立』を建学の精神の根幹とし、人格形成に主眼をおいた「個性の尊重」「自学自習の創造性を磨く」未来に活躍すべき人材の育成をめざしています。

八王子実践といえば、多くのひとが高等学校における、バレーボールの優秀な成績を思い浮かべることでしょう。

中学校でもそのよき伝統を受け継ぎ、2003年と2007年には、全国中学校バレーボール選手権大会準優勝という優秀な成績をおさめています。

こうした活躍も、すべて学園の教育理念である、「『知育・徳育・体育』の調和のとれた発達をねらいとした全人教育」に基づくものといってよいでしょう。

中高一貫教育においては、学習・スポーツ両面におけるバランスのとれた6年制一貫教育により、すぐれた人格の完成をめざしています。

また、基本的生活習慣を身につけ、互いに個性を尊重しあい、豊かな心情を育む「徹底した生活指導」を重視しているのも、八王子実践の教育ならではといってよいでしょう。

国際的視野を備えた人材育成
国語と英語教育に重点

また、「学ぶ」を基盤として、「個性」を伸ばし、さらに「考える力」を養うことで、国際的視野を備えた人材、コミュニケーション能力にすぐれた判断力・実践力を有す

る人材の育成に努め、個々の総合的な人間力の向上を目標としています。

そのため八王子実践では、とくに「国語・英語教育の充実」に重点をおき、中高6年間をプログラムしているのが大きな特色です。

具体的には、国語をあらゆる学科の基礎科目として重視しています。

生徒一人ひとりの能力や個性を豊かに伸ばす授業を行うとともに、「日本の文化」への関心を深めるために「百人一首大会」や読書指導の一環として「作文コンクール」を実施。また、「漢字検定」を中高6年間でプログラムしています。

英語では、語学学習のポイントとなる「聞く、話す、読む、書く」をゆとりを持って指導し、国際社会に役立つ人材育成のための基礎学力の定着をはかった授業を展開しています。

なかでも1年次から外国人教師による会話の授業とＬＬ教室を活用した授業を多く取り入れ、基礎的な会話力を養い、異文化コミュニケーションの意欲を高めています。この意識は2年次・3年次へとつながり、国際感覚を豊かにし、将来の異文化交流の足固めとなっています。

数学の授業では
学ぶ楽しさを体験

国語・英語のほか、主要3教科のひとつである数学では、基礎学力の充実に重点をおき、演習をつうじて計算力や思考力の増進に努めています。そのうえで、応用力を伸ばし、真の学力向上へと発展させています。

生徒の、バランスの取れた「知育・徳育・体育」の発達をめざし、さまざまなプログラムを実践している八王子実践中学校・高等学校です。

広尾学園中学校
HIROO GAKUEN Junior High School

東 京

共学校

港区

■東京都港区南麻布5－1－14
■地下鉄日比谷線「広尾」徒歩1分
■男子386名、女子370名
■03-3444-7272
■http://www.hiroogakuen.ed.jp/

東京 神奈川 千葉 埼玉 茨城 寮制 あ行 か行 さ行 た行 な行 **は行** ま行 や行 ら行 わ行

自律と共生

　2009年度、完全共学化を果たした広尾学園は、ここ数年にわたって、首都圏でも有数の志願者を集めています。その原動力となっているのは、特色あるコース制と、高水準の授業プログラムです。

　進学実績もここ数年飛躍的に伸び、国立大や難関私立大への合格実績も好調です。これは、広尾学園の教育の特色が、一人ひとりの夢を全面的にサポートしているからこそなのです。

　自ら課題を掘り起こし、解決に向かって、国籍や言語のちがいを越えて協調性を発揮できる「高い問題解決能力」と「素晴らしいマインド」を持つ人物の育成をめざし、きめ細かな指導を行っています。

　一般クラスは、東大・京大・一橋大、そして国公立大・私立大の医学部、早慶上智大をめざします。特進インターナショナルクラスは、国内外一流大学進学を目標とします。

最強と言われる中身は

　広尾学園独自の学力アッププログラムには「P．L．T」（Personalized Learning Test）プログラムがあります。このプログラムは生徒たちの基礎学力を徹底してきたえあげるためのもので、「わかったつもり」を「本当の学力」として身につけることができます。

　年々プログラム自体が進化しており、広尾学園の学習プログラムの基礎を支えています。土曜特別講座は、その質の高さで、生徒たちにとって思いきった先取り学習を可能にしています。

　驚きなのは、学期ごとに生徒全員に配布される「解答と解説集」です。中学は約300ページ、高校は約600ページの「解答と解説集」ですが、試験後の「解説授業」のテキストとして使われるだけでなく、学年末試験ではこのテ

キストからも出題されるため、生徒たちは1年間にわたってこの「解答と解説集」を繰り返し開いて勉強することになります。

　学年を問わず、中学高校ともに定期試験には多数の大学入試問題が無理なく組みこまれており、日常の定期試験勉強がそのまま大学入試対策になっています。強力な教科指導力を備えた、最強の学習システムです。

最高レベルの教師陣

　授業カリキュラムは、中2までに中学の主要教科内容をマスターし、中3からは高校の主要教科の学習に入ります。高2までに受験科目の内容を修了し、高3では志望大学、学部別の演習授業で実力をきたえあげます。

　これらの強力なプログラムやカリキュラムの効果を最大限に引きだすのは教師陣の情熱です。

　広尾学園の教師陣がめざしているのは、「生徒を魅了してやまない授業」「学問・研究への入り口」となる授業です。指導にあたる先生たち全員が学期ごとの授業力研修を受けて、授業を最高レベルまで磨きあげています。

　同時に、受験指導の勘を鋭く保つために、センター試験・難関大入試問題にチャレンジし、パーフェクトに近い得点を要求されている先生たちなのです。

特進インターナショナルクラス

　特進インターナショナルクラスは、一部実技科目を除くほとんどの授業が英語で展開され、国内外の最高レベルの大学進学をめざすクラスです。特進インターナショナルクラスにはふたつのグループがあり、アドバンストグループは帰国子女を含めた高い語学力の生徒、スタンダードグループはこれから語学力をきたえて国際的に活躍しようという生徒を対象としています。

富士見中学校
（ふじみ）
FUJIMI Junior High School

■東京都練馬区中村北4－8－26
■西武池袋線「中村橋」徒歩3分
■女子のみ732名
■03－3999－2136
■http://www.fujimi.ac.jp/

考え、学び、成長する日々

自分らしい生き方を実現するサポート体制

富士見中学校では、一人ひとりの生徒が真に自分をいかせる生き方を選択するために、いろいろな面からの指導を行っています。それにつなげて、富士見高等学校では、その生き方を確実に実現するためのサポート体制をたくさん用意しています。

授業カリキュラムでは、主要5教科だけではなく、芸術科目も大切にしながら、生徒一人ひとりがじゅうぶんな学力と豊かな感性が身につけられるよう、きめ細やかな指導を展開しています。

さらに、生き方の土台となる豊かな心を育てるため、クラス・学年・学校全体をつうじて、さまざまな行事を6カ年一貫教育のなかに組みこんでいます。

未来を描く進路指導

富士見の進路指導は、「他者からの刺激で自らがきりひらく」をテーマにして展開しています。生徒たちにはさまざまな方法での刺激が用意されています。

中学では、度々「グループワーク」を実施し、自分を見つめることや将来を考え始めるきっかけとしています。高3生から直接話を聞く「交流会」や、社会人の先輩による「シンポジウム」も行っています。先輩の夢やその実現に向けてのがんばりに触れ、自分の「将来像」を少しずつ描いていきます。高校では、大学生から学部別に分かれてアドバイスをもらったり、受験直後の高3生から話を聞く機会なども設けています。

いずれも先輩たちの協力で長年つづいており、生徒が「将来像」を点検、進化させる重要な機会となっています。

また、毎年6月には、大学の先生による模擬授業ウィークもあり、学部・学科選びや進路選択を進めていくうえで、非常に有意義な場となっています。

万全のサポート態勢で着実にレベルアップ

自ら描いた将来像を実現するためには、資格を得たり、大学への進学が必要となる場合がほとんどです。そのため富士見では、生徒が確実に学力をつけるためのいくつかの方策が取られています。

第1は中高一貫のカリキュラムです。これにより、ムダのない精選された学習内容を効率的に学習できます。数学や英語は、中3で高校の学習内容の先取りを急ぐことなく、基礎力の確立に力を入れています。

第2に、放課後の補習制度や夏休みの講習制度、各学期の初めに行う全校一斉テスト、朝の小テスト等の実施により、一人ひとりの生徒が確実に基礎力・応用力を身につける学習環境を整えています。

第3に、重要科目である数学や英語で分割習熟度別授業を取り入れ、きめ細かい指導を徹底しています。

人間教育で豊かな心を育む

学校は生徒にとって自分の居場所があり、居心地がよく、安心して生活できる場であることが大切です。

富士見では、入学後間もなく1泊の宿泊オリエンテーションを行い、さまざまなプログラムをとおして仲間づくりを進めます。その後も道徳の授業やHR活動、生徒が中心となって行う多彩な行事のなかで成功体験と失敗体験を繰り返し、深い感動を積み重ねながら「豊かな心」と「生きる力」を育みます。それを土台に、生徒たちは自分を肯定的に見つめ、確かな将来像を描いていきます。

藤村女子中学校
<ruby>藤<rt>ふじ</rt>村<rt>むら</rt>女<rt>じょ</rt>子<rt>し</rt></ruby>

FUJIMURA GIRLS' Junior High School

東　京

女子校

武蔵野市

■東京都武蔵野市吉祥寺本町2−16
　−3
■ＪＲ線・京王井の頭線・地下鉄東
　西線「吉祥寺」徒歩5分
■女子のみ97名
■0422−22−1266
■http://fujimura.ac.jp/

あなたの目に映る未来のために

　若者の街としてにぎわう吉祥寺に藤村女子中学校はあります。駅から歩いて5分という好立地ですが、その背にはすぐ閑静な住宅街が広がり、武蔵野の緑も目を和ませてくれます。明るい新校舎に前後をはさまれた正門をくぐると、そこには静かな学び舎が用意されています。

　さて、藤村女子中学校は、「学校改革・再生」を打ちだし、建学の精神である「知・徳・体の総合的なバランス」を培い、「女性としての叡知」を育て、21世紀の女子教育を支えるパイオニア校として生徒の夢を育み、その夢を実現する教育に邁進しています。

　長い伝統のうえに、つねに「生徒第一主義」を旗印としてきた藤村女子がいま、確実に進化しています。

基礎、基本の徹底
自ら学ぶ力を育成

　授業は、1日50分6時間で行われ、週6日制の授業時間数を確保し、学力アップをめざしています。

　とくに、数学・英語の基礎科目では、習熟度別学習指導や、2学期直前には基礎学力育成講座を実施するなど、生徒一人ひとりの学力と目標に応じた、きめ細かな学習指導が行われています。

　英語の授業時間数が圧倒的に多いのも藤村女子の特徴です。さらに、高1より特進クラスを設け、高2・高3では、平日や夏期休業中に学力アップのための講座が設けられています。また、昨年度より学習センターを設置し、学力の充実をはかっています。

早大・国際基督教大
上智大にも合格者を輩出

　藤村女子では、ここ3年間で、早大、国際基督教大、上智大をはじめ、MARCHなど多くの難関大学への進学者を輩出しました。それらの実績を生みだすために、つぎの進学対策が行われているのが特徴です。

①キャリア・ガイダンスの重視

　これは、進学目標の設定と将来の設計に大きな力をもたらし、生き方・あり方を考えるプログラムです。

②大学との連携プログラムの導入

　成蹊大・女子栄養大・東京女子体育大などとの高大連携プログラムが始まっています。これにより生徒は早い時期から国公立・難関私大への進学の意識を高めることが可能となっています。

特進クラス設置
充実した2コース

　藤村女子を語るうえで欠かせないのが、高校のコースです。「総合コース」と「スポーツ科学コース」の2コースがあり、総合コースには難関大学をめざす特進クラスを設置しています。

　また、藤村の英語教育の充実ぶりはかねてより定評があります。高校の「総合コース」（文系・理系）のすべての授業で実践している「使える英語」のためのメソッドは、「藤村式」ともいうべき教育システムとして確立しています。また、外国人講師が常駐しており、「聞く・話す」能力の開発には目を見張るものがあります。藤村で培われた英語の能力をいしずえに、これから世界へ羽ばたく「ふじむらっ子」たちです。

　創設者であり、日本の女子体育の祖ともいうべき藤村トヨ女史。その精神と伝統を受け継ぐ「スポーツ科学コース」の生徒たちはきょうも輝いています。国際大会に日本代表として出場する友だちや卒業生が何人もいるのです。その元気が藤村全体の活気を生みだし、驚くほどさかんな部活動の魅力の源になっています。

雙葉中学校
ふたば

FUTABA Junior High School

■東京都千代田区六番町14－1
■JR線・地下鉄丸ノ内線・地下鉄南北線「四ッ谷」徒歩2分
■女子のみ564名
■03-3261-0821
■http://www.futabagakuen-jh.ed.jp/

カトリック精神を貫く全人教育

　雙葉中学校・高等学校は、1909年（明治42年）「幼きイエス会」によって設立され、創立100年におよぶ長い伝統のもと、カトリック的精神を基盤に健全な人格を育み、日常生活のよき習慣を身につけることをねらいとした女子教育を実践しています。

　よき母が家庭を、そして社会を、ひいては世界を改革していくという熱意は創立以来受け継がれ、時代とともによき社会人、よき国際人になる基礎を養うこともつけ加えられています。

　神によって生かされている人間の神秘に気づき、自分を含めて一人ひとりを大切にし、ほかの人につくしながら自分を完成させる大切さを学び、豊かな内面性と知性を育めるよう努めています。

　校訓として「徳においては純真に、義務においては堅実に」を掲げています。これは神と人の前に素直で裏表なく爽やかな品性を備え、人間としてやるべきことを最後までやりとおす強さを持つということです。

温かみを感じさせる新校舎での授業

　21世紀の幕明けとともに、現在の校舎での生活が始まりました。

　新校舎は地上7階・地下1階で、近代的な建築のなかにも随所に木のぬくもりを持たせた構造となっており、教室の床はフローリングとし、自教室はすべて南向きに設計されているなど、きめ細かな配慮がなされています。また、2クラスごとにひとつずつ生徒ラウンジが設けられ、生徒の楽しい活動・歓談の場となっています。

　新校舎が完成し、見晴らしのよい図書室、パソコン教室、6つの選択教室、実験の設備の整った物理・化学・地学・生物の各専門教室、視聴覚教室やLL教室、芸術科目の各教室などが完備しました。講堂、屋上庭園、聖堂といった設備も整い、生徒の生活環境の充実が実現されました。

進学校ではあるが受験校ではない

　雙葉中学校・高等学校は、併設の雙葉小学校からの内部進学者約80名と、中学入試を経て入学する生徒約100名で、中学生活をスタートします。高校での募集は行わない完全中高一貫校です。

　一貫校の利点をいかして無理・ムダのない6年間のカリキュラムを組んでいる結果、進度が速くレベルの高い授業が行われています。

　中学でも高校の内容を必要に応じ取り入れています。99％以上が4年制大学進学を希望し、例年高い進学実績を残しています。

　しかし、雙葉は、大学入試のみを目的とする学校ではありません。その意味で「受験校ではない」のです。もちろん勉強は大事だけれども、それに加えて、心を育てることや人格の形成、全人教育に力をそそいでいます。

　教科教育については、できるかぎり高い水準で内容の濃いものになるよう努めるとともに、力のだしきれない生徒に対して個別指導などを行い、きめ細かく対応しています。その結果としての高い進学実績が注目される雙葉中学校・高等学校です。

普連土学園中学校
ふ れ ん ど がく えん

FRIENDS SCHOOL Junior High School

■東京都港区三田4−14−16
■都営浅草線・都営三田線「三田」
　徒歩7分、JR線「田町」徒歩8
　分、地下鉄南北線・都営三田線
　「白金高輪」徒歩10分
■女子のみ404名
■03−3451−4616
■http://www.friends.ac.jp

The Seed of God（神の種子）

　大使館や閑静な住宅街がある港区三田に普連土学園中学校・高等学校はあります。創立は1887年（明治20年）、キリスト教フレンド派（クエーカー）に属するアメリカ・フィラデルフィアの婦人伝道会の人びとによってつくられました。クエーカーの特色は、「誠実・簡素の精神」。それぞれが沈黙をとおして自分のなかにある「内なる光」を心に感じ取る礼拝を大切にしています。

　普連土学園では、毎朝の礼拝のほか、「沈黙の礼拝」によって、各々が静かに自分の心を見つめて正しい生活を求めています。

　教育理念は、「万人に『神の種子—神からそれぞれにあたえられた素晴らしい可能性』が存在することを信じ、一人ひとりを大切に、全ての人を敬い、世の役に立つ女性を育成すること」です。

　普連土学園は、創立当初から少人数教育を実践し、現在も各学年3学級体制で、個々の生徒に行き届いた指導を行う、面倒見のよい学校として知られています。

　こうした教育体制のもと、大学進学においては、多くの難関大学への進学とともに、現役合格率が大変高いことが特徴です。

　また、さまざまなかたちで奉仕活動を行ってきた普連土学園では、現在は、奉仕活動についての基本的な知識を学び体験するプログラムを組んでいます。 中学では、視覚・聴覚・身体障害について学び、高校では知的障害や高齢者問題について学びます。

　そして高3においては、奉仕活動についてのまとめを行います。ここでは、これまでの活動を今後の生き方にどう位置づけるかなどを話しあっているのが特徴です。

国際交流に力を入れている

　「海外にむけて開かれた心」を育てている普連土学園では、異文化理解のための国際交流にとくに力を入れています。

　英語の授業は、中学では週6時間をあて、外国人教師による少人数クラスの音声面を重視した授業を行っています。

　ここでは、劇やゲームを取り入れ、身体全体を使って生きた英語を吸収できるように指導しているのが特色です。また、留学生や外国人教師、海外からのお客様などと英語で話しながら昼食を取る機会を週1回設けているのも、普連土学園ならではのことでしょう。

学園精神を表す新校舎

　2006年春、新校舎が完成しました。この新校舎の特徴は、普連土学園が創立以来120年余にわたって大切にしてきた精神、「簡素」「温かさ」「落ち着き」「誠実」を継承し、既存校舎と調和の取れた落ちついた建築となっていることです。

　屋上庭園、バルコニー、ライトコートなど、普連土学園独特の温かい雰囲気を醸しだす「生徒の語らいの場」を随所に設けています。まさに、学園ならではの新校舎が誕生したといってよいでしょう。

2007年度より「午後入試」を設定

　2007年度から、普連土学園の入学試験が大きく変わりました。

　いままで2回の試験日だったのが、2007年度から「午後入試」を設定し、3回の入試日となりました。

　2次の「午後入試」の募集人員は30名となりましたので、受験生には大きなチャンスとなっています。

　また、2006年度まで行ってきた事前面接も、2007年度からは行わないことになりました。

文化学園大学杉並中学校

BUNKA GAKUEN UNIVERSITY SUGINAMI Junior High School

■東京都杉並区阿佐谷南3－48－16
■JR線「阿佐ヶ谷」徒歩7分、JR線・地下鉄丸ノ内線「荻窪」徒歩8分
■女子のみ388名
■03－3392－6636
■http://www.bunsugi.ed.jp/

燃えよ！　価値あるものに

「感動の教育」を建学の精神に掲げる文化学園大学杉並中学・高等学校。生徒一人ひとりの能力・個性を伸ばし輝かせる教育を展開しています。

学校では、「中学校・高校時代の経験やできごとは、生徒を大きく変え、成長させていく」と考え、多彩なスクールライフの感動をとおして、生徒がさまざまに考え、学ぶ機会をたくさん提供しています。

あらゆる場面において生徒一人ひとりを輝かせる工夫をしている学校、それが文化学園大学杉並です。

授業の特色は
「わかる授業の徹底」

文化学園大学杉並の授業の特色は、「わかる授業の徹底」です。

それは、生徒の「わからなかった・知らなかった」ことが、「わかった」という感動になることを大切にしているからです。

このため、中高一貫教育においては、6年間を4年と2年に分ける「4・2年制」を実施。最初の4年間で基礎学力を徹底的にマスターし、「なぜ学ぶのか」を考えます。

そして、すべてのベースになる「学ぶ力」を身につけ、最後の2年間で自分の未来を創造します。また、重複や中断のない柔軟なカリキュラム編成で学力を伸ばし、ゆとりある進路選びを可能としています。

中学では、国・英・数の3教科で習熟度別授業を展開。学年や教科に応じたクラス分けを行い、「わかる授業」の徹底をはかっています。

なお、文部科学省より『学力向上フロンティアハイスクール』の指定を受けたこともあり、女子が伸びる「わかる授業」のための効果的な指導方法・指導体制・教材開発を継続・発展させています。

英語と国際理解教育に特色

こうした「わかる授業」を行う文化学園大学杉並の特色ある教育に、英語と国際理解教育をあげることができます。英語の授業は、1クラスをふたりのネイティブスピーカーとひとりの日本人教師が担当する充実のスタイルを導入。中学ではゲームなどをつうじて、自然に「使える英語」をマスターします。

また、インターナショナルな視野を持った人材育成をめざし、高校では「英語コース」を設置。イギリスへのホームステイを実施しています。さらに、中3でカナダ、高2でパリへの修学旅行（全員参加）を実施し、国際理解教育に役立てています。

希望進路に応じた3コース
新たなる進学実績が続々

中学3年でハイレベルな学習ができる『選抜クラス』を編成しています。このクラスは、国公立、難関私大をめざす高校の成績上位コースに進学するために、演習を多く取り入れた授業を展開します。

それ以外のクラスも習熟度別授業でていねいにフォローすることで、どのクラスも確実に実力を伸長しています。

高校では、希望進路に応じて「特別進学コース」「英語コース」「総合コース」の3コースに分かれます。

2011年度の高校卒業生は国公立大・早大・上智大などに合格、MARCHクラスにも続々と合格するなど、第1希望の進路を実現しています。

さらに、中1から高3まですべての学年で取り組む「総合的な学習の時間」をつうじた「生き方探求学習」で心の教育を充実させるとともに、活発な部活動や行事で「自ら考える生徒」を育成します。

文華女子中学校
ぶんかじょし
BUNKA GIRLS' Junior High School

■東京都西東京市西原町4－5－85
■西武池袋線「ひばりヶ丘」・西武新宿線「田無」・JR線「武蔵境」バス
■女子のみ47名
■042－463－2903
■http://www.bunkagakuen.ac.jp/

建学の精神は「質実」「貞純」「勤勉」

1916年（大正5年）、河口アイ先生によって創設された家事裁縫研究所を源流とする文華女子中学校・高等学校。女性教育の必要性・女性の社会的地位の向上の必要性を願っての開設でした。

建学の精神は、「質実」「貞純」「勤勉」。質実とは「かざらず、何事にも真面目に取り組むこと」、貞純とは「自分の守備範囲をしっかり守り、みだりに変えず筋をとおすこと」、勤勉とは「自分がやらなければならないことは責任を持ってしっかりやり遂げること」という学校の願いを表す言葉です。女性として、人間として成長するうえで基本的な内容を持っています。

また、個人的、社会的に立派な大成を成し遂げるため、「『智・徳・体』を磨き、豊かな人間性を育成すること」を掲げるとともに、礼儀や作法が正しく温順で恭謙な態度を育成することを教育目標としています。

少人数クラスとカリキュラム

文華女子は、1クラス15～20名の少人数制で、担任の先生との距離も近く、家族のような雰囲気が特徴です。

中学では、基礎学力をしっかり身につけられるように配慮したカリキュラムとなっています。また高校では、受験を視野に入れ、高2から文系・理系に分かれ、一人ひとりの進路希望を達成できるような綿密な指導を行っています。

毎週月曜日の放課後には「文華タイム」を実施し、自学自習の習慣と学習方法を身につけることによって、学力向上をめざします。

英語教育をとくに重視

英語教育をとくに重視している文華女子。英語でコミュニケーションする英語力を目標に、中学で週20時間、高校で28単位を英語の授業にあてています。

習熟度別少人数制の授業では、トレジャーが用いられ、長文読解と英文法を日本人教師が徹底的に指導しています。また、高2までの5年間、週1時間のネイティブの先生による英会話の授業を設定しています。

さらに、月1回のペースで、全学年で昇級式英単語テストを実施し、生徒一人ひとりが自分の実力に応じた級に挑戦します。

中1から中3はブリティッシュヒルズ研修、また、希望者には高2でオーストラリアでのホームステイも用意されています。

ユニークな家庭教育寮実習

文華女子では、特色ある宿泊体験学習として、「家庭教育寮実習」を実施しています。すでに30年以上もの歴史がある、文華女子ならではの伝統の教育です。

これは、校内にある一般住宅を模した建物に、2泊3日寝泊まりをして通学を行うもので、先生や級友と寝食をともにしての生活です。

日ごろ、家に帰ればすべてが用意してある生活に慣れた生徒たちは、かぎられた予算で買い物をし、かぎられた時間で料理や家事をしながら、目上の人に対するマナーや仲間とのふれあいなど、実際の生活のなかで多くのことを学びます。

実習を終えた生徒からは、「いちばん大切なことを学んだような気がする」、「母親の苦労がわかり、感謝の気持ちが強くなった」などの声があります。生徒には、思い出深い大切な経験となっています。

このほか、礼法授業を、週1時間・4年間行い、華道や茶道、箏曲を実習するほか、あいさつ、言葉づかい、美しい動作を学んで、高校ではマナー検定を受検します。

文京学院大学女子中学校
ぶん きょう がく いん だい がく じょ し

BUNKYO GAKUIN UNIV. GIRLS' Junior High School

■東京都文京区本駒込6－18－3
■JR線・地下鉄南北線「駒込」、
　JR線・都営三田線「巣鴨」徒歩
　5分
■女子のみ438名
■03－3945－4361
■http://www.jhs.u-bunkyo.ac.jp/

自立心と生きる力を育てる

　都心にありながら文京区・六義園の緑ゆたかで閑静な環境にある文京学院大学女子中学校・高等学校。創立から87周年を迎え、「誠実・勤勉・仁愛」を校訓に、「いつでも、どこでも、どんなことにも一生懸命に取り組む生徒」の育成に努めています。

　この校訓は、学校の教育理念である「自立と共生」を実践するための具体的な考え方としてしめされたもので、創立者・島田依史子先生が、自分の行動規範として心がけていた言葉でもあります。

文京スタンダード

　文京学院大学女子には、「文京スタンダード」というプログラムがあります。中高の6年間にさまざまな体験を積み、社会で活躍する基礎を築くというものです。柱となるのは、教科指導・キャリア教育・心の教育の3つです。

　教科指導では、先取り授業と習熟度別クラスで、一人ひとりにていねいな指導を実践しています。

　キャリア教育では、「自立と共生」をテーマに、「citizenship（よき市民であろうとする態度や行動）」を育てる取り組みを行い、国際社会で活躍するための教養とコミュニケーションスキルを身につけることが目的です。

　心の教育でも、独自の内容が展開されます。運針やペン習字などの伝統教育と校外活動をつうじて、生徒たちの心を育てます。

検定取得を積極的に応援

　全学年を対象に、毎月2～3回、英語検定・漢字検定・数学検定対策を中心とした講座を行っています。この3つの検定とも受験を義務づけており、それぞれの目標をクリアできるようていねいな支援を行っています。

　英検と漢検で準2級、数検は3級を取得した生徒は、「検定三冠王」（検定クィーン）として表彰しています。

グローバルな活躍をめざす「国際塾」

　国際教育に力をそそいできた文京学院大学女子が、新たな記念事業として「国際塾」をスタートさせました。グローバルに活躍できる人材の育成をめざし、海外大学との提携を導入しました。

　「国際塾」では、海外大学および国内難関大学（外国語、国際教養、総合政策学部等）への進学を希望する文京学院生をサポートします。英語の能力に合わせた5コースの授業は、すべて英語で行われます。英語の3領域4技能を伸長するために、放課後2時間・週4日の授業があります。英語が好きでもっとたくさん勉強したいと思っている生徒、将来は世界を舞台に活躍したいと思っている生徒等に、ぜひ受講してほしいと思っております。「国際塾」はあなたの未来とチャレンジを応援します。

国語・算数基礎以外の
入試科目は自由選択

　文京学院大学女子では、「いろいろな個性を持った生徒に集まってほしい」と考え、特色のある入学試験を設定しました。

　それは、国語・算数基礎のみ必須で、そのほかは算数・理科・社会・英語が各2題ずつ計8題から自由に2題以上を選択して答えることができるというものです。選び方も自由で、理科のみ2題の選択も可能ですし、複数の科目から2題選ぶこともできます。そのうえ、3題以上答えることも認められますので、余裕があれば多くの問題に解答することも可能です。その場合、高得点だった2題の得点で合否判断がなされますので、まさに受験者の立場に立った、いたれりつくせりの入試制度と言えるでしょう。

文教大学付属中学校
ぶんきょうだいがくふぞく

BUNKYO UNIV. Junior High School

東京

品川区

共学校

「確かな学力」と「豊かな心」を育む

文教大学付属中学校は、「『人間愛』が育む『確かな学力』と『豊かな心』」をモットーに、生徒一人ひとりが豊かな感性を持った、知徳兼備の人物に成長できる教育をめざしています。

「確かな学力」身につける6年一貫教育

「確かな学力」を身につけるために重視されているのは、日々の授業です。授業を学習の基本と考え、教員の研究授業や授業アンケートなど、授業の質を向上させるための取り組みがさかんに行われています。カリキュラムは主要5教科に重点をおき、さらに習熟度別授業、少人数指導を行うことにより一人ひとりをきめ細かにサポートしています。放課後の講習は講座数が多く、得意分野を伸ばしたり、弱点補強など目的に合った講習を受けることができます。

中学3年からは能力別クラス編成となり、高校の先取り学習を行い、早い段階から希望進路実現に向けて取り組んでいます。

高校2年からは文系・理系の科目選択が行われ、本格的に希望進路実現に備えます。大学付属校ですが、系列の文教大学へ進学する生徒は少なく、他大学への積極的な受験がめだちます。

快適なキャンパスで養う「豊かな心」

交通アクセスの便利な都心に位置する旗の台キャンパスには、室内温水プールや蔵書豊かな図書室、コンピューター室をはじめとする充実の施設・設備があり、快適な学生生活を送る環境が整っています。このキャンパスで、仲間といっしょにひとつの目標をめざすクラブ活動や、さまざまな行事を経験することで、かけがえのない学生生活を過ごし、「豊かな心」を養っていくのです。

伸びのびと過ごせる文教大付属のキャンパスで、「確かな学力」と「豊かな心」を育んでみませんか。

■東京都品川区旗の台3−2−17
■東急大井町線「荏原町」・東急大井町線 東急池上線「旗の台」徒歩3分、都営浅草線「中延」徒歩8分
■男子174名、女子221名
■03−3783−5511
■http://www.bunkyo.ac.jp/faculty/ghsn/

法政大学中学校
ほうせいだいがく

HOSEI UNIV. Junior High School

東京

三鷹市

共学校

自分の未来を創る力を身につける

創立70周年記念事業の一環として、2007年（平成19年）4月に東京都三鷹市に移転し、さらに校名を法政大学第一中学校から変更し、新たなスタートを切った法政大学中学校。その教育の理念は、「学ぶ喜び」「誠実」「礼儀」で、その実現のためのプログラムが、法政大中独自の「2−2−1−1システム」です。このプログラムのもと、どのような社会でも、自分の力で自分の未来を創りだす力＝キャリア・クリエーションを身につけていきます。

はじめの「2」にあたるファーストステップは、中1・中2生が生活面と勉強面の両方で、これからの基礎となる習慣を身につけていきます。つぎの「2」では、中3・高1生が、法政大の付属校で高校受験の必要がない利点をいかし、さまざまなことに全力で取り組みながら、主体的に学び、行動できる力を養います。高2になると、はじめの「1」にあたる「高度教育プログラム1」が始まります。ここでは、必修選択プログラムや、高2・高3生合同のゼミなどを進めながら、自分が将来どんな人間になりたいのかをイメージしていきます。

そして、最後の1年、「高度教育プログラム2」は、その発展型として、付属校ならではの高大連携教育や、中高6年の集大成となる卒業論文などが待っています。

こうして、生徒の成長とともに組まれたさまざまなプログラムをつうじて、大学進学後を見据えた将来像を具体的に描ける環境が用意されています。

英語教育にも定評があり、「2−2−1−1システム」と連動しながら、中2で実施されるオーストラリア語学研修などの研修プログラム、TOEICなどの各種英語試験、英語で書くブックレビューなど多様な取り組みが6年間に散りばめられており、英語教育をとおして、国際性やコミュニケーション能力、豊かな感性を育てていくことができます。

■東京都三鷹市牟礼4−3−1
■京王井の頭線「井の頭公園」徒歩12分
■男子205名、女子214名
■0422−79−6230
■http://www.hosei.ed.jp/

宝仙学園中学校共学部『理数インター』

ほうせんがくえん

HOSEN GAKUEN RISU-INTER Junior High School

■東京都中野区中央２－28－３
■地下鉄丸ノ内線・大江戸線「中野
坂上」徒歩３分
■男子207名、女子115名
■03-3371-7109
■http://risu-inter.ed.jp/

世界から評価される学校をつくる

国公立大指向型進学校

宝仙学園中学校「理数インター」の名は、ふたつの視点から生徒を育てるべく命名されました。

まずひとつ目は、「理数」的思考力です。現代社会で最も必要とされている能力のひとつです。論理的思考力は、大学入試でも求められます。たとえばセンター試験や東大の英語の入試では、文章補充や段落補充が出題されます。英語の能力があるのは前提として、論理的に整合性のある文章や段落を選び取らなければなりません。このような論理的能力を宝仙理数インターでは「理数」的思考力としています。

そしてふたつ目は、「インター」です。人はひとりでは生きられず、そこにはコミュニケーション能力が求められます。

もっと広げて考えれば、現代日本は国内だけでものごとを考える時代は終わり、世界的でグローバルな視点の発想が求められています。宝仙理数インターでは、コミュニケーション能力・グローバルな視点を含めて「インター」と言っています。

「理数インター」は、①論理的思考力、②豊かな人格の育成、③国公立大指向型進学校を教育方針としています。

各駅停車だから育成できる真の学力

「主要５教科の授業時間数は首都圏屈指の28時間になっています。先取り学習が当然になっている私立進学校で、どうしても取りこぼしの多くなるところを、各駅停車で一駅一駅進むことができるよう、じゅうぶんな時間をとっています。一方的に教えこむ授業ではなく、生徒が自分自身で考え、納得し、考えをまとめ、表現することができるような『真の学力』を身につけるようにしています」と

語るのは、宝仙理数インターの教頭である富士晴英先生。

じっくり考える過程を重視し、論理的に思考するパターンを身につけさせるのが理科・数学・社会の時間です。

英語・国語の授業はコミュニケーション手段としての語学を最重視し、自らを表現する場が数多く用意されています。

体験の場も数多く用意されています。ひとつは、理科の学習で学んだことをもとに実際の自然の世界に飛びこむ「自然体験学習（ネイチャープログラム）」です。これは春と秋に行われ、五感をフルに活用して自然に親しむことを目的としています。社会科の視点からも、東京のさまざまな施設を訪れる「東京キャンパスデー」が設けられています。

芸術鑑賞の機会や、早大で早大ラグビー部とともにラグビーを体験する機会などがあり、さまざまな世界を体験できます。

やる気を育てる学習

宝仙理数インターでは、１クラス30名の少人数クラスできめ細かな対応がなされています。しかし、それでも集団である以上、差はできてしまうものです。そこで一人ひとりのニーズに応え、満足度をあげるため、週３時間の「個別指導」の時間があります。そこでは宝仙理数インターの先生だけでなく、東大の学生スタッフもいっしょに生徒を指導します。集団学習と個別学習のよいところを取りだしたシステムがあるのです。

さらに、最難関大学をめざすためにさまざまなしかけがあります。やる気を育てる「コーチングシステム」と「パーソナルファイル」です。宝仙理数インターでは、非常に手間をかけながら、しかしその手間を惜しまない、熱い教育がなされています。

本郷中学校
ほんごう

HONGO Junior High School

■東京都豊島区駒込4－11－1
■JR線・都営三田線「巣鴨」徒歩
　3分
■男子のみ743名
■03-3917-1456
■http://www.hongo.ed.jp/

つねに芯のある男子教育を展開

「スマートであれ！　紳士であれ！」をモットーにした本郷中学校は、どちらかといえば、各私立学校がソフトで耳あたりのよい教育理念を掲げているのに比して、やや堅いイメージを抱きます。

しかし、その「堅さ」は「自ら考え、自分で判断できる人材を育てる」という教育方針に裏づけされたものです。ほんとうの意味で、21世紀の社会に役立つリーダーを育成するためになにが必要かを、模索していくのが本郷教育の真髄です。

教育の本質を追究

本郷が近年注目され、受験生の支持を集めつつあるのは、大学入試実績の向上もひとつの要因ではあるでしょうが、それ以上に本郷の基本姿勢が高く評価されているといえます。

それは、よい意味での「厳しさ」を教育のなかに体現させ、あるべき男子教育をいっさいの妥協を廃して徹底しているところにあるのではないでしょうか。

「時代が変わっても変わらないものがある、とくに教育はムードや流行に流されてはならない」保護者の多くが頭ではそう思っていても、具体的な場面ではなかなか実現できない状況のなかで、本郷は一見地味ながらも、ほんとうの知性と人格を磨く教育をしてくれるところが多くの支持を集める理由といってよいでしょう。

中高一貫校としての密度の濃さ

本郷中高は6カ年一貫の独自のカリキュラムを編成しています。

6年を1サイクルとしてとらえているために、ムダ、ムリを省くことができ、ゆとりのある学習計画が可能になっています。

主要科目の国語・数学・英語などは、中2までに標準的な進度で中3課程の内容を無理なく終わらせて、中3からは高1内容に進むことができます。高3は、大学受験対策にすべてあてることで、受験にも余裕を持ってのぞむことができます。

この「先取り授業」システムは、たんに授業進度が速いというものではなく、教材や指導法において本郷中高の先生がたが、長年の経験の積み重ねから最も効率的な内容を精選したことにより構築されています。

そのため、進度の速さによって理解ができないということはないように工夫された授業が展開されています。

大学入試実績も着実に伸長

大学入試実績も年々伸びてきています。ことに最近の傾向として、男子校らしく理系の大学・学部への進学希望者が多く、実際に毎年半数以上の生徒たちが理系に進学しているのが大きな特徴です。

また、これまでの本郷は、早大・慶應大など私大を中心に合格者を増やしてきましたが、ここ数年は国公立大志向の生徒が増えてきており、それにともない合格者数も着実に増えてきています。そのため、一昨年は高校2年から難関国公立大学志望の生徒に対応するために新たにⅡコースを設置しました。また今年度の高校1年から特進クラスを2クラスに増やすなど、生徒のニーズに合わせた改革を進めています。

そして、習熟度別授業や指名補習を徹底するなど、きめ細かい教育で全体的なボトムアップをはかり、さらに、科目別・単元別の講座が行われる「進学講習」では、学年の枠を取り払い、希望すれば下級生が上級生といっしょに受講できるなど、他校にないフレキシブルな運営によって学習効果を高める工夫がなされています。

三輪田学園中学校
(みわだがくえん)

MIWADA GAKUEN Junior High School

■東京都千代田区九段北３－３－15
■JR線・地下鉄「市ヶ谷」・「飯田橋」徒歩８分
■女子のみ522名
■03－3263－7801
■http://www.miwada.ac.jp/

高い学力と豊かな心を育てます

「三輪田学園の教育をひと言でご紹介するならば、『人間教育と教科の教育をともに手放さず追求している』ということができます」、と吉田珠美校長先生がおっしゃる三輪田学園中学校・高等学校。

それは、「自主的精神に満ちた、しっかりした人間的基盤の上にこそ、学問や芸術などの資質や能力も、また職業的能力も真に花開く」、と考えているからにほかなりません。

1887年の開校以来、三輪田学園では、一貫して徳育と知育を掲げて学問を教えてきました。

そんな三輪田学園が実践する教育は、「じっくり、しっかり」。ものすごいスピードで変化していく時代だからこそ、中学・高校での子どもたちの生活を「じっくり、しっかり」と地に足をつけたものにする。そんな日々をとおして、生徒の一生の基礎となる知力と想像力と品性を、豊かに育てています。

徳才兼備の女性を育てる伝統校

創立者、三輪田真佐子の教えからとった校訓「誠のほかに道なし」に基づき、徳才兼備の女性を育てて120余年、真面目に努力する校風が受け継がれています。

１学年約170名の中高一貫校で、卒業後は全員が進学します。毎年ほぼ85％が現役で４年制大学に進むので、キャリア教育・進路指導は中２からスタートし、仕事や大学・学部について、大学の先生がたを招いての講義のほか、OGの体験談を聞く機会も数多く設けています。

独自の「生き方教育」

「徳育・知育・体育・美育」という創立者の言葉を現代にいかし、人として生きていくときに大切なこととはなにかを６年かけて考える「生き方教育」を行っていることも三輪田学園の特色です。テーマは「いのち・平和・環境・自立」の４つで、教員全員でつくった「道徳大綱」をベースに、道徳とロングHRの時間を使い担任団が協力して行います。方法は講演・見学・調べ学習と発表・討論会などですが、環境問題では化学室で実験をすることもあります。たとえば、中学２年で全員が取り組むボランティアは、働くおとなの人たちを間近で見るという、自立につながる社会学習の一環です。中高時代の感性の豊かな時期に、さまざまな経験をさせ、考える機会を多くもたせたいという学園の姿勢がここにはあるのです。

また、心を育てたいとの願いから多くの「芸術鑑賞教室」を設けているほか、中１・中３に「読書の時間」を週１時間ずつおいています。担任がクラスの生徒理解を目的に、年２回１対１でじっくり話を聞く「面接週間」もユニークな全校行事です。いずれも40年以上の歴史があり、生徒一人ひとりをていねいに育てようとする三輪田学園らしい伝統行事といえます。

新校舎完成で充実の設備

５年がかりの校舎改築工事が完了し、2010年秋の竣工式典では、1100名収容の広い講堂で全校生徒1030名がヴェートーベンの第九を合唱しました。

冷暖房の入る上下２フロアの体育館、理科４教室、音楽２教室、家庭科５教室、25m・６コースのプールなどのある特別教室棟、ほかにもPC教室・PCLL教室、英会話室、170席の談話室、先生とゆっくり話せる質問コーナーなど自慢の施設がいろいろあります。

HR棟は１学年１フロア、６階建てですべて南向きの明るい教室です。各学年４クラスですが、１フロアには６教室あり分割授業がしやすくなっています。都心とは思えない静かな環境も自慢です。

武蔵中学校
MUSASHI Junior High School

■東京都練馬区豊玉上1－26－1
■西武池袋線「江古田」、西武有楽町線「新桜台」、都営大江戸線「新江古田」徒歩7分
■男子のみ528名
■03－5984－3741
■http://www.musashi.ed.jp/

旧制高校の伝統を色濃く残す超名門校

自然豊かなキャンパス

武蔵高等学校・中学校は練馬区の住宅街のなかにありますが、校門をくぐればそこは武蔵野の面影を残す別世界、緑豊富な広大な敷地内には「すすぎ川」が流れ、春には桜、秋には紅葉に彩られます。グラウンド2面、プールやテニスコートなど、東京23区内にある学校としてはきわめて恵まれた環境といってよいでしょう。キャンパス内には、新制中学と同時期に開設された武蔵大学も併設されています。

校風を競いあう私学にあって、なかでも異彩を放つのが武蔵中学校です。

学問を学ぶ姿勢が重視され、安易に解答を得るよりも、徹底的に自分で調べて自分で考える「自調自考」の精神が尊重されています。最も私学らしいエッセンスに富むと評され、授業も外部から「大学院のような」といわれる独自のものが多く、生徒の創造性の育成に努めています。

また、多くの卒業生が東大に合格し、開成、麻布とともに男子難関3校のひとつと称されながらも、東大進学は目的ではなく学問を究めるための選択肢のひとつと泰然自若を貫きます。国外研修制度も武蔵ならではでしょう。

「真に自立した人間」の育成に努める

中高一貫の男子進学校としては名門中の名門。各界に多士済々な人材を輩出し、さながら山脈を形成するごとしの武蔵ですが、東大合格者数があたかも学校の指標となった観もあるこの時代に、それとは明確に一線を画す姿勢を貫きます。

試験ができても常識的な判断力がなければダメ、人格形成、身体発育、学力養成の各面で円満な人間を育てたい。

終始一貫、「教養教育」の方針に則って教育が行われ、東大進学のみを是とする風潮と距離をおく、いかにも武蔵らしい教育哲学といえるのです。

もちろん授業内容も受験とは一線を引き、単純に解答をしめせばよいということではなく、そこにいたるプロセス、考え方が尊重されます。そのためには生徒は自主的に調べものもしなくてはなりません。ここでも武蔵中の「自調自考」の精神が発揮されるのです。これにより生徒は独創性を養い、個性の伸張と独立心を獲得していきます。

生徒国外研修制度で充実した海外短期留学

教室での外国語学習を発展させ外国の文化を直接体験できるように、「生徒国外研修制度」があります。多くの学園関係者の尽力により1988年に発足しました。

これは毎年、第2外国語上級選択者のなかから選考された10数名が、往復旅費などを支給され、短期の国外留学をすることができるという制度です。留学期間約2カ月のうち6週間は、ホームステイをしながら提携校に通学、その後2週間ほど個人旅行を行います。

また、提携校からも日本語を学んでいる生徒が毎年20名近く来日し、生徒の家庭に滞在して通学します。

武蔵野女子学院中学校

むさしのじょしがくいん

MUSASHINO JOSHI GAKUIN Junior High School

■東京都西東京市新町１－１－20
■ＪＲ線・西武多摩川線「武蔵境」
　バス７分、ＪＲ線・地下鉄東西線
　「三鷹」バス10分、西武新宿線
　「田無」バス５分
■女子のみ404名
■042－468－3256
■http://www.mj-net.ed.jp/

仏教主義による人間成就の教育

　1924年、東京の築地本願寺内に創設された武蔵野女子学院は、仏教主義による人間成就の教育を実施している学校です。

　教育の大きな特色としては、①建学の理念でもある宗教教育を基盤として、心を育む教育を推進すること、②学力を伸ばし、希望の進路を達成すること、③恵まれた自然と、落ち着いた雰囲気のなかで「身につけるべきこと」を着実に指導することの３つがあげられます。

　こうした特色のもと、「すべての生徒を『明るい知性』『豊かな情操』を持った女性に育てる」ことを教育理念の基本にすえて、教育が展開されています。

特色ある「薬学理系コース」

　80年を超える歴史と伝統を誇る武蔵野女子学院は、つねに教育へのあくなき探求を行う学校としても知られています。

　そのひとつが、2004年度の高校１年生から設けられた「薬学理系コース」です。

　併設の武蔵野大学の薬学部開設とともに設置されたこのコースは、2007年３月に、初めてのコース卒業生を世に送りだしました。

　忘れてならないのは、このコースが、たんに併設大学薬学部への優先入学をめざすだけのものではなく、難関私立大学の理系学部への進学をもめざすコースであることです。

　武蔵野女子学院では、この特色をいかすため、３年間クラス替えやコース変更のない「理系特進コース」として、独自のカリキュラムを組んで進学指導を行っています。中高一貫コースでは、中学３年次に、生徒の成績と希望により、本コースへの選抜が行われます。

　また、併設大学に薬学部がある強みをいかした「高大連携授業」も、「薬学理系コース」の大きな特徴です。高3次には、前期と後期（武蔵野女子学院は2学期制）に大学の授業を1講座ずつ選択して受講することも可能となっています。これを受講することで武蔵野大学進学時に単位として認定されます。

　2007年度から、「普通コース」にも国公立、私大文系・理系をめざす選抜クラスを設定、さらに生徒の選択肢を広げました（「普通コース」は2009年度より「進学コース」に名称変更）。

国際理解教育の充実

　国際化の時代のなか、武蔵野女子学院では、生徒が国際社会を身近に感じられるよう、さまざまな施策を行っています。中1から中3の各副担任をネイティブの教師が担当していることも、そのひとつの表れといってよいでしょう。

　もちろん、中1から外国人教師による英語の授業を採用。外国人講師とは、クラブ活動など授業以外でも接することが可能です。

　英語と数学の授業では、中2から習熟度別授業となっていますので、より安心して学習することが可能です。また、夏休みを利用した短期留学（ホームステイ）を実施しています。さらに、長期留学もしっかり応援、高1・2年次に1年間留学した生徒に対しては、帰国後30単位を認定し、3年間で卒業できるよう配慮しています。この制度の利用で、いっしょに入学してきた生徒とともに卒業することも可能で、毎年15名以上の生徒が、この長期留学制度を利用しています。

　特徴的なのは、この長期留学経験者が、進学面でも高い実績を残していること。難関校といわれる大学への進学もめだちます。

東京
神奈川
千葉
埼玉
茨城
寮制
あ行
か行
さ行
た行
な行
は行
ま行
や行
ら行
わ行

武蔵野東中学校
（むさしののひがし）

MUSASHINO HIGASHI Junior High School

東　京

共学校

小金井市

■東京都小金井市緑町2－6－4
■ＪＲ線「東小金井」徒歩7分
■男子181名、女子117名
■042－384－4311
■http://www.musashino-higashi.
　org/chugaku.php

高校受験できるユニークな中学

　併設の普通高校を持たず、毎年、首都圏の難関高校に多くの合格者を輩出していることで知られている武蔵野東中学校。

　しっかりした進路指導と、健常児と自閉症児がともに学校生活を送る混合教育でも知られています（自閉症児クラスは別入試・別課程）。

　生徒はほかにはないすばらしい学びの環境のなか、人間として大切なことを体感し、理解し、自らの心を広げていきます。自分とちがう個性を受け入れ、ともに歩んでいこうとする柔軟な心は、これからの時代に欠かせない大切な資質であり財産といえるでしょう。

　そんな武蔵野東の「心を育てる」教育のひとつに、「生命科」の授業があります。週1時間のこの授業では、自分や他者の存在の重さ、生命の尊さを感じる人間教育を主眼に、環境・生命科学や死生観など、さまざまなテーマを3年間のカリキュラムに取り入れています。

英語を重点にしたカリキュラム

　クラスは、担任と副担任のふたりの先生で運営します。学校全体では、生徒7人に対して教師がひとりという、大変きめ細かい態勢となっています。

　また、1～2年生の英・数、3年生の国・数・英・社・理の5教科と論文の授業ではクラスを分割した少人数制の習熟度別授業を取り入れ、生徒一人ひとりに目のいきとどいた指導がなされています。

　カリキュラムの大きな特色は、英語に重点がおかれていることです。英語の習熟度別授業の最上級グループである「特別コース」は、英検なら2級、さらにTOEIC Bridgeにも挑戦していくというコースです。

　中学3年の9%が2級を、44%が準2級を取得しています。

　数学にも同様の特別コースが設置されており、他教科でも学習指導要領を越えた内容を含み、検定外教科書、オリジナル教材が使用されます。

　また、オリジナルの「プランノート」を使って自己管理し、自立した学習習慣を獲得していくことも特色のひとつです。

驚異的な高校進学実績

　3年生で全員が国・公・私立の高校を受験する武蔵野東中学校では、高校受験対策も万全です。

　進路選択という生徒の大きな成長の機会を、完全にカリキュラムの一環に位置づけ、高校進学に向けた多岐にわたるプログラムをすべて学内で行っているのです。

　そのひとつが「特別進学学習」です。3年生を対象に、週3回放課後2時間を使って、入試に向けた学習指導を行っています。これは、10名前後の少人数ゼミ形式になっており、目標に合わせた指導を展開しています。

　弱点補強・過去問分析・作文指導をはじめ個々の志望校対策も行っています。

　そのほか、長期休暇中に「全員参加の講習」（2・3年生）や「校内模試」、生徒の関心の幅を広げ密度の濃い進路選択を可能にする「進学説明会」などのプログラムで進学を幅広くバックアップしています。

　また、部活動もさかんで、とくに体操、陸上、ダンスは全国レベルの実績があります。

　近年の合格校には国立の筑波大学附属駒場高、都立進学指導重点校の日比谷高、西高、国立高、八王子東高、私立では早稲田実業学校、早稲田大学高等学院、早稲田大学本庄高、慶應義塾高、国際基督教大学高（ICU）、また、ほかの大学附属校などの難関高の名も多くあがり、中学3年60人での驚くべき実績となっています。

明治学院中学校

めいじがくいん

MEIJI GAKUIN Junior High School

■東京都東村山市富士見町１－12
－３
■西武拝島線・国分寺線「小川」徒
歩８分
■男子219名、女子212名
■042－391－2142
■http://www.meijigakuin-higashi.
ed.jp/

キリスト教に基づく人間教育

　広大なグラウンドと充実の学習施設を有する明治学院中学校・東村山高等学校は、明るい日差しの差しこむ校舎や、花と緑にかこまれたキャンパスが印象的です。

　キャンパスでひときわ目を引く洋館は、「ライシャワー館」です。明治学院中高のシンボル的な存在であり、だれもがその美しい姿に目を見張ることでしょう。

　この建物は、港区の明治学院から移築されたものです。名前の由来は、元駐日大使であったライシャワー氏の父親が明治学院で教鞭をとっていた際に居住していたということによるものです。

　そんな明治学院の源流は、1863年、あのヘボン式ローマ字や聖書の翻訳で有名な、宣教師ヘボン博士が開いた英学塾に遡ります。

　キリスト教に基づく人間形成をめざして、中高６年一貫の教育を展開する明治学院中学校・東村山高等学校。東村山高等学校創立者である武藤富男先生は、「贖罪と愛の教育」を唱えて、これを学校の精神的土壌とし、「道徳人・実力人・世界人」の育成を教育の基本目標として掲げ、今日にいたります。

「道徳人」の育成

　「道徳人」とは、神様が与えてくださった使命に気づき、世界に広がる喜び、感動、神秘に目を見張ることのできる感性を持った人のことです。

　また、自分に与えられた権利と果たさなければならない義務とをわきまえ、規律を守り、神様と人びととを心から愛することのできる人のことです。

　「道徳人」の育成のために、明治学院では、「礼拝」・「聖書の授業」を実施しています。聖書の授業は聖書とキリスト教についての知的な理解を深めつつ、隣人とのかかわりや自分の生き方について考える貴重な時間となっています。

「実力人」の育成

　「実力人」とは、キリスト教人格教育の力強い働きかけによって、揺り動かされて覚醒し、自分の歩むべき道をきちんと見定めることのできる人のことです。

　つまり、神様が与えてくださった能力や特質を遺憾なく発揮し、神様と人びとに誠実に仕えることのできる人のことです。この「実力人」を育成するため、明治学院ではつぎのような教育課程を組んでいるのが大きな特徴です。

　①土曜日まで週34時間の授業。②英語の授業を重視したカリキュラム。教材に「プログレス21」を使用。③中・高とも英語の授業の一部をネイティブ教師が担当。英検取得目標は中学卒業時準２級、高校卒業時２級。④中学では、英・国・社・数・理の授業時間が標準より多い。⑤2010年度高校入学生から、高２・高３は、A．明治学院大学推薦進学、B．文系受験進学、C．理系受験進学の３コースに分かれて学習する。

「世界人」の育成

　「世界人」とは、国籍や民族などにとらわれず、世界的視野と行動力とを持つ人のことです。

　神様が比類のない愛によって支えてくださり、この世界に命を与えてくださった存在の意味を知り、自分と同じように神様から愛されている人びとのことを心にとめ、世界の平和を祈念しつつよき働き人として奉仕する力を持った人のことです。

　「世界人」の育成をめざし、明治学院では、世界に広がるボランティア活動や、アメリカでのサマーキャンププログラム、ホームステイおよび留学のプログラムを実践しています。

明治大学付属中野中学校
NAKANO JUNIOR HIGH SCHOOL ATTACHED TO MEIJI UNIV.

東 京

中野区

男子校

■東京都中野区東中野3－3－4
■JR線・都営大江戸線「東中野」
　徒歩5分、地下鉄東西線「落合」
　徒歩10分
■男子のみ719名
■03－3362－8704
■http://www.meinaka.ac.jp/

「質実剛毅・協同自治」の校風

　JR総武線・地下鉄大江戸線「東中野」から徒歩5分ほどのところに明治大学付属中野中学校があります。1929年（昭和4年）に私立中野中学校（旧制）として開校し、1949年（昭和24年）に明大付属となり、現在にいたります。

　明大付属中野は男子のみの中高一貫校です。「質実剛毅・協同自治」を校訓に、大学付属校であることの長所を存分に活かした伸びのびとした学園生活を送ることができます。大学受験のプレッシャーがないためか、生徒の表情も明るく、クラブ活動もさかんに行われています。

中学では5項目の実践目標

　明大付属中野では、じゅうぶんな授業時間の確保と円滑な学校行事の運営のため、従来から一貫して、週6日制を維持してきました。中学校での教育課程は、高等学校との中高一貫教育の関連を重視し、独自のプログラムを組むことによって、確かな基礎学力がつくように工夫されています。

　とくに力を入れているのが英語で、外国人講師による英会話の授業を、中1・中2の段階では1クラスを2分割した少人数クラスで行っています。

　また、中学時代における大切な要素として、基本的な生活習慣の体得を掲げています。具体的には、①時間を大切にし遅刻をしない学級づくり、②勉学に励む学級づくり、③清潔できれいな学級づくり、④決めごとを守る生徒づくり、⑤挨拶のできる生徒づくり、の5項目を実践目標としています。

他大学受験もバックアップ

　高校では、中学校で養った基礎学力を維持し、さらにそれを伸長させることを目標に勉強を進めます。

　高1では併設中学からの進学者とともに、高校からの入学者が加わり、混合の学級が編成されています。すべての生徒が芸術科目以外、同じ教科を履修します。

　そして、2学期に「明大特別進学講座」が実施され、明大の各学部長から、学部の説明やアドバイスもなされています。

　高2では、自己の能力や適性を見極めなければならない時期です。そのため、文科系・理科系のふたつのコースによる学級編成を採用しています。

　高3では、選択・演習科目を数多く導入し、各人の進路志望に応じた専門的な学習に入っていきます。明大への推薦は、高校3年間の総合成績によって決定され、約75%が進学しています。

　また、近年は、明大以外の他大学受験希望者も増加してきているため、進学講演会が催されたり、全校での学力・実力テストや講習を実施して、他大学受験をバックアップする態勢が整えられています。

豊富な学校行事とクラブ活動

　中1・中2・高1の夏休みには、八ヶ岳山麓にある学校所有の寮を利用した「移動教室」が行われます。また、総合的な学習をめざした、球技大会、美術館・遺跡見学、松本・松代への班別自主見学など多彩な学校行事が行われています。

　クラブは、37クラブ・1同好会と、中学・高校が一体となった活発な活動を展開しています。運動部のなかには全国的に優秀な成績を残している部もあり、その名をよく知られています。

　クラブ活動は午後6時までの活動時間で、勉強との両立がはかられています。中学生の90%が、いずれかのクラブに所属して楽しく活動しています。

明治大学付属中野八王子中学校
めいじだいがくふぞくなかのはちおうじ

NAKANO HACHIOJI JUNIOR HIGH SCHOOL ATTACHED TO MEIJI UNIV.

■東京都八王子市戸吹町1100
■JR線「八王子」「秋川」・京王
　線「京王八王子」スクールバス、
　路線バス
■男子246名、女子240名
■042－691－0321
■http://www.mnh.ed.jp/

「自ら学ぶ力」「ともに生きる力」を育む

　「国際化・情報化がますます進む21世紀だからこそ、人や社会、自然との強いつながりを意識しながら、自分の幸福な未来を探求していく必要が、よりいっそう高まるのではないか」、と考える明大付属中野八王子。

　そのめざす教育は、たんに知識量の多さや小手先の器用さだけではなく、自分にとってほんとうに大切なものはなにかを自身で見つけ、体現できる力を育成すること、そして、大きな自然の一員である生徒一人ひとりの豊かな情操を育んでいくことです。

　こうした揺るぎない教育理念のもと、明大付属中野八王子では、教科・行事・特別活動など、多角的、多面的に個々の生徒の個性を引きだし、新しい時代を担う人材づくりに邁進しています。

授業時間を多く確保し
きめ細かく対応

　明大付属中野八王子では、すべての生徒が高いレベルの学力を身につけられるよう、週6日授業を採用しています。より多くの授業時間を設けるとともに、一人ひとりに計画的かつ綿密な指導を行い、学習内容の定着をはかっています。

　また、中学校では放課後に指名補習と平常講習を開設し、高校でも平常講習や予備校講師による受験に対応した講習を行っています。さらに高3では、推薦入試対策の小論文講座も設け、生徒の希望進路に即したフォローを展開しています。

79％の現役進学率

　2011年度、明大付属中野八王子高等学校からの4年制大学・短期大学現役進学率は97％でした。特筆すべきは明大への進学者が249名であることです。

　こうした明大推薦進学のチャンスをいかし、明大付属中野八王子では、生徒に学力をじゅうぶんに身につけたうえで英検やTOEIC、簿記検定など、付属校に通う生徒ならではの付加価値育成に、さらに努めていこうとしています。このほかに、明大にはない医・薬・看護学部など多岐にわたり進学者がでており、これも高い現役進学率につながっています。

　「生徒一人ひとりが秘めている可能性を花開かせていくには、環境、設備面からのサポートも不可欠」、と考える明大付属中野八王子では、自然豊かで広大なキャンパスをいかし、各種の大型施設を設置して、生徒のスクールライフをバックアップしています。

　都内の高校有数の野球場や全面人工芝のグラウンド（全天候の400mトラック）、プール、テニスコートなど、競技性を重視した設備で、体育の授業はもちろん、クラブの活発な活動も支援しています。屋内施設もビッグサイズです。公共施設に引けをとらない講堂、バスケットコートが2面とれ、バレーボール国際試合を行うこともできる体育館、冷暖房完備の剣道場と柔道場を有する武道館などが完備されています。また、図書館、各種の特別教室、本格的な茶室、50畳の作法室など、多彩な施設が生徒の感性を磨いています。

明治大学付属明治中学校

MEIJI UNIV. MEIJI Junior High School

■東京都調布市富士見町４－23－25
■京王線「調布」・「飛田給」スクールバス10分、JR線「三鷹」スクールバス25分
■男子312名、女子200名
■042－444－9100
■http://www.meiji.ac.jp/ko_chu/

伸びのびとした学校生活をめざして

1881年（明治14年）、明治法律学校として創立された明大を母体として、1912年（明治45年）に旧制明治中学校として、千代田区神田駿河台の明大構内に設立されたのが、明治大学付属明治中学校のはじまりです。

以来、幾多の俊英を輩出し、中学校から高校・大学までの大学付属の直系学校として今日にいたっています。

明大付属明治では、大学の付属である利点をいかし、中学・高校・大学をつうじての一貫教育が可能となっています。大学の教授も中等教育に積極的に参画することによって、伸びのびした学校生活のなか多彩な教育内容を展開しているのも魅力です。

中学・高校・大学の
10年一貫教育を実施

明大系列のなかで、唯一の直系付属校であることが、明大付属明治の大きな特徴です。したがって、約90％以上の生徒が、明治中学校から明治高校、明大へと進学しています。明大との密接な連絡のもと、中学・高校・大学の10カ年一貫教育が機能的に実現しています。

中学・高校では大学教育を受ける前提としての基礎的な学力養成にとくに力を入れ、中等教育段階においても大学の教授が出講して、学問の基礎を生徒たちに伝えていることで定評があります。

その具体的な表れのひとつが、高大連携（高校と大学の連携）教育です。

高校３年では、大学の教授が直接授業を担当する「高大連携講座」を週２時間実施します。

また、高大連携の一環として、高校２・３年の希望者を対象に、明大の講義を受講できる「プレカレッジプログラム」を実施しています。

進路選択のきっかけはもとより、より早くから大学教育に触れ、専門分野の学習をスタートできます。さらに、明大の図書館などの施設も利用することができる特典もあります。

学校独自の多彩な学校行事で
豊かな人間性を育んでいる

明大付属明治では、建学の精神である、「質実剛健」「独立自治」を具現化して有為な人材を輩出していくために、学校独自の工夫が凝らされた多彩な行事が数多く行われています。

秋の三大行事のひとつとして行われる文化祭は、生徒たちの生徒会活動の総まとめとして盛大に行われています。１万人を超える外来者があり、中学・高校が一致団結して展示や演奏、各種イベントなど盛りだくさんな内容の文化祭となっています。

また、明大との関連では、春に行われる「東京六大学野球応援」が、母校「明治」を団結して応援する機会となっています。

「新時代」の明治をともに創る

明治大学は、真の国際人が求められる「時代の動き」を視野に入れた諸改革を積極的に推進し、「世界に開かれた大学」として、若者たちが世界を舞台に活躍できるよう、教育環境を整え、一人ひとりの「個」を強くしていくことを目標にしています。

2008年度には、中学・高校の教育内容を充実したものとするため、校地が調布に移転し、男女共学となりました。移転によって、校地は約４万平方メートルとなり、最新の設備と緑豊かな環境のもとで勉強できるようになっています。新校舎は、Study（学習環境の整備）、Sports（スポーツ施設の充実）、Space（ゆとり空間の活用）の３つのＳをコンセプトにしています。

明星中学校

めい せい

MEISEI Junior High School

■東京都府中市栄町1－1
■京王線「府中」、JR線・西武線
「国分寺」バス7分、JR線「北
府中」徒歩15分
■男子300名、女子280名
■042－368－5201
（入学広報室直通）
■http://www.meisei.ac.jp/hs/

「世界に貢献する人の育成」

　幼稚園から大学までを擁する総合学園、明星学苑。明星中学高等学校は、その一貫教育の中核を担い、「健康・真面目・努力」の校訓のもと、「世界に貢献する人の育成」に努めています。

　学苑の創立は、1923年（大正12年）。88年になる学苑の長い伝統のもと、2003年（平成15年）、明星中学高等学校は、それまでの男子部・女子部を共学化しました。

　そして、2004年（平成16年）には、待望の充実した新校舎も完成しました。いよいよ新体制も整い、「もっと輝け！」を合い言葉に、いま、新たな教育に取り組んでいます。

学んだことをいかす「智恵」を教える

　「学び」に対して真摯な視点で取り組み、独自のカリキュラムを実践する明星。基礎学力の充実に力を入れ、1コマ1コマの授業では、生徒一人ひとりの「学ぶ意欲」を支援する工夫がなされています。

　たんに知識を教えるだけでなく、学んだことをどういかすかの「知恵」を身につける「体験教育」を実践していることが、明星教育の大きな特徴といってよいでしょう。

　この基礎学力をもとに、より高いレベルの実力を養うため、明星では「週6日制」を採用。英語と数学は、週5時間以上を確保しています。

　また、生徒の理解度に応じたきめ細かな指導を行うため、3年生から、英語と数学では「習熟度別授業」を実施しています。

　さらに、個々の学びを応援するため、「個別授業フォロー」や「エクストラスタディ」も実施しています。

　また、全校生徒で読書をする「朝の読書」の時間を設け、生徒の集中力と1日の「やる気」をさらに高めています。

　2008年度からは「英語の多読」にも力をそそいでいます。辞書を引かなくても読める絵や写真の入った簡単な本から読み始めるのが多読です。中学1年生から授業に取り入れていますが、中学2、3年生も積極的に図書館に足を運び、約2万冊ある英語の本のなかから自分が興味を持った本を選んで読んでいます。

　英語に対する〝バリア〟がなくなってきたという生徒が増えています。国際化を掲げる明星にとって、この多読は英語教育のひとつの教育方法として、その成果が表れてきています。

充実の教育施設

　2008年、創立85周年を迎えた明星学苑。これを記念して、児玉九十記念講堂が建設されました。

　この講堂は、学苑の主要行事や各種式典をはじめ、合唱コンクール、明星祭などの発表会にも使用されています。また、学苑が大切にしている、「凝念」（ぎょうねん・授業の前後に目を閉じて心を集中させる）の時間にも活用され、まさに体験をつうじて学ぶ明星教育の重要な役割を担う場となります。

　児玉九十記念講堂と同時に建設が進められていた総合体育館も2008年6月に完成しました。

　この体育館は、水深可変システムを導入した温水プールを地下に備えた地上3階建重層構造です。多くの競技に対応できるだけでなく、トレーニングルームも完備した総合体育施設として、体育の授業やクラブ活動などにフル活用されます。

　教育のソフト面の改革が進むとともに、充実の教育施設も整う明星。いま、その両輪が回り始め、さらなる大きな目標に向かって進んでいます。

明法中学校
めいほう

MEIHO Junior High School

■東京都東村山市富士見町２−４−
12
■西武国分寺線・拝島線「小川」徒
歩15分、JR線「新小平」・「立
川」バス
■男子のみ320名
■042−393−5611
■http://www.meiho.ed.jp/

全人教育のもと着実に伸びる進学実績

　約１万7000坪もの広大なキャンパス（東京ドームの１・２倍）を有する明法中学校・高等学校。緑豊かな敷地内には、89種569本もの樹木があり、30種を越える野鳥が訪れます。

　その教育の特徴は全人教育、「知・徳・体」のバランスのとれた教育を行っています。そして、忘れてならないのは、なによりも教育の基盤となる生徒と教師の堅いきずなを大切にしていることです。そんな明法の校風は、「さわやか・なごやか・あたたかい」生徒がつくる、伸びやかなもの。

　まさに、勉強しやすい環境が、学内に満ちあふれているのです。そして、その証は、優秀な大学合格実績となって表れています。

６年間を３ステージに分け 特色ある教育を実践

　明法の教育目標には、つぎの４本の柱が存在しているのが特徴です。①「新時代を拓く創造性豊かな人間の育成」、②「国際社会の第一線で活躍できる人間の育成」、③「豊かな心を育む教育の実践」、④「国公立・難関私立大学の合格をめざす」。

　そのうえで、中高一貫の６年間を３つのステージに分け、各ステージに応じたきめ細かな指導をつうじて、生徒一人ひとりを夢と希望に挑戦するたくましい人間に育てています。

　中１・２は［学習習慣確立期］、自学自習の習慣の確立と、あいさつなどのしつけ、思いやりの心も指導します。

　中３・高１は［学力伸長期］、自ら進んで学ぶ姿を確立します。そして、高２・３は、［実力養成期］、全力で努力する姿勢を確立し大学入試問題にチャレンジ、現役合格をめざします。

国際教育プログラム

　また、国際人育成のため、「英語でコミュニケーションできる力」を養い、世界に通用する確かな語学力を育てています。

　中１、中２では、日本人教師と外国人講師とのチームティーチングが行われています。中３・高１では、クラスを10人程度に分割し、ネイティブ講師によるグループレッスンを行い、だれもが楽しく会話の授業に参加できるようにしています。加えて、中３から参加できる夏休み語学研修や、高１でのグローバル・スタディーズ・プログラム（３カ月の留学）も用意されています。高２からの「アカデミック英語」でさらに英語を磨けば、海外国公立大学の指定校推薦枠も利用できます。

オーケストラ演奏と少人数理科実験

　「知育・徳育・体育」のバランスのとれた教育をめざす明法では、ほかに例を見ない学年全員参加のオーケストラ演奏を可能にする少人数器楽授業や、少人数理科実験などを行い、発育段階において大切な情操、表現力、自ら考える力を育んでいます。

　少人数器楽授業では、１クラスをプロの講師５人が指導。文化祭で学年全員によるオーケストラ演奏を行い、その成果を披露します。ていねいに指導されますので、楽器に触れたことがなくても心配はいりません。

　さらに、「科学する心」を育てるため、明法では「理科棟」に、豊富な実験観察機器をそろえ、少人数で一人ひとりが実験・観察をじゅうぶん体験できる授業を展開しています。

　「明法に『理科離れ』はありません」という学校の言葉に、その自信のほどがうかがえます。

目黒学院中学校
めぐろがくいん

MEGURO GAKUIN Junior High School

共学化しても変わらない魅力

桜の名所として名高い目黒川をのぞみ、交通の便もよい地に立つ目黒学院中学校では、学校創立から70年が経った今年、初めての女子生徒を迎え、男女共学校としての歩みが始まっています。

共学校となり、新たに「『実力派紳士淑女の育成』を目指して」という教育理念を掲げていますが、これまでの目黒学院の教育目標に大きな変化はありません。自主的・積極的に学ぶ心と、生徒一人ひとりの個性を育むことを引きつづき目標としています。

カリキュラムにおいては、幅広く教養を身につける姿勢を大切にしているため、高校2年までは文系、理系にコース分けすることはありません。高校2年までの5年間でさまざまな科目を学ぶことで、自らの進む道を見つけだしてもらいたいと考えているからです。また、早くから志望校を決定していたり、よりレベルの高い学習内容に取り組みたいという生徒のためには「発展学習」や「受験対策講習」などの課外学習も行うことで、個々の生徒の要望に応えています。

独創性、主体性、国際性を養う

こうした教育システムと、特色ある学校行事によって、生徒の独創性、主体性、国際性を養い、個々の可能性を大きく開花させたいと目黒学院は考えています。

特色ある学校行事の一例としては、自然のなかで過ごすことで普段とはちがうことが学べるサマーキャンプ、各クラスが一丸となって戦う体育祭、クラスやクラブ活動のグループなどで興味あるテーマを研究・発表する悟林祭（文化祭）、中3で行われるアメリカ・セミナーツアーなどがあげられます。とくにアメリカ・セミナーツアーでは、英語による理解力と表現力を高めながら、アメリカでの生活を体験することができます。

共学化を果たしても、これまでと変わらない魅力にあふれた目黒学院です。

■東京都目黒区中目黒1－1－50
■東急東横線・地下鉄日比谷線「中目黒」徒歩5分
■男女152名
■03-3711-6556
■http://www.meguro.ac.jp/

中学受験用語集

■完全中高一貫校

中高一貫校のなかでも、高校からの募集を行わない私立学校のこと。東京・神奈川の女子校では高校での外部募集を行う学校の方が少ないぐらいとなっている。

以下は2011年度入試現在、首都圏で高校募集を行っていない学校。

●東京都
<男子校>麻布、海城、暁星、駒場東邦、芝、聖学院、世田谷学園、東京都市大付属、獨協、武蔵、早稲田

<女子校）跡見学園、桜蔭、鴎友学園女子、大妻、大妻多摩、大妻中野、学習院女子、吉祥女子、共立女子、恵泉女学園、光塩女子学院、晃華学園、香蘭女学校、実践女子学園、品川女子学院、頌栄女子学院、昭和女子大学附属昭和、女子学院、女子聖学院、白百合学園、聖心女子学院、聖ドミニコ学園、田園調布学園、東京純心女子、東洋英和女学院、中村、富士見、雙葉、普連土学園、三輪田学園、目黒星美学園、山脇学園、立教女学院、和洋九段女子

<共学校>穎明館、渋谷教育学園渋谷

●神奈川県
<男子校>浅野、栄光学園、神奈川学園、サレジオ学院、逗子開成、聖光学院

<女子校>鎌倉女学院、カリタス女子、湘南白百合学園、清泉女学院、聖ヨゼフ学園、捜真女学校、フェリス女学院、聖園女学院、横浜英和女学院、横浜共立学園、横浜女学院、横浜雙葉

<共学校>神奈川大学附属、関東学院、関東学院六浦、公文国際学園、湘南学園、森村学園

●埼玉県
<女子校>浦和明の星女子
<共学校>秀明

なお、2012年度入試から、東京の女子校である東京女学館、麹町学園女子の2校が、2013年度入試では神奈川の女子校、聖セシリア女子が高校募集を停止し、完全中高一貫校に移行する予定。

■帰国生入試

一般の志願者とは別枠で定員を設定し（または一般定員の一部）、一定期間海外に居住していた、あるいは現在も海外に住んでいる小学生を対象にした入試。

受験資格がある「帰国生」に該当するには、海外での滞在期間、滞在理由、海外で通学していた学校の種類、また帰国してから現在までの期間などの基準が設けられているが、学校によって異なる。

一般的には、海外での滞在期間が2年以上、本人の意思（留学）ではなく、保護者の転勤などの都合で海外に滞在した生徒を対象としていることが多い。

目黒星美学園中学校
めぐろせいびがくえん

MEGURO SEIBI GAKUEN Junior High School

東 京
世田谷区
女子校

■東京都世田谷区大蔵2-8-1
■小田急線「成城学園前」・東急田園都市線「用賀」・「二子玉川」バス
■女子のみ568名
■03-3416-1150
■http://www.meguroseibi.ed.jp/

カトリックによる心の教育を柱とする

目黒星美学園中学校・高等学校のある世田谷区大蔵は、閑静な住宅地。

目の前には、緑にかこまれた砧公園が広がります。都内ではめずらしい、土のグラウンドのあるキャンパスで、生徒は伸びのびと活動しています。

目黒星美学園教育の基本理念は「愛の精神」です。学園では、「カトリックによる心の教育」を大きな柱として、日々教育を展開しています。

愛情をそそぐ少人数教育

学園の設立母体「サレジアン・シスターズ」修道会は、1872年、聖ドン・ボスコによりイタリアで設立されました。

聖ドン・ボスコは、信頼関係に基づく教育の重要性を説き、その教育理念は「つねに子どもとともに」という言葉に代表されます。

また、「子どものいちばんの幸福は愛されていると知ることにある」とし、子ども一人ひとりと親しく交わりながら、その生涯を、それぞれのうちに宿すよいものを引きだすことに捧げました。

目黒星美学園ではこの理念を継ぎ、生徒が「自分が大切にされている」ことを実感できるよう、一人ひとりに手をかけた教育を行うことに力をそそいでいます。都内でも最も小規模な1クラス約30名、1学年3クラスという少人数制も、その表れのひとつといってよいでしょう。

伝統の英語教育

目黒星美学園の伝統的教育といえば、なんといっても創立時からの英語教育です。学園の英語教育は、①国際社会対応型、②大学受験対応型のふたつを目標に進められているのが特徴です。外国人教師による英会話では、1クラスを半分にわけて15人程度で授業を行い、できるだけ多く英語に触れ、関心を高められるよう指導しています。また、希望者にはカナダでのホームステイも用意しています。

躍進する大学進学実績

進学指導においては、自分の適性をよく考え、「将来どのような職業につきたいのか」、それによる「志望学科、学部の決定」という目的意識をはっきり持つことの重要性をじゅうぶん指導するとともに、中3・高1では5教科総合グレード制を、高2からは、生徒一人ひとりの進路の多様化に対応するため「4コース制」（国公立文系・理系、私立文系・理系）のカリキュラムで個々の希望を実現する授業を行っています。

こうしたきめ細かな指導の結果、2011年度では、国公立大に4名、早慶上智に5名、G—MARCHに18名など、近年、難関大学への合格者を多く輩出しています。

新校舎完成！

目黒星美学園では、2011年11月に校舎の建て替えが完了、新しく明るく開放的な新校舎に変わりました。2009年6月には第1期工事が終了し、新校舎・新体育館での生活が始まり、2010年11月より、すべての校舎が完成しました。

新校舎のコンセプトは、「21世紀という新しい時代にふさわしく、機能的な教育環境の創造と共に、カトリックミッションスクールとして学園の創立者の精神を体現した品位あるあたたかな雰囲気、また生徒達の安全のための様々な気配りと高度な建築技術を駆使した校舎」。

いまにも増して、生徒を暖かく包む新校舎が誕生しました。

八雲学園中学校

YAKUMO GAKUEN Junior High School

■東京都目黒区八雲2－14－1
■東急東横線「都立大学」徒歩7分
■女子のみ500名
■03－3717－1196
■http://www.yakumo.ac.jp/

「世界に羽ばたいていく」人に

旺盛な好奇心と無限の可能性を持って、世界に視野を広げ、国際人として活躍していく生徒を育てている八雲学園中学校・高等学校。中高一貫教育の大きなメリットである、「ゆとりをもって学習しながらしっかり実力をつける」教育を実践しています。

中学校と高等学校の教育課程の関連性を重視し、6年間で系統立てて学習できるカリキュラムを編成。中学では基礎・基本を着実に身につけて進路についてじっくり検討し、高校では進路に向けて必要な学習に集中します。伸びやかな学習環境を整えているのが、大きな特徴となっています。

校名「八雲」の由来は、古事記に記されている「スサノヲノミコト」が結婚するときに歌われた「八雲立つ　出雲八重垣　妻籠みに　八重垣作る　その八重垣を」という祝歌から取られたそうです。

無限に上昇する可能性にあふれた美しい「八雲」という言葉に、生徒一人ひとりの女性としての幸せ、学園の輝かしい未来が託されています。

特色ある英語教育

生徒の秘めた力を伸ばし、開花させるため、八雲学園中学校の教育には、つぎのような大きな特色があります。

ひとつ目は、なんといっても「英語教育」。コミュニケーション手段としての英語を重視する八雲学園では、日本人教諭とネイティブ講師によるチームティーチングをとおして、読み、書き、聞いて、伝える英語を学びます。

この密度の濃い英語教育は、6年間をとおして行われ、大学受験に向けての指導とともに、豊かな国際感覚を身につけたグローバルな人材を育成します。日々の単語学習「Today's Word」、朗読劇や英語劇、ブリティッシュヒルズへの遠足、スピーチコンテスト、英語祭、イングリッシュファンフェアー、アメリカ海外研修などなど、6年間に行われる英語行事が充実しているのも、八雲学園ならではといってよいでしょう。

きめ細かな「進路指導」

八雲学園教育のふたつ目の特色は、「進路指導」です。

生徒一人ひとりの夢を実現するため、学習進度や希望進路に合わせてきめ細かく指導しています。

熱心に指導する先生の存在、そして先生と生徒がひとつになって、夢に向かって全力疾走するエネルギッシュな雰囲気は、八雲学園の進路指導の特色です。進路指導の主要カリキュラムには、夏期休暇5泊6日・春期休暇4泊5日の「箱根進学合宿」や放課後補習、個別学習指導、夏期進学講座、定期試験対策学習デーなどがあり、徹底したサポートが自慢です。

「チューター方式」と「芸術鑑賞」

3つ目は、「チューター方式」です。八雲学園では、担任の先生のほかに、相談相手となる先生が生徒一人ひとりにつき、中学の3年間にわたって、学習面や生活面でのアドバイスを受けることができます。これにより、生徒が抱える不安や悩みを早急に解決するためのアドバイスが可能となっています。

また、直接相談する以外にも、交換ノートや手紙を利用するなどの方法もあり、より相談しやすい環境づくりに配慮しています。

そして、4番目の特色は、「芸術鑑賞」。毎月1回行われるさまざまな分野のすぐれた芸術の鑑賞は、生徒の豊かな感性を養っています。

このような特色ある教育体制を柱に、「世界に大きく羽ばたいていく」女性づくりに邁進する八雲学園です。

安田学園中学校
やすだがくえん

YASUDA GAKUEN Junior High School

東京

墨田区

男子校

■東京都墨田区横網2－2－25
■都営大江戸線「両国」徒歩3分、JR線「両国」徒歩6分、都営浅草線「蔵前」徒歩10分
■男子のみ361名
■03－3624－2666
■http://www.yasuda.ed.jp/

考える生徒を育てます

　情緒あふれる東京の下町・両国にある安田学園中学校・高等学校。学園のまわりには緑美しい安田庭園や、とうとうと流れる隅田川があり、恵まれた教育環境をつくりだしています。

　安田学園の創立者が、明治・大正の時代をとおして金融・生損保などを中心に、1代で安田財閥を築きあげた安田善次郎翁であることは、あまりに有名です。

　このため、現在でも学園の経営は、創立者の教育理念に賛同し、その遺志を受け継ぐ安田系譜会社18社の役員で構成される学校法人「安田学園教育会」によって行われています。その強力なバックアップは、安田学園の充実した施設や設備面にも表れています。

　安田学園では、創立者の信念「実業界の有用な人物の育成は社会の発展の基礎である」を実践し、今日にいたっています。

教わる学校＋考える学校

　大きな変化の時代を迎えている日本社会、80年を超える長き伝統を誇る安田学園では、いま、これからの社会を支える生徒の未来を考え、学園の新たな方向性、「バリュー・フィールド」がスタートしています。

　「バリュー・フィールド」では、基礎学力の定着を確実にする「教わる学校」と、自分の頭で考え、判断し、そして自分の言葉で表現することを学ぶ「考える学校」を展開しています。

　これにより、「基礎学力がしっかり身についた人間」「今後の社会が要求する要素を持った人間」「心の豊かな人間」の育成がめざされています。

自主自律の精神を育成

　授業では、安田学園の教育がめざす「自主自律の精神」

の育成に注意がはらわれています。

　生徒は、進路の決定をはじめ、自分自身の行動を自分で決められるように指導がなされています。自分で決めた目標を達成することにより、達成感だけでなく自己肯定感も得られ、さらにステップアップすることができるのです。

国公立・難関私大現役合格を
めざして学力倍増に挑戦

　6カ年一貫教育のカリキュラムで特徴的なことは、基礎力を早いうちに固め、真の応用力を養い、難関大学現役合格をめざしていることです。

　中学生としての学習習慣をつけるため、年数回校内宿泊所で実施するスタディステイ（勉強合宿）や、ドリルなどをもとに弱点を克服させるB（ベーシック）講座などの基礎力定着プログラムにより、定期考査や実力テストで一定以上の成績をあげるように指導しています。

　さらに、各自の学習意欲に応じたS（スペシャル）講座や、「夏期・冬期講習会」も実施されます。また、英語が得意で英語力を伸ばしたい生徒のためには、3年次よりネイティブによる「英語コース」もあり、海外研修もプログラムされています。

　きめ細やかな指導がめだつ安田学園中学校・高等学校です。

山脇学園中学校
やまわきがくえん

YAMAWAKI GAKUEN Junior High School

東　京

港区

女子校

■東京都港区赤坂4-10-36
■地下鉄銀座線・丸ノ内線「赤坂見附」徒歩5分、地下鉄千代田線「赤坂」徒歩7分、地下鉄有楽町線・半蔵門線・南北線「永田町」徒歩10分
■女子のみ747名
■03-3585-3911
■http://www.yamawaki.ed.jp/

山脇ルネサンス　教育プログラムスタート！

　創立108年の山脇学園は、「女性の本質を磨き、いつの時代にも適応する教養高き女性を育成する」という建学の精神を今日まで受け継いできました。

　その一方で、女性のライフスタイルが大きく変わり、女性が社会で活躍できる場が広がっている現代をふまえて、建学の精神を再確認し、女性が現代社会で活躍するために必要な4つの基礎力「学力」「自己知・社会知」「自己啓発力」「協働力」を、新たに教育目標に定めました。

　山脇学園では、この4つの力を有機的に育むためのさまざまな教育プロジェクトを「山脇ルネサンス」と名づけ、新しいプログラムをスタートさせました。

充実の新教育プログラム

　2011年度から、学ぶ眼を育み、一人ひとりを伸ばす新しい施設がオープンし、これをいかす教育プログラムがスタートしました。
① イングリッシュ・アイランド（EI）

　イングリッシュ・アイランドは、外国に滞在しているような環境で、英語によるコミュニケーションを学ぶ施設です。ここにはネイティブと日本人の英語教員が常駐して生徒を迎えます。

　放課後はすべての生徒に開放され、自由に利用しながら英語に親しむことができます。

　イングリッシュ・アイランド・ステイ（EIS）は、EIにステイして、映画やゲーム、ロールプレイなどを楽しみながら、実践的に英語を学ぶ授業です。中1では必修、中2・中3では選択制実施しています。

　また、中3の希望者を対象とした「英語チャレンジプログラム」は、EIにホームルームをおいて、日常的に英語を使用し、実践力をさらに高めるプログラムです。
② サイエンス・アイランド（SI）

　サイエンス・アイランドは、生徒たちの科学的探究力を育て、本物に触れ、科学の手法を学び、科学する目と心を育むために、屋内外に設置された施設です。

　「サイエンティストの時間」は、毎週1時間、生徒たちが科学者になってさまざまな実験に取り組む時間です。中1では必修、中2・中3では選択制となっています。

　さらに中3の希望者に向けては、科学的探究プログラムを実施しています。

　サイエンスアイランド内にホームルームを置いて、研究テーマごとのグループをつくり、1年間研究活動に取り組みます。

　また、2011年度より、高校から類型制の教育プログラムを導入しました。これまで実施してきた文理別コース制を、さらにそれぞれⅠ、Ⅱ、Ⅲ類型という3つの教育プログラムに分け、それぞれ独自に最適なカリキュラム配列を設定しています。これにより、3年間で大学進学に向けて一人ひとりの生徒の学力を最大限に伸ばすことができるのです。

　生徒の自学自習力を養成するために昨年度より導入された「自学自習の時間」は、高校生の時間割に組みこまれ、生徒たちは自分の課題に計画的に取り組みながら、学びに対する能動的な姿勢を身につけています。

100有余年の歴史に磨かれた女子教育

　山脇学園では、最新のプログラムを推し進める一方で、伝統ある教育も大切に継承しています。

　「道徳」「琴」「礼法」「華道」「ダンス」などの授業をとおして、生徒たちには、女性としての品格やモラルを身につけ、伝統文化の理解、豊かな感性や表現力を身につけた教養豊かな女性として、将来、社会で活躍してくれることを願っています。

東京
神奈川
千葉
埼玉
茨城
寮制

あ行
か行
さ行
た行
な行
は行
ま行
や行
ら行
わ行

立教池袋中学校
（りっきょういけぶくろ）

RIKKYO IKEBUKURO Junior High School

■東京都豊島区西池袋5-16-5
■ＪＲ線ほか「池袋」徒歩10分、
　地下鉄有楽町線・副都心線「要
　町」徒歩5分
■男子のみ402名
■03-3985-2707
■http://ikebukuro.rikkyo.ac.jp/

「生き方にテーマのある人間」を育成

　建学の精神である「キリスト教に基づく人間教育」を理念とし、「生き方にテーマのある人間」を目標として、社会と世界に貢献する勇ましい人材を輩出しつづける立教池袋中学校・高等学校。

　キリスト教による人間観に立ち、つぎのふたつの教育目標を掲げて、神と人を愛する、生き方にテーマのある主体的な人間を育成することをめざしています。

一、テーマを持って真理を探究する力を育てる。
二、共に生きる力を育てる。

　また、この教育目標を支える基礎学習力として、つぎのふたつの能力の育成をめざしています。

（1）豊かで的確な日本語を使う能力。
（2）生きた英語を使う能力。

　立教池袋では、こうした目標のもと、学校生活の基本に祈りを据え、礼拝・聖書を大切にし、そのうえで、学習のあり方や友人関係、教師と生徒との心のふれあい、節度と秩序、マナーなど、日々の教育活動のすみずみにまでその精神が浸透するように取り組んでいます。

徹底した少人数制

　1874年、来日した宣教師、Ｃ・Ｍ・ウィリアムズ主教が開いた私塾をその源流とする立教。わずか8人の生徒からの出発でした。立教池袋の原点はまさにここにあり、少数主義に徹し、なによりも教師と生徒の心がかよいあう学校にしたいとの思いから、中高6年間3クラスという、少数精鋭主義の一貫教育を行っています。

　教科学習においても、中高6学年をとおして英語の正課授業は20人学級で、帰国生を中心にした英語Sクラスは生徒10人程度の編成です。

　また、中学各学年に配した選修教科「選科」、高校生の選択講座などは、1～35人程度の少人数で講座が開講されています。

特別聴講生制度により大学の講義も履修可能

　さらに、立教大学との一貫連携教育を標榜し、立教に学ぶ児童・生徒・学生を学院全体で育てあげていく体制を整えているのも、立教池袋の大きな特徴といってよいでしょう。

　高1で行われる大学教授特別講座などの「立教学院一貫連携教育」は、各人の学力を高めるとともに、進路や人生そのものを考えさせるという効果があります。また、大学講座特別聴講生制度もあり、高3では、立教大学の授業を受講し高校や大学の履修単位にすることも可能です。

活発な国際交流とボランティア活動

　立教池袋は、建学の精神に基づき学業以外の活動も積極的に行っています。

　そのひとつが「国際交流」です。国外の少年たちとの交流をとおして異文化や社会を正しく理解し、将来必要な国際性を身につけます。

　アメリカの学校との短期交換留学制度や、アメリカ・カナダキャンプ、イギリス語学研修など、多彩なプログラムが用意され、国際交流を支援しています。

　また、キリスト教精神に基づき、ボランティア活動も積極的に行われています。なかでも、1969年以来つづいているボランティア・ワークキャンプは、日本の中高生のボランティア・ワークキャンプとしては草分け的な存在です。

　こうしたボランティア活動の体験をとおして、生徒は他人への配慮や自分の社会的有用性を身につけています。

立教女学院中学校

りっきょうじょがくいん

RIKKYO JOGAKUIN Junior High School

東京

女子校

杉並区

■東京都杉並区久我山4－29－60
■京王井の頭線「三鷹台」徒歩2分
■女子のみ600名
■03－3334－5103
■http://www.rikkyo.ne.jp/grp/jogakuin/

東京

神奈川

千葉

埼玉

茨城

寮制

あ行
か行
さ行
た行
な行
は行
ま行
や行
ら行
わ行

「知的で、品格のある、凛とした女性」に

　井の頭線「三鷹台」駅前に広がる立教女学院のキャンパス。交通至便な場所にあるとはいえ、校内に一歩足を踏みいれると、まるで森林と見まがうような多くの樹木におおわれています。だれもがきっと、こんな美しい環境で勉強ができたならと思うことでしょう。

　創立は、1877年（明治10年）。プロテスタントの宣教師・ウイリアムズ（Channing Moore Williams）によって設立されました。創立以来、キリスト教信仰を基盤に、「精神的、倫理的なものに価値をおき、他者に奉仕できる人間を育てる」こと、「グローバルな視野を持った知的に有能な人間に育てる」こと、「自由で自立した女性としての行動力ある調和の取れた人間を育てる」ことをめざした教育が実践されてきました。

　そのめざす具体的な女性像を、平塚敬一校長先生は「知的で、品格のある、凛とした女性」とおっしゃいます。

高等学校の先取り授業も

　立教女学院の一日は礼拝で始まります。授業前の20分間、礼拝堂でパイプオルガンの響きにうながされ、自分の心を見つめます。人に仕える精神、平和への意志はここで生まれているのです。

　また、年間をつうじてさまざまなボランティア活動への参加を奨励しているのも、立教女学院の特徴といってよいでしょう。

　6年間一貫教育の具体的な授業においては、国語、数学、理科、英語は中学3年で高校の先取り授業を行っています。中学・高校とも、英語は学習進度別クラス編成を行い、ホームルーム・クラスよりも少人数での授業を展開。国際社会において英語で意見を表明できる「発信型英語能力」の育成をめざしています。こうした教育を受けた立教女学院生の英語力の高さには定評があります。

特色ある「ARE学習」

　立教女学院独自の特色ある学習に「ARE学習」があります。これは、自らテーマを求め（Ask）、調べ（Research）、言語化して発表する（Express）学習で、一般的な総合学習にあたります。

　中学では、将来の生きる基礎となる学力を養い、広く社会に貢献できる人間になることをめざし、高校では、この「ARE学習」をとおして卒業論文を作成します。この卒業論文は、立教大推薦希望者の進学要件のひとつとなっています。

高等学校ではコース制がスタート

　創立者を同じくする立教大への推薦制度があります。2010年中学入学生より受入総数は121名で、一定の要件を満たした者となります。2011年3月の立教大への推薦による進学者は131名です。その一定要件は、日ごろなにごとにも一生懸命に取り組む立教女学院生には、どれも難なくクリアできることばかりです。

　さまざまな進路をめざす生徒に対応し、受験生への支援体制もより確かなものにするため、2006年度高校入学生より、高2・高3でコース制を導入しました。理系コース、文系受験コース、文系立大コースです。受験をめざす生徒にもじゅうぶん配慮する体制が整いました。

立正大学付属立正中学校

りっしょうだいがくふぞくりっしょう

RISSHO Junior High School

■東京都品川区大崎4-2-16
■東急池上線「大崎広小路」徒歩5分、JR線ほか「五反田」・「大崎」徒歩8分
■男子380名、女子140名
■03-3492-4416
■http://www.rissho-hs.ac.jp/

〝心頼〟ときずなでつながる心の教育

東京都の副都心として都市再開発プロジェクトが急ピッチで進められている、品川区大崎地区。そのゆるやかな坂道をあがっていくと、静かな住宅街にかこまれた、立正大学付属立正中学校・高等学校のモダンな校舎が現れます。

立正は、その源流を1872年（明治5年）創立の日蓮宗宗教院にさかのぼる、古い歴史と伝統を有する学校です。

そのため、建学の精神を日蓮聖人の人格と教えにおく仏教主義の学校であることが特徴です。

「行学二道」を掲げて
親切・勇気・感謝の心を育む

教育目標には、「行学二道」を掲げます。

この「行学二道」とは、修行と修学のふたつの道を指し、学校で学んだこと「学」を、実際に行動でしめすこと「行」のできる生徒を育てることを表しています。

この「行学二道」を実践するため、立正では、「親切・勇気・感謝」の心を持つことが大切だと考えています。創立以来、つぎの3つのことがらをとくに重んじて、今日にいたります。
①「明るいあいさつの励行」
②「自ら学ぼうとする意欲を持たせる教育」
③「一人ひとりの個性と思いやりの心と、自らを律することのできる精神力を持たせる教育」

勉学への積極的な情熱とともに、豊かな人格の育成をめざした、熱い教育が実践されています。

生徒一人ひとりに
未来を担う力を培う

もちろん、学力を支えるバックアップ体制も万全です。
立正では中高一貫教育の利点をいかしたカリキュラムを組み、6年間を3つのステージに分けて段階に応じた教育を実施しています。また、学力を支えるバックアップ体制を万全に整備。独自性あふれる体験学習や総合学習をプログラムし、生徒一人ひとりが人間的な成長を遂げながら知性を磨き、自己を確立していける教育を実践しています。

具体的には、大学進学の基礎力を養うため、主要教科（英語・国語・数学）の増単位による独自の教育課程を実施しています。

さらに、学習効果を高めるため、習熟度別クラス編成を行うとともに、グレード別選択講座を設け、大学進学に対応できる体制を取っています。さまざまな充実した補習・講習を無料で実施しているのも、きめ細かなバックアップ体制を敷く、立正らしさの表れです。

また、国際的視野を養うため、3年生・4年生（高1）で英国や米国でのホームステイを実施し、語学力の養成に努めています。

そして、週1時間「宗教」の時間を設けるとともに、各種宗教的行事をとおして、宗教的情操の涵養に努めているのも、立正ならではといってよいでしょう。

早稲田中学校
わせだ

WASEDA Junior High School

■東京都新宿区馬場下町62
■地下鉄東西線「早稲田」徒歩1分
■男子のみ953名
■03-3202-7674
■http://www.waseda-h.ed.jp/

「誠」を基本とする人格を養成

　早稲田中学校は、早大のおひざもとにある早大系属校のひとつです。長い伝統を誇り、早大への進学ばかりではなく、他大学進学者も4割程度はいるという、どちらかといえば進学校としての趣が強い学校です。男子だけの中高一貫教育を行い、高校からの募集はありません。

　早稲田中・高は、1895年（明治28年）、大隈重信の教育理想に基づき、坪内逍遙・金子馬治・市島謙吉を中心に創立されました。その教育目標は「常に誠を基本とする人格の養成に努め、個性を伸張して、国家社会に貢献し得る、健康で民主的な人材を育成すること」です。

　「誠」とは、人間としての基本となるべき心の持ち方であり、言行の一致に基づく誠意・真剣さなどとして発現されます。この精神は坪内逍遙により校訓として掲げられ、早稲田中・高の人間教育の基本精神となっています。

　「個性」の立つべき根幹を早稲田中・高では独立・自主・剛健においています。これは、大隈重信の人格の主要な一面でもありました。早稲田中・高では、こうした個性の発揚・伸張をうながすことに努めています。

　また、人間の資質は個人のためだけであってはならず、他をいかし人類を益するために為すこと有る資質の育成をめざした「有為の人材」づくりをめざしています

推薦入学制度で早大へ

　早稲田中・高は、1979年（昭和54年）から早大の系属校としての第一歩をふみだしました。

　1981年度（昭和56年度）高校卒業生より早大への推薦入学制度が発足し、学校所定の推薦基準により早大への進学の志のある生徒を各学部に推薦しています。

　その推薦基準とは、つぎのようなものとなっています。①心身ともに健康であること。②大学での勉学に関して、明確な志向と熱意をもち、それにふさわしい能力、適性を備えていること。③出席状況が良好であること。④高校3年間の7つの教科・教科群の評価平均値において4・0未満の教科・教科群がないこと（10段階評価）。

　早稲田中・高では、生徒自身が進学したい大学・学部を決めるため、推薦枠をいっぱいに使わない厳しい選抜を行っていることが大きな特徴です。このような方針のもと、日々の授業において、密度が濃く高レベルなものになっていくことで実力もつき、早大のほかにも、国公立大学、難関私立大学などへの進学を可能としています。

中高一体のクラブ活動と生徒会活動

　早大への推薦基準を満たすための厳しい授業を受けている早稲田中・高生ですが、クラブ活動への参加率は、9割を超えています。みんな一生懸命に活動し、ハツラツとしているのが特徴です。

　生徒会活動・クラブ活動は、中学生と高校生が一体になって行われ、そこにはよい意味での先輩後輩の連帯があり、その明るい雰囲気は卒業後も受け継がれ、校友の間に発展しているのも当然のこととうなずけます。

　2010年（平成22年）、創立115周年を迎えた早稲田中は「益々雄壮」な若者を世に送るべく、「早稲田精神」の新たなる発露が日々実践されています。2002年（平成14年）、モダンな新校舎もできあがり、新たな早稲田中学校・高等学校の歴史が始まっています。

早稲田実業学校中等部

WASEDA JITSUGYO JUNIOR HIGH SCHOOL ATTACHED TO WASEDA UNIV.

■東京都国分寺市本町１－２－１
■JR線・西武線「国分寺」徒歩７分
■男子466名、女子252名
■042－300－2121
■http://www.wasedajg.ed.jp/

「去華就実」・「三敬主義」

早稲田実業学校は、豊かな個性と高い学力を持ち、苦難に打ち勝つたくましい精神力を持つ人間を育てる教育を実践しています。

そのために、創立時より『去華就実』を校是とし、『三敬主義』を校訓として掲げています。

この去華就実とは「華やかなものを去り、実に就く」こと、つまり実業の精神を育てるということであり、同時に、広く社会に貢献できる人格を形成するということにほかなりません。

そして三敬主義とは「他を敬し、己を敬し、事物を敬す」ということであり、敬うことの尊さを謳ったこの校訓は、早稲田実業学校の基礎を築いた天野為之先生（早稲田実業学校第２代校長・早大第２代学長）が主唱したものです。

早稲田実業学校は早大の系属校であり、2011年度の卒業生のうち、283名（AO入試１名含）が早大に推薦入学しています。

２期制で充実したカリキュラムを

早稲田実業学校の教育課程は、中等部・高等部ともに２期制を採用しています。

個々の充実した授業はもちろんのこと、クラブ活動や生徒会活動なども活発に行われています。クラブへの入部率も高く、放課後は生徒たちが自主的かつ創造的に活用して、自らが考え、積極的に行動することを重視した教育を実施しています。

カリキュラムは、中学校として要請されている課程をふまえながら、バランス感覚を備えた人物を育成するために、基礎学力をしっかりと身につけるような工夫がなされています。

授業以外のところでも、数々の学校・学年行事や活発なクラブ活動をつうじて、強い身体と精神力を養うことを目標に編成されています。

中等部から高等部へは、一定の成績基準を満たせば原則として進学でき、高等部からの入学生との混合クラスになります。

希望と自由に満ちた充実した早実ライフ

緑豊かな武蔵野の面影が残る国分寺にあるキャンパスは、広大な敷地と美しい緑に恵まれ、最新の施設・設備を備えた理想的なキャンパスです。

勉強にいそしみ、スポーツに打ちこみ、芸術に情熱を燃やす、みずみずしい感性を磨く中学時代。受験勉強に明け暮れることなく多感な10代をいきいきと過ごすことは、これからの人生を生きていくうえで、とても大切なことです。早稲田実業学校には、そんな明るい希望が満ちあふれ、自由の精神があふれています。

21世紀のモデル校の役割を担って

生徒の旺盛な知的好奇心に応えるため、教員はさまざまな工夫を凝らした授業を行っています。

また、PC教室、CALL教室、各種実験室、芸術教室などの設備や外国人講師による指導など、とても充実した授業となっています。各クラスはチームワークがよく、教室はいつも伸びやかな雰囲気で、活気にあふれています。

一人ひとりが元気にスポーツを楽しむ体育祭と、機知に富んだ個性を発表する文化祭は、まさに文武両道を謳う伝統の校風そのものです。

さらに、校内では体験できない貴重な学習をする総合学習・校外教室など、生徒の自主性と個性を尊重する早稲田実業ならではの多彩な学校行事をつうじて、友情のきずなが育まれていきます。

早稲田大学高等学院中学部

Waseda University Junior High School

■東京都練馬区上石神井3－31－1
■西武新宿線「上石神井」徒歩7分、西武池袋線「大泉学園」「石神井公園」バス
■男子252名（1・2年次のみ）
■03－5991－4151
■http://www.waseda.jp/gakuin/chugaku/index.html

早稲田大学「附属」では初の中学校

2010年4月、早稲田大学高等学院に中学部が誕生しました。早稲田大学の系列校には、早稲田大学が運営している「附属校」と、早稲田大学とは別の法人が運営する「系属校」があります。附属校は早稲田大学高等学院と早稲田大学本庄高等学院だけです。

早稲田大学高等学院の中学部は、早稲田大学が設立した初めての中学校になります。

早稲田大学高等学院は、1920年（大正9年）に旧制の早稲田大学早稲田高等学院として発足し、長い歴史を持っています。

当時から、早稲田大学のなかで中核として活躍する人材を育成してきました。

1950年（昭和25年）に現在の早稲田大学高等学院に改称し、その6年後の1956年（昭和31年）に現在の所在地に移転しました。

旧制高校の時代から、巣立った卒業生のほとんどが早稲田大学に進学しており、早稲田スピリットを継承しつづけています。

10年間の「早稲田生活」で早大の中核を形成する人材を

中学部に入学した生徒は、高等学院が培ってきた自由とアカデミズムのもとで、6年間の「学院生活」を経て、早稲田大学の中核となるべく成長していくことが期待されています。

中学部の1学年募集人員は120名で、1クラス30名の少人数構成となっていますが、これまで高等学院が培ってきたリソースを活用し、一人ひとりの個性を伸ばしていくことをめざしています。具体的には自学自習の精神を身につけ、いまなにをすべきかを自分で考え、行動できる生徒を育てるのが目標です。

つねに学問に対する探究心を持つ生徒を望む

これまでも、早稲田大学高等学院は、「入学すれば早稲田大学に進学できるから安心だ」という学校ではありませんでした。生徒たちは自由な雰囲気のなかで、自分を見つめ、自分自身や社会について、深く考えることを求められます。

学問に対する興味、探求心、好奇心を喚起する魅力ある授業が展開されていますが、生徒の自主的な活動もさかんに行われています。たとえば、「環境プロジェクト」「模擬裁判プロジェクト」「スチューデント・カンパニー・プログラム」といった活動があります。これらは、生徒たちが主体的に環境問題、裁判、経営などについて考え、学んでいく活動です。

また、高等学院はSSH（スーパーサイエンスハイスクール）に指定されていることもあり、理数系の教育にも力をそそいでいます。高等学院は大学と連携していますので、大学の施設を利用した実験が行われたり、大学の先生がたの講義を聴いたりする機会も設けられています。

さらに高等学院では、ドイツ語、フランス語、ロシア語、中国語のなかからいずれか1言語を選択し、3年間学習しますが、中学部でも3年次にそれらの4言語が使われている国々の文化を理解する授業が行われることになっています。

もちろん、部活動もさかんで、アメリカンフットボール部、軟式野球部、ボート部、演劇部などの活躍も光っています。中学部は開校2年目で、部活動の数はまだ多くありませんが、今後増えていくものと思われます。また、安全上問題がない場合は、高校生徒といっしょに活動することが検討されています。

和洋九段女子中学校

WAYO KUDAN Junior High School

■東京都千代田区九段北1－12－12
■地下鉄東西線・半蔵門線・都営新宿線「九段下」徒歩3分、JR線地下鉄有楽町線・南北線・都営大江戸線「飯田橋」徒歩8分
■女子のみ596名
■03－3262－4161
■http://www.wayokudan.ed.jp/

通常授業に最大の力をそそぐ

和洋九段女子では、校長先生を中心に教員が一丸となって学校改革を進めています。最も重要な項目として力をそそいでいるのは、1時間1時間の授業の充実です。

授業アンケート、カリキュラムの精選、種々の研修等を行い、つねにわかりやすい授業が展開できるよう努めています。わかりやすい授業を展開することによって引きだされる教員と生徒との信頼関係が、授業以外の生徒指導などすべての教育活動のいしずえとなるからです。和洋九段女子では毎時間の授業に力をそそぎながら、知・徳・体のバランスのとれた教育活動を心がけています。そして、生徒も教員の熱意に応え、自ら学習に取り組んでいます。

具体的な教育実践を重視

113年という伝統を持つ和洋九段女子は、つねに明確な教育目標を定め、着実にそれを実践しつづけてきました。現在も、具体的につぎの5項目を教育方針として定めています。

①進学指導の強化

中高一貫校の利点をいかして、教科ごとに授業内容を精選して、先取り授業の実施、受験用講習、苦手科目の課外補習など、大学進学に適した指導をふだんから行っています。

②国際化教育の推進

海外研修旅行、夏期休暇中のホームステイ、海外姉妹校との交流を深めることにより国際感覚を養う教育を推進しています。

③情報教育の充実

正しいメディアリテラシーを備えた人間を育てることを第一として、ネット上の危険やモラルを学び、ワード、エクセル、そして高校生はパワーポイントを使用してプレゼンテーションをします。

④自主活動の展開

各人が興味を持ったテーマを自由に選んで研究し、それを論文にまとめます。近年、増えてきた大学のAO入試にも対応し、おおいに実績をあげています。

⑤生活指導の充実

他人に迷惑をかけない。不愉快な思いをさせない。その場の状況や目の前の人の立場を考え、思いやりのある行動をとれる。先生がたも「もしもこの生徒がわが子だったら…」との思いをつねに持ち、生活指導にあたっています。

快適な学習環境で進学実績も伸長

千代田区九段の高台で、近くには日本武道館、靖国神社、千鳥が淵公園など、都心にありながら緑豊かな環境のもとにあるのが、和洋九段女子中学校です。

校舎は、大型体育館、講堂、温水プール、図書館、パソコン教室、CALL教室、茶室など、充実した施設のなか、全館に冷暖房が完備され、窓を二重構造として騒音が入るのを防止したり、ちらつきの少ない照明を用いるなど、快適な学習環境を実現しています。

このように恵まれた学習環境のもと、国公立大学をはじめとして、有名私立大学への進学実績が年々伸び、多くの卒業生が幅広い進路を選択しています。大学進学校としての側面においても顕著な実績をあげつつある和洋九段女子です。

国立・私立中学校プロフィール

神奈川

人に信頼され、広く社会に貢献できる女性を育てます。

相模女子大学中学部の「女子教育」

めざす
生徒像

● 確かな学力を身につけている生徒
● 女性としての品格、感受性をそなえている生徒
● 広く社会と係わり、社会に貢献できる生徒

●抜群の学習環境が個々の能力を伸ばします

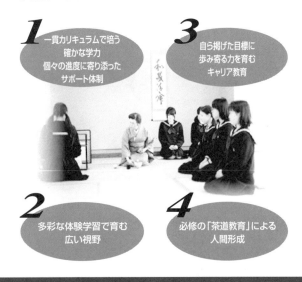

1 一貫カリキュラムで培う確かな学力 個々の進度に寄り添ったサポート体制

3 自ら掲げた目標に歩み寄る力を育むキャリア教育

2 多彩な体験学習で育む広い視野

4 必修の「茶道教育」による人間形成

2011年 中学部学校説明会・入試相談会・オープンスクール・公開行事日程

学校説明会 [終了後、個別相談も行います]

7/9 (土)	10:00〜12:30	[相模スタイルファッションショー、制服試着]
9/13 (火)	10:00〜12:00	[卒業生によるパネルディスカッション、授業参観]
11/16 (水)	10:00〜12:00	[保護者によるパネルディスカッション、授業参観]
12/10 (土)	10:00〜12:30	[入試4科目出題傾向]
1/7 (土)	10:00〜12:30	※人数把握のため予約を承ります [入試対策講座]

入試相談会

| 1/20 (金) | 13:00〜16:00 |

オープンスクール（要予約）

| 8/27 (土) | 9:30〜12:30 | 体験授業 [生徒による学校紹介:昼食あり] |
| 10/22 (土) | 9:30〜12:30 | 部活体験 [昼食あり] |

公開行事

体育祭	9/17 (土)
相生祭（文化祭）	11/3 (祝)・4 (金)
主張コンクール	1/28 (土)
合唱コンクール	2/18 (土)
講話	2/20 (月)

相模女子大学中学部・高等部

〒252-0383　神奈川県相模原市南区文京2-1-1 TEL.042-742-1442
URL http://www.sagami-wu.ac.jp/chukou/

本年も サレジオ祭 で、
のびのびと学院生活をおくる
サレジアンの姿をぜひご覧ください。

サレジオ祭
9／17(土)・9／18(日)
10:30〜16:30　　　　9:00〜16:00

小学生のお子さんも一緒に楽しめるゲーム企画や音楽企画、
生徒による模擬店販売や、運動部の招待試合などが人気です。
また、入試相談コーナーや体験授業が、例年実施されております。
皆さんお誘いあわせのうえ、お気軽にいらっしゃってください。

学校説明会
9／3(土)・10／8(土)・11／12(土)
14:00〜15:40　本校ドン・ボスコシアターにて
(ご希望の方は終了後、校内見学にご参加いただけます)
すべて予約は不要です。

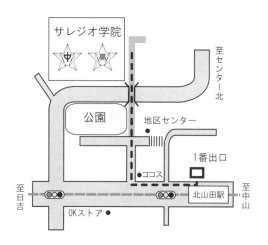

横浜市営地下鉄
グリーンライン 北山田駅 徒歩5分

サレジオ学院中学校・高等学校
情操豊かな青少年を中高一貫で育てる
男子校ミッションスクール

〒224-0029　横浜市都筑区南山田3−43−1　Tel045−591−8222　　| サレジオ学院 | | 検索 |

創立78年
新世紀ルネサンス

社会の進歩に貢献する、明朗で実力ある人間を育てる
恵まれた環境、明るく伸びやかな校風。

学校法人湘南学園

湘南学園中学校高等学校

〒251-8505　藤沢市鵠沼松が岡3-4-27　TEL. 0466-23-6611（代表）

最寄駅　小田急江ノ島線　鵠沼海岸駅徒歩約8分

http://www.shogak.ac.jp/mh/

●湘南学園は緑豊かな環境の中、基礎学力の育成と総合学習＝「特別教育活動」を柱に生徒たちの自主性を育む男女共学校です。大学進学実績も着実に結果をあげています。

●6年一貫の「特別教育活動」
　「未来を生きる高い知力」を身につけることを目的とし、中高6年間を通じて、社会に生きる人々から直接学ぶ機会を設け、卒業後も主体的な人生を築いていける人間を育てます。

学校説明会	9/3（土）					学園祭	10/1（土）2（日）
	時間 9:30〜11:50						場所 湘南学園キャン
	申込期間 8/4〜8/27						時間 10:00〜16:

入試説明会	10/15（土）	時間	9:30〜11:50	授業・施設完全公開
		申込期間	9/15〜10/8	
	11/16（水）	時間	9:30〜11:50	授業・施設完全公開
		申込期間	10/17〜11/9	
	12/10（土）	時間	10:00〜12:20	昨年度入試問題・個別学習会開催
		申込期間	11/10〜12/3	

予約不要　個別相談会

※イベントが予定通り行われない場合がございます。ホームページでご確認下さい。

TACHIBANA GAKUEN Junior and Senior High School

進路開拓

国際性

独創性

中高一貫コーススタート

完全共学化を契機に「進学校」としての教育を
本格的にスタートした橘学苑は、
今後も飛躍的な成長を続けていきます。

２０１１ 中学校説明会日程

オープンスクール　９：３０〜１２：００　要予約/小学生対象

7/23 ㊏　　9/24 ㊏　　11/20 ㊐

学校説明会　予約不要/保護者対象

7/23 ㊏	9/24 ㊏	10/29 ㊏	11/20 ㊐	12/18 ㊐
9：30〜11：30	9：30〜11：30	14：00〜16：00	9：30〜11：30	8：30〜9：45

ミニ説明会　１０：００〜１１：３０　要予約　受験生のための模擬試験

11/10 ㊍　12/ 7 ㊌　1/17 ㊋　12/18 ㊐

要予約／受験生対象
8：20〜11：00

橘学苑中学校・高等学校

〒230-0073
横浜市鶴見区獅子ヶ谷1-10-35
tel:045-581-0063 fax:045-584-8643
http://www.tachibana.ac.jp
e-mail info@tachibana.ac.jp

●JR鶴見駅西口より臨港バス…約10分　●東急東横線綱島駅東口より臨港バス…約20分　●JR新横浜駅より臨港バス…約25分　橘学苑橘テニスアカデミー前下車

求めなさい そうすれば与えられる
探しなさい そうすればみつかる
門をたたきなさい そうすれば開かれる
（マタイ7章7節）

Misono Jogakuin Junior & Senior High School

MIS♥NO

ミニ説明会 ※要電話予約
7月16日(土)・17日(日)—ともに9:30〜11:30(予定)
6年生保護者または6年生限定

ナイト説明会 ※要電話予約
10月21日(金) 18:00〜19:30(予定)
※上履き持参

学校説明会 ※予約不要
11月12日(土) 9:30〜11:30(予定)
過去問題勉強会
体験入学
12月10日(土) 9:30〜11:30
面接シミュレーション

クリスマスタブロ ※要電話予約
12月17日(土) 14:30〜16:00(14:00開場)
生徒による聖劇上演

授業見学会 ※要電話予約
11月・1月
（各月1回予定、1月は6年生および6年生の保護者限定）
※上履き持参

聖園祭（文化祭）
9月17日(土)・18日(日)
〈予備日・19日(月)・20日(火)〉
入試相談コーナーあり

ミッション女子8校 合同入試相談会
8月20日(土)カリタス学園にて
カタリス・湘南白百合・聖セシリア・聖ヨゼフ・
聖園・横浜英和・横浜雙葉・(函嶺白百合)

聖園女学院 中学校 高等学校
〒251-0873 神奈川県藤沢市みその台1-4
TEL.0466-81-3333 http://www.misono.jp/

理想の教育を理想のステージで。
“手間”と“情熱”を惜しまずに──

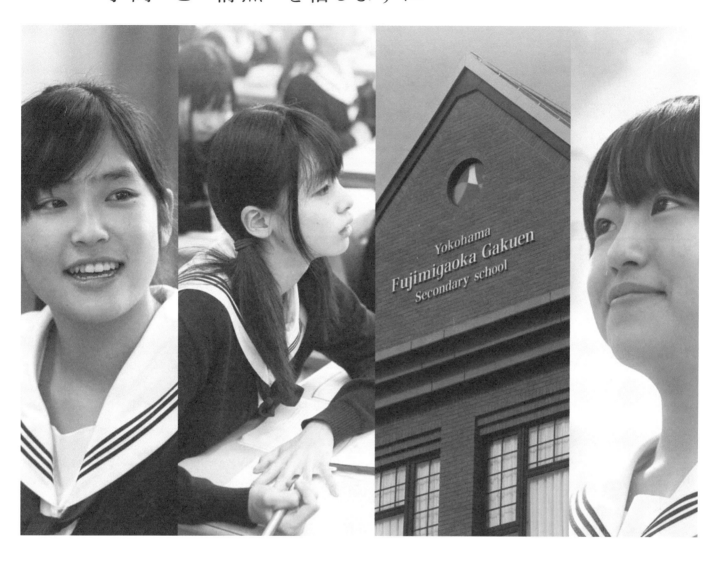

〔受験生対象説明会〕
※保護者対象説明会も同時に実施いたします。
●**学校体験**
　クラブ体験　8月27日（土）10：00～12：00
●**4科対策演習**
　12月10日（土）9：00～12：00
　1月 7日（土）9：00～12：00

〔保護者対象説明会〕
●**学校説明会**　時間：10：00～12：00
　9月22日（木）・10月22日（土）・11月5日（土）
　11月18日（金）・1月26日（木）
●**ナイト説明会**　時間：18：00～19：00
　1月26日（木）

〔**文化祭**〕※入試相談コーナーあり
　10月1日（土）13：00～15：30
　10月2日（日）10：00～15：00

すべて予約不要です。詳細につきましてはホームページにてご確認ください。

横浜富士見丘学園中等教育学校
http://www.fujimigaoka.ed.jp/
〒241-8502 神奈川県横浜市旭区中沢1-24-1
Tel.045・367・4380［代表］Fax.045・367・4381
交通：相鉄線「二俣川」駅北口より徒歩15分

浅野中学校
ASANO Junior High School

神奈川

男子校

横浜市

■神奈川県横浜市神奈川区子安台1－3－1
■JR線・京急線「新子安」徒歩8分
■男子のみ820名
■045－421－3281
■http://www.asano.ed.jp/

「各駅停車」で育む自主独立の精神

1920年（大正9年）、実業家・浅野總一郎翁によって創立された浅野中学校・高等学校。神奈川県屈指の男子進学校です。その大学進学実績のよさに加え、伝統である「自主独立の精神」を重視する明るい校風は、多くの保護者からの熱い支持を受け、今日にいたっています。

そのような浅野中学校・高等学校は、「大学受験行きの特急」ではなく、「各駅停車」の学校です。

青春の真っただなかに位置する中学・高校時代。たくさんの経験・であい・ふれあいを大切にし、生徒たち一人ひとりが「ひと駅」ずつ、ゆっくり伸びのびと歩みながら6年間を大切に使って成長していってほしいという願いが、そこにはこめられているのです。

当たり前のことを当たり前にやる

「当たり前のことを、当たり前にやる」。浅野の合言葉です。浅野では、「学校は人間形成の場である」という基本をふまえ、日常のあいさつから人との接し方、決められたルールを守るといったことができて、初めて勉強に言及すべきだと考えています。

「学校や家で当たり前の学習ができていれば塾や予備校に行かなくても結果はついてくる」、浅野の90余年にわたる伝統と実績は、そう物語っているのです。

もちろんそれは、浅野のしっかりした中高一貫独自の指導体制があるからにほかなりません。

希望大学への進学を実現するカリキュラム

浅野では、6カ年を見通してカリキュラムを構成し、授業は大学受験と関連した内容ならびに時間配当になっています。中学1・2年次では基礎力を身につけ、体育の授業をとおして基礎体力を養いつつ中学の学習内容を履修します。英語、国語、数学、理科などの教科では中学3年で高

校レベルの内容も学習します。これは、高校2年次からの希望進路に応じた授業体系に移行するためで、オリジナルテキストの導入や中身の濃い授業が、進度をあげることを実現しています。

忘れてならないのは、浅野ではなによりも日常の授業を第一に考えていることです。日ごろから予習・復習の学習習慣を身につける指導を徹底しています。

高校2年次からは志望を基本にクラスが分かれます。オリジナルのテキストやプリントを使用して、長年のノウハウと実績に裏づけされた授業展開を行い、生徒の理解度、学力向上において大きな成果をあげています。

生徒の9割が部活動に参加

浅野のキャンパスは、ベイブリッジを眼下に見渡す高台に位置しています。約6万㎡もの広大な校地の半分は、「銅像山」と呼ばれて生徒に親しまれている森林（昭和46年、神奈川県愛護林鳥獣保護区に指定）という恵まれた自然環境です。学校の奥にそんな大きな森林があることは、外からはちょっと気がつかないかもしれません。

また、中学では約9割の生徒が部活動に参加しているというのも、浅野の特色です。部活動をおおいに奨励するという学校の応援もさることながら、この恵まれた自然環境が一役買っているのでしょう。

充実した教育環境のなか、浅野生は明るく自由な学園生活を伸びのびと送っています。

栄光学園中学校
EIKO GAKUEN Junior High School

■神奈川県鎌倉市玉縄4－1－1
■JR線・湘南モノレール「大船」
　徒歩15分
■男子のみ547名
■0467－46－7711
■http://ekh.jp/

理想的な学習・教育環境を実現

　JR大船駅から徒歩15分。緑あふれる小高い丘陵地に栄光学園のキャンパスは立地します。

　約11万㎡の広大な敷地に本校舎がゆったりと配置され、第1・第2体育館、陸上グラウンド、野球場のほかにサッカー、野外バスケット、テニスの各コートが広がっています。

　創立50周年記念事業の一環として、聖堂や図書館の入った複合棟も建設されました。丹沢札掛に山小屋栄光ヒュッテ、三浦市諸磯には鉄筋2階建ての臨海教室を有しています。

　じつに恵まれた教育環境で、1学年4クラス編成の比較的小さな学校としてはぜいたくな施設の充実ぶりといえるでしょう。晴れた日には、校舎から富士山や丹沢の山並も大きく望めます。

　栄光学園は教育の根幹にカトリックの精神をおき、宗教とかかわる機会も多く設けています。

　しかし、信仰は個人の自由にかかわることなので、礼拝や聖書の学習などへの参加は自由としています。

　なお、校名の「栄光」とは、イエズス会のモットー「より大いなる神の栄光のために」に由来したものです。

「真の人間」を育て
次世代のリーダーを育成

　栄光学園は開校以来、「真の人間を育てる」ことをめざしてきました。そのために、つぎのような教育理念を掲げています。「キリスト教的価値観に基礎をおき、生徒一人ひとりが人生の意味を深く探り、人間社会の一員として神から与えられた天分を十全に発達させ、より人間的な社会の建設に貢献する人間に成長するよう助成することを目的とする」。

　そして、この理念に基づき、社会に奉仕できるリーダーの育成にあたってきました。大学への良好な進学実績はあくまで結果であり、他者に貢献できる人間教育こそが本来の学園の目的です。自分で考え、判断し、実行することができ、さらに謙虚な反省をとおして自己を向上させられる人間の育成をめざしています。

　その例をあげると、たとえば、毎週1時限「倫理」の授業があります。人間について幅広い理解力や判断力を養う場として、創立以来大事にされてきました。

　また「愛の運動」と呼ばれる奉仕活動も伝統として定着し、その活動は各種施設訪問や学習ボランティアなど多岐にわたります。これらは自分たちとは異なる環境に生きる人々との交流のなかで、さまざまなことを生徒自らに学ばせるためのものなのです。

自立をめざす学習指導で
じっくり人間教育にあたる

　じっくりと人間教育にあたるという栄光学園の基本姿勢は、学習においても通底するものがあります。いかに学ぶかということを自ら学ぶ「自学自習の精神」を涵養することに努め、また学習内容の消化・定着をはかるため、毎日最低2時間の家庭学習の習慣化を課しています。

　中高6年間を2年ごとに3つのブロックに分けるのも、栄光学園の教育の特色でしょう。中1・中2を初級とし、ここでは人間として、生徒として必要となる基本を教えます。中3・高1は中級で、初級で体得した基本を発展させ、自ら進んで多くを学ぶ姿勢を養います。さらに高2・高3の上級では、学んで体験してきたことを総合させ、自らの可能性を追求する時期とします。この3ブロック制は生徒の発達段階を考慮したもので、各期のテーマに沿った指導を行うことで、効率的に生徒たちの能力を育成していきます。

神奈川学園中学校

（かながわがくえん）

KANAGAWA GAKUEN GIRLS' Junior High School

神奈川

横浜市

女子校

■神奈川県横浜市神奈川区沢渡18
■JR線ほか「横浜」、東急東横線
「反町」徒歩のみ10分
■女子のみ561名
■045−311−2961
■http://www.kanagawa-kgs.ac.jp/

「わたしをすてきにする」学校

現代に生きる人間教育

JRや私鉄各線が行き交う横浜駅。そんな便利な駅から歩いて10分という場所に神奈川学園中学校・高等学校はあります。

神奈川学園の前身「横浜実科女学校」は、1914年（大正3年）、「女子に自ら判断する力を与えること」「女子に生活の力量を与えること」を建学の理念に開校されました。創立以来、宗教色のない学校として、「自覚」「心の平和」「勤勉」を校訓に、現代に生きる人間教育を進めてきました。

そのような教育を行う神奈川学園では、2001年から「21世紀教育プラン」を実施しています。これは、生徒の「学習力」と「人間力」を育てることを柱としたもので、「学習力」は、日々の授業の充実と各種講座を中心に、「人間力」は、クラスを基礎として、生徒会は「一人でもいられる、誰とでもいられる学校づくり」を目標としました。また、21世紀に求められる人間像は、「自立」と地球時代の他者との「共生」だと考え、「人と出会い、社会と出会う」体験をとおしての進路探求が、「21世紀教育プラン」の骨格にもなっています。

中学ではふたり担任制を採用するとともに、友だちづくりを大切にしたエンカウンターやPA研修などを行い自立を支えています。

さらに、中学3年で、沖縄、水俣、四万十川、奈良・京都の4方面から選択して現地に向かうフィールドワークを実施しています。日本の現実や文化の本質を知り、社会を見る視野がいっそう広がる行事です。

一人ひとりを伸ばす

オリジナルテキストを用いた独自の教科内容により授業を進めている神奈川学園。英会話の授業では、中1からふたりのネイティブの先生による2分割授業を行っています。

また、数学は、中2で習熟度別授業も導入し、確実な学力を育てています。

高1からは、英語などにもグレード制を導入して少人数授業を行い、高2からは進路別の選択授業となり、グレード制実施も含めて少人数授業で進路を切り開く学力を育てています。

さらに、中学では、全員が到達すべき目標に達するように「補習」制度を充実させています。

21世紀プラン第3ステージへ

2008年（平成20年）、神奈川学園は完全中高一貫化にともない、「21世紀教育プラン」をさらにステップアップさせました。

これまで豊かな実りを見せてきた「人と出会い、社会と出会う」生き方の探求はそのままに、学習面がさらに充実しました。

6日制に移行し、中学段階での一定のカリキュラムの前倒しを実施し、それによって、神奈川学園がこれまで大切にしてきた豊かで深い授業の内容と、進度のスピードとを両立することが可能となりました。

また、中学からのノート指導を徹底し、担当者が添削指導を重ね、自学力を育成しています。

さらに、今年2011年から「21世紀教育プラン」は第3ステージに入りました。理科・社会の時間増などで、いっそうの学力伸長を実現します。

「未来に限界を作らない」。第3ステージの21世紀プランは、これまで以上に、一人ひとりの夢の実現を強く確かにサポートしていきます。

神奈川大学附属中学校
(かながわだいがくふぞく)
KANAGAWA UNIV. Junior High School

建学の精神は「質実剛健・積極進取・中正堅実」

横浜市に17万㎡ものキャンパスを有する神奈川大学附属中学校・高等学校。ぜいたくなほど豊かな緑ときれいな空気が学校を包みます。

建学の精神は「質実剛健・積極進取・中正堅実」です。「質実剛健」は飾り気なく真面目で心も身体も強いこと。「積極進取」はなにごとも進んで行うこと。そして、「中正堅実」は質実剛健・積極進取の精神を自覚したうえで、ものごとの本質を見極め、自ら主体的に行動することです。

この建学の精神のもと、神奈川大附属では、生徒一人ひとりが自分のなかに潜む可能性を引き出し、伸ばし、たくましく生きる力を育んでいます。

学校としての基本姿勢は「進学校」ですが、そのなかであくまでも「個」を大切にし、自主独立の精神を尊重して、自分の足でしっかり立つことのできる人間の育成に努めています。

「生きる力」を養う6つの教育目標

こうした人材を育成するために神奈川大附属が掲げているのが、「生涯教育の立場」「男女共修の立場」「情報化社会への対応」「個別化・個性化の立場」「国際科への対応」「"生き方探し"の進路指導」の6つです。大学進学へ向けて受験科目の指導に重点を置きながらも、それだけに偏らない教育を行うことで、自主独立の精神を育む「生きる力」を生徒たちは身につけます。

進路については、まず、併設の神奈川大に学校長の推薦を基本とした内部推薦制度があります。推薦入学試験が11月（第Ⅰ期）と3月（第Ⅱ期）の2回実施され、約70名の推薦人数枠が設けられています。第Ⅰ期推薦で、国公立大受験者に対し、神奈川大との併願が認められます。こうした制度にも後押しされ、2011年も東大をはじめとした難関大学にも多数の合格者を輩出しています。

■神奈川県横浜市緑区台村町800
■JR線・横浜市営地下鉄グリーンライン「中山」徒歩15分、相模鉄道線「鶴ヶ峰」バス20分
■男子414名、女子258名
■045－934－6211
■http://www.fhs.kanagawa-u.ac.jp/

鎌倉女学院中学校
(かまくらじょがくいん)
KAMAKURA JOGAKUIN Junior High School

湘南地区女子中の草分け的存在

鎌倉女学院は創立以来「真摯沈着」をモットーに、特色ある女子教育を実践し、多くのすぐれた女性を世に送りだしてきました。現在は、国際社会で活躍できる知的で洗練されたエリート女性の育成を視野に入れ、それぞれのめざす上級学校への進学に適した、6年一貫教育を行っています。

そのなかで、中学の3年間は幅広い教養を身につけるとともに、将来に向けて基礎学力を養成する大切な時期と位置づけられています。国語・数学・英語の授業時間数を標準より増やし、日々のきめ細かい指導によって、無理なく着実に実力を養成していきます。

この3教科に理科と社会を加えた5教科を重視する教育課程の編成や、生涯にわたって楽しむことができる教養を身につけることを目的とし、茶道・華道・書道・バイオリン・フルートの5講座が学べる特修科の設置など、一人ひとりの能力を引きだす、行き届いた教育をめざしています。

鎌倉で世界を受信する

学習面とともに重視されているのが、国際的な社会人となるためのさまざまな経験です。

たとえば、異文化を理解し、それと共生していくためには、自国の文化理解が不可欠です。古都鎌倉という学校環境をいかして歴史遺産に触れ、体験的に学ぶことによって、自国の歴史・文化の特色を理解していきます。

また、20年以上前から国際交流プログラムに取り組んでおり、現在は海外姉妹校交流プログラム（アメリカ）とカナダ英語研修（どちらも高校の希望者が対象）のふたつの海外研修を実施しています。

湘南地区の女子中学校の草分け的な存在としての伝統を持ちながらも、こうして社会の国際化にも対応する教育を柔軟に取り入れるなど、つねに進化を続けているのが鎌倉女学院のよさだと言えるでしょう。

■神奈川県鎌倉市由比ガ浜2－10－4
■JR線・江ノ電「鎌倉」徒歩7分
■女子のみ505名
■0467－25－2100
■http://www.kamajo.ac.jp/

鎌倉学園中学校
かまくらがくえん

KAMAKURA GAKUEN Junior High School

神奈川
鎌倉市
男子校

■神奈川県鎌倉市山ノ内110
■JR線「北鎌倉」徒歩13分
■男子のみ535名
■0467-22-0994
■http://www.kamagaku.ac.jp/

校訓に掲げる「礼義廉恥」

　古都鎌倉、建長寺の境内に隣接する鎌倉学園。学校の周囲を、深い歴史と豊かな自然がおおいます。まさに、この鎌倉でしか味わうことのできない贅沢な時間と空間が、鎌倉学園を包んでいるように思われます。

　鎌倉学園を語るには、まず校訓である「礼義廉恥」を語らなければなりません。この「礼義廉恥」とは、中国の書物「管子」のなかにある言葉です。鎌倉学園では、この校訓「礼義廉恥」をもとに、「知・徳・体」三位一体の教育を行っているのです。「礼義」とは、人として身に備えるべき社会の正しい筋道のこと。「廉恥」とは、心清くして悪を恥じ不正をしないこと。

　鎌倉学園では、こうした豊かな宗教的環境から醸しだされる家庭的な友愛精神のなか、社会の進歩に適応できる能力・適性を育むための進路指導を重視しています。

　学習の場はもちろんのこと、クラブ活動や生徒会活動などをとおして、社会の一員としての理想的な生活態度を養っています。

適切な進路指導で高い進学実績

　情操あふれる人間形成に努める鎌倉学園は、しっかりした進学指導を行っていることでも定評があります。それを可能としているのが、中高一貫の特色あるカリキュラムです。徹底した合理主義により、着実なステップアップがはかられています。

　中学では、学ぶ習慣と意欲を身につけるとともに、基礎学力をしっかりと養います。

　そのため、日々の補習をはじめとして、学期末の特別講習や、土曜日に行われる「鎌学セミナー」などをとおして、徹底した基礎学力づくりが行われています。

　そして、忘れてならないのは、中高一貫教育のもとに行われる、国語・数学・英語の先取り授業です。一歩一歩完

璧な理解を積み重ねながら展開されています。

　高校での進路指導においては、1年次に「自分を見つめる」をテーマに各自が自分自身を深く掘り下げます。

　それをもとに将来進むべき方向を模索し、2年次より文系・理数系の2コースに分かれます。そこでは、習熟度別授業や選択制授業により、それぞれが目標とする大学の入試実態に適応した、きめ細かな授業体制がつくられているのが特徴です。

クラブ活動もしっかり応援

　真の「文武両道」をめざす鎌倉学園では、生徒が生徒会活動やクラブ活動に積極的に参加することもすすめています。

　自由で伸びのびした校風のなか、多くの生徒が自主的にクラブ活動に参加しているのも、鎌倉学園の特色のひとつといってよいでしょう。

　また、建長寺の子弟教育のために創立された「宗学林」を前身とする鎌倉学園では、中学1年から高校1年まで、心身のバランスのとれた成長をめざすため、坐禅教室の時間が設けられています。

　そのほか、中1・中2で実施される林間学校や、中学3年間とおして体験できるスキー教室といった盛りだくさんの行事を行うことで、バランスのとれた人格形成を心がけています。

鎌倉女子大学中等部
かまくらじょしだいがく

KAMAKURA WOMEN'S UNIV. Junior High School

神奈川

女子校

鎌倉市

「豊かな心」と「確かな学力」を養う

1943年（昭和18年）、学祖・松本圭太先生によって設立された鎌倉女子大学中等部。緑あふれるキャンパスには、音楽・美術などの特別教室のほか、カフェテリアを併設した室内温水プール棟や弓道場など、充実した教育環境が整っています。このキャンパスのもと、鎌倉女子大学中等部では「豊かな心」と「確かな学力」を養う教育を行います。創立以来の「感謝と奉仕に生きる人づくり」「ぞうきんと辞書をもって学ぶ」「人・物・時を大切に」という建学の精神を教育の重要な柱とし、心の教育を「形から入る心の教育活動」として日々行っているのが伝統です。「校門での一礼・さわやかな挨拶の指導」など、毎日の実践・経験で「豊かな心」のありようを学びます。

4年目を迎えた「特進コース」

「確かな学力」の育成という面では、鎌倉女子大進学はもちろん、他の難関大進学を目標においた「特進コース」が4年目を迎えました。6年後の進路として「早大・慶應大・上智大をはじめとする偏差値60以上の上位大学全員合格」をめざしています。

また、従来の一般コースは2012年4月より「進学コース」と名称を変更しました。「20名少人数クラス」「習熟度別授業」をベースに、わかる授業と生徒一人ひとりの達成感を念頭におき、総合4年制大学進学を柱に指導していきます。

さらに特進コースの生徒全員と、進学コースの一定の成績を有する優秀な生徒には、鎌倉女子大の推薦入学権を保持したまま他大学へチャレンジできる「併願確約制度」が適用されます。この制度は「大学の併設校である強みを活かし、難関大学にチャレンジしたい」と考える生徒のために用意されました。

2009年度から全学年が新制服となった鎌倉女子大中等部生は、お気に入りの制服でキャンパスを躍動しています。

■神奈川県鎌倉市岩瀬1420
■JR線「本郷台」徒歩15分、JR線・湘南モノレール「大船」バス10分
■女子のみ240名
■0467－44－2113
■http://www.kamakura-u.ac.jp/

カリタス女子中学校
じょし

CARITAS Junior High School

神奈川

女子校

川崎市

生徒の自律をうながす校舎

カリタス女子中学校の「カリタス」とは、ラテン語で「慈しみ・愛」を意味する言葉です。カナダの聖マルグリット・デュービルが創立した修道女会の名称に由来しています。「祈る」「学ぶ」「奉仕する」「交わる」の4つの心を持った人間像をめざし、思いやりの心と自律した学びの姿勢を育んでいます。

現在、カリタス学園は、幼稚園から短期大学まで持つカトリックの総合学園として一貫教育を展開しています。

国際的センスを磨くふたつの外国語

カリタスでは、創立当初から英語とともにフランス語を伝統的に学んでいます。フランス語の授業では中学生の女の子を主人公とした学校自作の教科書が使用され、身近に感じながら学べるように工夫されています。また、外国で自分の国や自分の考えをしっかり語れるための教育、真の国際人を育てる教育も行われています。

新校舎を通して新たな学習を提案

2006年に新校舎が建てられて以来、カリタスでは「教科教室型運営方式」を採用しています。この方式は、すべての教科が教科ゾーンを持ち、生徒たちはつねに「教科教室」に出向いて授業を受けるというものです。この方式を採用することにより、生徒は教室で授業を待つのではなく、授業に必要な準備をして授業に向かう「自律した学習姿勢」を身につけるようになるのです。さらに、各教科ゾーンの「教科センター」には、授業の内容などが生徒の興味をひくかたちで展示され、生徒の知的好奇心を刺激しています。

そのほかにも、緑と光、空気をふんだんに取り入れた校舎となっており、学校全体がコミュニケーションの場となるように設計されています。カリタス女子中学高等学校は21世紀を見通した新たな教育活動を展開しているのです。

■神奈川県川崎市多摩区中野島4－6－1
■JR線「中野島」徒歩10分
■女子のみ575名
■044－911－4656
■http://www.caritas.ed.jp/

東京

神奈川

千葉

埼玉

茨城

寮制

あ行
か行
さ行
た行
な行
は行
ま行
や行
ら行
わ行

関東学院中学校

KANTO GAKUIN Junior High School

■神奈川県横浜市南区三春台4
■京浜急行「黄金町」徒歩5分、横
　浜市営地下鉄「阪東橋」徒歩8分
■男子527名、女子234名
■045－231－1001
■http://www.kantogakuin.ed.jp/

創立100年へ向けて

6日制カリキュラム

2010年1月に創立91周年を迎えた関東学院では、土曜日の午前中にも通常授業を行う週6日制カリキュラムを実施しています。そして、成績中位の生徒たちが当たり前にMARCHレベル以上の大学に合格することを念頭においています。

中2から高1まで、成績上位者を1クラスにした「ベストクラス」を設置。合わせて、数学では中3・高1、英語では中2・中3で習熟度別授業を実施しています。2クラスを3つに分け、きめ細かい指導で個々の能力を伸ばします。高2以降は文系、理系各々1クラスを「難関大学受験クラス」として設けています。このクラスはセンター試験から大学入試がスタートするという姿勢で、目標が一致した生徒同士が切磋琢磨しあい、高い目標を実現させています。

2009年に完成した新校舎には県内随一の設備を誇る、生物・化学・物理・地学の専門実験室が合計5教室あります。中1・中2では、この設備を利用し、週に1回は実験を行う授業を実践しています。また、毎朝、礼拝とともに朝読書の時間があるほか、週1時間の聖書の時間では人の大切さを学びます。

個性を磨き、心を育てる研修行事や部活動

関東学院では6年間一貫のプログラムとして、毎年宿泊研修があります。「現場主義、地球的視点、人権と平和」というモットーで教室外での「学び」も重要だと考えているからです。

このほか、さまざまな価値観を持った人びととのであいを大切にする海外研修プログラムにも力を入れています。高校2年生で行われる全員参加の海外研修では、中国・韓国・台湾・沖縄の4カ所のコースに分かれ、平和について学び、考えていきます。

また、希望制でオーストラリア、台湾での語学研修ホームステイやハワイ島での理科研修もあります。そのような「人」や「世界」に積極的に会う場が関東学院には用意されています。

また、行事も多彩です。9月の球技大会、11月のかんらんさい（文化祭）のほか、2月に横浜みなとみらいホールで開催する合唱コンクールは、クラスが心をひとつにして日ごろの練習できたえた美しい歌声を競いあいます。

クラブへの参加率も高く、マーチングバンド、オーケストラ、少林寺拳法、スキー、ラグビー、剣道などは各方面で活躍しています。

さまざまな価値観を持った人といっしょに汗を流し、苦労をともにする。関東学院では、行事や部活動は教室のなかだけでは得られない「学び」を実践する場として、この「学び」のなかでも6年間完全燃焼してもらいたいと考えています。

希望・適性に合わせた進路指導

関東学院では「大学のさきにあるもの」「自分の適性を見つけること」を大切にして進路指導をしています。6年間という時間を有効に使い、各自の特性を探しだすことができるよう、さまざまな体制や内容で生徒を導いていきます。

2011年度の進学実績では約80%が現役で大学に進学しています。関東学院大への推薦制度はありますが、この制度を使っての進学者は全体の約8%にとどまります。国公立大をはじめとする難関大学への進学者も多く、実績も上昇しています。系列の大学を有するとはいえ、生徒の希望・適性に合わせた進路指導が行われているのです。

関東学院六浦中学校
かんとうがくいんむつうら

KANTO GAKUIN MUTSUURA Junior High School

神奈川
横浜市
共学校

キリスト教を土台とした学校教育

　関東学院六浦中は、設立以来一貫してキリスト教の精神を建学の精神とし、校訓「人になれ　奉仕せよ」を掲げてきました。この校訓の具現化に向けて「共に励まし合う人、社会に奉仕する人、平和を尊重する人」を育成するという教育目標を掲げています。キリスト教の「愛と奉仕の精神」を基盤とし、自立した人格の形成と、社会に貢献できる人材の育成をめざして、生徒・教職員がともに学びあい、毎日の教育活動が行われています。

独自の教育プログラム

　1年・2年は確立期とし、生活習慣の確立、基礎学力の徹底、家庭学習の習慣化をめざします。1クラスの人数を30名前後とし、きめ細かな指導を行います。3年・4年（高1）は定着期です。学習意欲の向上、発展学習の実施、進路学習の充実をめざします。アドバンスクラスを設けて学習意欲を高め、総合学習やキャリアガイダンスで職業観を育みます。そして、5年（高2）・6年（高3）は発展期とし、進路に応じた選択科目の教科、応用力の育成、進学目的を明確にした進路指導の実施が目標です。6年間の集大成として、希望する進路に向かう生徒一人ひとりを、全教員でサポートしていきます。

充実した学校生活

　クリスマス礼拝をはじめ、さまざまなキリスト教行事を設けています。ボランティア活動（地域清掃や施設訪問）への参加も積極的に行うなど、奉仕の心を育むためのきっかけづくりを行っています。また、クラブ活動もさかんで、運動系14、文化系18のクラブがあり、多くが中高いっしょに活動しています。6学年にわたる信頼できる仲間との交流は、生涯の大切な財産です。さらに、希望者を対象にカナダ・バンクーバーへの海外短期研修やオーストラリアへのターム留学を行い、語学研修や異文化交流を体験します。

■神奈川県横浜市金沢区六浦東1－50－1
■京浜急行線「金沢八景」・「追浜」徒歩15分
■男子332名、女子225名
■045－781－2525
■http://www.kgm.ed.jp

北鎌倉女子学園中学校
きたかまくらじょしがくえん

KITAKAMAKURA JOSHIGAKUEN GIRLS' Junior High School

神奈川
鎌倉市
女子校

「高雅な品性」を育む教育

　北鎌倉の緑美しい高台に、北鎌倉女子学園中学校・高等学校はあります。東邦大学の創立者である、額田豊博士によって1940年に開校され、「豊かな知性と情感を具え、深い思考と的確な判断のもとに誠実に自らの人生を生き、やさしく他と調和しつつ社会に寄与する女性」の育成をめざしています。

　週6日制を堅持し、6年間を「基礎確立期（中1・2）」、「発展充実期（中3・高1）」、「実力完成期（高2・3）」の3つのタームに分けてそれぞれのタームにごとに目標を設定しています。「基礎確立期」では、学習習慣の確立と基礎事項の反復練習を主眼にとらえ、「発展充実期」では、自ら学ぶ姿勢や考える能力を、そして「実力完成期」では、将来の進路を定め、その目標の実現に向けての学習体制を整えています。

中学校ではめずらしい音楽科

　北鎌倉女子学園では普通コースとは別に、中学校では数少ない音楽コースを有しています。高等学校音楽科を含めた6年間の一貫教育は、音楽の基礎を固め、幅広く学んでいく理想的な環境といってよいでしょう。

　また、普通コースでは、中3次に「普通クラス」と「応用クラス」に分かれます。高1進級時に「普通クラス」と「特進クラス」に。そして、高2から「文理進学」、「特進文系」、「特進理系」とコースに分かれ、それぞれ個人の希望進路に沿って実力を養成していきます。

　そうした綿密なカリキュラムと、先生方の手厚いサポート体制により、近年では、4年制大学への進学率も上昇し、自分の夢をかなえる生徒が増えてきています。

　北鎌倉女子中学校・高等学校では、あふれる自然と歴史ある街にかこまれ、勉強だけではなく、さまざまな学校行事や、学校での日常をとおして、豊かな品性と知性を育んでいます。

■神奈川県鎌倉市山ノ内913
■JR線「北鎌倉」徒歩7分
■女子のみ226名
■0467－22－6900
■http://www.kitakama.ac.jp/

東京　神奈川　千葉　埼玉　茨城　寮制

あ行　か行　さ行　た行　な行　は行　ま行　や行　ら行　わ行

公文国際学園中等部
KUMON KOKUSAI GAKUEN Junior High School

神奈川
横浜市
共学校

国際社会で活躍する人材を育てる未来志向の学級

公文国際学園は1993年、公文式学習の創始者である公文公によって創立されました。「国際学園」という名を校名に冠した背景には、「この学園から巣立っていく子どもたちが、やがて世界のなかでリーダーシップを発揮して諸問題を解決できるような、グローバルな視野を持つ個性的な人間になってほしい」との願いがこめられています。

学園には制服も校則もなく、あるのは生徒の自由と責任を謳った生徒憲章だけです。なにもかもが自由という意味ではなく、生徒は、自分に与えられた自由を守るため、自分の行動に対して責任を持つように求められているのです。

公文式と3ゾーン制

公文国際学園の特徴的な勉強のひとつに公文式学習があります。中1・2年生は授業が始まる前に毎朝20分間、公文式の教材で学習します。また、週1回、決められた曜日の放課後にも公文式教材での学習を行います。公文式は中2までが数学が必修で、その後はフランス語やドイツ語なども選択でき、高校生になっても続けている生徒が多くいます。

また、2008年から3ゾーン制というほかの学校にはあまり見られない制度を取り入れています。中高6カ年を基礎期・充実期・発展期と3つに分け、それぞれに教育目標を設定。各ゾーンごとに校舎が分かれ、ゾーンリーダーとして教頭先生が配置されているのです。このゾーン制によって、生徒の発達段階に合わせた、より専門的で細やかな、そして効果的な指導が行われています。

そのほかにも、公文国際学園にはさまざまな行事やイベント、魅力的な学校施設や学生寮など、すばらしい教育環境が整っています。6年間という学園生活をとおして、これらのすべてが、自らの進路を切り拓く力を養い、将来、世界へと羽ばたいていく礎となっていることにまちがいありません。

■神奈川県横浜市戸塚区小雀町777
■ＪＲ線「大船」スクールバス8分
■男子249名、女子243名
■045-853-8200
■http://www.kumon.ac.jp/

中学受験用語集

■キャリアガイダンス

積極的な進路指導のことをさす。とくに私立中高一貫校の進路指導では、たんなる進学指導にとどまらず、生徒一人ひとりが自己を深く知り、自らの未来像を描き、自己実現をめざすという、広い意味での進路学習となっている。

このため、卒業生や職業人による講演や職場体験など幅広く企画が組まれる。進路への強い関心が進学へのモチベーションとなることがねらいでもある。

■競争率（倍率）

入試でいう競争率には、志願倍率（応募倍率）と実質倍率の2種がある。志願倍率とは、志願者数を募集人員（定員）で割ったもの。入試前に、競争率の参考にできるのが、この志願倍率。しかし、志願しても実際は受験しなかったり、募集人員より多くの合格者を発表したりする学校があるので、実際の競争率（＝実質倍率）と志願倍率は数値が異なってくる。

これに対して実質倍率は、実質競争率といえ、実受験者数を合格者数で割ったものとなる。入試が行われ、合格者数も確定した結果から算出される。受験の際には、前年度の実質倍率も参考にすることが大切。

■公立中高一貫校

公立の学校で中学3年と高校3年の6年間の一貫教育を行う学校。1998年の学校教育法改正により、99年に3校が作られたのが最初。

すでに全国で170校を超えており、そのうち進学型といわれる学校が48校ある。

その形態は3種類あり（中等教育学校、併設型、連携型）、いずれも特色ある教育を行う学校が増えている。

私立の中高一貫校とちがうのはまず学費。義務教育である中学部分の学費はかからないうえ、高校部分も無償化された。

学力検査は課せられないのが建前で、合否は適性検査、作文、面接などで判断される。

■合格最低点

その学校の入試結果で、合格者のなかで最も低かった受験生の得点。その学校で、最低でも何点取れば合格できるかをはかる目安となる。

各校の過去の合格最低点を調べることで、最低合格ラインが見えてくる。ただし、問題の難易度や競争率、その年の受験者の層など、さまざまな要素により毎年変動するので、過去問題を演習するときには、過去問題に該当するその年度の合格最低点を参考にすることが重要。また過去数年を見たうえで、あくまでも参考値として理解することも必要となる。

慶應義塾湘南藤沢中等部

けい おう ぎ じゅく しょう なん ふじ さわ

KEIO SHONAN FUJISAWA Junior High School

神奈川　共学校

藤沢市

■神奈川県藤沢市遠藤5466
■小田急江ノ島線・相鉄いずみ野線
　横浜市営地下鉄線「湘南台」バス
　15分、JR線「辻堂」バス25分
■男子271名、女子230名
■0466−49−3585
■http://www.sfc-js.keio.ac.jp/

貫かれる「独立自尊」「実学」の精神

　1992年（平成４年）、慶應義塾湘南藤沢中等部・高等部は、藤沢市にある慶應大と同じキャンパス内に、男女共学・中高一貫６年制の学校として開校しました。創立以来、情操豊かで、創造力に富み、思いやりが深く、広い視野に立ってものごとを判断し、社会に貢献するために積極的に行動する人、知性・感性・体力にバランスのとれた教養人の育成をめざしてきました。

　福澤諭吉が開いた「慶應義塾」の基本理念は、「独立自尊」。なにごともただ己の良識と信念にのみ照らしあわせて、考え行動する態度を身につけることを学問するねらいとしました。

　また、福澤諭吉が提唱した新しい学問「実学」は、たんなる実用の学を意味するのではなく、「科学する心」をさしています。当然とされてきたことも疑い、「なぜ」と問う精神。

　こうした「科学する心」を、あらゆる機会をとらえて試みることが、「実学する精神」として慶應義塾の一貫教育に通底しています。

「社会の良識が本校の校則」

　慶應義塾の各小・中・高等学校は、こうした共通する教育理念、教育目標を持っていますが、じつは、各学校の教育方針・具体的な教育の運営は、それぞれ独立しています。たとえば、各高等学校の生徒は卒業後、そのほとんどが慶應大に進学しますが、大学で学ぶにふさわしいかどうかの判断は、各高等学校がそれぞれ独自の選考・推薦に基づいて行っているのです。これは、各学校の持ち味をいかし、多様な人材が育つことを期しているからです。

　こうしたなか、慶應義塾湘南藤沢では、「社会の良識が本校の校則」という考えのもと、校則のない自由な雰囲気に満ちあふれているのが特徴です。

自由な校風から育つ
社会的責任の自覚

　各クラスは、２名の担任教員制となっています。そのため、生徒は、状況に応じて異なる担任の先生にアプローチをすることが可能です。生徒の多様な感性と、ふたりの担任の異なる個性が融合して独特の雰囲気がつくりだされているのが特徴です。また、毎週木曜日には、「ゆとりの時間」という選択授業が設けられています。苦手科目のフォローを目的としたものから、「初級クラシックギター講座」など、幅広い分野の講座があります。

　学校では、こうした多様性のなかから、生徒にほんとうの意味での自由と、それを裏打ちする社会的責任の自覚を身につけてほしいと考えています。

異文化交流と情報教育が
２本の大きな教育の柱

　慶應義塾湘南藤沢中等部では、「異文化交流」と「情報教育」が、大きな２本の教育の柱となっています。「異文化交流」では、帰国子女入試を経て入学してきた者が生徒の約25％という高い割合を占めていることに加え、ネイティブ・スピーカーの教員も多数おり、異文化の交流が自然なかたちで学校のなかに生まれています。

　また、パソコンを利用して「情報」の授業が行われ、中等部ではパソコンによる情報活用・解析・プレゼンテーション能力の育成、高等部ではコミュニケーション・データ解析能力の育成を主眼においた授業を行っています。

　こうして、これからの時代を担う生徒に最も必要だと思われる、外国語やコンピュータによるコミュニケーション能力、データ解析能力をしっかり身につけさせることがめざされています。

慶應義塾普通部
KEIO FUTSUBU SCHOOL

神奈川 **男子校** **横浜市**

■神奈川県横浜市港北区日吉本町1
　−45−1
■東急東横線・横浜市営地下鉄グリ
　ーンライン「日吉」徒歩5分
■男子のみ710名
■045−562−1181
■http://www.kf.keio.ac.jp/

「独立自尊」の精神を胸に

　慶應義塾は「独立自尊」を基本精神として、「気品の泉源」であり「智徳の模範」となる人材の育成をめざしています。

　創立者・福澤諭吉がめざした「高い品性とすぐれた知性を人格の基盤として、独立した思考と行動を行うことのできる個人の育成」を創立以来掲げてきました。

　とくに、中学生になる時期から、ものごとをみる視野の範囲が急速に広がり、高い視点に立って自らを含めた個人の立場を考えることができる年齢であることに注目し、社会のなかの個人としての立場を確認する過程と位置づけた教育を行っています。この中学生の時期を、人間の基礎を築くかけがえのない大切な時期ととらえ、中等教育において「独立自尊」の人格形成に資することのできる理想の教育をめざしています。

「少人数学級」が大きな役割

　慶應義塾普通部は、2005年度より、中学1年生の1クラスの人数が24人（2年次クラス替えをして、40人学校になります）という、少人数制を採用しています。少人数教育は、将来の有望な人材を育成するのには必要不可欠な条件となっています。

　入学後の1年間を、自ら学び自ら考えるための基礎的な学力を身につける時期と位置づけるとともに、入学直後からの親密な友だちづくりを、人数が少ないクラス規模で行い、また、一人ひとりが授業へ積極的に参加する環境として、1年生の少人数学級が大きな役割を果たします。

　授業によっては、教科の特性から2クラス合わせて授業を行う場合もありますが、この少人数学級はさまざまな面で大きな効果を発揮しているようです。

　一人ひとりに日々の授業において光をあてることができ、授業の形態そのものが参加型になり、各人の理解も深まっているようです。

　この少人数学級は、先生からみても大きなメリットがあります。生徒のつまずきをいち早くキャッチすることができ、迅速に対応できるのです。また、課題やノートの確認も的確に指導することができ、結果的に生徒の学力伸長につながっています。

活動がさかんな部会活動

　普通部生は、それぞれの興味や関心に応じての部会（クラブ）活動に励んでいます。運動部はもちろん文化部においても、慶應義塾の大学生や社会人OBが積極的に指導にあたってくれます。そこでは、「慶應社中」と呼ばれる、世代を越えての交流が日々行われているのです。

幼稚舎からの生徒とも融合

　慶應義塾は幼稚舎（小学校に相当する）から大学院までの一貫教育を行っています。普通部はこの慶應義塾幼稚舎からの進学者と、入学試験で入学してきた生徒で構成されています。普通部での募集定員は約180名ですが、例年競争率は4〜5倍となっています。中学段階から普通部に入学されるかたは、幼稚舎から進学した人とうまく融和できるかを心配することも多いようですが、実際には、入学後すぐに仲よくなります。

　普通部卒業後は、慶應義塾の一貫教育の高校段階に進むことになります。慶應義塾高等学校に進む生徒が最も多いのですが、慶應義塾志木高校、慶應義塾湘南藤沢高等部、そして、慶應義塾ニューヨーク学院のいずれかに、普通部からの推薦で進学可能です。

　高校卒業後は、慶應大の10学部に進学することができます。ほとんどの生徒が、この慶應義塾の一貫教育システムに沿って慶應義塾大学に進学しています。

相模女子大学中学部
さがみじょしだいがく

SAGAMI WOMEN'S UNIV. Junior High School

■神奈川県相模原市南区文京2－1
－1
■小田急線「相模大野」徒歩10分
■女子のみ380名
■042－742－1442
■http://www.sagami-wu.ac.jp/
chukou/

「未来を拓く、これからの女性」

相模女子大学は、女子の先進教育機関として明治中期に開学した110年の歴史を誇る学園です。創設者の西 澤之助は、「高潔善美」を建学の精神に掲げ、高い理想にまっすぐ向かう心、美しいもの・善いものを愛する心、強さと真の女性らしさ、を持った女性の育成をめざしました。西は、「人が最初に出会う教育者は母親である」という言葉も残しており、100年以上も昔にいち早く女子教育の重要性を唱え、実践していたのです。

相模女子大学中学部・高等部はこの精神に基づき、「英知」「誠実」「友愛」を教育目標としています。確かな学力の定着をはかるとともに、多彩な行事や活発なクラブ活動をとおして、真剣にものごとに取り組む姿勢やひとを思いやる心を育んでいます。豊かな自然に包まれたキャンパスのなかで、一人ひとりが輝く主人公となれるよう精一杯サポートします。

6年間で拓く、自己実現の道

相模女子大学中学部・高等部では6年間を「基礎確立期」（中1・中2）、「充実発見期」（中3・高1）、「発展挑戦期」（高2・高3）の3段階として考え、各時期に適切な指導を行えるように計画を立ててきました。中高一貫6カ年、新カリキュラムへの移行により、英語・数学ではたんなる先取りではなく、6年後の進路獲得を見据えた 独自の進度で学習が進みます。また土曜登校化にともない、英数国ばかりでなく、理科・社会での授業時数も増加しました。中学部3学年に設置されている「特進準備クラス」は、高等部「特進コース」に直結するクラスとして、学習進度も速く、発展的な内容まで学習し、大学受験を意識した授業が展開されます。

中学1年生では「茶道」が導入され、日本の伝統文化とともに、ものごとや人に対して礼と真心をもって向きあう姿勢を学びます。また各界で活躍されるかたがたをお招きしての「講話」、中学3年生・高校1年生で実施の「キャリア講演会」などをとおして、社会とのつながりを意識し、働くことを具体的に知るなど、女性としての生き方を見つめる機会を大切にしています。中学部入学時から積み重ねた学習、経験を大切に、6年間の学びのなかで、将来を見据える力を育み、自己実現の支援をしています。

成果の確認と達成感を重視

相模女子大学中学部・高等部では、成果の確認と適切な評価、成功体験による達成感がつぎの学習意欲へつながるものと考えています。中学1年生から高校2年生まで、継続して学習のあり方と成果を確認する「学力推移調査」を実施。試験を自己評価や学習習慣の改善につなげるものとして活用しています。また毎年発刊される校誌「まつかさ」では、生徒自身の言葉で主体的な活動の成果が報告されています。

多様な進路を全力サポート

相模女子大学中学部・高等部は、相模女子大学・相模女子大学短期大学部を有する総合学園ですが、他大学を受験する生徒も全力でサポートしています。多くの補習や特別講座、チューターつき自習教室をはじめ、中高6年間にわたり、きめ細かい指導を行います。

その結果、2011年度の他大学への合格実績をみると、東京学芸大など国公立大3名、私立大に152名が進学しています。もちろん、相模女子大を希望する生徒には優先的な内部進学制度があり、興味・関心や適性に合わせて多様な選択肢のなかから進む道を選ぶことができます。

今後もつねに新しい教育を追い求める、相模女子大学中学部・高等部です。

サレジオ学院中学校
（がくいん）

SALESIO GAKUIN Junior High School

■神奈川県横浜市都筑区南山田3－
　43－1
■横浜市営地下鉄グリーンライン
　「北山田」徒歩5分
■男子のみ548名
■045－591－8222
■http://www.salesio-gakuin.ed.jp/

キリスト教精神に基づく人間形成

　サレジオ学院は、1960年（昭和35年）、カトリック・サレジオ修道会により創立された目黒サレジオ中学校を前身とするカトリック・ミッションスクールです。

　創立から50年、サレジオ学院では、キリスト教精神に基づいて豊かな人間形成をめざした教育が行われてきました。また、人間教育とともに、他人や動物、自然環境にいたるまで、すべてを大事に受けとめる「存在の教育」にも力を入れています。

　「宗教の授業」としては、中学1年生では週2時間、聖書を教材として、「人間らしく生きること」とはどういうことか、サレジオ会の神父様や先生といっしょに考えます。

　また、「『朝の話』の放送」では、世の中のさまざまなできごとや、書物のなかからテーマを見つけて、私たちの人生の道しるべとなるような話を、毎週3回、朝のホームルームを利用してサレジオ会の神父様や先生がお話しされています。

　さらに、「カテキスタ」（「人間教育を担当する人」の意味）は、神父様や神学生などサレジオ会員が中心となってこの任にあたり、必要に応じて生徒のカウンセリングも行っています。

ていねいな進路指導で
抜群の進学実績

　サレジオ学院では、生徒の夢をかなえる進路指導もきめ細かに行われています。

　高校での募集を行わない完全6カ年一貫教育では、中学・高校の重複した内容を省き、高校2年まですべてが終えられるカリキュラムを組み、最後の1年間は大学受験の演習に向けられています。

　英語・数学では約1年、一般の中学・高校よりも進んだカリキュラムが組まれています。

　そして、大学受験は6年間の日々の積み重ねととらえ、毎日の授業に加えセミナーハウスでの合宿や、春、夏、冬休みの講習など、学習を習慣づけるためのカリキュラムが組まれています。また、進路指導は高校1年生からスタート。

　「進路適性テスト」を取り入れ、生徒の志向やどのような分野に向いているかなどを見極め、生徒の将来をいっしょに考えながら目標とする大学を決めています。

　こうした生徒と先生がたの努力の結果は、国公立大、難関私立大へのすばらしい進学実績として表れています。

「家族との協力」を重視

　学校では部活動もおおいに尊重し、奨励しています。クラブへの参加率は、中学生では、なんと97％にもなっていることがよい表れといってよいでしょう。

　また、サレジオ学院では、教育懇談会や地区別懇談会などをとおして家庭との相互理解を深め、協力して教育にあたっています。

　教育懇談会では、学年別クラス別の場も設け、地区別では、それぞれが年3回の集いを行っています。

　さらに、自由参加のかたちで、たくさんの保護者との交流があり、「教育の主体は家庭だ」との考えのもと、「父親聖書研究会」「母親聖書研究会」をつくって、聖書に触れながら教育の問題を考えています。

　さて、登校時、サレジオ学院におじゃますると、校門に校長先生がいらっしゃり、生徒に「おはよう」など、なにかひと言声をかけて出迎えていることに気がつきます。これはほとんど毎日行っていらっしゃるとのことです。

　こうした地道で温かなふれあいにも、「愛と信頼の教育」の実践を感じられるサレジオ学院です。

自修館中等教育学校

じ しゅう かん

JISHUKAN SECONDARY SCHOOL

神奈川

共学校

伊勢原市

東京

神奈川

千葉

埼玉

茨城

寮制

あ行 か行

さ行

た行 な行 は行 ま行 や行 ら行 わ行

■神奈川県伊勢原市見附島411
■小田急線「愛甲石田」徒歩18分
■男子254名、女子145名
■0463-97-2100
■http://www.jishukan.ed.jp/

明知・徳義・壮健の資質を磨き実行力のある優れた人材を輩出

1999年（平成11年）、「明知・徳義・壮健の資質を磨き、実行力のある優れた人材を輩出し、人間教育の発揚を目指す」を建学の精神に創立された自修館中等教育学校。2011年度には、第7期生126名が卒業し、国公立大に10％、早慶・上智・東京理大に20％、そして明治・青山学院・中央大レベルに38％の現役合格率をだしました。全体でも72％の生徒が現役で大学に進学しています。第8期生126名もこれにつづく進学実績が望まれ、とくに国公立大への合格増加が見こまれます。

『探究活動』

その教育目標は、「自主・自律の精神に富み、自学・自修・実践できる『生きる力』を育成する」、「21世紀が求める人間性豊かでグローバルな人材を輩出する」こと。この目標のもと、つぎのような特色ある教育を展開しています。

そのひとつは、「探究」活動。自修館では生徒一人ひとりが自分でテーマを設定し、調査・研究を進めていきます。

ふだんは文献などにより基礎研究を重ねるほか、より専門的な内容については専門家へのインタビューや現地調査によって見識を深めていきます。これは「フィールドワーク」と呼ばれる取材旅行で、自修館では、こうした活動をつうじて自分で課題を解決していく能力を養っています。4年次には研究成果をまとめとして「修論」を執筆します。

こころの教育

ふたつ目は、「こころの教育」。より学術的にこのデリケートな問題にアプローチするため、EQ（Emotional Intelligence Quotient＝こころの知能指数）教育を採用。体系的にこころの成長を自覚しながら、高い目標にも臆さずに立ち向かえる強いこころを創出します。

さらに、情動教育として、「セルフサイエンス」があります。これは、日常生活のさまざまな場面を想定し、自分の行動パターンを振り返り、それを受ける相手の気持ちなどを考えていく授業となっています。

また、各学年ごとに通年のテーマを設定し、日常生活を振り返りながら将来の自分について考える機会にしています。

前期課程（中学）は、人の命やモノを大切にすること、責任を持って自分の役割を果たすことの意義について学び、後期課程（高校）では、進路ガイダンスの時間として活用し、すぐさきにある自分の未来〈将来〉について具体的に考えます。

大切にしている「時の流れ」

3つ目に大切にしているのは、「時の流れ」です。自修館では、教育スケジュールを根本から見直し、均等な4学期設定、5回の適度な休暇を設定しています。これにより、飛躍的に進化した「時の流れ」が実現しています。

さらに、「2.3.4SYSTEM」を採用。6年間を1st.STAGE「基礎力充実期（3年間）」と2nd.STAGE「実践力育成期（3年間）」に分け、それぞれに大きなテーマを設定しています。

また、自修館では、2009年度から、それまでの実績に基づき取り組みを修正し、週5日制から6日制へと変更するなど、変化の早い今後の社会を見据えて、幅広い視点を身につけるためのカリキュラムを、在校生の実状に合わせて構築しています。

今後のさらなる活躍が楽しみな自修館中等教育学校です。

湘南学園中学校
しょうなんがくえん

SHONAN GAKUEN Junior High School

神奈川

共学校

藤沢市

■神奈川県藤沢市鵠沼松が岡3－4
－27
■小田急江ノ島線「鵠沼海岸」、江
ノ島電鉄線「鵠沼」徒歩8分
■男子286名、女子276名
■0466－23－6611
■http://www.shogak.ac.jp/

社会の進歩に貢献できる有為な人間の育成

　江ノ島に近い鵠沼海岸駅から、静かな住宅地をぬける
と、湘南学園中学校・高等学校が現われます。創立は、
1933年（昭和8年）。地元、湘南藤沢に住んでいるか
たがたが、自分の子弟のためにつくった学校です。

　建学の精神には、「個性豊かに、身体健全、気品高く、
明朗で実力があり、社会の進歩に貢献できる有為な人間の
育成」が掲げられ、独自のユニークな教育が実践されてい
ます。

トコトン生徒の学習につきあう

　授業では、生徒の学力を伸ばす6年間の一貫教育の充実
を追求しています。どの教科も「教材の構造化」を課題
に、各科目の全体的な単元構成や、科目間の組み替えや配
置換えを工夫し、カリキュラムの自主編成を行っていま
す。

　すなわち、学年の枠組みをはずしてどの時期になにを教
えれば有効に学習効果をあげられるか、ということを念頭
に工夫しつくられているのです。

　そして、教員は日々の授業と生徒の到達度に即した独
自の教材づくりや指導方法の開発を重視して取り組み、
日々、「トコトン生徒の学習につきあう」意気ごみで指導
にあたっているのが特徴です。

　中学では、基礎学力の習熟・定着と、学習習慣の形成を
重視して指導。高2までで中・高のカリキュラムをひとと
おり修了し、高3では大学受験に直結する演習や総括的授
業を行います。こうした指導の結果は、すぐれた大学進学
実績となって結実しています。

特色ある「特別教育活動」

　湘南学園の特徴ある教育のひとつに、「特別教育活動」
があげられます。これは、教科外教育の全体をまとめてカ

リキュラムを整え、「特別教育活動」と総称しているもの
です。学校行事もここに含まれ、集団活動を基本に自我の
ぶつかりあいと協力を学び、メンバーシップとリーダーシ
ップを養います。

　また、学年ごとに、人生の必須テーマ、現代社会・人類
の抱える重要テーマを学び、問題意識と認識を豊かにして
いきます。さまざまな価値観や多様な環境に触れて、幅広
い考え方や行動の仕方を身につけていきます。

　中1では、社会福祉を交流体験をとおして学習。中2で
は身近な地域の諸産業に取り組む人びとを知り、中3では
過密・過疎など全国各地の異なった地域に生きる人びとの
苦労や努力を知ります。高1では生命・人間の尊厳につい
て現代の諸問題を調査学習して深め、高2では国際的な環
境問題を調査、学習して人間観・世界観を深め、改めて日
本国内の諸現実に向きあいます。そして高3では、各界で
活躍する職業人をお招きして座談会を行います。

体験学習を重視した研修旅行や国際交流

　中学3年と高校2年では、体験学習を重視した4泊5
日の「研修旅行」を実施します。中3では、学年全体で
「村・町おこし」に取り組む地域訪問をし、地元のかたが
たとの交流や民泊等、さまざまな体験をします。高2で
は、テーマ別に4～5コースに分かれて産業・開発・環境
といった諸問題を事前に学習し、訪問先でじっくり向きあ
い考える活動を行います。

　夏休みには、中3～高1までの希望者でのカナダセミナ
ー、そして友好協定を結んだオーストラリア・ノックス校
への高1・高2希望者による訪問が行われます。9月に
は、ノックス校の生徒たちが学校交流訪問に来ます。ま
た、春休みには中2～高1の希望者で韓国セミナーが行わ
れます。

湘南白百合学園中学校

しょうなんしらゆりがくえん

SHONAN SHIRAYURI GAKUEN Junior High School

神奈川

藤沢市

女子校

キリスト教精神に基づき愛の心を学ぶ

湘南白百合学園中学校・高等学校はフランスのシャルトル聖パウロ修道女会によってつくられた「片瀬乃木幼稚園」を始まりとしています。創立以来、キリスト教精神に根ざした世界観・価値観を養い、神と人の前に誠実に歩み、愛の心を持って社会に奉仕できる女性を育成することを目的とした教育が行われています。また、校訓には聖書にしめされる価値観を指針とした「従順（真理に従うよろこび）」「勤勉（能力をみがき役立てるよろこび）」「愛特（互いに大切にし合うよろこび）」の3つが掲げられ、これらを日常生活で実践し、人類社会に貢献できる愛ある人に成長することがめざされています。

能力を開花させるカリキュラム

カトリックのキリスト教精神に基づいた多くの宗教行事があることも湘南白百合学園の特徴ではありますが、社会に奉仕するための高度な学問と教養を身につけることができる

のも大きな特徴のひとつです。

生徒一人ひとりの能力を開花させるために、きめ細かに練りあげたカリキュラムが用意されています。とくに英語はどの分野に置いても必要と考えられ、ネイティブスピーカーの先生のもと、生きた英語を習得していきます。また、先取り学習も積極的に行われ、原則的に2学期までにその学年の教程を修了。高校2年までにほとんどの課程を終え、高校3年では大学受験を想定した演習に移行していきます。そうした教育活動が実を結び、多くの生徒たちがそれぞれの夢に向かって歩んでいっています。

湘南白百合学園のすぐれた教育哲学は、6年間の学園生活のなかで、ひたむきで誠実、そしてつねに前向きで明るい生徒を輩出してきました。さらに、生徒の大学進学実績でも優秀な成果を残し、高い評価を受けるとともに、名門女子校として神奈川県で独自の地位を築いています。

■神奈川県藤沢市片瀬目白山4－1
■湘南モノレール「片瀬山」徒歩7分、江ノ島電鉄線「江ノ島」徒歩15分、小田急江ノ島線「片瀬江ノ島」徒歩20分
■女子のみ546名
■0466－27－6211
■http://www.shonan-shirayuri.ac.jp/

逗子開成中学校

ずしかいせい

ZUSHI KAISEI Junior High School

神奈川

逗子市

男子校

伝統をいしずえとして新しい時代を開く

逗子海岸から少し入ったところに逗子開成中・高はあります。1903年に東京の開成中学校の分校として開校したのが始まりで、すでに100年以上の歴史を持っています。校章は開成中学校の校章である「ペンと剣」を受け継ぎ、これに桜を配して「知力と心身の調和ある発達」を象徴しています。

らしさあふれる海洋教育

逗子開成では多くの体験学習が用意されていますが、立地をいかした特徴的な「海洋教育」が注目されます。海が近いことを誇りに、創立当初から逗子の海を利用した教育が行われているのです。

中1～中3までの全員が年2回、逗子湾でヨット帆走実習を行います。またヨットを操るだけではなく、中1の後半からは自分たちが乗るヨットの制作を行い、5月には進水式も執り行われます。さらに、中3では、逗子湾を学年全体で泳ぐ「遠泳」が行われます。

だれひとりと途中脱落することなく毎年全員が泳ぎきるこの行事は、逞しい心と身体を育て、思いやりと協調性を育てています。

6年一貫教育の強みをじゅうぶんに

逗子開成では6カ年一貫教育の特性をいかした、弾力的なカリキュラムが準備されています。授業は45分・7校時が原則授業ですが、必要に応じて2時限連続で授業が行われます。また、学習内容を精査し合理化したカリキュラムにより、無理やムダのない学習で、中学の学習内容については中学2年修了時に学習が完了。高校段階での授業を密に行うことができ、高校3年では、実践的な学習を展開することができています。

こうした独自のカリキュラムの実践が高い合格実績に表れています。逗子開成中学校・高等学校の生徒は、総合的な教育により、それぞれが夢を見つけ、自己実現へとつなげていきます。

■神奈川県逗子市新宿2－5－1
■JR線「逗子」・京浜急行線「新逗子」徒歩12分
■男子のみ840名
■046－871－2062
■http://www.zushi-kaisei.ac.jp/

聖光学院中学校
せいこうがくいん

SEIKO GAKUIN Junior High School

神奈川

横浜市

男子校

■神奈川県横浜市中区滝之上100
■JR線「山手」徒歩10分
■男子のみ690名
■045－621－2051
■http://www.seiko.ac.jp/

カトリックを基盤とした中高一貫教育

　横浜根岸湾を望む高台の閑静な住宅地に、聖光学院中学校・高等学校はあります。神奈川県屈指の進学校として知られ、毎年高い人気を博しています。

　広々とした校地のなかにゆったりと配置された校舎は、派手さはないものの各種施設の配置や細やかな配慮に聖光学院ならではの工夫がなされ、学びの場として最適な環境が整備されています。

　根岸森林公園にも隣接し、豊かな自然にかこまれた教育環境のもと、聖光学院ではキリスト教精神を根幹とした6カ年一貫教育が行われています。

　聖書の学習をとおして、キリスト教精神とキリスト教文化を学び、豊かな心を育てることを教育の目標としています。

　カトリック精神の現れとして「奉仕」と「献身」を具現化したさまざまな活動が行われているのも聖光学院の特徴のひとつです。

　SVC（聖光ボランティアセンター）という生徒組織が中心となって、各種のボランティア活動が行われているほか、他人の喜びや痛みを知ることができる心のやさしさを身につけるための教育が展開され、「奉仕と献身」をごく日常的なものとして行っています。

ていねいな授業づくり

　大学進学実績においてめざましい成果をあげている聖光学院。その第一の要因は充実した授業の成果です。聖光学院では手づくりのていねいな授業の実施が心がけられているのが特徴です。

　たとえば、英語の授業では先生がつくった教材が生徒に渡されます。しかし、手づくり教材といっても、聖光の手づくりは、たんなるプリントではありません。「製本したもの」が生徒に渡されているのです。

　それを可能にしているのが、校内に完備された町の印刷所ほどの印刷システムです。これにより、先生ひとりでも、1冊の製本された教材の作成が可能となっています。聖光学院の生徒思いは、こんなところにも現れています。

　カリキュラム、教材、授業進行方法など、すべてにわたって生徒本位に工夫と気配りがなされています。机上の勉強はもちろん、国語での詩のグループ朗読やディベート、コンピュータを使った情報教育、少人数編成の英会話の授業など、生徒一人ひとりの個性を大事にしながら、同時にその能力を伸ばす教育が実践されています。

　また、それを支えるための施設も充実しており、マルチメディアルーム、生徒の自習・研究の場となる1学年すべてを収容できる図書館や、ふたつの体育館など、生徒の要求に応えうるだけの設備が整っています。

ひとりの先生が全クラス担当する授業も

　聖光学院の特徴的な授業方法のひとつに、ほとんどの科目で、ひとりの先生が学年5（6）クラス全部を教えていることがあります。これは中1〜高3まで、各学年で行われていることです。

　先生がたには大変なことですが、それぞれの先生が、より学年全体の生徒とかかわることが可能となり、大きな成果を生んでいます。

　さて、聖光学院の職員室の入り口には立ち机がいくつもあります。一見なんでもない風景のようですが、聖光ならではの場所となっています。そこは、職員室に質問に訪れた生徒が先生に気軽に質問できるコーナーなのです。生徒がこの机の前に立てば、空いている先生がたの方で気がついてやってきてくれます。先生と生徒の距離が近いといわれる秘密の一端がこんなところにも見られる聖光学院です。

聖セシリア女子中学校

ST.CECILIA GIRLS' Junior High School

■神奈川県大和市南林間３−10−１
■東急田園都市線「中央林間」徒歩
　10分、小田急江ノ島線「南林間」
　徒歩５分
■女子のみ395名
■046−274−7405
■http://www.cecilia.ac.jp/

校訓は「信じ、希望し、愛深く」

　聖セシリア女子は、1929年（昭和４年）、敬虔なカトリックの信者である伊東静江先生により「大和学園女学校」として創立されました。

　伊東静江先生は、たんに時代に即した学問というだけではなく、時代を越えた人間としての宗教的道徳観、価値観なしに真の教育はありえないという信念のもとに、カトリック精神を基盤として学校を創立しました。

　その教育目標は、「カトリック精神による豊かな人間形成」でした。

　伊東静江先生のあとを継がれ、伊東静江先生にもまして熱心なカトリック信者である現在の伊東千鶴子学園長先生は、「信じ、希望し、愛深く」を学園の校訓に掲げ、1979年、創立50周年を機に校称を「聖セシリア女子」と改め、今日にいたっています。

こころを育て力を養う

　聖セシリア女子では、「よりよく生きること」を考えつづける「こころ」を育成し、それを現実へと導く「力」を養うことを教育の目標としています。

　具体的にはつぎの４項目の教育目標を定めています。
①基本的な「知識」と、その知識の「獲得方法」の学習から自己教育力を育成する。
②「いかに行動すべきか」を体験的に育成する。
③愛のこころ豊かに、社会においてともに生きる精神を育成する。
④人間として生きることの意味や意義を考えつづけていくこころを育成する。

　こうした「こころと力の調和ある教育」の実践から、生徒の資質と能力を伸ばし、その力を自分のためにも、人のためにも喜んでいかしていくことのできる人材を育んでいます。

学習効果の高い６年制カリキュラム

　中・高一貫教育を行う聖セシリア女子では、６年間をとおした継続的で効果的な学習を可能とする指導内容・教材・指導時間を配置しています。

　教科では、言語は学習の基礎をなすという理念のもと国語、英語、さらに思考の論理性を高める数学を言語教育のひとつと考え、重点的に学習しています。

　また、英語は進学希望の実現につながるだけでなく、国際理解・文化交流のためにも必要であることから、重視された授業が行われ、「使える英語」の習得がめざされています。

　クラスは、１クラス32名前後、全４クラスという少人数制教育の利点をいかしたきめ細かな個別課題や個別指導が行われているのが特徴的です。

　中学校での学年別教育の特徴としては、１年生では正しい学習方法を学び学習習慣を身につけることをめざし、２年生では自主性と計画性を持って継続できる学習姿勢を育んでいます。３年生では、さらなる基礎学力の充実をはかり応用力の拡大へと発展させています。

　そして、いよいよ高校では、中学校で培った基礎学力をもとに、「どのような生き方をしたいのか」「なにがよい生き方なのか」をテーマに、自らの手で将来を切りひらく糧となる「こころと力」を育みます。

　こうした６カ年一貫教育のもと、難関大学への進学実績も着実に伸ばしている聖セシリア女子です。

　また、放課後の課外活動として（財）井上バレエ団の講師によるバレエのレッスンが取り入れられているのも、聖セシリア女子の大きな特色です。

　バレエをとおして芸術に親しむとともに、豊かな情操や感性を育んでいきます。

清泉女学院中学校
せいせんじょがくいん

SEISEN GIRLS' Junior High School

神奈川

女子校

鎌倉市

■神奈川県鎌倉市城廻200
■JR線・根岸線「大船」バス5分
■女子のみ550名
■0467−46−3171
■http://izumi.seisen-h.ed.jp/

カトリック精神による慈しみの指導

レンガづくりの校舎を豊かな緑がかこむ清泉女学院中学校・高等学校。高台にある校舎からは、晴れた日には輝く湘南の海を望み、富士山や丹沢山塊が顔をのぞかせます。

敷地面積は7万㎡と広く、校内で理科の野外学習ができるほどの自然環境です。野鳥がさえずるキャンパスは、「まるで別天地のような」教育環境といえるでしょう。

創立は、1947年（昭和22年）。1877年にスペインで創立されたカトリックの聖心侍女修道会を設立母体としています。そのため、カトリックのミッションスクールとして、教育の指導や根幹にキリストの教えをおいています。

「神のみ前に清く正しく愛深く」をモットーに、朝礼、終礼時にも神への祈りを欠かしません。そのほか、クリスマスミサなど、多くの宗教行事があるのも清泉女学院教育の特徴です。熱心な奉仕活動も学校の伝統的活動となっています。とはいえ、けっしてキリストの教えを生徒に押しつけるのではなく、「キリスト教をつうじて生きる意味を教えている」というのが、その姿といってよいでしょう。

定評ある英語教育

学習では、生徒をきめ細かく指導するため、中高6年間を2学年ずつ3つに分けた中高6年間一貫教育を行っています。中1・中2（前期）は、学習への基本的姿勢と基礎学力の育成にあて、中3・高1（中期）は、幅広い視野の形成と自学自習の態度の育成を、そして、最後の高2・高3（後期）では、各自の目標を実現するための高い学力の育成にあてられています。

また、清泉女学院は、英語教育にとても熱心な学校として定評があります。大学受験にじゅうぶん対応できるだけでなく、大学進学後、また社会にでたあとも役に立つ英語力を身につけることを目標として、その指導が行われてい

ます。英語の授業は、授業中の一人ひとりの発言回数を増やし、使える英語力を育てるため、少人数によるクラス編成を実施。中1からネイティブスピーカーによる授業を行うとともに、とくに低学年では毎日宿題がだされ、小テストも行われます。

さらに、高2・高3からはゼミ形式の習熟度別クラスで、大学受験対応の英語力の習得をめざします。

進学校としても名を馳せている

倫理教育を教育の根底に、大学進学至上主義とは明確に距離をおき、生徒の希望をかなえるため、進路指導ではきめ細かな指導を実施しています。

総合的な学習の時間にも特色があり、中1からの毎回テーマを変えての学習は、進路探しに結びついています。そして、自分で調べる中3の卒業論文や高1の職場見学、卒業生によるリレー講座・教員によるゼミなども、進路を意識する大きな契機となっているようです。

こうした熱心で着実な進路指導の結果は、優秀な大学進学実績として結実しています。2011年度の大学合格者は、国公立大学へ11名、早大・慶應大・上智大に42名など、多くの難関大学への合格がめだちます。また、医療・看護・福祉系への進学者も多く、生徒一人ひとりの進路希望を大切に育てている結果といってよいでしょう。

聖和学院中学校
SEIWA GAKUIN Junior High School

神奈川
逗子市
女子校

「聖書をとおした心の教育」を実践

キリスト教精神に基づいた「神は愛なり」という言葉を建学の精神に、「愛をもって人に尽くし、慎しみ深く温順で何事にも真摯に取り組む勤勉さをもった女性、そして礼儀正しく心情豊かな子女の育成」を校訓とする聖和学院中学校・高等学校。「WISE」を教育テーマとし、国際社会で活躍する聡明な女性の育成をめざしています。そのため、聖和学院では国際社会に必要とされる実用的な英語力を確実に身につけることに力を入れています。

国際人としての英語とマナー

聖和学院の英語への取り組みは入学前から始まります。3月末に3日間にわたり、ネイティブスピーカーの先生といっしょに過ごす英語の事前準備学習が行われ、そこでさまざまなイベントをつうじて英語に親しむ素地がつくられるのです。そして中学1年では、ネイティブスピーカー日本人のふたりの先生が担任となり、英語でのコミュニケーション力の向上をはかります。こうして日常的に英語を使う場面が増えていくのです。神奈川県では高校で唯一英語科を設置しているという事実も、英語教育への充実度を裏付けています。そして、英語だけではない、国際人としてふさわしいマナーや教養も土曜講座や学んでいきます。

22歳の自分を夢見て

こうした取り組みで聖和学院では22歳での夢の具現化に向けて進路指導を行っています。なぜなら、大学を卒業し、実際に社会に羽ばたいていく年齢を具体的にイメージすることにより、日々の生活に明確な目的を持ち、努力することができるからです。現在22歳となり、夢をかなえた先輩たちが多くいることが、聖和学院の伝統でもあり、在校生たちがこれからの聖和学院中学校・高等学校をつくっています。

■神奈川県逗子市久木2−2−1
■JR線「逗子」徒歩8分
　京浜急行線「新逗子」徒歩10分
■女子のみ110名
■046−871−2670
■http://www.seiwagakuin.ed.jp/

捜真女学校中学部
SOSHIN GIRLS' Junior High School

神奈川
横浜市
女子校

キリスト教に基づき、真理を探究

捜真女学校の歴史は1886年（明治19年）、宣教師ミセス・ブラウンが7名の少女たちを教えたのが始まりです。その後、2代目校長のカンヴァース先生が、教育の究極の目標は「真理を捜すことである」と考え、1892年（明治25年）に校名を現在の「捜真女学校」と改めました。

自分を見つめる毎日の礼拝

キリスト教に基づいた人間形成は、捜真女学校の教育の柱であり、日々の中心となっているのが毎日行われる礼拝です。生徒は礼拝での聖書の話に耳を傾け、感謝の祈りを捧げています。そして礼拝で聞いた話が、生徒の心に蒔かれた種となり、それがやがて芽吹き、熟してその人の人格になっていくのです。

また、礼拝だけではなく、キリスト教のさまざまな行事やイベントをとおして、神を知り、神に触れる機会を設けています。

英語を学び、世界に触れる

捜真女学校がキリスト教教育とともに重視しているのが英語教育です。中学部では、1クラスをふたつに分けた少人数教育が行われ、学校が独自に編集したテキストが使用されています。もちろん英会話はネイティブの教員が担当し、英語の基礎の定着をめざします。また、教室のなかだけで勉強するのではなく、英語を使用しての「異文化理解」を積極的に行っています。10日間のアメリカ短期研修や、3週間のオーストラリア短期研修、また3カ月もの長期にわたるオーストラリア学期研修など、希望者には手厚い留学サポートが用意されています。

2011年に創立125周年を迎える捜真女学校中学部。これまでの長い歴史のうえに、新しい価値を創造し、キリスト教に基づいた人間形成と、しなやかな女性の育成が行われています。

■神奈川県横浜市神奈川区中丸8
■東急東横線「反町」・市営地下鉄
　「三ツ沢下町」徒歩15分
■女子のみ540名
■045−491−3686
■http://soshin.ac.jp

洗足学園中学校
せんぞくがくえん

SENZOKU GAKUEN Junior High School

神奈川
女子校
川崎市

■神奈川県川崎市高津区久本2－3－1
■JR線「武蔵溝ノ口」、東急田園都市線・東急大井町線「溝の口」徒歩8分
■女子のみ759名
■044－856－2777
■http://www.senzoku-gakuen.ed.jp/

謙愛の心で社会に有為な女性を育てる

　洗足学園の校名は、創立者の前田若尾先生が、聖書のなかの最後の晩餐のおり、イエスが弟子たちの足を洗い清め、互いに謙虚で慈愛に満ちた心を持てと教え諭された故事にちなんで、命名されたものです。また、若尾先生は、社会に有為な女性を育てることを教育の目標に掲げられました。これは、今日の洗足学園の教育に脈々と流れるものです。

　2011年3月の大学合格者数は、国公立大に50名、早大・慶應大・上智大に117名、MARCH199名という実績となりました。

　もちろん、難関大学への実績だけが洗足学園の教育の成果ではありません。社会のなかで活躍し、社会に奉仕・貢献できる女性を育むことにその主眼はあります。

　綿密に練りあげられたカリキュラムと進度や学習内容を保証するシラバス。8名のネイティブ教員との協力で進められる、英語教育における先進的な取り組み。調査・研究・考察・発表・議論を随所に取り入れた各教科での学習と、総合的な学習をつうじてのほんとうに生きるための力となる学習。落ちこぼしをつくらない細かなケア。たんに大学合格だけをめざすものではなく、社会で必要とされる力を育てることが実践されているのです。

自立した学習で自己実現力を高める

　2007年度から新しい教育システムが始まりました。3期制・60分授業へと変更しましたが、これは、自律した学習を進め、さらに一段と高いステージを整えるためのもの。これにより学校改革はさらに加速することでしょう。

　また、知性、品性、社会性をキーワードとして、モラルやマナー面の教育も進めています。中高の6年間のなかで、自分を知り、他者を知る、社会を知り、社会とかかわる、リーダーシップをとり、自己実現をはかる、という発達段階をとおして自立した人格を形成できるように総合的なプランを立てて取り組んでいます。

　個人の研究論文作成、修学旅行の事前学習、ボランティア体験、学校行事やキャリアプログラムといった個々の取り組みは有機的につながり、洗足生としての誇りと自覚を生みだすのです。そして、それは洗足学園としての〝文化〟をつくりだしていきます。

感性を磨き世界に視野を広げる

　音楽大学を併設しているメリットをいかして、楽しく楽器を演奏することに音楽の授業のなかで取り組んでいます。

　入学した1年生は、ヴァイオリン・クラリネット・トランペット・フルートのなかからひとつの楽器を選択します。それぞれのグループに専門の指導者がつき、グループレッスンでその楽器の演奏を学びます。

　楽器は学校で用意していますし、まったくの初心者でも安心して学ぶことができます。

　また、洗足学園には、20年以上にわたって実施されてきた海外留学と海外語学研修制度があります。語学研修は、アメリカ・イギリスへの3コースが用意され、夏休みの3週間でホームステイしながら充実したプログラムが展開されます。

　留学は、4カ月間の短期から1年間の長期のものまでいくつかのコースがあり、提携校も多く目的に合わせた留学ができます。

　これらの研修・留学は英語教育に連動したかたちで実行されますので、その効果も高いといえます。こうした研修と留学によって生徒はその視野を広げ、英語力アップにも大きな効果をもたらしています。

相洋中学校
そうよう

SOYO Junior High School

豊かな人間性と確かな学力を

箱根連山や丹沢山系が見渡せる、まわりを緑でかこまれた小田原の小高い丘の上に位置する相洋中学校・高等学校。「質実剛健 勤勉努力」の校訓のもと、受験難易度の高い大学への進学をめざしています。

相洋では、6年間の一貫教育を効果的なものにするため、中学校課程と高等学校課程における教育内容を精査し、ムダや重複をなくした計画的・継続的・発展的に編成したカリキュラムを実施しています。6年間を3期に分け、中学校課程では、自らの生き方に対する自覚を深め、自分をいかす能力を養う「自学自習」の力を育て、高等学校課程では、主体性の確立と創造的な思考、行動力の育成に力をそそいでいます。

6カ年の余裕あるカリキュラム

3期に分かれた学習過程の第1期は中1～中3の前半までの2年半としています。ここでは「基礎学力の充実期」徹底した基礎学力

の習得とともに自学自習の精神を養成します。第2期は中3後半から高校2年までの2年半です。「学力の伸長発展期」として、第1期で築いた基礎学力をおおいに伸ばしていくのです。この期間に中学と高校の教育課程をほぼ修了します。これはけっして無理に詰めこんだ結果ではなく、一貫コースだからこそ実現できるものです。

そして第3期は高校3年の1年間です。6年間の総まとめとなる第3期は「大学進学の準備」と位置づけられ、個人の目的・目標に合わせて集中的に学習するために受講教科の多くが選択制となっています。そのため少人数での演習授業が行われ、理解の定着が測られるほか、補習やサテライト講座など細かなフォローアップ体制が整えられており、志望の大学合格へ総合的な学力が完成していくのです。こうして相洋中学校・高等学校では確かな学力を身につけ、自分の夢に近づいていけるのです。

■神奈川県小田原市城山4－13－33
■JR線ほか「小田原」徒歩15分
■男子117名、女子94名
■0465－23－0214
■http://www.soyo.ac.jp/

桐蔭学園中学校・中等教育学校
とういんがくえん

TOIN GAKUEN Junior High School /Secondary School

21世紀をリードする人材を育成

1964年（昭和39年）、「私学にしかできない、私学だからできる教育の実践」を掲げ、「真のエリートの育成」をめざして桐蔭学園高等学校が誕生しました（中学校は1996年開設）。現在桐蔭学園は、幼稚部から大学院までを擁する総合学園となっています。

特徴的な男女併学制

桐蔭学園では特徴的な「男女併学制」を採用しています。これは学園のなかで男子部と女子部に分かれ、男子校あるいは女子校のようにそれぞれの特性をいかした教育が行われているのです。そのため、男子生徒と女子生徒は、中学校から高校2年まで学園内のそれぞれ別の校舎で学びます。しかし、高校3年になると、ホームルームこそ男女別々のクラスですが、授業は進学棟という校舎に移り、男女いっしょに学習していきます。そして高3からは、国立理系・文系、私立理系・文系

の4コースに分かれ、男女で切磋琢磨しながら志望大学をめざします。

中等教育学校で体系的に学習

桐蔭学園では、新しい「知」を身につけ、世界に通用する人材づくりをめざし、2001年度に男子のみの中等教育学校を開設しました。ここでは6年間一貫した授業のなかで、各学習項目を並列・継続させ、系統的な連続性を保ちながら指導が行われます。

中等教育学校、男子部・女子部を含め、桐蔭学園では全国トップレベルの進学実績を誇っています。東大はもちろん、難関国立・私立大にも数多くの卒業生が進学しています。

広い学園の敷地内には、ほかの学校にはなかなかない運動施設や文化的施設を有し、抜群の教育環境が整えられている桐蔭学園。たんなる受験エリートではない、これからの日本を支え、世界に貢献する真のエリートが育成されています。

■神奈川県横浜市青葉区鉄町1614
■田園都市線「市が尾」「青葉台」バス10分、小田急線「柿生」バス15分
■中学校男子904名、女子559名・中等教育学校男子のみ517名
■045－971－1411
■http://www.toin.ac.jp/

東京 神奈川 千葉 埼玉 茨城 寮制 あ行 か行 さ行 た行 な行 は行 ま行 や行 ら行 わ行

橘学苑中学校
たちばながくえん

TACHIBANA GAKUEN Junior High School

■神奈川県横浜市鶴見区獅子ヶ谷1
　－10－35
■JR線「鶴見」ほかバス
■男子78名、女子36名
■045－581－0063
■http://www.tachibana.ac.jp/

大地に足をつけ、世界につながる創造的な人間の育成

橘学苑は1942年、土光敏夫の母にあたる土光登美によって創立されました。2006年度、女子校から男女共学、高校コース制導入と大きな改革をし、2012年度より中高一貫コースを立ちあげます。

教育の柱は、創立当初から受け継がれている創立の精神です。

－　心すなおに真実を求めよう
－　生命の貴さを自覚し、明日の社会を築くよろこびを人々とともにしよう
－　正しく強く生きよう

この精神に基づいて、自立・共生・創造を学校目標に教科学習や進路活動、生徒会活動などに取り組んでいます。

中高一貫コース

中1・中2を基礎期、中3・高1を応用期、高1・高2を発展期と位置づけています。基礎期は学習習慣の確立・基礎学力の定着、応用期は具体的な目標を定められるよう学習を深めていく、発展期は目標に向かって実践する、この3ステップを踏んで学習を展開していきます。また、国・社・数・理・英の5教科を中心に効率よく学べるよう先取り学習を取り入れています。

学習習慣の確立に向けては、まずはどうやって自学をするのか、効果があがる自学の方法などを学ぶために中学1年次に『自学の時間』というものを取り入れています。教わったことをもう一度自ら考え理解を深める、それが身についたら、教わる前に自分で考え授業に挑む、そしてもう一度自分で考える、この繰り返しが得た知識を本物にするのです。

進路指導においては、　未来の自分→職業理解→学問理解という流れを組み、学びたい分野を自らが見つけ、志望校決定・合格へとつなげていきます。

生きた英語教育

中学1年からネイティブ教員によるオーラルの授業を取り入れ、正確な発音に触れながら、積極的に英語を使う力を養います。外国人との交流の場を設けるなどインタラクティブな活動を取り入れているのも特色です。そして、学び得た英語力を発揮する場として、英語発表会も行っています。

中学2年の3月には、ニュージーランド短期海外研修を実施。自然や文化とであい、異文化体験をします。また全員がホームステイをしながら、現地校に通学します。英語を使って生活するとことで自信をつけ、さらに勉強したいというモチベーションを高めます。

また、高1～高3では希望者を対象に夏季短期海外研修があります。研修先は、カナダやオーストラリアなどです。ホームステイをしながら現地の生活に触れ、その国への理解を深めます。

独自教科「創造」

橘学苑では、創立の精神を具現化する独自教科「創造」の学習を行っています。

生命の貴さに気づき、自己の存在を見つめる大切な学習の場として、学内にある農園で中学1年生を中心に四季折々の野菜を育てます。

また、グローバルな視点で主体的に社会をつくっていく人をめざして、実際に海外に足をふみだしたり、外国人の方と直接であったりする取り組みをとおして、視野を世界に広げていきます。そのほか、各学年の指導目標に合わせて、教科の枠を越えた取り組みをすることで、1人ひとりの学びへの欲求と意欲を引きだし、教科学習にも効果を表しています。

中央大学横浜山手中学校

CHUO UNIV.YOKOHAMA YAMATE Junior High School ＜2012年度より共学化＞

■神奈川県横浜市中区山手町27
■JR根岸線「石川町」徒歩6分、
　みなとみらい線「元町・中華街」
　徒歩10分
■女子のみ545名
■045－641－0061
■http://yokohama-js.chuo-u.ac.jp/

大学附属の進学校をめざす

中央大学横浜山手中学校・高等学校は、100年余の歴史と伝統を持つ横浜山手女子学園を母体に、2010年（平成22年）に中央大学の附属校となりました。

中大の中核を担う優秀な人材を輩出するとともに、新しい時代を切り拓き、力強く生きてゆく若者を育てることをめざしています。

そのためには、自分が何者であるのかを知り、自分の長所を自覚できるだけの知力が必要です。なにを、なんのために、どのように学ぶべきかを知ったうえで、主体的に進路を選択することができる力が必要となります。

大学附属の学校なのだからエスカレーターで進学できるというのではなく、将来に備えた学問（専門性）を身につけることをまず第一に追求すべきと考えられています。

それゆえ、中学校・高等学校での学びが非常に大切です。中央大学横浜山手では、真に実力をつけることによって第1志望の進路を実現できる指導を行います。

知・徳・体のバランスの上に行動力を

中央大学横浜山手では、校訓「謝恩礼節　自立実践」を柱に、つぎのような教育方針を定め、人びとの幸福と社会の発展に寄与する意欲と行動力を兼ね備えた人間になるための素養を磨きます。

①主体的に考え、自律的に行動できる自己を確立するために、あらゆる場面において、謙虚に学ぶ姿勢を持った人間を育てる。

②常識を重んじ、当たり前のことを当たり前のこととして受容できる逞しくしなやかな感性によって、人生を肯定的に生き抜いていくことができる人間を育てる。

③心身の健全な発達とその維持に努め、他者と協調・協力して生活できるとともに、すぐれた知性と世界を視野に入れた行動力によって真のリーダーとなりうる人間を育て

る。

④横浜の先進的・国際的な地域性に根ざし、志を高く掲げ、自分のなかにフロンティアを育み、それらが社会的に価値あるものとなるように努力と挑戦をつづける人間を育てる。

本物の学びを追求する

6年間をひとつのまとまりととらえ、さらに大学附属校であることを意識して、10年間という長期的なスパンで生徒の発達段階に配慮しながらきめ細かい教育を行っています。

2010年度より、6日制・週38時間授業を導入し、授業の質と量の両面よりレベルアップをはかりました。また、45分授業による集中も効果をあげつつあります。基本的に特進クラス設置や習熟度別授業は行わず、あくまでも生徒同士の学びあいと教えあいを核にすることによるコミュニケーションづくり（学びの共同体）をめざしています。

他の生徒に抜きんでるほどの努力をすることは大切ですが、自分が身につけた知識を友だちに教えてあげることによって得られる喜びは、将来の社会生活の力となるものだと確信しているのです。高2（分野）からは文系・理系選択、高3（分野）からは進路別選択（クラス）になります。

また、授業に遅れがちな生徒に対しては、補講、再テスト、個別課題と指導し、自習室（チューター）利用等を積極的に行い、全体の底あげに力が入れられています。

2012年4月より中学校1年生で男女共学へ、2013年4月より新校舎への全校移転、さらに2014年4月より高校1年生で共学化スタートをそれぞれ予定しており、新しい学校づくりに向けて邁進している中央大学横浜山手です。

鶴見大学附属中学校
つるみだいがくふぞく

TSURUMI UNIVERSITY Junior High School

神奈川

共学校

横浜市

■神奈川県横浜市鶴見区鶴見2－2
－1
■京浜急行線「花月園前」徒歩10
分、ＪＲ線「鶴見」徒歩15分
■男子181名、女子163名
■045－581－6325
■http://www.tsurumi-fuzoku.
ed.jp/

新教育スタート

　總持寺の緑深い境内をぬけると鶴見大学附属中学校・高等学校があります。創立は1924年（大正13年）。80年を超える長い歴史のもと、4万名近い卒業生を世に送りだしてきました。

　「3年B組金八先生」を書いた脚本家の小山内美江子さんも、そのひとり。小山内さんは、NGO「JHP・学校をつくる会」の代表も務め、カンボジアに多くの学校をつくっていることでも知られています。小山内さんの姿に、鶴見大学附属教育の一端が表れているのではないでしょうか。

　教育ビジョンは、「自立の精神と心豊かな知性で国際社会に貢献できる人間（ひと）を育てる」。より高いレベルの進路を実現できる学力を養いつつ、禅の教育に基づく"こころの教育"をつうじて、優しさや思いやりなど豊かな人間性の育成をねらいとしています。そんな鶴見大学附属が、2008年4月、完全共学化をはかり、新校舎も完成。さらなる躍進のスタートがきられました。

「学力向上」「人間形成」
「国際教育」を柱として

　教育目標は、「学力向上」、「人間形成」そして「国際教育」。この目標のもと、鶴見大学附属は、近年、さまざまな教育改革を実践し注目されています。

　そのひとつが「完全週6日授業体制」。50分授業で、主要5教科を中心とした授業時間数を大幅に確保しています。

　ふたつ目は、「春期施設（勉強合宿）」。春休み中、宿泊施設で、集中講座を中2と高1で習熟度別に実施。現地での自然観察など、より視野の広い学習活動をつうじて知的好奇心を育てています。

　新校舎では新たに「教科エリア型フェローシップ」を実施しています。

　各教科エリアに設置されている自習室では、質問や宿題、受験勉強ができ、より高いレベルの学力を身につけるため、発展学習と苦手克服を目標とした補習授業を行います。また、各教室にはプロジェクターとプロジェクター対応の黒板があり、視覚的授業が実施されています。

　もちろん、国際的に活躍できる力を身につけるためのネイティブによる英会話授業や中国との国際交流など、国際教育も充実しています。

個々の能力を最大限に引きだす！
「進学クラス」・「難関進学クラス」

　「進学クラス」は、生徒一人ひとりに対するきめ細やかな指導をつうじて、基礎学力をより確かに身につけることをねらいとしています。また、より高い学習目標を設定できるように学ぶ意欲を高めます。

　「難関進学クラス」は、一定レベル以上の大学への進学を目標とし、先取り授業や、より発展的な内容を持つ授業を行います。中学3年次からは中学校の総復習と合わせて、高校での学習をあつかいます。無理なくゆとりのある授業内容で、個々のスピードに合わせられるのが特徴です。

自主性を育む教科エリア型校舎

　2009年（平成21年）に完成した校舎は、「教科エリア・ホームベース型」の新システムを導入しています。

　新校舎の特徴は、全教科に専用の教室があり、毎時間移動します。生徒の自主的な学びをうながすような工夫が随所に施されているという点です。メディアセンター、教科エリア、ホームベースなどのより充実した学習空間がそろう鶴見大学附属中学校です。

東海大学付属相模高等学校中等部
TOKAI UNIV. SAGAMI Junior High School

使命感と豊かな人間性を持つ人材を育てる

創立者・松前重義先生の建学の精神を受け継ぎ、「明日の歴史を担う強い使命感と豊かな人間性をもった人材を育てる」ことにより「調和のとれた文明社会を建設する」理想を掲げる、東海大学付属相模高等学校中等部。東海大を頂点とした中・高・大の一貫教育を行っています。

中・高・大の一貫教育

東海大付属相模では、学習・行事・クラブ活動がバランスよく行われるためのカリキュラムを考え、完全学校5日制を実施しています。また、じゅうぶんな授業時数の確保や進路に見合った学習指導の徹底をはかるために2学期制を採用しています。

カリキュラム全体としては、幅広い視野に立ったものの見方・考え方を培うことを目的としています。中等部では自ら考え自ら学ぶ力を培い、高校進学への基礎学力の定着をはかる発展的に自学自習するシステムとなっています。

例年88%ほどの生徒が東海大へ進学しています。この、東海大への進学は、高校3年間の学習成績、学園統一の学力試験、部活動、生徒会活動など、総合的な評価をもとに、学校長が推薦する「付属推薦制度」により実施されています。進路の決定に際しては、担任や進路指導の先生ときめ細かい相談を重ね、生徒それぞれに適した進路を選んでいます。

大学との連携のひとつとして、進路がほぼ決定した3年生の後期には、東海大の授業を経験できる「訪問授業」が実施されています。これは、ひと足先に大学での授業を味わうことができ、大学入学後の勉強におおいに役立っています。

大学に直結した付属高校のメリットをいかし、受験勉強という枠にとらわれない教育を実践している東海大学付属相模高等学校・中等部です。

■神奈川県相模原市南区相南3-33-1
■小田急線「小田急相模原」徒歩8分
■男子334名、女子212名
■042-742-1251
■http://www.sagami.tokai.ed.jp/

中学受験用語集

■国立大学附属中学校

国立大学附属中学校は教員養成系の学部を持つ国立大学に附属する場合がほとんど。

中高一貫体制が多いが、東京学芸大附属のように中学校数に比べて高校数が少ない学校もあり、この場合は系列高校に進学できない生徒も多い（成績順で進学）。

お茶の水女子大附属は、中学では男子の募集もあるが高校は女子のみのため、男子は他の高校を受験する必要がある。

募集時には通学地域を指定する学校も多い。

また、国立大学附属高校は大学進学実績が高い学校が多いが、生徒はその系列の大学へ進学（受験）するからといって、有利な要素は与えられず、外部からの受験生とまったく同じ資格で受験する場合が多い。

■午後入試

2005年度入試以降、急速に広まった入試制度。

午後2〜3時に始まる入試のことで、他校の午前入試を受験したあと受験することが可能。難度の高い学校を受けている受験生を少しでも呼びこもうとする学校側の募集対策から生まれた。

受験生の負担軽減のため、科目数を減らしたり、入試の時間を短くする配慮をする学校が多い。

■先取り学習

学習指導要領で決まっている学年の単元をさらにさきに進んで学習すること。私立の中高一貫校では、高校2年までに中高の単元を終え、高校3年次は大学入試の演習授業主体という学校が多い。

中高一貫校では、高校から入った外進生と授業進度が合わず、内進生と外進生が一定期間、別クラスで学習するのもこのため。

■さみだれ試験

入試開始時間を固定せず、30分ごとに3回開始するなどの入試。

これは午後入試の出現で、学校到着に余裕を持たせて受験生の負担を軽くしようとする試みから生まれた。

■サンデーチャンス

日曜礼拝を奨励するプロテスタント校に多いが、入試日が「安息日」である日曜日にあたった場合に入試日を移動させる。それによって他校も入試日を移動させたりするため、併願校の選び方などに例年とはちがう動きが生じること。

かつては「サンデーショック」と呼ばれていたが、受験生にとって例年とはちがう併願機会ができ、好機ともなるため、「チャンス」と呼ぶようになった。

近くでは、2015年度入試での2月1日が日曜日にあたり、サンデーチャンスの年となる。

桐光学園中学校
とうこうがくえん

TOKO GAKUEN Junior High School

■神奈川県川崎市麻生区栗木3－12－1
■小田急多摩線「栗平」徒歩12分、小田急多摩線「黒川」・京王相模原線「若葉台」スクールバス
■男子745名、女子456名
■044－987－0519
■http://www.toko.ed.jp/

安定した国公立・私立上位大学への進学

例年、国公立・私立の上位大学に安定して多くの合格者を輩出する桐光学園中学校・高等学校。その優秀な進学実績が、いま、おおいに注目されています。特徴的なのは、医・歯・薬・看護系など、将来の目標をしっかりと持って、大学進学を志望する生徒が増えていることです。

将来への意欲を育む「桐光流めんどうみ指導」

このすばらしい大学進学実績を支えているのは、もちろん桐光学園の優秀な教師陣、そして工夫されたカリキュラムや充実した施設であることはいうまでもありません。

しかし、桐光学園では、これらすべては、「生徒が意欲的に活動できる環境づくり」を実現するためのもの、ととらえているのが、ほかの学校と少しちがうところです。

桐光学園では、「なりたい自分」をじっくり見つけていけるよう、生徒が将来について考え、実現していくまでの過程（将来への意欲）をきめ細かくサポートします。

中学校3年の「ディスカバーマイセルフ」（職業研究）では、生徒が興味を持っているランキング上位の職業に就いている卒業生を招き、リアルな実態をうかがいます。

さらに担任と副担任による定期的な進路指導や専任のスクールカウンセラー2名をはじめ、どの教師も生徒からの相談を親身になって受け、効果的なアドバイスで自信や安心感を与えてくれます。こうした気軽に相談できる体制も、桐光学園の魅力のひとつといってよいでしょう。

「大切なのは、自主性」学びへの意欲を重視

もちろん、「学びへの意欲」も大切にしています。「大切なのは、自主性」と考える桐光学園では、生徒が早い時期から段階を追いながら、将来の目標を教師といっしょに考えていくことで学習意欲を高めています。

学力の向上をサポートする学習システムを工夫するとともに、強化したい科目を自分で選び受講できる「講習制度」など、生徒一人ひとりの適性に合った独自の学習システムを取り入れているのが特徴です。

また、「土曜講習」や「指名講習」、「ユニーク講習」、現代日本の知性を代表する著名大学教授を招く「大学訪問授業」なども実施、学力アップに役立てています。

「国際理解」と「課外活動」

そして、忘れてはならないのが、生徒の「国際理解」と「課外活動」への意欲を大切にしていることです。

「国際理解」では、異文化に触れ、その地域の人びととコミュニケーションをとれるよう、中学の授業や講習のなかで、ネイティブスピーカーによる英会話の時間を設け、話すための英語を学びます。また、実際に異文化を体験するカナダへの修学旅行やホームステイ（希望者）をとおして、国際感覚を磨きグローバルな考え方を身につけます。そして「課外活動」では、学習にかぎらず、学校生活のあらゆる場面で生徒たちが主体となって活動できるフィールドを用意して、クラブ活動、学校行事を思いっきり応援しています。

8万㎡もの広々としたキャンパスを有する恵まれた教育環境で、勉強・スポーツに大健闘する桐光学園です。

藤嶺学園藤沢中学校
とうれいがくえんふじさわ

TOHREI GAKUEN FUJISAWA Junior High School

神奈川

藤沢市

男子校

■神奈川県藤沢市西富1－7－1
■JR線・小田急線・江ノ電「藤沢」
　徒歩15分
■男子のみ425名
■0466－23－3150
■http://www.tohrei-fujisawa.jp/

「世界は僕らを待っている」

2001年（平成13年）、「国際社会に太刀打ちできる21世紀のリーダー育成」をめざし開校した藤嶺学園藤沢中学校・高等学校。

まだ開校11年という若い中学校ではありますが、母体となる藤嶺学園藤沢高等学校の創立は1915年（大正4年）。すでに90年を超える歴史を有する学校です。その長きよき教育の伝統をしっかり受け継いだのが藤嶺学園藤沢中・高だといってよいでしょう。

アジアの重要性を知る
真の国際人を育てる

藤嶺学園藤沢の教育で特徴的なのは、アジアに目を向け、アジアを向いた国際人を養成していることです。

21世紀の国際社会におけるアジア、オセアニア地域の重要性が増す現在、エコ・スタンダードとしての東洋的な価値観や文化を見直すことにより、国際教育の原点を世界のなかのアジアに求めていきます。

国際語としての英語教育をしっかり行いながらも、身近なアジア・オセアニアに目を向けた国際教育を実施し、勇気と決断力を持った国際人を育てています。

3ブロック制カリキュラムで
問題意識を喚起する授業

学習においては、6年間を3ブロックに分け、基礎（中1・中2）、発展（中3・高1）、深化（高2・高3）に区切ることで、ムダのないカリキュラムを実現しています。
—基礎ブロック—　すべての教科の土台にあたる基礎学力をつくる時期。基礎学力を確実につけることを主眼に、教科授業のほかにも補習を積極的に行い、きめ細かく生徒一人ひとりを見守ります。
—発展ブロック—　中学と高校との橋渡しをする時期。中学の学習と高校の学習との段差を少なくすることをテーマに、基礎から発展への移行をスムースに行う学習プランを用意しています。
—深化ブロック—　中高一貫教育の総仕上げのこの時期は、将来の進路を決定する大切な時期でもあります。志望系統別のクラス編成を行い、生徒一人ひとりの進路を確実に導けるようにします。

生徒の可能性を見据えた進路指導

藤嶺学園藤沢の進路指導は、職業観育成から始まります。たとえば、各分野で活躍している卒業生や保護者の「研究者」を招き、「研究者」への道を歩むために、在学中からいかなるプロセスを経てきたのかという紹介から、いまの「学び」が将来の職業や人生につながっていくことを知ってもらう職業講演会を設けたり、大学教授による「留学」とはなにかというテーマのお話から、その本質や意義、そして自分の夢と「留学」との結びつきを考えるなど「職業観育成」のための講座があります。

さらに、その職に就くための資格や能力を知り、進路ビジョンを描きながら、職業とそのルートとしての大学進学を学びます。段階的な進路指導を行うことにより、生徒一人ひとりが抱いている未来への夢を実現できるよう、きめ細かな応援をしている藤嶺学園藤沢です。

東京

神奈川

千葉

埼玉

茨城

寮制

あ行

か行

さ行

た行

な行

は行

ま行

や行

ら行

わ行

229

日本女子大学附属中学校
にほんじょしだいがくふぞく

JUNIOR HIGH SCHOOL AFFILIATED WITH JAPAN WOMEN'S UNIV.

神奈川

女子校

川崎市

■神奈川県川崎市多摩区西生田1－
1－1
■小田急線「読売ランド前」徒歩
10分
■女子のみ749名
■044－952－6731
■http://www.jwu.ac.jp/hsc/

「自ら考え、学び、行動する」

生田の緑豊かな森のなかに、日本女子大学附属中学校・高等学校はあります。校内に一歩足をふみ入れると、だれもがその雄大な自然の姿に驚くことでしょう。キャンパスの春は、桜のトンネルと花びらのじゅうたんが、そして新緑へと移り変わり、四季折おりの花や草木が生徒を優しくつつみます。

建学の精神は、創立者・成瀬仁蔵先生が唱えた、「自ら考え、学び、行動する」こと。この建学の精神を基に、日本女子大附属では、〝人としてどうあるべきか〟という考えのもと、学習面と生活指導面の綿密な連携により、生徒の自主性、主体性を養う教育を実践しています。

自ら学び創造する姿勢
ていねいな個別指導

「勉強とは知識量を増やすためにするものではない」、そう考える日本女子大附属では、自ら学ぶ姿勢と創造性を養成するために、生徒の理解力に合わせて教育しているのが特色です。

そのため、授業では、生徒の理解を確かなものとするように練りあげた、教員手づくりのプリントなど多くの学習材を活用しています。また、実験や実習、発表などをつうじて、生徒自らが積極的に参加できる授業形式を採用しているのも大きな特徴といってよいでしょう。

中学では、自主的に学習する姿勢を育てるため、個別指導に力を入れています。国・英・数をはじめ、多くの授業では、1クラスをふたつに分け、ふたりの教師が担当。生徒の理解度に応じて適切に指導するとともに、質問にもていねいに答えられ、生徒の理解も深まります。

バイオリン演奏が必修科目

日本女子大附属では、芸術教育ならびに各種スポーツ活動にもおおいに力をそそいでいます。

音楽の授業では、バイオリン演奏が生徒全員の必修科目となっています。これは、バランスのとれた人間性を養うための情操教育の一環で、音楽会では、日ごろの練習の成果を披露します。

また、特徴的なのは、運動会や文化祭など多くの行事は、生徒を中心とした自治会が企画運営していること。

ここでも「自ら考え、自ら学び、自ら行う」という教育理念がしっかり息づいています。

しっかりした基礎学力を養成
理・文をバランスよく履修

高校のカリキュラムの最大の特徴は、しっかりした基礎学力を養成すること。3年次まで必修として全員が数学・理科・古典を履修しています。

また、理・文をバランスよく習得し、偏りのない基礎学力を養成することに重点をおく一方、3年次では選択科目を設置しています。

興味関心・適性に応じて選択できるよう、さらには他大学受験にもいかせるように幅広い内容の講座を展開。生徒が自己の可能性を果敢に広げられるカリキュラムが組まれています。

チャレンジ精神を応援
他大学受験では併願制度も

併設の日本女子大への進学には推薦制度があります。また、日本女子大にはない学部を受験する場合には、併願制度があり、そのチャレンジ精神を応援してくれます。

これにより、他大学への受験に失敗しても、日本女子大への進学が認められますので、生徒は安心して受験にのぞむことができます。

日本大学藤沢中学校
NIHON UNIV. FUJISAWA Junior High School

一人ひとり輝ける環境がある

日本大学の教育目標である「世界の平和と人類の福祉とに寄与すること」を柱とし、「健康・有意・品格」の校訓のもと、心身共にバランスのとれた「豊かな人間形成」と「国際的な素養の育成」をめざす日本大学藤沢高等学校。この高校のもと、2009年に開校したのが、日本大学藤沢中学校です。

開校した中学校は、半世紀以上の実績を誇る日大藤沢高校の教育のコンセプトを広げ、可能性とモチベーションを高める6年間をめざしています。

大学と連携したハイレベルな教育

英会話の授業では、クラスをふたつに分け、ネイティブ日本人のふたりの先生で授業が進められます。また理解度に差がでやすい英語と数学においては中学2年から習熟度別授業が行われ、生徒の理解力に応じた授業が展開されます。また、夏休みや冬休みの長期休暇を利用して全員参加の特別授業が行われ

るなど、多角的にさまざまな学習をすることができます。

また、多様な学部・学科を持つ日本屈指の総合大学である日大のネットワークを活用した体験授業が実施されます。フィールドワークでは大学の施設を利用した農業実習が行われるなど、中学・高校・大学の「10か年教育」もを実施、大学の施設を利用し、大学生と触れあうことで、より刺激的かつ高度な学習環境を構築しています。

そのため、高校1年次には原則として「特進クラス」に進むことになります。つまり特進クラスに直結するハイレベルな教育の実践を前提としているのです。

日大への進学希望者は「全員進学」を目標とした受験指導が行われますが、付属校であっても、高い希望を持ち、国公立大や難関私立大への進学することももちろん可能で、そうした受験に対応した講座も設けられています。

■神奈川県藤沢市亀井野1866
■小田急江ノ島線「六会日大前」徒歩8分
■男子179名、女子144名
■0466-81-0125
■http://www.fujisawa.hs.nihon-u.ac.jp/

中学受験用語集

■週5日制・週6日制

土曜日・日曜日には登校しないのが週5日制。

1996年の中央教育審議会答申で、子どもたちに「ゆとり」を確保するために提言され、文部科学省は学習指導要領の改訂に合わせ、2002年度から完全学校週5日制を実施、公立高校は例外を除いてこれに従っている。

ここでいう例外とは、都立の進学指導重点校などで後援会や同窓会主導の演習授業や、予備校から講師を招いて講習を行う学校のこと。

これに対し、首都圏の私立中高一貫校は、学力維持の面からほとんどが週6日制で土曜日も授業を行っている。

土曜日には授業は行わないが行事や補習を行う「授業5日制・学校6日制」という学校もある。

■習熟度別授業

生徒をその教科の習熟度に応じて、複数の学級からいくつかのクラスに編成しなおしたり、ひとつの学級内で別々のコースで学習するなどして、学習の効率をあげようとする授業法。

英語や数学など学力の差がつきやすい教科で行われる。私立・公立校とも「学力別」や「能力別」という表現はされず、「習熟度別」と呼ばれる。クラス名をあえて優劣がわからないように名づける配慮をしている学校がほとんど。

クラスサイズは、20人前後の少人数制で行われる。

■シラバス（Syllabus）

それぞれの学校で、具体的に「いつ、なにを、どのように」学習を進めるかを明記した冊子で、いわば「授業計画・進行計画書」。語源はラテン語。生徒や保護者の側は、年間の授業予定のうち、いま、なんの

ためにどこを学んでいるのかがわかりやすい。

■スライド合格

私立の学校には「コース」があることが多いが、難度の高い、たとえば「特進コース」を受験した場合、不合格でも同じ学校の1ランク難度がゆるい、たとえば「進学コース」に合格の資格が与えられること。

■大学附属中学校

大学附属校には、国立大の附属校と私立大の附属校がある。

中学受験で「大学附属校」と呼ぶのは、系列の大学自体が難関大学で、その大学への推薦入学枠が大きく、卒業生の多くが系列大学に進学する学校。

それとは別に、系列大学への推薦入学枠が大きくても、多くの卒業生はその系列大学をめざさず、他大学受験をめざしている学校は「半進学校」や「半附属校」と呼ぶ。

日本大学中学校
にほんだいがく

NIHON UNIV. Junior High School

■神奈川県横浜市港北区箕輪町2－
9－1
■東急東横線・目黒線・横浜市営地
下鉄グリーンライン「日吉」徒歩
12分
■男子560名、女子343名
■045－560－2600
■http://www.nihon-u.ac.jp/orgni/
yokohama/

新校舎のもと充実度アップ

中・高・大一貫教育を旗印とする日本大学中学校・高等学校。14学部、20大学院研究科を有する日本最大の総合大学である日本大学のメリットをいかした、幅広く、きめ細かなカリキュラムで教育を実践していることで知られています。

伝統と文化を理解する心を育成

1930年（昭和5年）の創設から80年、親・子・孫の3代にわたる入学もけっしてめずらしいことではありません。その間変わらないのは、創立以来の校訓「情熱と真心」。先輩から後輩へ、親から子へ、脈々とその精神は受け継がれ今日にいたっています。

学校では、そうした歴史ある日本大学中学校・高等学校において、文武両道のもと、生徒一人ひとりが学習とスポーツの両方に情熱を燃やしてくれることを願っています。

2003年からスタートした新カリキュラムでは、「授業時間数を減らさないこと」を第一に、授業内容の充実に細心の配慮がなされました。また、中学の道徳には「スポーツ、華道、書道」を取り入れ、「あいさつする心」、マナーやルールといった「社会規範を守る心」を喚起させるとともに、日本の「伝統と文化を理解する心」を育成することに主眼がおかれています。

校外活動や学校行事などは、思いやりの心を育んだり、心のつながりを尊重したりすることで、中学生としての人間形成ができるように実施しています。

学力の充実と強化に力を注ぎ、また「つまずき」をなくすために、各教科における補習授業を実施し、細心の注意を払った授業展開を行っています。

さらに、現代社会で重要視されている「英語力」、「情報教育」においても、生徒の習熟度に応じた柔軟な指導がなされています。

「本意」入学をめざした進路指導を展開している

こうした6カ年間一貫教育のもと、日本大学高等学校からは、例年65〜70%の生徒が日本大学へ進学し、約20%前後が他大学へ進学しています。

進路指導は、生徒一人ひとりの多岐にわたる希望に応じた進路の選択ができるよう、担任・進路指導部が適確な対応を実施しています。また、進路先の選択については、本人の意志を尊重した「本意」入学が最も重要と考え、個別指導にも力が入れられています。

新キャンパスで世紀型教育誕生

よりよい教育環境の実現をめざし、新校舎が2005年に完成しました。

この新校舎は、「生徒が施設に合わせて生活を送るのではなく、生徒が楽しく学園生活を送れるための施設」づくりをコンセプトとし、21世紀型教育の基盤となる新しいキャンパスに生まれ変わりました。新校舎の設備を一部紹介すると、普通教室やCAI教室、視聴覚教室のほか、アトリウム、アリーナ、温水プール、柔道場、剣道場、シャワー室などが完備されています。

新校舎のもと、ますます充実の日本大学中学校・高等学校です。

東京
神奈川
千葉
埼玉
茨城
寮制
あ行
か行
さ行
た行
な行
は行
ま行
や行
ら行
わ行

フェリス女学院中学校

FERRIS GIRLS' Junior High School

神奈川
横浜市
女子校

「キリスト教」を基盤に

フェリス女学院中学校は、1870年（明治3年）にアメリカ改革派教会が日本に派遣した最初の婦人宣教師メアリー・エディー・キダーによって設立されました。

日本最初の女子校として、また大学進学にもすぐれた成果をあげる神奈川の名門校として、高い知名度を誇り、今日にいたっています。141年というフェリス女学院の歴史を支えてきたものは、「キリスト教」に基づく教育を堅持することでした。それは、いまも変わることのないフェリスの教育原理となっています。

他人のためにをモットーに
学問を尊重する

「キリスト教」につぐ、フェリスの第2の教育方針は「学問の尊重」です。これは学院のモットーである「For Others＝他人のために」という言葉にも関係し、自分のためだけでなく他人のために役立ち、国際的にも通

用する質のよい本物の学問を追究することを意味してます。「進学校」といわれるほどにフェリス生が大学をめざすのは、こうした「他人のために」役立つ、より質の高い学問を求める姿勢の現れです。

また、第3の教育方針は「まことの自由の追求」です。創立以来「自由な校風」として知られるフェリスですが、フェリスでいう「自由」とは、外的規則や強制に頼らず、一人ひとりが自主性な判断で規制の意味を知り、他人への思いやりを持って行動することを意味しています。こうした教育方針のもと、フェリスでは、「他人のために」各自が与えられた能力をいかして生きる、愛と正義と平和の共同社会・国際社会をつくる責任にめざめた人間の育成をめざしています。

さらにフェリス女学院では、創立130周年を記念して新校舎が2002年（平成14年）に完成し、新たな歴史を刻もうとしてます。

- 神奈川県横浜市中区山手町178
- JR根岸線「石川町」徒歩7分
- 女子のみ56名
- 045-641-0242
- http://www.ferris.ed.jp/

法政大学第二中学校

HOSEI UNIV. DAINI Junior High School

神奈川
川崎市
男子校

可能性は ∞（無限大）

130年におよぶ歴史を有する法政大学。その伝統の学風「自由と進歩」のもとに発足したのが、法政大学第二中学校・高等学校です。学力・体力、人格をきたえあげていく最も大切なこの時期、個性豊かな友人たちとの切磋琢磨のなかで、批判力と想像力の基礎を培い、豊かな感性を身につけることを目標に、中高大10カ年の一貫教育を視野においたオリジナルな教育活動を展開しています。

21世紀を担う
新しい人間性と学力を培う

こうした教育目標のもと、中学では、基礎学力・体力を確実に身につけること、体験をとおして知識の体系化・総合化をめざした取り組みを重視しています。

大学の見学や大学生チューターによる講座も設置され、大学教授や大学生との交流で、視野を広げながら自分の将来・進路を展望できるのも、法政大学第二ならではといってよ

いでしょう。

そして、高等学校では生徒の個性を豊かに開花させていくカリキュラム体系を取るとともに教科教育・進路指導・生活指導において、生徒の発育・発達段階に対応した教育を創造的に行っているのが特徴です。

教科教育では、真の個性の伸長のために基礎学力と科学的思考力をしっかりと身につけることを重視。進路・生活指導においては生徒の生き方の視点から進路指導を視野におき、中高6カ年の学習期間において、つねに「自ら考え、自ら判断する」教育を大切にしています。

このように充実した教育内容を誇る法政大学第二は、さらなる教育内容の向上をはかるため、2007年に週6日34時間体制の導入を含む大幅なカリキュラム改変を行い、より一層の飛躍が期待されます。また、昨年からJR横須賀線「武蔵小杉駅」が開業し、アクセスがさらに便利になりました。

- 神奈川県川崎市中原区木月大町6－1
- 東急東横線・目黒線、JR線、地下鉄日比谷線・南北線、都営三田線、横浜高速鉄道みなとみらい線「武蔵小杉」徒歩10分
- 男子のみ585名
- 044-711-4321
- http://www.hosei2.ed.jp/

武相中学校

BUSO Junior High School

神奈川　男子校　横浜市

■神奈川県横浜市港北区仲手原2－34－1
■東急東横線「妙蓮寺」、横浜市営地下鉄「岸根公園」徒歩10分
■男子のみ174名
■045－401－9042
■http://www.buso.ac.jp/

豊かな人間性を持った社会人の育成

　横浜市のなだらかな丘陵にある武相中学校・高等学校。校門前の坂道を、桜の木々がおおいます。

　春には、美しい桜の花の絨毯をふみしめて、生徒たちは学校に通います。

　武相では、豊かな人間性を持った社会人の育成を目標に、「道義昂揚」「個性伸張」「実行徹底」の3つを建学の精神としています。

　「道義昂揚」は、ものごとの善し悪しをしっかりと判断し、礼節ある心豊かな人間として、将来社会に貢献できる有能な人材育成を目標とします。

　「個性伸張」は、勉強でもスポーツでも芸術でも、自分の得意なことや好きなことを大きく伸ばし、生きる力を強く伸ばすことを目標とします。

　「実行徹底」は、一度決意したことは、強い精神力、忍耐力、協調性を持って、最後までやりぬくことを目標とします。

　そして、バランスのとれた豊かな人間性を育むために、「知」に重きをおくだけでなく、「徳」「体」を強調し、自分自身を律すること、周囲の人と協調すること、相手の立場になって考えることなどを身につけるとともに、どんなことにも負けない頑強な体力づくりにも力を入れています。

　それを実践するため、クラブ活動もおおいに奨励。また、多彩な学校行事を準備し、楽しいなかに意義ある学校生活を実現しようとしています。

広く・深く・高く

　武相の教育方針は、「広く・深く・高く」。この教育方針のもと、6年間の中高一貫教育を前期・中期・後期に分けて、それぞれ特徴ある教育を展開しています。

　前期は、「広く」の理想を持って、心と身体の両面から、学習の基礎・生活の基本を身につける時期。全学校生活をとおして、「教え合う」「学び合う」「助け合う」心を学び、喜びを共有できる豊かな心とたくましい身体から鍛錬・継続していくことへの意欲を身につけます。

　中期は、「深く」の理想を持って、高い学力を修得し、将来の明確なビジョンを創造していく時期。

　豊かな個性を持って、進路に合わせた学習を自主的に展開・伸張していく力を身につけます。

　後期は「高く」の理想を持ってビジョンを確立し、「強い意志」で自己実現に向けて確かな第一歩をふみだす時期。

　これまでに培われた知育・徳育を持って発展的な生活を送り、「受験難度の高い大学」「志望する大学」に、「現役主義」の精神で果敢に挑戦し、現役合格の目標を達成していく学力と精神力を身につけます。

「国際理解教育」を推進

　武相の国際理解教育は、「世界」というスタンスのもとに、幅広い視野を持った人材を育成することを目的に実施されています。

　参加希望者は、中学3年卒業後の春休みにそれぞれオーストラリア・ブリスベンの一般家庭に約2週間ホームステイし、ファミリーと生活をともにすることで生きた英語を学んでいます。

　さらに、英会話授業・課外活動をとおして文化のちがいを体験しています。

　1996年から始まった海外語学研修には、毎年約7割の生徒たちが参加しています。参加した生徒たちの、「やればできる、という自信がついた」「日本でもっと英語を勉強して再びファミリーに会いに行きたい」という感想が印象的です。

聖園女学院中学校

MISONO JOGAKUIN Junior High School

■神奈川県藤沢市みその台１－４
■小田急江ノ島線「藤沢本町」徒歩
　12分
■女子のみ376名
■0466－81－3333
■http://www.misono.jp/

カトリック精神に基づく人間教育

　湘南の海を望む、藤沢市の緑豊かな丘陵地にある聖園女学院中学校。1920年（大正９年）、ドイツ人宣教師ヨゼフ・ライネルス神父によって創立された日本人の女子修道会が母体となっています。

　創立以来、カトリック精神に基づき、正しい世界観・価値観と道徳的信念を養い、誠実に歩み、愛の心を持って社会に奉仕できる女性の育成に努めています。

　具体的には、人間としての生き方を学び、一人ひとりが聖園の生徒として成長し、集団としての質的な高まりを形成していくように指導がなされています。ミサ、宿泊研修、練成会、クリスマスの集い、奉仕活動などの宗教行事を体験することにより、キリストの道や教えを学び、思いやりの心を育みます。

　「大切なのは神のみこころを知り、人に対する思いやりの心をもって生きること。そして、自らも喜びを感じる心を育てること」、そう聖園女学院は考え、日々、生徒の指導にあたっています。

ボランティア活動で
大切にする奉仕の精神

　カトリック精神に基づく人間教育を行う聖園女学院では、ボランティア活動もとても活発です。各種の募金活動などを行うとともに、聖園女学院ならではの「聖園子どもの家ボランティア」や「５円ランチキャンペーン」を行っています。

　「聖園子どもの家ボランティア」は、希望する生徒が、隣接する施設「聖園子どもの家」の子どもたちとともに過ごし、体験を分かちあうことを目的として行われ、奉仕の喜びを経験します。

　また、「５円ランチキャンペーン」は、毎月５日に全校生徒が協力し実施しているもので、１食５円といわれる貧しい国の子どもたちの食事代への援助を行っています。

　このように、さまざまな身近な奉仕活動をつうじ、聖園女学院の生徒たちは、奉仕の精神を自然に身につけていくのです。

中学では基礎を学び
高校では応用力をつける

　聖園女学院の学習目標は、中学では基礎をしっかり学ぶこと、高校では応用力を身につけることです。この目標に基づいて教育課程が編成されています。

　中学では、基礎学力の積み重ねを必要とする英語、数学、国語などの教科で時間数を多く設定しています。英語では教科書のほかに、構文や文法を学ぶ時間を設けて、基礎固めをします。また、全学年で原書を読み、辞書にも親しみます。

　少人数クラス編成の中１に加え、中２・中３は分級でよりきめ細かい指導を行っています。また、各学年で週１時間、ネイティブスピーカーによる英会話を実施しています。

「自分」と「社会」の両方の可能性を伸ばす

　進路指導は中学生から実施しています。

　聖園女学院では、人生の背景にある「使命」、ものごとの背景にある「学問」にめざめることから始めます。

　高校では「自分」と「社会」の両方の可能性を伸ばすことを学びの目的とするため、生徒は自ら教養を広げ、専門知識を深め、進学を希望するようです。

　2011年度の合格実績は、現役で国公立７名、早大・慶應大・上智大13名、G―MARCH39名、医薬看6名、理工農系大37名など、第１志望に進学して学問を磨き、自らの使命を果たす生徒が増加しています。

緑ヶ丘女子中学校
（みどりがおかじょし）

MIDORIGAOKA GIRLS' Junior High School

神奈川

女子校

横須賀市

■神奈川県横須賀市緑が丘39
■京浜急行線「汐入」徒歩5分、JR線「横須賀」徒歩15分
■女子のみ31名
■046－822－1651
■http://www.midorigaoka.ed.jp/

国際社会で貢献できる自立した女性を育成

東京湾や横須賀港を見下ろす、横須賀市の高台にある緑ヶ丘女子中学校・高等学校。町中の喧噪から離れ、多くの緑に囲まれたキャンパスの落ちついた学習環境が自慢です。

開校から半世紀以上の歴史を誇る緑ヶ丘女子ですが、中学校が再開されたのは2001年（平成13年）です。

そんなフレッシュな緑ヶ丘女子の教育の特徴は、建学の精神である、誠実さとまごころを持って人生を歩んでほしいという願いがこめられた言葉「至誠一貫」のもと、キリスト教の「愛の精神」を心の糧に「新時代の社会で活躍し、貢献できる自立した女性の育成」をめざしているところにあります。

そして、それを実現するため、「英語教育」「コンピュータ教育」「聖書による人間教育」の3つを教育の柱として据えています。

もちろん、その前提には、基礎となる3教科（英・数・国）の学習を中心に、生徒一人ひとりの個性、興味、適性を考え、少人数制・能力別学習を取り入れ、きめ細かくていねいに指導を行う緑ヶ丘女子教育の基本スタンスがあることはいうまでもありません。

使える英語と国際感覚を養う

女性の活躍の場は、日本だけにとどまらない21世紀。緑ヶ丘女子では、「共生の思想と異文化の中で生活する力」「国際社会で通用する専門知識や資格」「使える英語」の3つがよりいっそう求められていると考えています。

そのため、とくに力を入れているのが英語教育です。

「実践に役立つ本格的英語力」の習得をめざしているのが大きな特徴となっており、つぎのような多彩な学習プログラムを実施しています。

①ネイティブ教師の授業を充実させ、実践的な英語力を習得。②日本英語教育研究国際学会が開発する日本初の英語教育システムを導入。③少人数・能力別クラスのきめ細かな指導。④大学入試に必要な読解や文法語法の基礎を固める。⑤アメリカでの語学研修を実施。⑥英検やTOEFL対策の充実。⑦同世代のネイティブスピーカーとの実践交流会。⑧米国大学進学、慶應大・上智大等難関私大進学に向けた徹底対策。

さらに、「イングリッシュ・イマージョン授業」も取り入れ、英語力の上達に役立てています。中学2年では理科を、中学3年では社会の学習を英語で実施しています。

学習と生活に役立てる コンピュータ教育

パソコンは情報を得るための重要なツールです。

緑ヶ丘女子では、最新のコンピュータをひとり1台使用できるように用意し、パソコンの機能や基本操作の学習から情報倫理まで、学習と生活に役立つ情報教育を実施しています。

聖書の教えを学び 豊かな人間性を育成

緑ヶ丘女子の教育で忘れてならないのは、聖書の存在です。

キリスト教の「愛の精神」を大切にする緑ヶ丘女子では、聖書の時間や各種行事、諸活動をつうじて、他人を思いやる心、社会に奉仕する心を養い、豊かな人間性を育んでいきます。

こうして、社会に巣立つための素地を6年間をつうじて、段階的、系統的、効果的に育てている緑ヶ丘女子中学校・高等学校です。

森村学園中等部
もりむらがくえん
MORIMURA GAKUEN Junior High School

■神奈川県横浜市緑区長津田町2695
■東急田園都市線「つくし野」徒歩
　5分、JR線「長津田」徒歩13分
■男子276名、女子341名
■045-984-2505
■http://www.morimura.ac.jp/

創立100周年・新たなる100年に向かって

　横浜市の緑豊かな丘陵地帯に、約8万1500㎡ものキャンパスを有する森村学園。キャンパスには、広い敷地を生かした充実の教育施設が整います。

　創立者は、世界に誇るTOTOやノリタケの創業者である、明治の実業家・森村市左衛門翁です。森村学園では、翁の人生訓、「人間は他者に対して正直であれ、親切であれ、勤勉であれ。また己に対して、正直であれ、親切であれ、勤勉であれ」をもとに、「正直・親切・勤勉」を校訓に掲げ人間教育に携わっています。この伝統に培われた「お互いの存在を認め合うことができる校風」が、森村学園の最大の誇りです。

優秀な大学合格実績
現役合格率が高い

　家庭的な雰囲気に満ち、「暖かみのある校風」で定評がある森村学園ですが、忘れてならないのは、教育へのあくなき改革を推し進めつづけている学校であることです。2004年から始まった「授業週6日制」もそのひとつ。50年間つづけた「授業5日制」を、「真のゆとりある教育環境を実現する」と、大きく舵を切りました。生徒のためになると思えば大胆に改革を実行する、そんな森村学園の教育への熱い姿が垣間見られます。

　こうした改革の成果は、良好な大学合格実績としても表れています。

　2011年度、国公立大・早大・慶應大・上智大・東京理大・MARCHに、41%の生徒（現役生）が進学したのには驚きです。

〝純・一貫教育〟のなかで
自分の路を進む力を育む

　高等部での生徒募集をいっさい行わない〝純・6年一貫教育〟を行う森村学園。カリキュラムは大学入試で発揮できるフリーハンドの学力形成をめざします。

　その進学指導の基本理念としては、「進路指導と進学指導の区別化」というコンセプトが存在します。「進路指導」は自分の進むべき路を探すための指導で、その原点は「大きくなったらなにになりたいのか」という問いかけです。森村学園では6年一貫教育の環境のなかで、つねに生徒に向かってこの問いかけを発しつづけます。

　それは、「この路に進みたいから、この大学に進学する」と明言できる生徒であってほしいと考えるからにほかなりません。

　一方、「進学指導」は大学に進むための指導で、原点は希望する大学に合格できる学力を身につけることです。森村学園では、生徒が真の学力を身につけられるよう、「繰り返しの反復」と「じっくり考える」ことを最も大切にするとともに、それを学校で実現できるよう、「6年間一貫・授業6日制カリキュラム」を整えています。さらに、この「進路指導」と「進学指導」とが両輪となって動き始めたとき、ほんとうの意味での実りある進学指導が実現できると、森村学園では考えています。〝純・6年一貫教育〟の環境のもと、自分の路を進んでいく力を自ら培っていくことができる学校、これが森村学園だといってよいでしょう。

2010年、新校舎が誕生

　学園創立100周年にあたり、新校舎が誕生しました。

　21世紀にふさわしい施設と緑豊かな敷地に囲まれ、生徒たちは伸びのびと生活しています。

　都内を結ぶ田園都市線つくし野駅からわずか徒歩5分という恵まれたキャンパスのもと、新たな躍動でいっぱいの学園です。

東京
神奈川
千葉
埼玉
茨城
寮制
あ行
か行
さ行
た行
な行
は行
ま行
や行
ら行
わ行

山手学院中学校

やまてがくいん

YAMATE GAKUIN Junior High School

神奈川

共学校

横浜市

■神奈川県横浜市栄区上郷町460
■JR線「港南台」徒歩12分
■男子394名、女子239名
■045-891-2111
■http://www.yamate-gakuin.ac.jp/

世界を舞台に活躍でき、世界に信頼される人間

1966年（昭和41年）、「未来への夢をはぐくみ、その夢の実現をたくましくになっていく人」すなわち「世界を舞台に活躍でき、世界に信頼される人間」の育成を目的として創設された山手学院中学高等学校。マロニエ並木を歩いて到着するキャンパスは、富士山や鎌倉の山並みを望む緑豊かな高台にあります。

その教育目標は、「高いこころざし、他人への優しさ、気品、決断力、実行力を持った生徒を育てること」。広々としたキャンパスとこうした教育目標のもと、おおらかで、気持ちの優しい子どもたちが育っています。

体験を重視した特色ある「国際交流プログラム」

「世界を舞台に活躍でき、世界に信頼される人間」を育てるという目標を実現するため、山手学院では、教室のなかで世界について学ぶだけでなく、柔軟な吸収力のあるこの時期に、直接「世界」に飛びこみ、体験することが必要だと考えています。

そのため、全生徒にその機会を与えるものとしてつくられたのが、山手学院の「国際交流プログラム」です。「中学3年でのオーストラリアホームステイ」「高2での北米研修プログラム」を柱として、「リターン・ヴィジット」「交換留学」「国連世界高校生会議」など、数多くのプログラムを実施しています。

1969年から40年間継続している、全員参加の「北米研修プログラム」への参加者総数は、すでに1万名。ふたりひと組で同じ年ごろの生徒がいる家庭に14日間のホームステイを行っています。

現地ではハイスクールで授業を受けたあと、スポーツや地域のボランティア活動に参加します。家庭の仕事の手伝うとともに、日本文化の紹介などをつうじて交流を深め、生徒はすばらしい体験と思い出を胸に帰国しています。

「中高6年一貫コース」スタート

山手学院では、週5日制・年間3学期制を採用しています。2010年度中学入学生より「中高6年一貫コース」を開始し、国公立大学への進学に向けて必要な幅広く確かな学力を育成しています。

中3・高1では特進クラスを1クラス編成するとともに、英語・数学で習熟度別授業を展開して基礎力の徹底と応用力の育成をはかります。

高2・高3では理系・文系の進路別でクラスを編成し、進路に向けての具体的なイメージを固めます。生徒と担任、進路指導部が徹底的に話しあいながら大学受験を進めていきます。

土曜日の午前中には土曜講座を実施しています。授業の補習的内容を行う学習サポート講座や、英検等の資格対策講座、大学入試に向けての受験講座など多彩な講座が設置され、中学生から高校生まで多くの生徒が、自分のニーズにあった講座を選択して受講しています。

月曜から金曜に集中して行われる授業。活発に行われる放課後のクラブ活動。多彩な土曜講座。この3つの活動によって生みだされるリズム感、メリハリのある学校生活が山手学院の特色です。

難関大学に多くの現役合格者

こうした生徒を伸ばすオリジナルな学習指導の結果、2011年度の山手学院高等学校の大学入試結果は、国公立大へ58名、早大・慶應大・上智大148名、MARCHには491名の合格者を輩出しています。現役の合格者が多いのも大きな特徴で、2011年の卒業生のうち90%が大学合格を勝ち取っています。

横須賀学院中学校

YOKOSUKA GAKUIN Junior High School

■神奈川県横須賀市稲岡町82
■京急線「横須賀中央」徒歩10分
■男子158名、女子130名
■046−822−3218
■http://www.yokosukagakuin.ac.jp/

青山学院第二高等部を継いで創設

横須賀学院は、さわやかな潮風の吹きぬける海沿いの地にあります。ここは、旧海軍工機学校の跡地でした。1947年（昭和22年）、青山学院がこの跡地に横須賀分校専門部を開設、その翌年には第二高等部を併設したのです。

しかし、戦後の混乱のなかで、1949年（昭和24年）にはそのすべてが閉鎖されてしまいました。これを聞いた横須賀駐留軍司令官デッカー少将は、「キリスト教学校の灯を消してはならない」と、日本キリスト教界に呼びかけました。

その求めに応じたのが、聖路加病院・日野原重明現院長の父、日野原善輔牧師でした。善輔牧師は娘婿にあたる武部啓を学院長に推しました。武部学院長の呼びかけに応じて、全国から情熱と信仰心にあふれる人材が参集し、1950年（昭和25年）4月1日、横須賀学院が創立されたのです。

こうして、横須賀学院は青山学院第二高等部を継いで世に生を得ることとなりました。

2009年1月、青山学院と「教育提携協定」を締結

ときは移り、2002年（平成14年）、青山学院大元学長の國岡昭夫が理事長に就任し、進学を重視した中高一貫カリキュラムを開始しました。

2007年（平成19年）からは、青山学院大との高大連携授業がスタート。横須賀学院の生徒が、渋谷や相模原のキャンパスで大学の学びを体験しています。

そして2009年（平成21年）1月、学校法人横須賀学院は、学校法人青山学院と法人の独立性を保ちながら、「教育提携協定」を締結しました。その内容は、①青山学院大への推薦入学制度の拡充、②同大学との連携授業の充実、③児童・生徒の交流、④教職員の交流と研修の推進、となっています。この提携の大きな目的は、キリスト教教育の連続性を実施することです。

現在、青山学院大学は入試制度の改革を進めており、2011年（平成23年）後半以降の発表をめざして「提携校推薦制度」の設置を検討しています。

2010年入学生よりシラバスを高度化

2006年（平成18年）、一貫中学校舎が完成。2010年（平成22年）には、一貫職員室と1100人収容の大チャペルも完成しました。これにより、一貫コースのエリアが学内に明確になりました。提携協定締結により、検定外教科書などの導入でシラバスを高度化、さらに定期テスト以外に実力テストを導入し、国公立大や青山学院大にはない医歯薬系の大学をめざす場合にも備えています。

また、横須賀学院一貫クラスでは少人数クラス編成のメリットをいかした面倒見のよい学習指導を行っています。とくに放課後学習に力を入れており、新たに学習センターを新設し、専門の職員も配置しました。この時間は自律的な学習習慣をつけるためにプリント個別学習を行い、毎日、部活のない生徒は16時〜17時半まで、部活のある生徒は17時半〜19時まで学内で試験対策の勉強をすることができます。

さらに横須賀学院では、2000年度（平成12年度）より一貫カリキュラムを開始。2006年（平成18年）には、一貫生の早大・慶應大＋国公立大の合格率は約10％でしたが、2010年にはG-MARCHレベル以上の大学合格率は約30％まで上昇し、東大合格者もでました。

2010年現在、青山学院大学の指定校・同盟校推薦枠は18名まで拡大し、高大連携授業にも、のべ300名が参加するまでになっています。

東京
神奈川
千葉
埼玉
茨城
寮制
あ行
か行
さ行
た行
な行
は行
ま行
や行
ら行
わ行

横浜中学校
YOKOHAMA Junior High School

神奈川
横浜市
男子校

いよいよ横浜の「新ステージ」がスタート！

横浜中では、昨年度の一貫コース25周年を機にさまざまな改革を開始。一貫コースは高入生とは混成せず、一貫用カリキュラムを採用しています。スポーツ強豪校の印象もありますが、現役での大学合格をめざす「一貫コース」を学園の教育の主軸と位置づけ、さまざまな新しい取り組みを始めています。

現役大学生が在校生をサポート

学力面では、現役大学生が在校生の学習をサポートするプログラム「YSAP」(ワイサップ)がスタートしました。現役大学生がＳＡ(スタディ・アシスタント)として中1の放課後補習に参加するほか、学生チューターとして新校舎1階にできた学習室で中高生の質問などに答えます。本校が目標とする、「全員のG-MARCHクラスの大学への合格」をさらにアシストするための「次のステップ」の導入に向けて引き続き改革を続けて参ります。

「ライフデザイン教育」がスタート

人間力の面では、男子の成長に合わせて自己認識から始め、進路や生き方を創造する「ライフデザイン教育」がスタート。先行きが不透明な現代を生きぬけるように、生徒の目標設定や達成へのプロセスをサポートします。

また一貫コース用高校用校舎が今春に完成。既存校舎とも連結し6学年が同じエリアを共有できる生活環境が整いました。

中1夏、英語に親しむ3日間

今年度より中1生を対象とし、夏休みに本校学習センターに宿泊して「アメリカン・キャンプ」を行います。アメリカの学生スタッフを招いてさまざまなアクティビティ(体験活動)を楽しみながら、3日間にわたって英語や現地の文化・習慣に親しみます。

■神奈川県横浜市金沢区能見台通47−1
■京浜急行線「能見台」徒歩3分
■男子のみ370名
■045−781−3395
■http://www.yokohama-jsh.ac.jp/

横浜共立学園中学校
YOKOHAMA KYORITSU DOREMUS SCHOOL Junior High School

神奈川
横浜市
女子校

「ひとりを大切にする」キリスト教教育

横浜の街並みを見下ろす山手の高台に横浜共立学園中学校はあります。創立は1871年(明治4年)、日本で最も古いプロテスタンキリスト教による女子教育機関のひとつであり、横浜を代表する人気の女子校です。

3人のアメリカ人女性宣教師により設立されたアメリカン・ミッション・ホームに起源を持つ横浜共立学園の教育の根底にあるものは、「ひとりの人間を無条件に尊重し愛する」キリスト教精神です。学園では、キリスト教に基づく教育が実践されています。

そのキリスト教教育の基本は、「神を畏れる」ことにあります。「神を畏れる」とは、人間が神の前に謙虚になるということです。毎朝行われる礼拝をとおして、自分が神様からかけがえのない存在として等しく愛されていることを知ります。

横浜共立学園が創立以来「ひとり」を大切にする教育を行ってきた根拠がここに存在します。

高い大学進学実績

横浜を代表する私立女子校として知られているだけに、その大学進学実績には目を見張るものがあり、難関大学に数多くの合格者をだしています。医学部への進学者が多いのも特色のひとつで、総じて理系人気には高いものがあります。また、特筆すべきは、きわ立って高い現役合格率です。これは「まじめで、よく勉強する」生徒の性格を表す結果でもありますが、その背後には中高一貫の利点を活かし、効率を追求した横浜共立学園のカリキュラムの存在があります。

しかし、名門進学校の横浜共立学園は、けっして受験一本槍の学校ではありません。生徒のほとんどが部活に所属しボランティア活動も積極的に行われています。同じ部活の先輩が一生懸命に勉強して現役で希望する大学に入っていく、それもよいプレッシャーになっているのかもしれません。

■神奈川県横浜市中区山手町212
■JR線「石川町」徒歩10分
■女子のみ552名
■045−641−3785
■http://www.kjg.ed.jp/

横浜英和女学院中学校
よこはまえいわじょがくいん

YOKOHAMA EIWA GIRLS' Junior High School

■神奈川県横浜市南区蒔田町124
■市営地下鉄「蒔田」徒歩8分、京浜急行「井土ヶ谷」徒歩18分
■女子のみ498名
■045−731−2862
■http://www.yokohama-eiwa.ac.jp/

キリスト教教育に根ざした本物の国際交流とキャリア教育

横浜英和女学院は、1880年（明治13年）、アメリカの婦人宣教師、ミス・H・G・ブリテンにより横浜山手48番の地に創立されました。

創立以来、キリスト教主義学校として、建学の精神である聖書の真理と教えに基づき隣人に奉仕できる心の育成に努めるとともに、生徒一人ひとりの個性と能力を生かす教育を行ってきました。

校門を入ると、だれもが右手にある白く美しいチャペルに目を見張るにちがいありません。それはまるで、日々生徒の登下校を優しく見守っているかのように思えます。チャペルに入ると、そこには外とはまるでちがった世界が広がります。初めて来た人をも温かく包みこむ安心感、そんな優しい空気が漂います。

そして、窓からはステンドグラスをとおした幾重もの優しい日の光。このステンドグラスは、1908年製で横浜最古のものです。

放課後毎日80分、高3受験講座を実施

授業は、完全週5日制・2期制で、大学進学はもとより進学後の勉学にも対応できる教育課程と授業内容を組んでいるのが特徴です。とくに、英会話と基礎段階である中学1年の英語は、少人数授業で行われ、中2以上では習熟度別、少人数クラス編成となっており、大きな力がそそがれています。

高等学校では、一人ひとりが将来の夢を実現できるよう、80講座以上の選択科目のなかから自分の進路に必要なものを自由に選択できるようになっています。また卒業生や社会人によるキャリアガイダンスや職業研究など、生涯をとおして専門職につくことをめざしたキャリア教育を行っています。

さらに、土曜セミナーや夏期補講、高3受験講座をつうじて、主体的に将来の進路を決定できるように教科指導が行われています。

海外に3校の姉妹校国際理解教育も充実

オーストラリアに2校、韓国に1校、計3校の姉妹校が海外にあります。短期留学やホームステイ、海外研修旅行、本校への来校等さまざまなかたちで活発な交流が行われています。また、オーストラリアの提携校に留学することができる1年間留学やセメスター留学という制度も設けています。

帰国生が多いのも横浜英和女学院の特徴です。現在も中高合わせて約60名の帰国生がいて、世界各国での貴重な体験をみなで分かちあっています。

外国人教師や帰国生の存在によって学校内が国際交流の場になり、「グローバルファミリー」という生徒組織もあります。

さらに、海外の生徒を受け入れる場合はすべてホームステイというかたちを取っているので、生徒だけでなく、海外の生徒も保護者も、国や人種を越えて互いを認めあい、愛しあうことのできる環境が体験できます。

横浜英和女学院では、このようなさまざまな交流をとおしてグローバルな視野を養い、世界の人びととともに生きることを学んでいます。

明治学院大と教育連携協定

2008年12月、横浜英和女学院は、明治学院大学と教育連携協定を結びました。

これにより、限定オープンキャンパスの実施や入試との連動などのほか、大学キャリアセンターによるキャリアガイダンス、出張授業や英語教育の充実に向けた連携などの活動が行われています。

横浜女学院中学校
YOKOHAMA JOGAKUIN Junior High School

神奈川　女子校
横浜市

「愛と誠」の人間教育

プロテスタントのキリスト教精神による女子の人間教育を行う横浜女学院中学・高等学校。自分を深く見つめ真実の生き方を求める「キリスト教教育」、可能性を最大限に伸ばし知性と感性を深める「学習指導」、個性を尊重しあい、信頼と友情を築く「共生教育」の3つを教育理念に、イエスの教え「愛と誠」の人間教育を実践しています。

そんな横浜女学院の1日は、礼拝で始まります。礼拝は横浜女学院のキリスト教教育の基であり、全校礼拝やステージ礼拝、クラス礼拝、英語礼拝などをとおして、時代を越え世界につうじる、人間としての真実の生き方を学びます。

また、「共生教育」においては、21世紀に輝いて生きる人を育てるため、新しい女子教育をめざしています。

特色あふれるカリキュラム

近年、着実に大学進学実績を伸ばしている

横浜女学院。そこには、生徒が主役の女子教育を行う姿とともに、「特進クラスと普通クラス」の学級編成、また、習熟度別授業と豊富な課外活動、補習授業や受験対策講座、進路と興味に応じた「選択制」、夢を実現させる「進路教育」、感性を育てる「芸術教育」、IT時代を迎えた「情報教育」やグローバルな視野を育てる「国際教育」など、横浜女学院ならではのカリキュラムの存在が光ります。

学習指導においては、可能性を最大限に伸ばし、学びと喜びと真理の探求をとおして、人生をより豊かにする知性と感性を深めています。

こうした教育を基本として、横浜女学院では、中高一貫を「基礎期」（中1・2）、「展開期」（中3・高1）、「発展期」（高2・3）の3ステージに分け、それぞれの期に応じて、広い視野に立った進路教育により、生徒それぞれの自己実現をめざしています。

■神奈川県横浜市中区山手町203
■ＪＲ線「石川町」徒歩7分
■女子のみ506名
■045-641-3284
■http://www.yjg.y-gakuin.ed.jp/

横浜翠陵中学校
YOKOHAMA SUIRYO Junior High School

神奈川　共学校
横浜市

Think & Challenge！！

2011年4月、「横浜翠陵」が共学校としてスタート!!　スローガンは「Think & Challenge!」。学校生活のすべての場面に用意された数多くのチャレンジが、自分の殻を破り、無限の可能性を引きだします。解けない問題から逃げずに挑みつづけた経験、苦しいことと正面から向きあった体験が自信へとつながり、つぎのステップへと挑む自分の糧となります。

徹底的に向きあいます！！

学習活動も自分への挑戦の場。一人ひとりの「わかった」「できた」を引きだすためにじゅうぶんな授業時間数を確保。さらに、学習プロセスを「DUT理論」に基づきD=Desire（意欲）、U=Understand（理解）、T=Training（実践演習）に分類。挑戦する心=Dを育て、学力をつけるために必要となる訓練=Tを可能にします。挫折しそうなときには、教員が徹底的に向きあいフォ

ローアップします。DUTのどの段階でつまずいたかを探り、自分の力で正解にたどり着けるよう導きます。「できる」実感の積み重ねが、つぎへの意欲とつながり、確実な学力とチャレンジ精神を養います。

中学時代に基礎を徹底的に固め、高校進学時に特進・国際・文理の3つのなかから各自の希望進路に沿ったコース選択をします。希望するコースに向けて力をつけるため、中学3年生では、7時間授業「ブラッシュアップレッスン」も用意しています。

もちろん勉強以外にも、翠陵にはチャレンジの機会がいっぱい。部活動はもちろん、ひとり1家庭の2週間ホームステイによるオーストラリア海外研修や、毎年歩く距離が延びるトレッキングキャンプなどの行事でも、自分の限界を乗り越える経験を積み重ね、たくさんの「できた!」を実感。大きな自信を持って、人生の大きな目標に向かっていくたくましい「人間力」を育んでいく学校です。

■神奈川県横浜市緑区三保町1
■JR線「十日市場」・東急田園都市線「青葉台」・相鉄線「三ツ境」バス
■男子40名、女子62名
■045-921-0301
■http://www.suiryo.ed.jp/

横浜創英中学校
よこはまそうえい

YOKOHAMA SOEI Junior High School

神奈川

横浜市

共学校

■神奈川県横浜市神奈川区西大口28
■JR線「大口」徒歩8分、京浜急
　行線「子安」徒歩12分
■男子88名、女子88名
■045-421-3121
■http://www.soei.ed.jp/

学力・人間力向上宣言！

　2003年（平成15年）、70年近い歴史を誇る横浜創英高等学校のもとに開校した横浜創英中学校。

　その建学の精神は、「考えて行動のできる人」の育成。この「考えて行動のできる人」とは、自らの生活を自主的に営み、見通しを持って生きる「生活力のある人」、集団のなかで人とコミュニケーションし、協力しあう「実践力のある人」、これからの社会に対応でき人びとに貢献できる「社会力のある人」を意味します。

　横浜創英では、これらの人間が生きていくうえで大切な力（人間力）の向上をはかり、自らの力で問題を解決する力や目標を実現するための力をつけるため、さまざまな体験学習を実施し、社会に貢献できる有能な人材を育成しています。

イングリッシュ・アワーで英語力を大きく伸ばす

　充実した国際教育を目標とする横浜創英では、ネイティブスピーカーによる英会話授業、放課後のイングリッシュ・アワー、海外語学研修（カナダ）といった多彩なプログラムを導入しているのが特色です。

　このイングリッシュ・アワーは、横浜創英独自のユニークなプログラムで、1年生を中心に、7時限目に行われる20分間の「楽しい英会話」の時間です。英語だけを使った日常的なコミュニケーションを、まず「必要な言葉」から耳で覚えることを基本としています。

　「読み・書き」はもちろん、「話せる」ことを重視した"使える英語"の修得をめざす横浜創英の英語教育です。

進路に対応する3コース制
6年間を見据えたプログラム

　高校では、年々生徒の進路に対する目標が高くなっており、とくに国公立大志望が激増しています。この要望に応えるために、横浜創英高では、特進・文理・普通といった3コース制を導入しています。

　最大の特徴はセンター試験に対応した「特進コース」の存在です。

　このコースでは国公立大への現役合格をめざし、週3回7時間授業を導入して、1年次は基礎の徹底、2・3年次は応用力の育成をはかっていきます。

　「文理コース」では進路に応じた科目が集中的に学習できるように、2年次より文系・理系に分かれて履修します。

　「普通コース」は異教科間を含めた多様な選択科目が履修できるようになっています。

　変革する横浜創英高に呼応して、中学では基礎学力の定着度を細かにチェックするシステムがたくさんあり、高校での発展学習につないでいます。

21世紀に対応した
ゆとりある快適な学び舎

　横浜創英中学校は、21世紀に活躍する英知を養うために、最先端の教育施設とゆとりの空間を備えた、非常に快適な教育環境となっています。

　「SOEIホール」は、学年集会のほか、特別授業にも活用でき、大型プロジェクターを備えています。ここにはインターネットなどを活用できるコンピュータも多数設置され、生徒は自由に使うことが可能です。

　また、3階・4階中央部には陽の光がたっぷりとそそぎこむ吹きぬけがあり、明るさと開放感のあるスペースとなっています。

　キャンパス施設も充実し、伸びのびと明るく楽しいスクールライフが送れる横浜創英中学校・高等学校です。

横浜隼人中学校
よこはまはやと

YOKOHAMA HAYATO Junior High School

「必要で信頼される人」を育成

横浜市にありながらも、遠くに富士山を仰ぐ緑豊かな自然環境にある横浜隼人中学校・高等学校。敷地面積は、なんと約5万4000㎡もの広さです。学校全体を写した航空写真を見ると、その広大なキャンパスの姿に驚かされます。そんな恵まれた教育環境のもと、横浜隼人では、生徒が将来、それぞれの場で重要な役割を担える「必要で信頼される人」に育つことをめざした教育が行われています。勉強だけでなく、「他人への思いやり」、「環境へのやさしさ」、「差別や偏見のない広い視野」、そして「困難に打ち勝つ勇気」を身につけることを大切にした教育が行われているのです。

「横浜隼人」21世紀の教育

さらにすぐれた教育環境をつくりだすため、横浜隼人では、「『横浜隼人』21世紀の教育」という教育プログラムを実践しています。これは、生徒の能力、適性に合わせ、一人ひとりの生徒の無限の可能性を広げていくための具体的な施策で、「進学のためのプログラム」と「人間形成のためのプログラム」が柱となっています。

「進学のためのプログラム」では、基礎・基本を重視して多様な学習プログラムが実践されています。通常の授業に加え、放課後の時間（ハヤトタイム）・講習、さまざまなテストなどの充実した学習プログラムにより、学習習慣を定着させ、将来の大学受験を容易にします。さらに、生徒の能力に合わせ、中2より習熟度別授業を実施するとともに、毎月第1・3・5土曜日以外は授業を行ってます。「人間形成のためのプログラム」で中心となっていることは、生徒同士、そして生徒と教員とのコミュニケーションを大切にする『心の教育』、スポーツ・クラブ活動を積極的に奨励する『部活動』、英語で教えるイマージョン教育などのプログラムを展開する『国際人を創る』です。

■神奈川県横浜市瀬谷区阿久和南1－3－1
■相鉄線「希望ヶ丘」徒歩18分
■男子222名、女子95名
■045－364－5101
■http://www.hayato.ed.jp/

横浜雙葉中学校
よこはまふたば

YOKOHAMA FUTABA Junior High School

抜群の教育環境を誇る

横浜雙葉中学校の象徴である三角帽子の鐘楼を中心に、山手の高台にはコロニアル風の校舎が広がります。

独特の風が吹きわたる山手地区でも、ひときわ色濃く異国情緒を醸しだすかのようです。丘の上からは港や市街が、さらに富士山や房総半島も見通せます。

横浜雙葉は1872年（明治5年）、最初の来日修道女マザー・マチルドによってその基礎が築かれました。1900年（明治33年）にカトリック学校横浜紅蘭女学校として始められ、1951年（昭和26年）に現在の名称に改称されました。

校訓は「徳に於いては純真に、義務に於いては堅実に」で、この校訓と、キリスト教の精神を象徴する校章は、全世界の「幼きイエス会」系の学校に共通となっています。

新しい夢を紡ぐ新校舎

2003年には西校舎が完成。最新の情報ネットワークを駆使したこの校舎には、図書館やITワークショップルームをはじめ、ギャラリー、宗教教室、進路指導室などが配置されています。エントランスの大きな吹きぬけには光が降りそそぎ、床には大理石が敷きつめられ、白い壁と清潔なコントラストをなします。生徒たちはこのすばらしい校舎で貴重な青春のひとときを過ごします。

2002年度からカリキュラムも大きく刷新され、理系の強化や少人数授業の導入など、定評ある横浜雙葉の教育がいっそうきめ細やかなものになっています。

また、入学すると、在校生が織りなす新入生のためのミサで出迎えられます。ミサは宗教行事の中心となるもので、クリスマスミサのほか、年に数度開催されます。

横浜雙葉は敬虔なカトリックの学校ですが、宗教を強制せず、信仰の有無も合否判定に影響させません。教派、宗教の分けへだてなく、だれでも受け入れています。

■神奈川県横浜市中区山手町88
■みなとみらい線「元町・中華街」徒歩6分、JR線「石川町」徒歩13分、「山手」徒歩15分
■女子のみ567名
■045－641－1004
■http://www.yokohamafutaba.ed.jp/

横浜富士見丘学園中等教育学校

YOKOHAMA FUJIMIGAOKA GAKUEN Junior High School

■神奈川県横浜市旭区中沢1−24−1
■相鉄線「二俣川」徒歩15分
■女子のみ420名
■045−367−4380
■http://www.fujimigaoka.ed.jp/

新しい場所　新しい教育　2ndステージがスタート

　2007年（平成19年）、創立87年を超える伝統校、富士見丘中学校・高等学校が、校名を横浜富士見丘学園中等教育学校に改称するとともに横浜市旭区に移転し、5年目を迎えました。昨年度には、中等教育学校1年生から6年生までがそろいました。

　よりいっそう充実した教育活動が期待され、この春も多くの受験生の熱い視線を集めました。

優雅な赤レンガ校舎には 充実の最先端機能が満載

　相鉄線「二俣川」駅から歩いて約15分、閑静な住宅街がつづくなだらかな坂をあがると、シックな赤レンガの建物が現われます。横浜富士見丘学園中等教育学校の新校舎です。その華麗な姿に、だれもがきっと目を見張ることでしょう。

　そして、その校舎をかこむ多くの樹木も、このキャンパスの大きな特徴のひとつ。キャンパスには、マザーホールと呼ばれる図書館棟を中心に、アンジェラホール（大講堂）、校舎棟、体育館棟などが、手をつなぐように配されています。

　校舎内の大きな特徴は、木を多用していること。木ならではの温もりがいたるところにあふれます。さらに、シックハウス症候群対策・バリアフリー・耐震等の健康・安全面にも配慮され、なかでも耐震は最新工法により通常の1.5倍の耐震強度が確保されています。また、ソーラーパネル・風車・校内LAN環境整備など、環境教育・情報教育の最先端機能も充実。その優雅な姿からは想像できない、最先端の技術が満載されています。

単一の6年制学校の中等教育学校が特徴

　私立の女子校としては、日本で最初の中等教育学校であ

る、横浜富士見丘学園。その教育の最大の特徴は、中学と高校の境目を設けない完全な中等教育学校であることです。6カ年の教育計画をより弾力的に構築できるようになっています。6年間を第1・第2・第3ステージに分け、それぞれの精神発達・段階に応じた教育目標を設定して教育を行っています。

　なかでも、第2ステージ（3・4年）には重きをおき、10年・20年後を見据えたキャリアデザインの構築をめざします。そのために、ドイツ海外研修・1泊2日の進路ガイダンスなどの多彩なプログラムを配置しています。単一の6年制学校として、そのメリットを最大に生かした教育を展開しています。

2期制週6日制

　授業は、前期・後期の2期制。また、土曜も授業を行う週6日制を実施。詰めこむことなく、ゆとりを持って多くの授業時間数を確保しているのが特徴です。

　これにより、週間・年間の学習サイクルを効率よく構築でき、授業に支障をきたすことなく、行事や補習などのあらゆる教育活動を円滑に展開することが可能となっています。

　第1ステージでは基礎学力の徹底に重点をおき、第2ステージでは自主的に学習を発展させ、第3ステージで受験に打ち勝つ実力を養成します。学校の授業のみで高度な学力を育成するため、精選した教材を用いた質の高い授業を実施し、各種補習・講習授業の併用など、充実した教育活動を展開しています。

　こうした教育により、学園では、社会に貢献できる知的で品格のある人間性と洗練された国際感覚を持ち、自己を生かすことのできる「自立した女性」の育成をめざしています。

昭和学院 秀英中学校／高等学校

Showa gakuin Shuei Junior & Senior High School

それぞれの未来へ。そして夢の実現へ。

学校説明会

中学校

第1回	7/24 日 10:00〜		第4回	10/15 土 10:00〜
第2回	7/24 日 13:00〜		第5回	11/5 土 10:00〜
第3回	9/10 土 10:00〜			

予約開始日
中学校：1回目〜3回目は7/1（金）〜
　　　　4回目・5回目は9/1（木）〜

電話 043-272-2481（日曜・祝日・創立記念日1/23除く）月〜金:9時〜16時／土:9時〜12時
ホームページ http://www.showa-shuei.ed.jp　FAX 043-272-4732
ハガキ 〒261-0014 千葉市美浜区若葉1-2　昭和学院秀英中学校／高等学校 入試係
※FAX・ハガキでの申込には、参加ご希望の説明会日時、氏名、参加人数、連絡先を
　ご記入ください。

雄飛祭（文化祭）

10/2 日
9:00〜15:00
（受付は14:00までです）

※ 一般公開しております。
　予約の必要はありません。

※「学校紹介コーナー」「入試相談コーナー」
　を設けています。

● 学校説明会同様に学校の説明や
　入試についての相談をいたします。
　上履きを持参の上、おいでください。
　また、車での来校はご遠慮ください。

〒261-0014　千葉市美浜区若葉1丁目2番　TEL:043-272-2481　FAX:043-272-4732

国立・私立中学校プロフィール

千葉

SOAR AROUND THE WORLD
～ 世界へ羽ばたけ ～

Ambition Hall（高志館）

■**学校説明会**【予約不要】
第1回 10月22日（土）
第2回 11月 5日（土）
第3回 11月20日（日）
第4回 12月23日（金・祝）

各回 10：00〜12：00
※各回とも同じ内容です。

■**学校見学会**【予約制】
第1回 7月18日（月・祝）
第2回 7月23日（土）
第3回 7月24日（日）

各回9：30〜15：00（1組40分）
※1組にひとりの教員がつき、
　個別に説明と施設案内を行います。

【予約方法】7月1日（金）
　　　　　　10時より電話受付開始

■**文化祭**
9月24日（土）・25日（日）

両日とも9：00〜15：00
※ミニ学校説明会を
　数回実施します。

■**体育大会**
10月15日（土）

8：30〜16：00
※校内見学・説明会等はありません。

SENSHU MATSUDO

専修大学松戸中学校

〒271-8585　千葉県松戸市上本郷2-3621　TEL.047-362-9102
http://www.senshu−u−matsudo.ed.jp

Wayo Konodai Girl's Junior High School

和やかにして　洋々たる

和洋

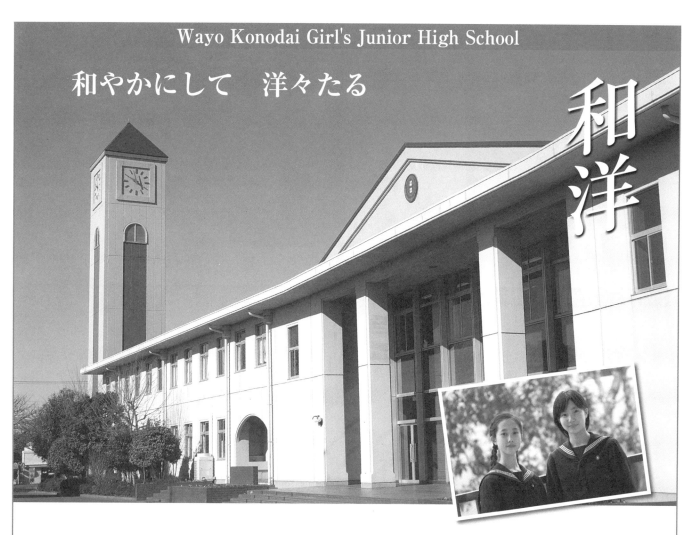

県内でも有数の特色ある英語教育

　高い英語力を身に着け、世界を舞台に活躍できる人材を育てるために、オーストラリア姉妹校の教師による合宿や、イギリスへの研修旅行を用意しています。

　中学3年生の夏休みには希望者を対象にハイレベル英語研修を5日間行います。

　英語を母国語とした外国人講師との会話や生活体験を通して、これからの時代に必要とされる国際人としての素養を磨きます。

実験・観察を重視した理科教育

　中学生の理科の授業は週4時間。そのうち週2時間は各クラスとも身近な自然を利用した「実験・観察」の授業を行います。

　理科実験室は理科1分野・2分野2つの実験室を用意し、実験室には剥製(はくせい)・標本、動植物など学習教材も豊富に取りそろえてあります。同時に、課題研究に取り組むことで、探求方法を学習し科学的思考力や応用力を養います。

《学校説明会》
10月1日（土）
1回目　10:00〜
2回目　14:00〜
※詳細はHPをご覧ください。

《体育大会》
9月25日（日）
9:00〜14:00

鮮やかな色のバスが、生徒の安全を守って走ります。

スクールバス運行
松戸駅/北国分駅　⇔　本校
市川駅/市川真間駅　⇔　本校

和洋国府台女子中学校
http://www.wayokonodai.ed.jp/
〒272-0834　千葉県市川市国分4-20-1　Tel:047-374-0111

市川中学校
いちかわ

ICHIKAWA Junior High School

千葉
共学校
市川市

■千葉県市川市本北方2－38－1
■JR線・都営新宿線「本八幡」、
　JR線「市川大野」バス
■男子608名、女子370名
■047－339－2681
■http://www.ichigaku.ac.jp/

SSH指定・6日制へ

　市川中学校の開校は1937年（昭和12年）。創立者・古賀米吉先生により、「国家社会の健全な進展に寄与し、個人の幸福な生活を確保するための人間形成の場、それは私学に於いてのみ可能であり、自由に考え、深く慮って教育をやっていきたい」を建学の精神に創立されました。

　さらに2003年の校舎移転を契機に、共学化や土曜講座などの新たな試みに取り組んでいます。よき伝統の継承（不易）と進取の精神（流行）が市川の持ち味です。

　市川は学習面もクラブ活動もさかんで、毎日の学校生活が充実するシステムづくりを行っています。

個性の尊重と自主自立

　市川の教育方針は、「個性の尊重と自主自立」。この教育方針のもと、「独自無双の人間観」「よく見れば精神」「第三教育」の三本の柱を立て、生徒一人ひとりの個性を見つめ育て、生徒が自分で自分を教育していく喜びとであえるよう指導がなされているのが、市川教育の大きな特徴となっています。

　「独自無双の人間観」とは、「人はそれぞれ、素晴らしい個性・持ち味があり、異なった可能性を持つかけがえのないものだ」という価値観を表します。

　「よく見れば精神」（一人ひとりをよく見る教育）は、「生徒一人ひとりに光をあて、じっくりと『よく見る』精神が、生徒の潜在能力を引き出し、開発し、進展していく」というものです。これは、市川教育道の根幹をなすものです。

　また「第三教育」とは、家庭で親から受ける「第一教育」、学校で教師から受ける「第二教育」に続き、自分で自分を教育する、すなわち自ら主体的に学ぶ生涯教育をさします。この「第三教育」により学ぶ喜びと生きる力を身につけるのです。「自ら生涯学んでいける力を養ってい

く」ことを、市川では大切にしているのです。

　国公立大学や難関私立大学へ多数の進学実績とともに、市川ならではの人間教育が、多くの保護者の支持を集める大きな理由となっているようです。

2009年度SSH指定校
2010年度6日制移行

　2009年からは、文部科学省よりSSH（スーパーサイエンスハイスクール）の指定を受けています。高校2年生は各自で決めた課題を1年間にわたり研究しつづけ、発表会でその成果を報告します。とくに校内最終発表は英語で行うことが義務づけられています。また、大学や企業などの研究機関と連携して高度な研究を行い、外部の発表会では優秀な成績をおさめています。

　さらに、2010年度から6日制に移行し、カリキュラムが大きく変わっています。数学・英語など、基幹教科の授業時間数を増加して、手厚く指導しています。土曜日の午後はいままでどおり外部の有識者による土曜講座を実施していきます。

　全学年で実施される「ボキャブラリーコンテスト」をはじめ、中学での「合唱祭」「自然観察会」「東大キャンパスツアー」など、多くの学校行事が用意されているのも、市川ならではです。生徒は「教科書にはないなにか」を、ここから学び取っています。

　高校では、進路開拓に向け各学年ごとにタイムリーな進路開拓ガイダンスなどが実施されるほか、科目別ゼミナール、高3生向けの小論文個別指導や1～2月に行われる入試直前対策ゼミなど、市川独自の学習進路指導を体系化しています。

　「人間教育の市川」、「進学の市川」が両輪となって突き進む市川中学校・高等学校です。

暁星国際中学校

GYOSEI INTERNATIONAL Junior High School

千　葉

木更津市

共学校

世界に輝く人間をめざす

　豊かな緑に包まれ、18万㎡もの広大な敷地を有する暁星国際小学校、暁星国際中学・高等学校。

　暁星国際学園の歴史は、東京の暁星学園の開校に始まります。

　暁星学園では、創立当初より、多数の帰国生徒が学んできました。1979年に帰国生受け入れをおもな目的として暁星国際高等学校開校。1981年には暁星国際中学校を併設し、1984年に、暁星国際中・高および暁星君津幼稚園は暁星学園から分離して、学校法人暁星国際学園となりました。1995年に暁星国際小学校を、2005年には新浦安幼稚園を開設し、現在にいたります。

キリスト教精神に基づく教育

　教育目標は、「あなたがほかの人にしてほしいと願うことを人にしてあげること」というキリスト教精神に基づき、①国際的感覚にすぐれ②新時代に対応する③諸機能の調和した④健全な社会人を育成すること、です。

　これらの目標達成のため、暁星国際学園は開校以来一貫して寮を併設しています。寮での共同生活をとおして人間を形成し、自立心やコミュニケーション能力の育成に努めてきました。さらに帰国子女や留学生を積極的に受け入れて、多様な文化を受容して広く友愛を育むことのできる環境を整えています。

　暁星国際学園では、特色ある4つのコース制①「特進コース・進学コース」②「インターナショナルコース」③「ヨハネ研究の森コース」④「アストラインターナショナルコース」を設けて、日々の授業に最善の配慮を行い、生徒の個性を尊重した指導を努めています。

　また、グローバル化に対応できる生徒の育成のために英語教育にとくに力を入れています。ネイティブと日本人の教員がともに、豊富な内容で公立中学校の2～3倍の授業時数を設けて、語学教育を徹底してます。

■千葉県木更津市矢那1083
■ＪＲ線「木更津」スクールバス
■男子94名、女子45名
■0438－52－3291
■http://www.gis.ac.jp/

芝浦工業大学柏中学校

SHIBAURA INSTITUTE OF TECHNOLOGY KASHIWA Junior High School

千　葉

柏市

共学校

創造性の開発と個性の発揮

　増尾城址公園に隣接した自然と緑にかこまれ、恵まれた教育環境にある芝浦工業大学柏中学校・高等学校。建学の精神「創造性の開発と個性の発揮」のもと、①広い視野（興味・関心・知的好奇心）の育成、②豊かな感性と情緒の育成、③思考力の強化と厚みのある学力の養成を教育方針に掲げ、その教育が展開されています。

多様な進路に対応するカリキュラム

　生徒の個性に合わせた多様で柔軟なカリキュラム編成を行っているのが、芝浦工大柏の大きな特徴といってよいでしょう。

　高校2年次から文系・理系のコース選択制。3年次には、①文系Ⅰ私立文系コース、②文系Ⅱ国公立文系コース、③理系Ⅰ私立理系コース、④理系Ⅱ農・薬・生物系コース、⑤理系Ⅲ国公立理系コースの5コースの選択制となります。

　芝浦工大柏では、ほぼ全員が4年制大学への進学を志望し、また生徒の約3分の2が理系志望、約3分の1が文系志望となっています。そのため進路指導は、生徒の興味、適性、志を大切に、生徒一人ひとりが持てる能力をじゅうぶんに発揮でき、生きがいを持って進める道を見出せるように、学習、ホームルーム、面談をとおして、きめ細かな進路指導を行っているのが特徴です。

　受験対策としては、1～3年次に夏期講習会を実施しているほか、各学年で希望者を対象に放課後の講習・補習を行い、実力養成に努めています。

　その結果、2011年度の大学入試では、国公立38名（うち現役14名）、早大・慶應大・上智大・東京理大には133名（うち現役101名）という、大変すぐれた成績となって表れています。特徴的なのは、高い現役合格率です。芝浦工大への推薦入学も含めて、今年は国公私立大学に83％を超える現役合格者をだしています。

■千葉県柏市増尾700
■東武野田線「新柏」徒歩22分、
　ＪＲ線ほか「柏」・東武野田線
　「新柏」スクールバス
■男子346名、女子159名
■04－7174－3100
■http://www.ka.shibaura-it.ac.jp/

国府台女子学院中学部

こうのだいじょしがくいん

KONODAI GIRLS' Junior High School

■千葉県市川市菅野３−２４−１
■ＪＲ線「市川」徒歩12分、京成
　本線「市川真間」徒歩５分
■女子のみ613名
■047−322−7770
■http://www.konodai-gs.ac.jp/

学力の伸長と美しい心の両立

　1926年（大正15年）、平田華蔵先生により創立された国府台女子学院中学部・高等部。仏教の教えを現代に受け継ぎ、揺るぎない「芯の強さ」を育む教育を実践している学校です。

　こうした伝統のもと、平田史郎学院長先生は、「本学院は、『教養』を得る場であるとともに、心ゆたかに正しく生きていく『智慧と慈悲』を身につける場でありたい。変化する価値には勇気を持って対処し、不変の価値には確固たる意志を貫きたい。創立80余年の伝統と『敬虔・勤労・高雅』の３大目標のもと、つねに新しい教育を希求しつづけていく」とおっしゃっています。仏教精神に根ざした伝統を守りつつ、いま、独創的な「学びの場」づくりが行われています。

中学部では「選抜コース」

　中学の教育においては、中１・中２で基礎学力の充実をめざし、演習による知識の定着をはかっています。

　中３では選抜コース（１クラス）を設けているほか、英語・数学の習熟度に応じたクラスを設置。週１時間の読書指導、１クラスを２分割にして行う少人数の英会話（全学年）など、生徒の学習意欲を引きだす授業に力がそそがれているのが特徴です。

　もちろん、繊細な感性や慈しみ、思いやりの心を育む「心の教育」も実践されており、芸術鑑賞や学院祭などさまざまな行事をとおして、人間教育の輪が広がるよう努めています。

高等部では「英語科」もある

　高等部の特徴は、「普通科」のほかに、「英語科」があることです。それぞれ独自のカリキュラムのもと特徴ある教育を行っています。

　普通科は、中学からの「選抜コース」のほか、高２から「文系か理系かの選択」と「国公立系か私立系かの目標」に応じて類別コースに分かれ、進路に合わせた学習に取り組みます。高３では、多様な選択科目と少人数制の実践的なカリキュラムを設けているのが特色です。

　また、普通科に「美術・デザインコース」が設けられているのも、国府台女子学院ならではといってよいでしょう。

　美術系大学志望者は少人数制・専門コースでの授業を受けることが可能で、難関といわれる美術大学などへのすぐれた現役合格実績を誇っています。

　そして、県下で最も長い歴史を誇るのが「英語科」です。使える英語の習得と大学進学を念頭においた緻密なカリキュラムは、学力を大幅に向上させ、多くの生徒が難関大学へ現役合格を果たしているのがめだちます。その現役合格率は、全国でもトップレベルとのことですから、その実力のほどがうかがわれます。

現役進学率90%
難関大学へ合格者多数

　こうしたきめ細かな学習の結果、大学進学では、国公立大学をはじめとした難関大学へも、ほとんどの生徒が現役で合格しています。その現役進学率は、90％にのぼります。

　2011年度は、東京大、東京外大、お茶の水女子大、千葉大をはじめとする国公立大学に21名、早大・慶應大・上智大に43名という合格者を輩出していますが、そこには、生徒がその個性に応じたさまざまな大学へ進学している、国府台女子学院の大きな特徴が表れています。

　心の教育を大切にするとともに、着実にすぐれた進学実績をあげている国府台女子学院です。

渋谷教育学園幕張中学校

SHIBUYA KYOIKU GAKUEN MAKUHARI Junior High School

■千葉県千葉市美浜区若葉１－３
■ＪＲ線「海浜幕張」徒歩10分、
　JR線「幕張」徒歩16分、京成千
　葉線「京成幕張」徒歩14分
■男子598名、女子252名
■043－271－1221
■http://www.shibumaku.jp/

「自調自考」の力を伸ばす

　急速に発展しつづける幕張新都心の一角、「学園のまち」に渋谷教育学園幕張中学校・高等学校はあります。まわりには県立高校、県立衛生短大、放送大、神田外語大、千葉県総合教育センターなど多くの文教施設が集まり、まさに学ぶには理想的な環境といってよいでしょう。

　渋谷教育学園幕張高等学校の創立は1983年（昭和58年）、中学校の創立はその３年後の1986年と、まだ比較的若々しい学校といえます。

　しかしながら、渋谷教育学園幕張の開校は、それまで公立校優位といわれていた千葉県において、画期的な「私学の風」を巻き起こし、毎年多くの卒業生を、東大をはじめとする超難関大学に送りだす学校としてその名をとどろかせています。

　また、渋谷教育学園幕張といえば、先駆的なシラバスの導入でも有名です。このシラバスは、つねに改訂や工夫が行われ、充実度の高い大学合格実績をしっかり支えているといってよいでしょう。

倫理感を正しく育てる

　渋谷教育学園幕張というと、とかくその優秀な大学合格実績ばかりがめだってしまいますが、けっして進学だけを重視している学校ではありません。しっかりとした人間教育を行っている学校です。

　教育目標は、「自調自考」です。「自らの手で調べ、自らの頭で考える」ことを大切にした教育を行っています。生徒の自発性を尊重し、自らの意欲・関心のもとに積極的に参加できる教育の場の設定に努め、自己の限界を越えて、広く学び知見を開く態度をうながし、その能力の発揚をめざします。

　若人の倫理的潔癖さを尊重し、理性から感性にわたる幅広い知識と体験に裏づけられた心性の成長・陶冶をめざし

ています。とくに、自己の整合性のみにとどまらず、他への理解、思いやり、連帯性を重視しています。

　この心性の陶冶とは、自らの力の自己発展であることから、その一環として、人物、知性、芸術、文学、歴史など、第一級のカルチャーに接する機会を設け、接することによってのみ感得できる成果を求めています。

　渋谷教育学園幕張では、こうした土壌の上に、各人各様の個性的な人格が花開くことを、おおいに期待しているのです。

国際人としての資質を養う

　生徒の眼前にグローバルな世界と未来とが開けていることを考え、渋谷教育学園幕張では、外国人教員による少人数外国語教育、長期・短期の海外留学、海外からの帰国生および外国人留学生の受け入れを積極的につづけています。

　この環境を地盤として、異なる知識や体験の交流、共有化への具体的な方策を進め、また、日常的学習の場も含めて国際理解へのよりいっそうの視野の拡大をはかっているのです。

　地球社会のなかにあり、敬愛され、伸びのびと活動し貢献しうる日本人の可能性をさらに追求し、21世紀の地球と人間生活の繁栄に貢献できる人材の育成をめざす渋谷教育学園幕張中学校・高等学校です。

昭和学院中学校
しょうわがくいん

SHOWA GAKUIN Junior High School

千葉
市川市
共学校

キャンパスも、教育体制も、学園全体が一新

ＪＲ線・都営新宿線・京成電鉄線、いずれの駅から歩いても15分という、大変便利な市川市の閑静な住宅街に昭和学院中学校はあります。

その建学の精神は、創立者伊藤友作先生がしめされた校訓「明敏謙譲」、すなわち「明朗にして健康で、自主性に富み、謙虚で個性豊かな人間を育てる」ことにあります。この変わらぬ建学の精神のもと、昨年創立70周年を迎えた昭和学院は、学園全体が生まれ変わりました。そのさきがけとなる中高新校舎は2008年12月に完成。6年間を伸びのび過ごせる空間が誕生しました。

効果的な学習指導

昭和学院では、中高一貫という私学の特性をいかし、6年間の教育課程をつうじて生徒の能力・適性に応じたきめ細やかな進路指導を行っています。

中高ともに少人数制のクラスで、さらに中2〜高3に特進クラスをおくなど、きめ細かいクラス編成と教育内容を実施しています。

放課後の7時間目には学習会（補習等）を実施するとともに、夏休みや冬休みなど長期の休暇にも校内補習を実施しています。そのほか、業者テストの実施や予備校との連携をはかるなど充実した進学指導に努めています。

また、昭和学院では学力の向上だけでなく、生徒としての基本的な生活習慣を身につけることにも力をそそいでいます。生徒会を中心に「あいさつ運動」をはじめ、福祉施設訪問などの「ボランティア活動」もさかんです。さらに、中2ではキャリア教育の一環として、職場体験を行います。社会人としての責任やマナーなどを学び、進路設計にいかすことが目的です。確かな学力・豊かな心・健やかな身体を育むための教育を基本方針とし、部活動への参加も奨励し文武両道の精神が伝統となっています。

■千葉県市川市東菅野２−17−１
■ＪＲ線・都営新宿線「本八幡」・京成電鉄「京成八幡」徒歩15分
■男子139名、女子295名
■047−323−4171
■http://www.showa-gkn.ed.jp/js/

中学受験用語集

■チームティーチング

1クラスの授業をふたり以上の教員がチームを組んで教えること。英語の授業では、ネイティブの先生と日本人の先生が組んで実施するタイプが多い。

■中高一貫教育校（中高一貫校）

中高を合わせた6年間をタームとして、一貫した教育方針で、人間性と学力を養おうという教育目的がある学校。

中高一貫教育校をこれまでの中学校、高等学校に加えることで、生徒一人ひとりの個性をより重視した教育を実現することをめざして、1998年4月、学校教育法等が改正され、制度化された。

中高一貫教育校には、実施形態により次の3タイプがある。

　1．中等教育学校

ひとつの学校として中高一貫教育を行う。修業年限は6年で、前期課程3年と後期課程3年に区分される。中学受験で「中高一貫校」と呼ぶのは、このタイプをさす。

　2．併設型の中学校・高等学校

同一の設置者による中学校と高等学校を接続。高等学校入学者選抜（高校入試）は行わない場合も多い。

　3．連携型の中学校・高等学校

既存の中学校と高等学校が教育課程の編成、教員や生徒間の交流等で連携し、中高一貫教育を実施。

■調査書

学業成績や生活・活動などの所感が記載されている書類。

受験生の小学校担任の先生に書いてもらう。

ただ、現在では、担任、保護者の負担に鑑みて「不要」「通知表のコピーでも可」という学校がほとんど。

■通学時間

学校選択の要素のひとつ。1時間程度が目安となる。

学校によっては、通学による子どもの体力の消耗や、家庭で過ごす時間を大切にしてほしい、という思いから、通学時間を制限している学校があり、ほぼ1時間30分までを限度としている。

■適性検査

公立中高一貫校では、選抜のための「学力試験」は行えない。「報告書」と「適性検査・作文・面接・実技」、「抽選」などの総合評価で入学者を選抜する。なかでも適性検査は選考の大きなポイントとなる。

東京都立の適性検査では、「読解力と資料の分析力を見る問題」「問題解決力と計算力を見る問題」「表現力と意欲を見る問題」の3つが主となっている。

出題は、教科を越えた融合問題となる。

昭和学院秀英中学校
しょう わ がく いん しゅう えい

SHOWA GAKUIN SHUEI Junior High School

■千葉県千葉市美浜区若葉1－2
■JR線「海浜幕張」徒歩10分、JR線「幕張」・京成千葉線「京成幕張」徒歩15分
■男子271名、女子271名
■043－272－2481
■http://www.showa-shuei.ed.jp/

特性を伸ばし豊かな心身を育む

1985年（昭和60年）、千葉県私学の先達である伊藤一郎先生により創立された昭和学院秀英中学校・高等学校。その校訓は「明朗謙虚」「勤勉向上」。これは、明るく健康的で、しかも控えめ、そして、勉学に励みよりすぐれた自分をつくることを意味しています。

この校訓のもと、昭和学院秀英では、①生徒の健全な心身の育成、②生徒の能力の開発、③生徒の進路に適応する指導、の3つを教育目標に掲げています。

生徒には、たくましい身体を持った健全な人となれるようスポーツを奨励し、また、学校生活をより豊かにできるよう部活動などにも積極的に参加させています。さらに、他人に対する思いやりの心を育成するために社会奉仕もすすめ、学力・体力・徳性を備えた心身ともに健全な人間の育成をはかっています。

特色ある作文・読書教育と
海外教育研修

勉強では、明確な目的意識を持って学習に取り組むことのできる生徒の育成に重点をおいています。生徒の思考力・判断力・表現力を育てるため、学校創立以来、「自ら考える」能力を培うために作文教育に力をそそぎ、その指導にあたってきました。

作文と並んで、読書教育にも力を入れているのが昭和学院秀英教育の特徴のひとつです。図書館を充実させて生徒の読書習慣の向上をはかっています。その実力は、青少年読書感想文コンクールで、1994年度以降毎年、最優秀賞などを受賞する結果となって表れています。

さらに、昭和学院秀英で力がそそがれているのが海外教育研修です。高校1年生の夏休みには、アメリカのワシントン州で3週間にわたるホームステイを実施し、国際的視野と語学力を身につける人材育成をはかっています。

きめ細かな教育と
適切な進路指導

中学では、中高6年一貫教育のカリキュラムにより、学力の向上、進路指導に努めています。とくに国語・社会・数学・理科・英語の5教科においては、豊富な授業時間を確保し、中学3年から、高等学校の学習内容を取り入れ、学習指導の充実がはかられています。また、視聴覚教育施設や英語演習室の充実、外国人教師による英語学習指導も行われています。

そして、高等学校では、生徒一人ひとりの能力を最大限に発揮できるようカリキュラムの編成に工夫がなされているのが特徴です。2年次から、多様な生徒の希望に対応し、その進路に応じたコースを設け、多くの選択科目が準備されています。

生徒のほぼ100%が大学への進学をめざしているため、進路指導は、進路に適応した指導と助言が行われ、1年次では不得意科目克服のための補習、2・3年次では進学のための補習を放課後等を活用して実施、また春期・夏期・冬期等の休暇中には講習も実施しています。

優秀な大学入試結果とともに早大、慶應大、上智大をはじめとする有力私立大学の指定校推薦もあり、難関大学などへの進学実績が伸びる昭和学院秀英中学校・高等学校です。

聖徳大学附属女子中学校

SEITOKU GIRLS' Junior High School

■千葉県松戸市秋山600
■北総線「北国分」・「秋山」徒歩
　10分、JR線「松戸」・「市川」
　京成線「市川真間」バス
■女子のみ281名
■047-392-8111
■http://www.seitoku.jp/highschool/

思いやりの心と品格を備えた知性の高い女性の育成

聖徳大学附属中学校・高等学校は、これまでの校名に女子が加えられ、聖徳大学附属女子中学校・高等学校となりました。

千葉県松戸市郊外に9万3,363㎡という広大な校地を有し、すずかけの並木道や季節を彩る花々にかこまれた静かな環境のなかにあります。

心を癒す緑豊かで広大なキャンパスのなかで、充実した設備のもと生徒と教員とが温かく心を通いあわせる開校29年目の女子の中高一貫校の学園です。

また、2011年より、制服が新しくなりました。

聖徳大学附属女子は、建学の精神「和」の理念に基づき、思いやりの心と相手を気づかう優しい心を育み、品格を備えた知性の高い女性の育成をめざした全国屈指の人間教育プログラムを有する学園です。

その特徴をあげてみますと、「国内唯一の小笠原流礼法教育の実践」「健やかな心身の成長を育む食育プログラムとしての毎日の会食教育（全員で昼食を食べます）」「女性のライフデザインやキャリアデザインを学ぶキャリアサポートプログラム」「現役大学進学をかなえる進路類型別カリキュラム・学力サポートプログラム」「日本の伝統文化を尊重し世界に視野を向ける国際人教育プログラム」などの女性だけの学びをつうじて、新しい時代にふさわしい「教養ある堅実な女性」の育成を目標に、聖徳大学附属では、将来さまざまな分野で女性が幅広く活躍するために必要な学藝・情操を10年後の自分をイメージしながら積みあげていきます。

幅広い人間力を身につける

「女性の本質である細やかな情愛は、女性に適した環境のもとでこそ育まれる」と考える聖徳大学附属女子では、伸びのびとした恵まれた環境のもと、豊かな情操と教養を身につけた女性として育成することをめざしています。

一人ひとりの生徒はだれもが人間としてすぐれている面を持っているという一貫した精神のもとに、つねに信頼され、真に役立つ人間としての完成をめざし、学校全体が楽しいひとつの家族のように、先生と生徒がともに親しみ、敬愛しあって温かい愛情を育て、そのなかでより豊かな女性としての品性と理性の涵養に努め人間的向上をはかります。

とくに国内唯一の「小笠原流礼法」の正課の授業は、日本人としての伝統文化や女性としての相手への思いやりの心遣いを学ぶ大きな特色のひとつで、卒業時には免許状が授与されます。

進路実現のための「進路類型クラス」

聖徳大学附属女子は、大学入試突破を目標とし［2期制・6日制・50分授業］を導入しています。

2007年度からは、中学入学時からの6年間を2年ごとの［基礎充実期・応用発展期・進路実現期］3つのステップに分け、進路実現に特化した進路類型新カリキュラムを実施しています。

中学入学時「選抜クラス」の生徒は、高校ではⅠ類（国公立進学系）とⅡ類（難関私大進学系）へ、「進学クラス」の生徒はⅢ類へと進みます。Ⅲ類は他大学進学希望者と聖徳大学への内部進学希望者（高大連携先取り履修）です。

一人ひとりに合った学習指導・進学指導の徹底により、近年、進路実績が大きく伸びています。

中高一貫教育ならではの無理・ムダのない時間のなかで自分を発見し、最適な学習カリキュラムと人間的な成長に大切な教養教育を重視し、確実に学力を伸ばす聖徳大学附属女子です。

西武台中学校
せいぶだい

SEIBUDAI Junior High School

千葉

共学校

野田市

■千葉県野田市尾崎2241－2
■東武野田線「川間」徒歩17分
■男子111名、女子119名
■04－7127－1111
■http://www.seibudai-chiba.jp/

より大きな「羽ばたく力」をつけて巣立っていくことをめざして

創立25周年を迎える西武台千葉高等学校に、西武台中学校が開設して今年度で19年目を迎えます。千葉県野田市近郊に位置し、自然豊かな立地条件を生かして、グラウンド、アリーナ、校舎等の充実した設備の整った中学校として定評があります。

西武台の教育方針は、生徒一人ひとりのニーズに応える「学び方の進化」であり、「指導の質の深化」を追求することです。それにより個性と能力の伸長および学力の増強が可能となり、最終目標である「第1志望の達成」へとつながって行きます。これを「西武台シンカ論」とし、新時代へのマニフェストとして掲げています。

その結果として、西武台中学校・西武台千葉高等学校では、近年、着実に国公立大学等の難関大学への合格実績を伸ばしています。そして、2011年度（平成23年度）をさらなる飛躍の年とし、東大・東工大・一橋大などの難関国公立大学および早大・慶應大・上智大などの難関私立大学への現役合格をめざす『中高一貫特選コース』が4月からスタートしました。

中高一貫特選コースがスタート！

この『中高一貫特選コース』は、中高6カ年を3つのステージに分けて展開します。

まず、第1ステージは、中学1年から中学2年までを「基礎期」とし、中学生としての基本となる学力・生活力・人間力を育てる教育を中心に行います。

第2ステージは中学3年から高校1年までを「発展期」とし、中学3年までに高校1年の、高校1年までに高校2年の単元を学習する先取学習を行います。それにより中・高両教育内容の充実をはかり、さらなる進化する時期と位置付けます。そして高校2年から高校3年までの第3ステージは「進路実現期」です。高校2年終了までに高校全課程を履修し、高校3年ではセンター試験や志望大学の2次試験問題の演習期間にあてることにより、難関大学の現役合格を力強くサポートして行きます。また、第2ステージまでは、従来からある進学コースとの入れ替えを毎年行い、生徒同士が切磋琢磨することで、学力の向上や高いモチベーションの維持をはかっています。

学習内容の特徴としては、一貫用テキストの使用、外国人講師を含めた3人制チームティーチングによる英語力の強化、毎週月曜日の7限目演習授業や放課後の補習・講習など、きめ細かな教育を提供しています。

さらに、よりレベルアップしたい生徒のための「進学研究会」や生徒が「見たいときに」「見たい講座」を受講できるオンデマンド方式の予備校サテライン講座の強化など、大学受験のフォローアップにも力を入れています。

文武両道・全人教育が基本

西武台中学校では、吹奏楽部や野球部など、運動部と文化部を合わせて15の部活動が行われており、中学生のほぼ全員がいずれかの部活動に参加しています。

「若き日に、豊かに知性を磨き、美しく心情を養い、逞しく身体を鍛えよ」の校訓のもとに、学習、部活動、学校行事などを通して、知・徳・体のバランスのとれた豊かな人間形成をめざしています。

また、生徒の学習面や生活面の状況を把握するための「生活の記録」があり、生徒のさまざまな悩みを把握し早期に解消するために活用されています。

教員も生徒の悩みを共有することで、みんなが楽しく健全な学校生活を送っています。インターネットを活用して、ご家庭との相互交流もはかっています。「ウェブでスクールプラス」を導入した、ご家庭とのコミュニケーションです。

専修大学松戸中学校
せんしゅうだいがくまつど

SENSHU UNIV. MATSUDO Junior High School

千葉

松戸市

共学校

■千葉県松戸市上本郷2－3621
■JR線・地下鉄千代田線「北松戸」
徒歩10分、新京成線「松戸新田」
徒歩15分
■男子272名、女子210名
■047－362－9102
■http://www.senshu-u-matsudo.
ed.jp/

それぞれの夢が広がる学園生活

専修大学松戸中学校は、専修大学松戸高校（1959年設立）の建学の精神である「報恩奉仕」「質実剛健」「誠実力行」を教育の基本としています。男女共学の中高一貫校として中学校が開校したのは2000年という新しい学校です。

3つのステップに分け レベルアップをはかる

一貫教育の6カ年を「基礎期」「充実期」「発展期」の3段階に分け、段階的にステップアップできるカリキュラムを組んでいるのが特徴です。

このため、効率的な学習効果をあげることが期待できます。中2より英・数に習熟度別授業を導入し、きめ細かな指導を行っています。さらに、「充実期（中3・高1）」より難易度の高い授業を行うⅠ類と、習熟度別授業を展開するⅡ類に分類し、個人差にも対応しています。

英語教育に力を入れている

教科のなかではとくに、国際人を育む本物の英語教育に力をそそいでおり、中学卒業時には全員が英語検定準2級以上の取得をめざしています。

アンビションホール（高志館）を国際交流、英語学習の中核として位置づけ、英会話の授業やランチタイムアクティビティで利用しています。週7時間の英語の授業のうち、2時間でネイティブ教員と日本人教員のチーム・ティーチングによる英会話授業を実施し、中2より1クラスを2分割してそれぞれチーム・ティーチングを行っています。

中3の夏にはアメリカ・ネブラスカ州への13日間の修学旅行を実施します。全行程オリジナルプログラムによる構成で、姉妹校であるラックス中学校との交流、体験授業

への参加、ホームステイが3つの柱となって「使える英語」の向上と国際感覚の養成をはかります。

理数教育の充実

数学においては、中2までに中学課程を修了させ、中3より高校課程に進みます。高3では演習授業を中心に展開しています。

理科は中学時より物理、化学、生物、地学に分けた専門別授業を行っています。生徒にとってはむずかしい点も補習等でフォローアップしています。

「発展前期（高2）」までの5カ年で、中学、高校の学習内容をほぼ終了し、「発展後期（高3）」には志望大学を見据えた演習授業が中心となってきます。こうした実践的で着実な学力向上のための方策により、中高一貫生は例年、すばらしい進学実績を残しています。

もうひとつの特徴は、読書の実践にあります。毎朝始業前の20分間を、落ちついた雰囲気で1日をスタートさせるための読書の時間にあてています。読んだ本については心に残った言葉や感想を記録ノートに記し、自分が考えたことを表現する習慣づけも実践しています。こうした小さな積み重ねが幅広い教養と深い思考力、正確な判断力を身につける機会となっているのです。

さらに、全員が「小さな親切運動」に参加。募金活動などを行っています。

また、各界で活躍している専門家による講演会やフィールドワーク、芸術鑑賞会など多彩な行事を展開しています。「本物を知る喜び」を学んでいく体験学習はそれぞれの生徒の心の成長に大きく寄与しています。

「学期3期制・45分授業」を導入し、授業6日制をとり、週2日、放課後に全員参加の習熟度別講座を実施しています。

千葉日本大学第一中学校

ちばにほんだいがくだいいち

CHIBA NIHON UNIV. DAIICHI Junior High School

■千葉県船橋市習志野台8－34－1
■東葉高速鉄道「船橋日大前」徒歩12分、JR線「津田沼」・新京成線「北習志野」バス
■男子537名、女子212名
■047－466－5155
■http://www.chibanichi.ed.jp/

「世界に役立つ日本人」の育成

　日本大学の特別附属校として、その建学の精神に基づき、「世界に役立つ日本人」の育成に努めている、千葉日本大学第一中学校・高等学校。「『真』『健』『和』」の校訓のもと、勉強だけ・部活だけでなく、社会性を身につけたバランスのとれた生徒の育成をめざし、人間形成の場として規律ある校風を標榜しています。

　学園の教育理念は「絆を重んじ、良き生活習慣を持った次世代の育成」であり、具体的な教育目標としては「精神的自立」「学力の向上」です。自立した新しい価値を思考し判断して行動できる力を養い、日本大学以外の大学入試にも対応できる学力を培います。

　学習においては、中高で重複する内容を整理・統合し、内容の深い合理的な学習指導を実践するとともに、生徒一人ひとりの個性や将来の志望に合わせ、多様なコース・科目を設定し、選択幅の広い独自のカリキュラムを実現。演劇や古典芸能など、高い文化に触れる機会も多く設けているのが特徴です。

中学では伸びのびと
豊かな知識や経験を吸収

　中学では、主要教科の時間数を増やし、同時に時間外講習を開講することにより、完全な理解に基づいた学力の養成と、高校段階までふみこむ学習指導を実践しています。また、1年次から英米人教師と日本人教員による英語演習の授業も設定されています。

高校では着々と力を蓄え
自信をつけていく

　高校では、生徒の特性、希望する進路などに応じた適切な学習計画が立てられるようにカリキュラムを設定しています。2年次からはクラスを文系・理系に分け、3年次では本人の希望に応じて、Aコース・他の私立大学受験、Bコース・日本大学推薦入学、Cコース・国公立大学受験の3コースに分かれます。近年ではBコースを視野に入れながらも、A・Cコースに力をそそぎ、センター試験に対応した5教科7科目型の学習指導にも積極的に取り組んでいます。自由選択科目を増やすことで、それぞれの個性・特性を伸ばし、能力をじゅうぶんに発揮できるよう徹底した教育を行っています。

　学習指導では、1年次より習熟クラス（特進クラス）を1クラス設置しました。難関大学を目標に2年の習熟クラスから3年のA・Cコースにつなげています。授業の内容も入試問題の解法を中心とした、一般入試に直結したものとなっています。

　進路に合わせた学力の進度をはかるために、校内外で行われる「学力テスト」を積極的に取り入れて、大学進学のための個々の学力分析も綿密に行われます。

　大学の附属校であるというゆとりと、しっかりした進路指導で、一歩進んだ未来を見つける学習環境が千葉日本大学第一の特色です。

日大進学は当然他大学進学にも注力

　日大への進学は附属校推薦で行うとともに、他大学への進学も、私立大学コース・国立大学コースのコース分けを行い、しっかりサポートしています。

　こうした指導の結果、2011年度の大学合格実績は日大200名（推薦188名）、千葉大をはじめとする他大学219名（いずれも在校生）という数字となっています。学校では、さらに他大学合格実績をあげたいと考えています。

　附属校のゆとりある6カ年一貫教育のもと、生徒の多岐にわたる進路を応援する千葉日本大学第一です。

千葉明徳中学校
CHIBA MEITOKU Junior High School

無限の可能性を引き出し、輝かせる

今年2011年に開校した千葉明徳中学校。教育理念「明明徳」に基づき、さまざまな活動をとおして生徒一人ひとりのすぐれた特質を引きだし、輝かせるための教育を行っています。この理念を具現化するために「人間性の向上（こころを耕す学習）」と「学力の向上（文理両道のリベラルアーツ）」を2本柱とし、教育を展開しています。

「心を育てる」「知を磨く」

自分と世界との関係性に気づくことは、幸せに生きていくためにとても重要なことだという考えに基づいて、千葉明徳中学校では「つながり」という視点から心を育てる教育を行います。それが千葉明徳独自の「こころを耕す学習」です。おもな取り組みには、さまざまな体験学習や「自分を識る学習」などがあげられます。もうひとつの柱として、子どもたちの持つかぎりない可能性を引きだすために、「文理両道のリベラルアーツ」とい

う総合的・重奏的な教育に挑戦します。文系・理系に偏りなく、基礎基本にじっくり取り組み、深く幅広い教養を養います。週6日制で豊富な授業時間を確保し、学習するうえでいちばん大切な原理原則を理解することに力をそそいでいます。また、始業前の20分間を利用し、朝学習を実施したり、成果のあがらない生徒に対しては放課後に補習を行い、基礎学力の定着をはかっています。

千葉明徳では、高校への入試がないので、6年間を効率的に、そして有意義に過ごすことができます。また教科によっては中高一貫教育の効率性をいかして先取り学習を行ったり、すべての学年で補習を充実させたりするなど、中学と高校が完全に連携し、目標達成に向けて全力でサポートしています。

緑豊かで落ち着いた環境のなかで、生徒たちの人間性と学力を向上させることにより、社会を力強く生きぬく若者（行動する哲人）を育てるのが千葉明徳中学校です。

■千葉県千葉市中央区南生実町1412
■京成線「学園前」徒歩1分
■男子25名・女子18名（1年のみ）
■043-265-1612
■http://www.chibameitoku.ac.jp/junior/

中学受験用語集

■特待生制度

入学試験での得点や、日常の成績が優秀な生徒に対して、学校が学費の一部や全額を免除する制度。

基本的に、成績優秀者の学校生活が経済的な理由で損なわれないようにすることが目的。学費の免除というかたちをとる場合が多い。返済の義務は課されないことがほとんど。本来は在校生に適用するものだが、私立中学校では入試得点で特待生を選ぶことも多く、それを募集対策の一環とする学校もある。

■2科目入試

国語と算数の出題で入試を行うこと。首都圏の私立中学では4科目入試への流れが急だが、女子校を中心に、「受験生の負担軽減のため」2科目入試を残している学校も少なくない。

■2学期制・3学期制

現在の保護者の学校時代の学期制が3学期制。

それに対し、学年期を2期に分け、9月までを1学期、10月からを2学期（前期・後期と呼ぶところもある）とする学校がある。10月初めに短期間の「秋休み」がある。始業式や終業式、定期試験の日数が減り、授業時間が確保できる。

理解の確認は小テストを多くして対応する。学校の週5日制が施行されてから漸増。

■2科・4科選択入試

首都圏の中学入試では、2科目（国語・算数）、もしくは4科目（国語・算数・社会・理科）で入試が行われているが、そのどちらかを選択できるのが2科・4科選択入試。願書提出時に選択する学校が多い。

合否の判定方法は学校によってちがうが、「まず2科だけで判定し、

つぎに4科で決める」という学校が多い。このケースでは4科受験生には2度のチャンスがあることになる。

このほかに、国語や算数など、1科目を選択する1科目入試もある。

■半進学校（半附属校）

進学校的大学附属校。大学附属校でありながら、系列の大学以外の他大学への進学志望者が多く、そのための受験体制も整っている学校のこと。「半附属校」も同じ意。

■プログレス

各地にキリスト教系の学校を設立したイエズス会の宣教師であったロバート・M・フリン牧師が編纂した英語のテキスト『PROGRESS IN ENGLISH』（㈱エデック発刊、全6巻）。「自らの考えを伝えることができる英語力が身につく」との評価から、現在多くの私立中学校で採用されている。

東海大学付属浦安高等学校中等部
とうかいだいがくふぞくうらやすこうとうがっこうちゅうとうぶ

TOKAI UNIV. URAYASU Junior High School

千 葉 / 浦安市 / 共学校

中高大10年一貫のゆとりある教育内容

東京ディズニーランド近くの閑静な住宅街に位置する東海大学付属浦安高等学校中等部。東海大学が掲げる建学の精神に基づき、大学までの10年一貫教育を実践しています。

教科学習では、テーマ学習を中心とした調査や実験実習が行われ、問題発見・解決型の授業を行っているところが特徴です。英語教育にはとくに力を入れており、外国人講師と日本人教師がふたりでチームを組んで授業を展開しています。また、中等部3年次には、ニュージーランドでの英語研修も実施しており、生きた英語に触れるチャンスが用意されています。

学校施設も充実しています。明るい雰囲気の校内には、理科実験室や特別教室が学びやすく配置され、体育館や武道場、温水プールなどもあります。こうした学校施設を活用した部活動もさかんです。趣味の域から専門性の高い活動までたくさんのクラブが用意されています。

東海大への推薦枠が充実

中等部卒業後は、ほとんどの生徒が東海大学付属浦安高等学校へ進学します。

そして、大学への進学は、さまざまなかたちの学校長推薦により、国内10キャンパスを有する大学、3つの短期大学、ハワイの短期大学がある学校法人東海大学を中心に可能となっています。大学への推薦にあたっては、高校3年間の学習成績はもちろんのこと、学校生活全般にわたる資料が集積・検討され、特別推薦や奨励推薦をはじめとする各種推薦により入学者が決定します。

2011年も、卒業生の約80.3%が、東海大学関係へ進学を果たしました。

中等部での3年間だけでなく、大学までの10年間を見据えながら学校生活を送ることのできる、東海大学付属浦安高等学校中等部です。

■千葉県浦安市東野3－11－1
■地下鉄東西線「浦安」バス10分 JR線「舞浜」徒歩18分、JR線「新浦安」バス10分
■男子284名、女子149名
■047－351－2371
■http://www.urayasu.tokai.ed.jp/

東京学館浦安中学校
とうきょうがっかんうらやす

TOKYO GAKKAN URAYASU Junior High School

千 葉 / 浦安市 / 共学校

広く国際的に有為な人材を育成する

東京ベイエリアの国際性豊かな地域に位置する東京学館浦安中学校・高等学校。高校は創立30周年を迎え、地域からの信頼も厚く、進学実績を着実に積み上げています。

創立者・鎌形剛先生が提唱された「広く国際的な視野に立って活動する、有為な人材を育てなくてはならない」という建学の精神を実践しています。

そしてこの建学の精神を体現するため、3つの綱領を掲げ、生徒一人ひとりの実行目標にしています。その第1が「自己の開発」。生徒の才能を掘りおこし、豊かに伸ばすことをしめします。ふたつ目は「判断と責任」。善悪を自主的に判断し、責任を持って行動することを目標としています。そして3つ目は「相互扶助」。互いに協力しあうことを学び、社会に奉仕できる人材を育てます。

独自の英語教育が自慢

多彩なカリキュラムが展開されている東京学館浦安中では、とくに英語教育に力を入れており、「生きた英語、活かせる英語力」をモットーに、週に5時間の英語の授業が行われています。

ネイティブスピーカーによる英会話をはじめ、テキストも生徒たちが興味深く英語に親しむことのできるユニークなものを使用しています。さらに、中学3年次には、海外研修旅行も実施します。この研修旅行は英語学習の成果が試される場であり、高校・大学と進学していく際の大きな意欲をかたちづくるものとなっています。

高校段階でも、生徒の一人ひとりの希望に添うべく、柔軟なカリキュラムが組まれています。生徒たちの希望する進路は、国公立大や私立大、文系・理系などさまざまです。その各個人に合ったコースが選択できるようになっているのが特徴です。選択授業を含め、コースは7種類。生徒自身の自主性を重視したフレキシブルな教育体制となっています。

■千葉県浦安市高洲1－23－1
■JR線「新浦安」バス5分、徒歩13分
■男子109名、女子80名
■047－353－8821
■http://www.gakkan-urayasu.ed.jp/

東邦大学付属東邦中学校
TOHO UNIV. TOHO Juior High School

■千葉県習志野市泉町２－１－37
■京成線「京成大久保」徒歩10分
■男子528名、女子320名
■047－472－8191
■http://www.tohojh.toho-u.ac.jp/

東邦教育は「自然・生命・人間」

東邦大学付属東邦中学校は、1961年（昭和33年）に開校しました。併設の東邦大学付属東邦高等学校は、それより早い1952年の開設です。

母体である東邦大学は、医学部・看護学部・薬学部・理学部の４学部および医学部付属の３つの病院を有し、自然科学の研究・教育・医療に重要な役割を果たしてきた大学として広く知られています。

東邦中・高の教育信条は、「われわれは、全宇宙を支配する無形の偉大な力に黙祷をささげて人間の心の向上を誓おう」というもので、これは、設立者である額田豊・晉兄弟博士の自然観・生命観・人間観に基づくものです。

森鷗外の主治医を務め、夏目漱石や渋沢栄一などの著名人も訪れたという両博士の、医学者として、またすぐれた臨床医としての経験と思索のなかから生まれた、こうした哲学をもとにして、「自然・生命・人間」の尊重という建学の精神が定められました。

学びのテーマは「自分探しの旅」

東邦中・高では、建学の精神「自然・生命・人間」の具体的な道筋として、「自分探しの旅」を学びのテーマとしています。これは、学習はもちろんのこと、部活動や学校行事など、さまざまな体験を積みながら、つねに真の自分を探し、見つめようという意味であり、生徒にとっては将来の進路選択における心がまえであるとともに、人生や人間についての根源的な問題へとつうじているテーマとなっています。

「自分探し学習」で
自主的で能動的な学び

東邦中・高では、生徒一人ひとりが幅広く、能動的に「自分探しの旅」をつづけるために、学習の場面が多彩に用意されています。それを体系化したのが「Exploring Study（自分探し学習）」と呼ばれるものです。これは、進学校として生徒の進路実現をサポートするプログラムであり、また、生徒がやがて大学に進学して専門的な学問研究や真理探究に挑戦する際、それに必要な厚みのある知識を定着させ、さらには、未来のリーダーとして人間社会に貢献できる高い志と豊かな人間性を育てるものとなっています。

６日制、週34時間を確保して行われる正課の授業では、「精選と深化」による指導計画を工夫して、演習や実験実習を多く盛りこみながらも、高３の１学期には全学習範囲を終えることとしています。カリキュラムはリベラルアーツ型を取り、選択科目枠を多様に設けることで、生徒の進路実現のために対応しています。

また、家庭での学習としては、中１から高２にかけて行われる国語科の「読書マラソン」、中学生で行われる英語科の「リーディングマラソン」、中学生の希望者を対象とした「数学トレーニングマラソン」、同じく中学の「社会科博士号」など、幅広い実力が養われる場があるのも特徴的です。さらには、放課後の「特別課外講座」や「学問体験講座」、長期休暇中の講習や補習がそれぞれ実施されます。

こうしたきめ細かな学習の結果、国公立をはじめ難関私立大学・国公立大医学部にも多くの進学者をだし、大学進学に強さをしめす東邦中・高です。

併設の東邦大学へは、特別推薦制度があり、医学部（約10名）、薬学部（10名）、理学部（20名）の推薦枠となっています。

2005年春には、カフェテリアやＩＴ教室・視聴覚ホール・天体観測室などを擁するセミナー館が完成しています。

二松學舍大学附属柏中学校
(にしょうがくしゃだいがくふぞくかしわ)
KASHIWA Junior High School ATTACHED TO NISHOGAKUSHA UNIV.

生徒が主体の「クリエイティブ・スクール」

2011年4月に開校したばかりの二松學舍大学附属柏中学校。夏目漱石や犬養毅も学んだ二松學舍の長い歴史に、新たな1ページが生まれました。

二松學舍大学附属柏高等学校との中高一貫教育を実現し、校訓である「仁愛・正義・誠実」の具現化をめざします。生徒一人ひとりを大切にして、個としての人間的成長と主体的に生きる力、学ぶ力を伸ばし、かけがえのない自分という存在を自覚させていくことが、学校全体の目標です。

中学校開校に合わせて完成した新校舎は、はるか彼方に筑波山をのぞむ高台にあり、ゆたかな緑にかこまれています。教室は、各階ごとに色彩が統一され、落ち着いて勉強に集中できる環境が用意されています。四季をとおして生命の息吹を感じながら学習できる静かで理想的な教育環境です。

また、窓は落下防止のため半開となっていたり、ガラスには飛散防止フィルムが貼られていたりするなど、安全にも配慮されています。

創造性豊かな人材を育成

二松學舍大学附属柏中の教育を語るうえで欠かせないのは、「論語教育」です。「論語」は、生徒の生きる力を育む最良の教材であるという考えのもと、二松學舍の伝統をいかしたこの学習で、人間力を高める教育を展開していきます。

ほかにも、読書マラソンや書写マラソンなど、生徒の主体性を育む数多くの自主勉強システムが導入されています。また、3年間で、英語検定と漢字検定でともに2級取得を目標としています。

中学校の3年間で、「自分で勉強をする習慣」、「ひとり歩きできる勉強法」を身につけることが大きな目標となっています。

新しい歴史を刻み始めた二松學舍大学附属柏中学校。今後の飛躍が楽しみな1校です。

■千葉県柏市大井2590
■JR線・地下鉄千代田線・東武野田線「柏」スクールバス
■男子38名、女子40名（1年のみ）
■04-7191-3179
■http://nishogakusha-kashiwa.ed.jp

日出学園中学校
(ひのでがくえん)
HINODE GAKUEN Junior High School

学ぶ楽しさを実感できる中高6年間

日出学園は、1934年（昭和9年）に幼稚園・小学校として創立されたのが始まりです。以来、1947年に中学校が、1950年に高等学校が開設され現在にいたっています。建学の精神は「誠・明・和」の3文字にこめられています。「誠」は心を重んじる教育、「明」は自主的・積極的な明るさをつくる教育、そして「和」はともに力を合わせることの大切さを学ぶ教育を意味しています。

大学合格実績も年々上昇

日出学園中高の在校生は、ほとんど全員が大学進学を希望しています。中高一貫教育のメリットを最大限にいかしたカリキュラムが組まれており、中学では、教科・生活・進路の基本的な内容の習得・理解定着をめざします。高校では、各人の進路志望に応じた教科を選択し、自主的に学習することによって大学入試に対応できる学力を養います。

授業は週5日制です。勉強の基礎をしっかりと固めるため、英語と数学においては、中学2年から習熟度別授業を実施しています。それぞれの学力に対応した授業を受けることで、学力向上をはかります。

また、日出学園では、「土曜講座」というユニークな学習が行われています。ふだんの学習では不十分な部分の補習や、大学入試対策講座、広く一般教養を身につけるための教養講座など、多くの講座が開設し、生徒たちのニーズに応えます。この「土曜講座」は希望者対象ですが、生徒の7割以上が参加していることも特筆すべき点です。

このように、学習面において細やかな配慮がいきとどき、生徒たちは伸びのびと、そして着実に学力を養いつつ成長しています。その結果、近年は国公立大・難関私立大などへの合格実績も次第に上昇しつつあります。

中高6年間の一貫教育のなかで、勉学の楽しみを味わいながら、豊かな心を持てる人間を育てる、日出学園中学校・高等学校です。

■千葉県市川市菅野3-23-1
■京成線「菅野」徒歩5分、JR線「市川」徒歩15分
■男子161名、女子214名
■047-324-0071
■http://www.hinode.ed.jp/

麗澤中学校
REITAKU Junior High School

千　葉

共学校

柏市

■千葉県柏市光ケ丘2－1－1
■JR線・地下鉄千代田線「南柏」
　バス5分
■男子210名、女子211名
■04－7173－3700
■http://www.hs.reitaku.jp/

「麗澤の森」育てたいのは心の力

麗澤精神をカタチにする独自の教育

　千葉県柏市に、46万㎡という広大なキャンパスを有する麗澤中学校・高等学校。その広さは、なんと東京ドーム10個ぶん。この広いキャンパスが6年間の安心できる居場所です。「麗澤の森」と言われる緑豊かで美しいそのキャンパスには、46科220種1万4626本の喬木、四季を彩る多彩な草花、また、リスやウサギといった小動物や野鳥などが生息しており、さまざまな生命の息吹を感じ取ることができます。

　すばらしいのは自然環境だけではありません。この広大なキャンパスには、麗澤大学・麗澤幼稚園もあるほか、3つのグラウンド、6面のテニスコート、ふたつの体育館、武道館、中央食堂、さらには9ホール・ショートコースのゴルフコースなど、いたれりつくせりの充実した教育施設が配置されています。

　こうした理想的な教育環境のもと、麗澤中学校では、高等学校との一貫教育をつうじて「感謝の心・自立の心・思いやりの心」を育み、そのうえに必要な知力を身につける「知徳一体」の教育を実践しています。

10年後の自分になるために
6年かけて大きくなる

　麗澤での学習カリキュラムは、目標とする大学・学部に合格しうる学力の養成とともに、大学への確かな目的意識も同時に育んでいるのが特徴です。

　より高次で国際化・情報化された社会において活躍する10年後、20年後の自分をイメージしながら学習を積みあげる。そのために、中高一貫のカリキュラムでは、中学・高校に分かれている学習内容を合理的に統合・整理し、高校での履修内容であっても、必要な部分は中学の時点で学んでいます。

　具体的には、6年間を3つのステージに分け、1・2年を「基礎を作る」時期とし、たとえば、1年生の英語は学級を2分割した少人数授業できめ細かな指導を行い、さらに、毎時間ネイティブと日本人教員のふたりが担当し、英語のシャワーを浴びせ徹底してきたえます。3・4年（中3・高1）は、「実力を造る」時期とし、数学・英語は習熟度別授業を実施しています。そして、5・6年（高2・高3）では、「夢を創る」時期とし、進路に応じた選択カリキュラムを導入しています。

　また、世界で通用する考え方と発信力を養成する「ランゲージ・アーツ（言語技術）」、自分を知り、進むべき路を探し、向かっていく「自分（ゆめ）プロジェクト」といった麗澤独自の教育プログラムにより、骨太の教育を実践しています。

難関大学進学を実現するコース制

　2010年度に卒業した中高一貫4期生の難関大学への進学実績も順調でした。2010年度から麗澤高校の新コース制がスタートしました。

　高1から高3までの「ILC（インターナショナルリーダーシップコース）」は、英語に重点をおき、難関私立大学および海外大学への進学をターゲットとしています。高2からの「TKコース」は、東大・京大・一橋大など難関国立大学進学を目標とするコースです。同じく高2からの「SKコース」は、難関私立大学と国公立大学が目標です。3コースとも中高一貫生と高校からの入学生の混成クラスです。

　進路に応じて必要度の高い科目にいっそう力をそそぎ、専門性を支える基幹教科の基礎力強化がより効率的にできるよう履修科目が配慮・設定されています。

和洋国府台女子中学校
WAYO KONODAI GIRLS' Junior High School

■千葉県市川市国分４−20−１
■JR線「市川」・「松戸」、京成線「市川真間」、北総線「北国分」バス
■女子のみ638名
■047−374−0111
■http://www.wayokonodai.ed.jp/

エレガントな国際女性を育てる

　和洋国府台女子中学校・高等学校の創立は、1897年（明治30年）。100年を超える堅実な女子教育の伝統を誇ります。校名の「和洋」とは、「和魂洋才」の精神に由来し、日本の伝統文化を大切にしながらも、海外のすぐれたものを積極的に取り入れる姿勢を表しています。

　創立以来、和洋国府台女子中・高では、たんなる技術教育にとどまらない、日本女性としての品位と教養を身につけることを重視した人間教育を行いつづけてきました。女性としての豊かな感性と品格を養う教育を実践し、生徒は自分をいかしながら社会のために貢献する大切さを学んでいます。

　この人間教育を基に、豊かな教養と国際性を身につけたエレガントな日本女性の育成こそ、和洋国府台女子のめざす教育です。

「礼法」「邦楽」を授業で

　こうした教育の理念は、茶道を取り入れた「礼法」の授業、琴を学ぶ「邦楽」の授業など、独自の科目となって反映されています。

　茶道を取り入れた礼法は、１年生全員が週１時間必修として勉強するもので、日常の立ち居振る舞いから、和室での作法、お茶の点て方など、日本女性として欠かせない知識を学び、日本人としての心を磨きます。

　また、「邦楽」も１年生全員が１年間琴を実習する授業です。"さくらさくら"に始まり、"七夕"など季節に合わせた曲を織り交ぜながら学習し、"うれしいひなまつり"に取り組んで１年の締めくくりとしています。日本の伝統芸能をとおし、正に心の"琴線"をふるわせ、日本古来の"響き"を体得しています。

　また、和洋国府台女子では、合唱コンクールを毎年行っています。生徒は、みんなで行う合唱練習をつうじ、音の

ハーモニーの大切さを学ぶと同時に、さらなる友情の和を広げています。

実用的な英語力のマスター

　「エレガントな国際女性を育てる」ことをめざす和洋国府台女子では、世界各国との国際交流、さまざまなかたちで海外研修の実施にも大きな力をそそいでいます。

　中学では、全学年の希望者を対象に、３泊４日でオーストラリアの姉妹校の先生と過ごす語学宿泊研修が冬休みにあり、３年の夏は希望者が福島県の英国村・ブリティッシュヒルズでの研修を体験します。

　その後、春休みにはイギリス・ロンドンへの研修旅行も用意されています。

　さらに、高校での希望者には、オーストラリアの姉妹校への１年間の留学や３週間の短期語学研修が用意され、文化研修として、タイへの研修旅行やベルギーへの服飾研修などもあります。

　こうした活動をつうじ、さまざまな文化に触れ、現地の人びととのコミュニケーションをはかり、生きた語学力と国際感覚を習得することがめざされています。

　さて、６カ年一貫教育を行う和洋国府台女子では、大学進学と生涯にわたる学習を見据えたカリキュラムが組まれています。中学では、基礎学力の確立に力点がおかれ、国語・社会・数学・理科・英語に多くの授業時間が割りあてられているのが大きな特徴です。

　また、「国際人を育てる」ことをめざし、とくに英語教育には全学年ともじゅうぶんな授業時間を確保し、実践英語力の充実をはかっています。

　そして、高校でのきめ細かで頼もしい進学指導のもと、毎年多くの難関大学へ進学者を輩出している和洋国府台女子中学校・高等学校です。

育てたいのは心の力

麗 澤 の 森

IN GREEN FOREST, BLUE SKY & SUNSHINE

人としてこうあってほしい。

これからの社会で、本当の意味で牽引力を持つ人物とは机上だけで育てられるものではありません。感受性を研ぎ澄まし、人の心、自分の心を理解しようとすること。高い品性と健全な精神を持ち、柔軟な頭脳で考えることを諦めないこと。そのためには、たくさんの経験と他者との関わりの中から大切なものをつかみとるチャンスが与えられなければなりません。多感な時代をあらゆる意味で豊かな時間に――。麗澤中学・高等学校は、時代の潮流に流されることなく、心の奥底に真の強さを持ち、その上に深い英知を築き上げた心やさしき人物、国際社会で自らの力を惜しみなく発揮できる人を育てていきます。

中学校学校説明会

7/24（日）	10:30～11:50	11/14（月）	10:30～11:50
8/21（日）	10:30～11:50	12/ 4（日）	10:30～11:50
10/ 2（日）	10:30～11:50	12/18（日）	10:30～11:50
10/23（日）	14:00～15:20		

ミニ体験会［小6対象・定員：男女各15名］

9/17（土）　10/1（土）　11/19（土）
＊いずれも 10:00～12:30
※予約は各回の1ヵ月前から受け付けます。

ミニオープンキャンパス［小5対象・定員：男女各25名］

2/19（日）　9:30～15:30

公開行事［中高合同開催］

9/ 9（金）麗鳳祭［文化発表会］
9/10（土）麗鳳祭［展示会］

http://www.hs.reitaku.j

麗澤中学・高等学校

〒277-8686 千葉県柏市光ヶ丘 2-1-1 Tel：04-7173-370
JR 常磐線各駅停車［千代田線直通］「南柏駅」下車→東口より東武バス 5

国立・私立中学校プロフィール

埼 玉

Be your best and truest self.

「最善のあなたでありなさい。そして、最も真実なあなたでありなさい。」

このモットーがめざしていること、それは生徒一人ひとりが
ほんものの自分として生きる人間に成長することです。

学校見学会（予約不要）

第2回　7月27日（水）

第3回　8月23日（火）

＊各回とも9：30開始
　各回とも同一内容
　上履きをご持参ください

学校説明会（予約不要）

第1回　10月1日（土）午前・午後

第2回　11月5日（土）午前・午後

第3回　12月3日（土）午前

＊午前の部は9：30開始
　午後の部は1：30開始
　各回とも同一内容、上履きをご持参ください

文化祭（予約不要）

9月3日（土）　10：00〜
　　4日（日）　9：30〜

※チケット制ですが、受験生と保護者の方は
　チケットなしで入場できます
　上履きをご持参ください

カトリックミッションスクール

 浦和明の星女子中学校

（併設）浦和明の星女子高等学校
〒336−0926　埼玉県さいたま市緑区東浦和6-4-19
〔TEL〕048−873−1160〔FAX〕048−875−3491
〔URL〕http://www.urawa-akenohoshi.ed.jp
（JR武蔵野線　東浦和駅　徒歩8分）

愛 知 和

21世紀を担う国際感覚豊かな人間教育

英数特科クラス	中学段階から数学・英語の集中特訓 最難関国公立・私立大学に現役合格をめざす
特別進学クラス	充実のサポート体制で着実に実力育成 国公立・難関私立大学に現役合格をめざす

■ 平成24年度入試
　　受験生・保護者対象説明会（予約不要）■

　9月10日（土）10：00〜　　10月15日（土）10：00〜

　11月　4日（金）10：00〜　　11月24日（木）10：00〜

　12月　3日（土）10：00〜

■ 入試問題対策説明会（要予約）■

11月20日（日）10：00〜

■ 文化祭　10月29日（土）・30日（日）10：00〜

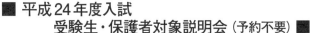学校法人開成学園

大宮開成中学校（一貫部）

〒330-8567　埼玉県さいたま市大宮区堀の内町1-615　TEL.048-641-7161　FAX.048-647-8881
URL　http://www.omiyakaisei.jp　　E-mail　kaisei@omiyakaisei.jp

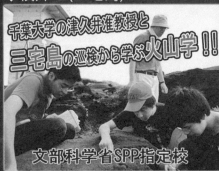

Hoshinogakuen Junior High School

学園創立以来
115年の伝統と変わらぬ教育理念

全人教育で骨太な人づくり

理数選抜
クラス
設置

理想の中高一貫教育

学校法人
星野学園 **星野学園中学校** [共学]

http://www.hoshinogakuen.ed.jp/

学校説明会　9月 3日（土）　時間：14：00〜16：00
入試説明会　10月 2日（日）・30日（日）
　　　　　　11月13日（日）・26日（土）
　　　　　　12月17日（土）
　　　　　　時間：各日とも10：00〜12：00
　　　　　　会場：本校星野記念講堂（ハーモニーホール）

星華祭（文化祭）　9月18日（日）・19日（月・祝）
　　　　　　時間：各日とも9：00〜16：00
　　　　　　会場：本校
　　　　　　※19日（月・祝）には講堂（小ホール）にて
　　　　　　　10：30と13：00の2回、ミニ学校説明会を行います。

星野学園中学校：川越市石原町2-71-11　TEL（049）223-2888　FAX（049）223-2777

浦和明の星女子中学校
うらわあけ ほしじょし

URAWA AKENOHOSHI Girls' Junior High School

埼 玉

女子校

さいたま市

■埼玉県さいたま市緑区東浦和
　　6－4－19
■JR線「東浦和」徒歩8分
■女子のみ526名
■048－873－1160
■http://www.urawa-akenohoshi
　.ed.jp/

キリスト教的人間観を根幹にした教育

　2003年（平成15年）4月、浦和明の星女子高等学校のもとに開校した、浦和明の星女子中学校。2006年には、高校からの募集を停止し、完全中高一貫体制となっています。

　所属する明の星学園は、聖母被昇天修道会というカトリックの女子修道会が母体となっています。そのため、浦和明の星女子では、キリスト教的人間観を根幹にした女子教育を行っているのが大きな特徴です。また、そのすぐれた教育の結果、例年、大学進学においても卓越した実績をあげているのがめだちます。

校訓「正・浄・和」

　浦和明の星女子の教育は、キリスト教的人間観・価値観に基づいています。それは、神様から一人ひとりに与えられた、かけがえのない生命・存在に気づき、その人の人格と使命を尊重し、互いに他者を大切にするということです。校訓「正・浄・和」にはこの精神が表現されています。

　正　一人ひとりを大切にすること
　浄　自分を律して、真に自由な心を保つこと
　和　みんなとともに、助け合って生きること

　また、モットー Be your best and truest self.（最善のあなたでありなさい。そして、最も真実なあなたでありなさい。）は、この校訓を実践するための指針として、人間として成長する際に真剣に努力することを求め、そして、一人ひとりが本物の自分をめざして成長することを期待しています。

バランスのとれたカリキュラム

　カリキュラムは、6年間の一貫教育を前提に、生徒の理解や進度を考えた余裕のあるプログラムを組んでいます。

　そのため、一部の進学校で採用されているような進度を優先する手法は取られていません。

　中1・2では、基礎学力の定着を、中3・高1では学力の充実を、そして高2・3では学力の発展をはかります。中3から高校の内容を先取りする授業もあり、また、高2から設定されている選択科目により、各自の進路に応じた科目を学習していきます。聖書の授業は、毎週1時間、6年間あります。

　週5日制の授業体系が組まれていますが、月に1回の土曜日は「自主の日」として、希望する生徒が自主的に学校で活動できるようになっています。

　また、1年間は前期と後期の2学期制が採用され、授業時間の確保がはかられています。

バック・アップ体制

　すべての学習に力を入れている浦和明の星女子ですが、なかでも注目されているのが英語です。英会話の授業では、少人数授業が採用され、きめ細かな指導がなされています。

　高1の夏休みには、短期留学プログラム（希望者）も用意され、広く世界に目を向けさせると同時に、英語をより好きにさせる刺激材料ともなっています。

　また、ふだんの授業で理解不足が生じた場合は、それぞれの教科担当の先生により、放課後などを利用して個人的に対応してもらえるシステムとなっています。

　高3では、大学受験などに対して、夏休みなどを利用し、希望者を対象とした補習などが行われています。

　いずれも生徒と先生の意欲的な参加と努力で成り立ち、学校のバック・アップ体制が用意されています。

　2008年度、中高一貫の第1期生が高校を卒業し、さらなる発展が期待される浦和明の星女子です。

浦和実業学園中学校

うらわじつぎょうがくえん

URAWA JITSUGYO GAKUEN Junior High School

■埼玉県さいたま市南区文蔵３－９
－１
■JR線「南浦和」徒歩12分
■男子143名、女子143名
■048－861－6131
■http://www.urajitsu.ed.jp/jh/

すべての生徒に価値ある教育を

実学に勤め徳を養う

2005年（平成17年）春、伝統ある浦和実業学園高等学校のもと、「すべての生徒に価値ある教育を」をスローガンに開校した浦和実業学園中学校。初年度から多くの受験生の注目を集め、新たな完全一貫制の教育がスタートしています。

校名の「実業」が表すものは、「社会にでて実際に役に立つ学問、アクティブな学問」のこと。浦和実業学園では、生徒一人ひとりの個性を存分に伸ばすことにより、国際社会に羽ばたく人材育成をめざしています。その教育には、つぎの３つの大きな柱が存在しているのが特徴です。

英語漬けの学校生活

ひとつ目の柱は、「英語漬けの学校生活」です。中学１・２年の全クラスにネイティブの副担任を配し、生徒と生活をともにし、育てるという感覚で「英語に浸る」イマージョン教育環境で学校生活を送りながら、より実践的な英語力を身につけることをめざしています。

日々のイマージョンは、ホームルームからスタート。まさに朝から英語のシャワーがふりそそぎます。日常の伝達事項は基本的にネイティブの先生をとおして英語で実施されます。授業だけでなく、ふだんの学校生活のなかでも英語に触れることで、コミュニケーションの手段として英語を学んでいきます。

また、体育や音楽、技術家庭、美術の授業は英語で指導され、生徒は英語の表現を楽しみながら学んでいます。

さらに、語学研修合宿なども実施しています。

個性を育む心の教育

ふたつ目の柱は「個性を育む心の教育」です。これは、

人とのコミュニケーションをスムースに行い、人間関係を深めていくためにとても必要なものです。

まさに、社会生活における「生きる技術」ともいえるものです。

総合的学習や各種行事など、学校生活全般をとおしてこうしたトレーニングを実施し、あいさつ、思いやりの心、感謝といった浦実伝統のオアシススピリットを実践しています。

総合的学習ではディベートを実施し、自分の意見を客観的に見つめる姿勢を養い論理的な思考を育み、より深い考えを持つための基礎訓練を行っています。また、併設校の浦和大学と連携し、２、３年生になると介護や福祉の講義を受けています。

大卒後も見据えた進路指導

３つ目の柱は、「大卒後も見据えた進路指導」です。生徒本人の自主性を重んじる進路ガイダンスを年４回、６年間で合計24回実施します（キャリアステップ24）。

生徒が考える将来像を最大限に尊重しながら将来のプランニングを行い、その人生計画を実現するためのきめ細かなサポート体制を整えています。職業体験学習をはじめ、外部のさまざまな職種の人びとから話を聞く「講話」の時間もあります。

また、週６日・35単位の授業を組み、系統的かつ効率的な授業を展開するとともに、進学希望に対応した選択教科プログラムを導入、各学年に応じた進学指導を行い生徒の希望を確実にサポートしています。

放課後には自習室に教員が常駐し、「その日の疑問はその日のうちに解決」をモットーに授業をフォローアップ。長期休業中には特別補習（英・国・数を中心）も行われています。

埼玉

女子校

比企郡

大妻嵐山中学校
OTSUMA RANZAN Junior High School

■埼玉県比企郡嵐山町菅谷558
■東武東上線「武蔵嵐山」徒歩13分
■女子のみ303名
■0493−62−2281
■http://otsuma-ranzan.ed.jp/

「科学する心、表現する力」を育てる

豊かな自然環境に恵まれた大妻嵐山中学校・高等学校。キャンパスにも「大妻の森（自然観察園）」や「ビオトープ（野生生物の成育場所）」などがあり、自然観察の場が整備されています。

このような教育環境のもと、大妻嵐山では、「聡明な女性」「社会に貢献できる人材」「科学する心・表現する力」の育成をめざした教育が行われています。

これは、「中学・高校分野の知識を系統的・発展的に理解し学び、自分のものにするためには、『なぜだろう？』と疑問を抱き、順序立てて立証していく論理的な思考能力が欠かせない」と大妻嵐山では考えているからです。

理数系の授業を重視

この「科学する心」「表現する力」を育むため、大妻嵐山では理数系の体験学習を重視した授業を行っているのが大きな特徴です。数学の授業は週に６時間、理科の授業は週に５時間もあり、実験がたくさんあるのが特色となっています。

そのような「科学する心」の活動のひとつが、国蝶オオムラサキの観察・飼育です。生徒はオオムラサキとのふれあいをつうじて、大きな感動とともに生命の尊さや自然の営みの不思議さなどを学んでいます。

このオオムラサキの観察・飼育は、ただたんに観察・飼育を行うものではありません。まず飼育のための念入りな下調べが行われ、「推論・実験・実証」へと進展します。さらにはスケッチし、考えたことを文章にまとめプレゼンテーションも行われます。これにより、「科学する心」と「表現する力」が交差する総合学習の場となっているのです。また、学校のすぐ近くには「国蝶オオムラサキの森活動センター」もあり、いろいろなことを教えていただけるので、わからないことがあっても安心です。

こうした科学的思考力は理系の分野のみならず、現代社会においても必要とされ、厳しい受験にも対応できる力となるのです。

さまざまな学習でつける自己表現力

「表現する力」の教育では、これからの国際社会で活躍していくためには自分を表現し他者の表現を正しく受けとめる意欲と能力が不可欠であると考え、年間50冊読破を目標にした週5日の朝読書や、卒業論文・科学論文指導などをつうじ、総合的に自己表現力を高めています。

また、「異文化を知ることは、国際社会で活躍するための大切な基礎である」と考える大妻嵐山では、英語教育にも重点をおいています。

国際社会で活躍できる 女性をめざして

英語の授業には公立中学校の約２・３倍の単位を配分するとともに、英会話やスペル、スピーチなどの校内コンテストなどをつうじ、総合的な英語コミュニケーション能力を高めています。

週7時間ある英語の授業では、日本人の教員と外国人教員が連携をとりながら、「イングリッシュコミュニケーション」で会話の特訓を行い、英検はもとより、ＴＯＥＦＬなどにも挑戦します。

さらに、英語だけを使い3日間で単語力などをきたえる「英会話合宿」や海外研修で、学校で習った英語を実際の場面で使い、さらにワンランクアップできる校外学習の機会も数多く設定しています。

「科学する心」をきたえ、国語力とともに英語でも生徒の「表現する力」のアップをはかり国際理解教育が充実している大妻嵐山中学校・高等学校です。

大宮開成中学校

おおみやかいせい

OMIYA KAISEI Junior High School

■埼玉県さいたま市大宮区堀の内町
　１－615
■JR線「大宮」徒歩19分・バス７
　分
■男子128名、女子127名
■048－641－7161
■http://www.omiyakaisei.jp/
　JSHS/

21世紀を担う国際感覚豊かな人間教育

　2005年（平成17年）春、受験生の熱いまなざしのもと開校した大宮開成中学校・高等学校。

　校訓「愛・知・和」のもと、「21世紀を担う国際感覚豊かな人間教育」を教育理念として、一人ひとりの個性を大切にする指導と、国際教育をつうじ、高い志を持った21世紀のリーダーを育成することを目標にした教育活動が展開されています。

6年間を3ステージに分け到達目標を明確化する

　この目標を達成するため、①「国公立・最難関私立大学に現役合格」、②「国際教育」、③「人間教育（自主・自律教育）」の3つを教育目標に掲げているのが大宮開成の大きな特徴です。

　そして、「国公立・最難関私立大学に現役合格」を果たすため、6年一貫教育を、2年ごとの3ステージに分け、その到達目標を明確化して学習を行っています。

　第1ステージ（中1・中2）では、「基礎学力の完成（中学段階終了）」をめざします。

　①観察・探究力、②問題発見能力、③論理的思考力、④プレゼンテーション能力、⑤理数系能力の5つの能力をバランスよく育成します。

　第2ステージ（中3・高1）では、「選択能力の完成」をめざし、国公立大・最難関私立大に対応できる学力を養成します。そして、後半では、文系・理系の選択能力を育成します。

　第3ステージ（高2・高3）では、「現役合格力の完成」をめざします。

　文系・理系にクラス分けを行うと同時に、広範囲な選択履修を実施します。5教科7科目の徹底した受験対応授業と、予備校講師によるライブ授業も行っています。

英数特科クラスを設置

　大きな改革として、2009年度より「英数特科クラス」を設置しています。英数特科クラスのねらいは、トップの国立大をめざすために、できて当たり前の英語と、満点近い得点力が求められる数学を、中学段階から集中的に特訓することです。

　中学から、英語・数学の「特科授業」を、平日週1回と毎週土曜日に実施します。普通クラスに比べ週1・5〜2時間多く英語・数学を学習することになりました。

　また、高校段階では、予備校講師による授業を強化し、国公立受験に必要な5教科7科目にじゅうぶん対応できるカリキュラムで授業を展開します。そして、最終的には難関国公立・私立大学に現役合格させることを目標としています。

国際教育を重視しコミュニケーション能力を育成

　大宮開成の「国際教育」では、「英語教育」と「国際理解教育」に注力しています。

　英語教育は、「読む・聞く・書く・話す」の4技能の育成をめざし、受験英語のみならず「使える英語」の育成をはかります。中1から高1の総合的学習の時間、計8時間を配当し、ネイティブスピーカーによる英会話授業を行い、英語によるコミュニケーション能力を育成します。

　また、高1では海外語学研修を実施し、コミュニケーション能力のさらなるレベルアップをはかります。

　「国際理解教育」では、日本文化学習・異文化学習・比較文化学習をつうじて、国際社会で活躍するために必要なコミュニケーション能力とプレゼンテーション能力を育成することをめざしています。

開智中学校
かいち

KAICHI Junior High School

埼　玉

共学校

さいたま市

■埼玉県さいたま市岩槻区徳力西 186
■東武野田線「東岩槻」徒歩15分
■男子560名、女子310名
■048−795−0777
■http://www.kaichigakuen.ed.jp/

「新しい学びの創造」をはかる先端クラス

「心豊かな創造型・発信型の国際的リーダーを育成する」という目標を掲げ、教育を推進する開智がさらなる飛躍をめざし、2009年『先端クラス』を立ち上げました。"新しい学びの創造"をはかり、東大や世界の難関大学進学を視野においた、ほかにない新たなクラスです。この取り組みを一貫クラスへも広げ、開智全体の教育レベルを高めていこうという、開智の新たな挑戦です。開設3年目を迎え、ますます充実した教育を展開しています。

生徒が主体的に活躍できる課外活動

開智生の6年間は創造性・自主性を育む質の高い教科学習、部活動、学校行事が目白押しです。

生徒会活動では、開智発表会、体育祭、ロードハイクなどが生徒主体で進行し、エネルギッシュな活動がいまにつづいています。

「フィールドワーク」では中1は磯、中2は森といった身近なことについて個人で調べる探求テーマとして自然を対象に、中3からは関西、首都圏といった社会や文化にも対象を広げて、自分自身や班で探究するテーマを決めて調べ考えます。いずれも「疑問を発見し、仮説を立てて、実験や調査によって検証し考察する」という自らが考える方法を4年間繰り返し体験し、発表の機会も多く設定されています。

そして高2の英国でのフィールドワークで、それまで探究したことを英文でまとめて英国の大学生にプレゼンテーションし、ディスカッションします。

進路指導では、中1で「自分史の作成」、中3で「社会人の話を聞く」、高1で「進路と学習を考える会」、高1・2では大学の教授に最先端の研究について質疑応答する「学部学科探究」など、社会と向きあって主体的に生き方を考える場面が展開されます。

自ら学ぶ意欲を引きだす 質の高い学習指導

教科学習の特徴をみると、中1から英語・数学は2クラスを3グループに分ける習熟度別授業（先端クラス除く）を実施。夏休み・冬休みの講習では各生徒の習熟度に合わせた学びにより学力を定着させます。

高学年になるとⅠ類・Ⅱ類の学力別クラス編成（先端クラス除く）に加えて、英数はさらに少人数の習熟度別授業を展開。高2では理・文・医系にも分かれ、大学入試演習も行いながら高校の学習を修了します。

高3は1学期の始業式後に3泊4日の勉強合宿にでかけ、朝8時から夜は無制限・90分独習をして15分休むという繰り返しです。全員がひとりひとりの長机で独習し、お互いの学習する姿から自ら学ぶ意欲と集中力をもらいます。この濃密な体験がひとりで学習するときの心の原点、モチベーションをつくりあげます。さらに東大文系・理系、国公立早慶文系・理系、医系など5コースに分かれ、各自の大学入試に必要な科目のみを学習する演習授業がスタートします。

そして、約3時間の放課後特別講座、20日間の夏期講習、12月からはセンター・国立個別私大対策直前講習が入試直前までつづきます。

開智の生徒はほとんど予備校に行きません。東大をはじめ、約6割を越える国公立早慶出身教員など柔軟な指導力を持った強力な教師陣が、予備校を越えた質の高い授業と放課後の特別講座や補習によって学力を最大限に伸ばしてくれるからです。

このように、開智中学・高等学校中高一貫部は学ぶことの本質を追究し、創造型・発信型の心豊かな国際的リーダーを育てる進学校をめざしています。

開智未来中学校
かいちみらい

KAICHI MIRAI Junior High School

埼玉　共学校

加須市

■埼玉県加須市麦倉1238
■東武日光線「柳生」徒歩18分、JR線「栗橋」、東武伊勢崎線「加須」・「羽生」スクールバス
■男子52名、女子61名（1年のみ）
■0280-61-2021
■http://www.kaichimirai.ed.jp/

新しい教育活動を開発・実践する「進化系一貫校」

　開智未来中学校・高等学校は、開智学園の2番目の中高一貫校として、2011年（平成23年）4月、茨城県、群馬県、そして栃木県に近接する埼玉県加須市に開校しました。

　開智未来は「知性と人間を追究する進化系一貫校」を基本コンセプトに開智中学校（さいたま市）の教育を受け継ぎつつ新たな教育をさらに開発し、教育活動の構造化をめざす一貫校です。

　開設スタッフは、開智学園の主任クラスの教員、創設にあたって公立学校から移ってきた優秀な中堅教員、さらには国内トップクラスの大学院出身の新任教員と、非常にバランスのよい構成になっています。

独自の学習理論と学習活動

　開智未来では、最難関大学合格を可能にすると同時に、生涯にわたって発揮される学力を育成するため、「4つの知性の育成」を謳っています。4つの知性とはIT活用力などの未来型知性、体験や行動を重んじた身体型知性、暗誦教育に代表される伝統型知性、そして学びあいなどによるコミュニケーション型知性で、それらの知性をバランスよく培う授業をめざしています。

　「3つの言語能力の育成」も開智未来独自の教育理論です。

　3つの言語とは国語、英語、ITです。国語については、語彙力・論理力・言語操作力を育成するプログラムを開発しています。英語については、多読プログラム、速読演習、英語研修合宿、英文論文の作成などの取り組みを実施します。

　また、中高一貫校であることの利点をいかし、6年間をつうじて「環境未来学」と「哲学」を学習します。

　「環境未来学」は環境に関するさまざまな活動を総合化させた学習で、「自然探究」「社会探究」「自分探究」と学びを深めていきます。校外学習も充実しており、1年次には「里山フィールドワーク」、3年次には「琵琶湖湖沼学習フィールドワーク」、5年次には「カナダ環境フィールドワーク」を計画しています。

　「哲学」は校長自らが授業を受け持ちます。人間のあり方、生き方、価値、社会の課題等を主体的に考える姿勢を養い、志を育てることをねらいとした教科です。この授業では、校長自身が開発した「学びのサプリ」をもとにメモの取り方、読むスキル、思考法等のラーニング・スキルを身につけさせます。

　その他、「幸福物語づくり」「学びの身体づくり」「暗誦大会」など、独自に開発した教育活動が目白押しです。

独自の人間教育と才能開発

　開智未来では人間教育も重視しています。そのキーワードのひとつが「貢献教育」です。

　「社会に貢献する人間になる」「人のために学ぶ」という教育理念は、「環境未来学」・「哲学」、進路学習、委員会活動など、すべての教育活動に貫かれているといってよいでしょう。

　一人ひとりの才能を発見し育成する「才能開発プログラム」も開智未来ならではの取り組みです。さらに、一人ひとりの学習を支援する「サポートシステム」も備えています。

　6年間の学習過程をデータベース化するとともに、大学と連携しての「学習カウンセリング」も検討しています。これは、生徒の学習課題をいっしょに考え、解決しようとするものです。

　「進化系一貫校」をめざした開智未来中学校。これからの注目の一校です。

春日部共栄中学校

KASUKABE KYOEI Junior High School

埼玉

共学校

春日部市

■埼玉県春日部市上大増新田213
■東武伊勢崎線・東武野田線「春日部」バス10分
■男子245名、女子153名
■048-737-7611
■http://www.k-kyoei.ed.jp/jr/

この国で、世界のリーダーを育てたい

2003年（平成15年）、埼玉県春日部市に誕生した春日部共栄中学校。優秀な大学進学実績を残してきた春日部共栄高校を母体としており、キャンパスはいま、活気に満ちあふれています。

新たに中学校をつくるにあたり、教育理念として、「これからの日本を、世界を支えるべきリーダーを養成すること」を掲げています。そこには、旧来型の「進学教育」を越えた新たな教育のあり方を模索する姿勢が明確にしめされており、注目を集めています。

学校目標としてAAA（トリプルA）があげられています。Academic（学問的）Active（行動的）Attractive（魅力的）な学校づくりをめざし、学問するよろこび、自ら学ぶ楽しみを、実践指導をとおして達成しようとしている学校です。

進学校を越えた「新学校」をめざして

春日部共栄中は、真に豊かで活気に満ちた教育環境のもとで子どもを育てたい、という保護者の希望に応え、めざすはグローバル・スタンダードの新・リーダー養成校です。中学校開校にあたり、具体的な目標を、数値を明示して掲げています。

①盤石の少数精鋭指導

きめ細かな指導と生徒同士の協調に適した、1クラス30名の少人数教育を行います。学年担当教員全員で一人ひとりを指導します。

②TOEFLスコア到達目標を明記

日本の大学入試だけでなく、広く海外の大学にも目を向けて、語学力の徹底のため、TOEFLの受験をすすめていきます。また、海外の大学への指定校の拡大も行っています（現在、オーストラリア4校・カナダ1校・イギリス2校）。中学3年次には全員参加のカナダ語学研修を実施しています。

③数学オリンピックをめざす

これまでも春日部共栄高は、数学オリンピックに積極的に参加し、2年連続の本選出場、埼玉県内第2位の準合格者数などの実績があります。これをさらに進め、中学3年段階での準合格以上を目標と定めた、数学に力を入れる教育を推進していきます。

④速読技術の導入で1000冊以上読破

すべての学問の基礎となるのが読書力です。そこで春日部共栄中では、たんに読書を推奨するだけではなく、具体的に速読技術を指導。中高6年間で、総計1000冊以上の読破を全員がめざし、本物の読書力を身につけます。

このように、めざすものが明確にされていることが春日部共栄中の大きな特徴となっています。

国立大合格に照準を合わせた学習指導

春日部共栄中の母体となる春日部共栄高は、1980年（昭和55年）の創立以来、文武両道を掲げ、活発なクラブ活動で全国レベルの活躍をするだけではなく、大学合格実績においても、きわめて高い現役での国公立大合格実績を誇ってきました。こうした実績をいかし、中高一貫校としての利点をさらに飛躍的に向上させることが期待されています。具体的には、春日部共栄中高の一貫生の進学指導の目標として「1国立1早稲田」を掲げています。高校卒業後に海外留学をも視野に入れるとともに、全員が国立大学合格という具体的な目標を定められるのも、これまでの春日部共栄高が培ってきた確かな教育ノウハウが支えとなっています。これからの展開が、おおいに期待される春日部共栄中学校です。

埼玉栄中学校
SAITAMA SAKAE Junior High School

■埼玉県さいたま市西区指扇3838
■JR線「西大宮」徒歩3分
■男子201名、女子146名
■048－621－2121
■http://www.saitamasakae-h.ed.jp/

6年間で内在する可能性を開発

建学の精神に、「人間是宝（人間は宝である）」を掲げる埼玉栄中学校・高等学校。

生徒の将来を考え、一人ひとりに内在する可能性をいかに開発させるかということに教育の根源をおいています。

その教育の基本は、「今日学べ」。埼玉栄では、「勉強も仕事も明日に残さない、今日のことは今日やる」「明日に甘えることなく、一日24時間という時を有効に使って意義ある人生をおくり、二度とない青春を大切にして感謝する心で日々努力する知能と精神を養う」ことを学校生活の指針としています。

難関大クラスで
最難関大へ現役合格をめざす

そんな埼玉栄に、2006年度（平成18年度）、最難関大学への現役合格を目標とした、難関大クラスが誕生し、注目を集めています。

このクラスは、その独自の取り組みにより、学校生活を楽しみながらも、学習においてはプロフェッショナルな考え方で、6年間徹底指導を行うものです。

具体的には、①0時限から授業を実施し、主要5教科週30時間を確保する、②東大を視野に入れ、難関国公立・私立・医歯薬系をめざす、③主要教科では高校進学時に、αコース（偏差値68以上）を超える授業を展開する、④理科の実験や校外授業などの体験学習を重視し、本物を知る感性を大きくのばす、という取り組みを4本の柱とした充実した教育が展開されます。2007年度入試日程から、難関大クラスⅡが追加され、難関大クラスⅠと2本の入試日程となりました。

現役での希望大学進学

もちろん、通常クラスのしっかりした授業の実績があっての難関大クラスの誕生です。

通常の中高一貫コースがめざすところは、現役での希望大学進学です。具体的な進学目標として、「国公立に20名、早稲田・慶應義塾・上智・東京理科大に55名、MARCHに100名」を掲げます。

埼玉栄では、中高一貫校としてのメリットを最大限に活用して、中学時にすべきことと高校時にクリアしなければならないことを、教員がしっかりと見極めて指導しています。

「Sakae Assistant Time」

両コースともに、生徒の志望大学への進学にあたっての強い味方が、埼玉栄の「SAT（Sakae Assistant Time）」制度です。難関国公立大・私立大志望の生徒には、その出身の教諭が、志望校への道をアシストしてくれるのです。進学実現への道筋とやる気を喚起する指導となっています。

「チーム制」指導と
「できるまで、わかるまで」

また、生徒の内在する可能性を開発するため「チーム制」による指導を実施。ひとりの生徒を複数の教師があらゆる角度から分析し、個々の特性、能力を正確に把握し伸ばしています。

そして、「できるまで、わかるまで」の指導も、埼玉栄教育の特徴です。生徒個々の現状を把握し、細分化した学習計画を立て、つぎのステップに進む前に達成度を確認。親身、親切、ていねいをモットーに「できるまで、わかるまで」、独自のローリングステップシステムで、学習と確認を繰り返し、完全にマスターしてからつぎのステップに進みます。きめ細かな指導が光る、埼玉栄です。

埼玉平成中学校
さいたまへいせい

SAITAMA HEISEI Junior High School

埼　玉

共学校

入間郡

■埼玉県入間郡毛呂山町下川原375
■東武越生線「川角」徒歩5分、西武新宿線「狭山市」・西武池袋線「飯能」・JR線「武蔵高萩」・JR線「高麗川」スクールバス
■男子77名、女子63名
■049−294−8080
■http://www.saitamaheisei.ed.jp/

知性と人間性を磨く中高一貫教育

　埼玉平成中学校は、1997年（平成9年）に隣接する埼玉平成高校の併設校として設立され、2000年には新高等部校舎が完成しました。キャンパスは10万㎡を超える広さです。総合グラウンド、テニスコート、サッカー場、体育館などの施設とともに、ゴルフ練習場が整えられているのが特徴です。

　キャンパス南部にある雑木林には、キジやウグイス、カッコウなどが生息しており、武蔵野の面影をいまなお残す恵まれた自然のなかにあります。

　こうした豊かな自然に抱かれた埼玉平成中は、ここ数年取り組んできた基礎基本の徹底のうえに立ち、個々の生徒の特長をますます伸長すべく、平成22年度より「S選抜クラス」と「A進学クラス」のふたつに分かれた、新教育体制がスタートしました。

　学習効率を高めた質の高い授業を展開し、一人ひとりの進路実現と学力向上に努めます。さらに、豊富な授業時間数や先取り授業で、難関国公立大・早慶大へのチャレンジをはじめ首都圏難関私立大（G—MARCH）には100％現役合格をめざします。

　また、もうひとつの目標は「心豊かで国際感覚を身につけたリーダーの育成」です。オーストラリア修学旅行をはじめ、特色ある体験学習で、教室では得られない「生きる力」を育みます。

「はさみとのり」を使う数学

　埼玉平成中の数学の授業は、週に5・5時間（S選択は6・5時間）があてられています。

　数量系・図形系の授業が別々に、それぞれ習熟度で進行されていきます。この数学の大きな特徴は、図形概念の習得にあたって、「はさみとのり」を授業のなかで積極的に用いることです。平板的な図示では理解しにくい立体図形を、実際に自分たちの手で触り、考えることによって、確実に立体概念が身についていきます。こうした具体的で目に見えるかたちでの指導を、すべての科目で着実に実践しています。「なるほど」と納得できる授業、自由な発想、柔軟な思考力を身につけることを、日々先生といっしょに取り組んでいるのです。

豊富な授業時間で英語をマスター

　授業時間では、英語にはとくに多くの時間が割かれています。1週間に6・5～7・5時間という設定は、首都圏でも群をぬいて多い授業時間といえます。授業時間の多さは、語学という繰り返しの大切な科目には非常に効果的です。

　埼玉平成中では、英語教材に「プログレス21」を採用しています。むずかしいともいわれる「プログレス21」ですが、多くの授業時間が設定されているため、高度な内容も授業のなかでわかりやすく理解していけます。

　英語も習熟度別授業が行われるため、一人ひとりに応じた授業を受けることができ、学習意欲が喚起されます。英語においては、中3での到達目標として「英検準2級合格」を掲げています。また、校内のネームプレートは英語表記になっており、細かな配慮が英語マスターを支えています。

　また、埼玉平成中では、ホームルームも1クラス25名の少人数です。学習指導はもとより、生活指導面でも、この少人数制はすぐれた教育効果をあげています。その結果、2008年春、中高一貫類型6期生が東大理科Ⅰ類に見事現役合格を果たすなど、毎年、国公立大、難関私大へ輝かしい進学実績を残しています。基礎、基本の充実を大切にし、つぎのSTAGEに向かって、全校が一丸となって邁進しています。
まいしん

栄東中学校
さかえひがし

SAKAE HIGASHI Junior High School

■埼玉県さいたま市見沼区砂町2－77
■JR線「東大宮」徒歩8分
■男子302名、女子228名
■048－666－9200
■http://www.sakaehigashi.ed.jp/

注目を集める「アクティブ・ラーニング」

アクティブ・ラーニングとは

栄東のアクティブ・ラーニングについてご紹介します。アクティブ・ラーニング（以下A.L.）とは、端的に言えば能動的・活動的な学習という意味です。教師が一方的に生徒に知識伝達をする講義形式ではなく、課題研究やグループワーク、ディスカッション、プレゼンテーションなど、生徒の能動的な学習を取りこんだ授業を総称するものです。自ら課題を見つけ、それを解決していく能動的な学びを積極的に取り入れていくことで、自律的な学習態度を身につけることが期待できます。学習者中心の視点から、授業や校外での取り組みを展開していきます。

なぜいまアクティブ・ラーニングなのか？

A.L.は教育改革が進む高等教育で広まり、現在多くの大学が導入しています。A.L.が大学で取り入れられるようになった背景には、「知識を使える」人材を企業が必要とし、発想力、創造力を持った学生を養成することが社会的に求められるようになったことがあげられます。近年の情報化の加速や、グローバル化の進展により「知識を使える」人材の育成は、世界への貢献という観点からも重要度を増しています。高等教育のみならず、中学校や高等学校における中等教育のなかでもA.L.を取り入れることが、多様性や創造性、コミュニケーション能力などを備えた、新しい社会を創出できる人材を育成するために不可欠であると考えられます。授業で知識を一方的に教えるだけではなく、生徒が自ら頭を使って考えたり議論したりするような教育を行うことが中・高でも必要となっているのです。

栄東の考えるアクティブ・ラーニング

A.L.で育成しようとする力には問題発見力や課題解決力、論理的思考力などがあり、それらは知識を基礎にしなければ育ちません。学びにおける基礎・基本があり、そのうえでA.L.によって個性や応用力を育むべきであると栄東では考えられています。来るべき大学受験を乗り越え、第1志望校に合格してもらいたい、という目標に変わりはありません。大学入試センター試験で求められるような基礎学力は徹底的に育成し、そこで得た知識が大学や実社会で「使える知識」となるようにA.L.は働きかけていきます。もちろん体験をともなう学習は、講義一辺倒の受験指導よりも知識の定着につながるという点にもじゅうぶん期待が持てます。栄東では教科指導、校外学習のすべてにA.L.を取り入れることで、大学受験はもちろん、その通過点を越えたさきまでも見据えた教育を展開しているのです。

栄東中学・高等学校での実践

A.L.はおもに高等教育で用いられる用語ですが、その形式であるディスカッションやプレゼンテーション、課題研究などは、中学や高校でも各教科および総合的な学習の時間などで行うことが可能です。栄東では、さきに述べた学びにおける基礎・基本を徹底させることを教育の根幹としています。そのうえで、個性と応用力を育むという観点から、A.L.の導入をはかりました。たとえば、数学の授業であれば電卓の$\sqrt{\ }$キーのみでどのようにして3乗根の計算をするかを考えたり、理科では年間100を超える実験を行ったり、能動的な学習を行っています。定理や公式、法則などを、「これが成り立つから覚えなさい」ではなく、「なぜこれが成り立つのか自分で考えてみよう」という授業がめざされています。また、通常の授業（校内A.L.）はつねに校外学習（校外A.L.）を意識し、相互に連動した授業が展開されています。さらには科目・教科間の枠を越えた横断的授業を行い、「学問」の追求をつづけています。

淑徳与野中学校
SHUKUTOKU YONO Junior High School

埼玉
さいたま市
女子校

高い品性　豊かな感性　輝く知性

淑徳与野中学校は、2005年（平成17年）4月に開校しました。仏教主義に基づく独自の女子教育を行う淑徳与野高校と同じく、中学校も仏教主義に基づいた心の教育を大切にしています。

この仏教主義による教育とは、むずかしい教義を教えるということではなく、「つねに周囲に対する感謝の気持ちを忘れずに生きていく」ことを大切にする教育です。国際化が進み、価値観も多様化しているこの時代において、ますます求められる教育といってよいでしょう。

母体となっている淑徳与野高校は、難関大学に多くの合格者を輩出する埼玉県有数の進学校です。

卒業生の約90%が、現役で4年制大学へ進学しています。中高一貫生は全員が、5教科型のクラスに進学し、みんなで国公立大・早大・慶應大・上智大などの難関大学への合格をめざします。

独自の国際教育と最新の学校設備

学習面では、英語教育にとくに力を入れています。国際社会で通用する英語力が備わるよう、中1・中2で週1時間、中3で週2時間ネイティブによる授業を行ったり、英検対策の授業を実施するなど、きめ細かいカリキュラムが組まれています。

さらに、中学2年次には台湾への研修旅行を実施、高校2年ではアメリカへの修学旅行を行い、全員が3泊4日のホームステイを経験します。このほかにも、さまざまな短期留学プログラムが用意されています。

学習に集中できるよう、校舎は自然に包まれた心地よい環境になっています。2階・3階の屋上庭園（エコガーデン）にはビオトープや香草園があり、校舎の前面は緑で覆われています。伝統の仏教主義と、グローバルな社会に対応する国際教育で生徒たちの夢をかなえる淑徳与野中学校です。

■埼玉県さいたま市中央区上落合5－19－18
■JR線「北与野」徒歩7分、JR線「さいたま新都心」徒歩7分
■女子のみ316名
■048－840－1035
■http://www.shukutoku.yono.saitama.jp/

城西川越中学校
JOSAI KAWAGOE Junior High School

埼玉
川越市
男子校

未来を切り拓くための学力を養う

1992年（平成4年）に城西大学付属川越高校に併設された城西川越中学校は、躍進著しい埼玉の私立中高一貫校の先駆的存在です。6年間の一貫教育を行う男子校として、大学進学を目標に定めた進学校となっています。

大学進学に対しての明確な姿勢は、学校が「合格者を作る」システムを掲げて「難関国公立大学」への進学を目標としているとことからも感じられます。カリキュラムは、中1・中2を「基礎力養成期」、中3・高1を「応用力育成期」、高2・高3を「実践力完成期」と位置づけ、それぞれの時期に最適なものを構築しているのが特徴です。そのなかで、課外補習や模擬試験など、生徒一人ひとりをバックアップする体制が整っています。

大学進学に向けてのコース制は、高2から文系理系に分かれ、高3でさらに細かく国公立系と私立系に分かれます。それぞれの目標・適性に合った科目選択ができるように配慮されています。

英語教育にも力を入れており、どの学年も、1日の始まりには早朝リスニングが行われます。1校時が始まる前に、20分間集中して取り組みます。このリスニングにより、英語のコミュニケーション能力を伸ばし、集中力も養います。

クラブ活動できずなを深める

城西川越中では、約90%の生徒がクラブ活動に参加し、運動系から文化系まで、幅広い分野で活動が行われています。

クラブ活動は、生徒が自分の特性を活かして心身をきたえ、学年を超えて活動するなかで協調性や社会性を身につける貴重な場です。生徒たちは、学業に一生懸命取り組むとともに、クラブ活動にも全力をそそいで両立をめざしています。

城西川越中学校は、大学進学を見据え、心豊かな人間の育成していきます。

■埼玉県川越市山田東町1042
■JR線・東武東上線「川越」、西武新宿線「本川越」、JR線「桶川」スクールバス
■男子のみ414名
■049－224－5665
■http://www.k-josai.ed.jp/

昌平中学校
SHOHEI Junior High School

■埼玉県北葛飾郡杉戸町下野851
■東武日光線「杉戸高野台」徒歩15分、スクールバス5分、JR線・東武伊勢崎線「久喜」スクールバス10分
■男子54名、女子48名（1年・2年のみ）
■0480－34－3381
■http://www.shohei.sugito.saitama.jp/

手をかけ 育て 鍛えて 送り出す

2010年春中学校誕生
昌平の中高一貫教育開始

　大学進学実績において、高校改革3年目で東大現役合格をはじめとした、著しい伸びを見せている昌平高等学校に2010年春、中高一貫校「昌平中学校」が誕生しました。現在、昌平高校は入学者全員が大学進学希望です。その希望をかなえるのは当然のこととして、他者を思いやる優しさ、困難に立ち向かうたくましさ、自ら知を求める積極さを合わせ持ち、広く社会に貢献・奉仕する人材の育成を、昌平ははかってきました。

　先生がたは、「手をかけ　鍛えて　送り出す」をモットーに指導にあたり、入学時の学力を大きく伸ばし、英検やTOEICにも挑戦、上級の資格を得て、笑顔の卒業生を送りだしてきました。先生と生徒がいっしょになって、その笑顔を勝ち得てきたのです。

　「努力すれば報われる」「才能は働きかけによって開花する」ことを昌平は実証し、先生がたは実感してきました。そして、もっと早い時期から、その才能と向かいあうために「昌平中学校」が開設されました。

授業内容に重点をおく

　才能開発教育の軸となる「授業」は、
・土曜日は授業実施（ただし第4土曜は休日）
・平日は6時限授業（月・水・木）、7時限授業（火・金）
・放課後に希望者対象の8時限講習を週2回実施（火・金、セルフィーやEラーニングを使用）
・講習を含んだ週当たり授業時間数合計は35～37時間
・長期休暇中（夏・冬・春）の講習授業を実施
という特徴があげられ、多くの学習時間が確保され、数

学、英語では3年次に習熟度別授業が2クラス3展開で行われています。

　また、パワーイングリッシュプロジェクト（国際理解、英語力強化）として、
・英検の全員受検運動
・積極的なTOEIC Bridge 受験
・姉妹校（オーストラリア）との交流（短期留学、ホームステイ受け入れ）
・複数のネイティブ教員の配置（4人予定）
・ネイティブ教員による国際教育（総合学習の時間に実施）
・「インターナショナルアリーナ（日本語禁止部屋）」の活用
・英語授業時間数の大幅な充実
などがあり、国際理解の一端として、中学2年次より中国語教育も行われています。希望者にはオーストラリア短期留学も用意されています。

自立した学習者を育成する
プロジェクト学習を実施

　また、昌平では年間12回の予定で、「世界」をテーマに日本教育大学院大の教授によるプロジェクト学習を実施しています。

　この学習では、コミュニケーション能力・プレゼン能力・問題解決能力・判断能力の向上と、キャリア意識の醸成を目的に、毎回3時間の授業が行われ、生徒は「調べる」「まとめる」「発表する」「考察する」といった体験学習を行います。教授陣は、日本教育大学院大学長で、ハーバード大学大学院にてMBAを取得した熊平美香先生をはじめ、経験・実績ともにすぐれた先生がたを配置し、昌平の教員とともに指導にあたっています。

城北埼玉中学校

じょうほくさいたま

JOHOKU SAITAMA Junior High School

埼　玉

男子校

川越市

■埼玉県川越市古市場585－1
■JR線「南古谷」・東武東上線「上
　福岡」スクールバス10分、西武
　新宿線「本川越」スクールバス
　20分
■男子のみ508名
■049－235－3222
■http://www.johokusaitama.ac.jp/

自らを律する人間の育成をめざす

　1980年（昭和55年）、都内有数の進学校である城北中学校・高等学校と「教育理念」を同じくする男子進学校として開校した城北埼玉高等学校。城北埼玉中学校は、その附属中学校として2002年（平成14年）に開校しました。

　城北埼玉中学校・高等学校の建学の精神は、近藤薫明・元城北学園理事長・校長先生が半世紀以上にわたって培ってきた「心身ともに健全で自律的な努力に徹し得る人間の育成」です。

　この建学の精神と厳正な校風のもと、城北埼玉では「着実・勤勉・自主」を校訓に、「人間形成」と「大学進学指導」を2本の柱とした教育を行っています。

　人間形成における教育目標は、自らの生活を厳しく律することのできる強い意志を持った人間の育成。そして、その人間性とは「個性豊かな教養と情操にあふれ、社会において自らの果たすべき使命をきちんと自覚しうる自律的なものであるべき」としています。

徹底した学習指導で難関大学をめざす

　城北埼玉では、6年間の一貫した教育課程により、国立大学への全員合格をめざした大学進学指導を実践しています。城北埼玉高等学校からは、毎年多くの国公立・難関私立大学への入学を果たしており、高校教育で蓄積してきた大学進学指導のノウハウを、中学設置による6カ年一貫教育のなかで合理的・効果的に展開し、さらにパワーアップした学習指導が行われています。

　この6カ年一貫教育では、2年ずつの3ブロックに分けて教育が行われています。これは心身ともに著しい成長過程を迎えるこの時期を、より実りあるものにするためで、成長過程に合わせた独自のカリキュラムが設定されています。

　中学1・2年を「基礎力習得期」（A期）とし、基礎的な学力の習得がめざされます。ここでは、「学力不振者をださない」指導体制が展開され、先生が連携して生徒一人ひとりを観察し、情報を交換して、各人に適した指導を徹底しているのが特徴です。

　さらに、学力に不安のある生徒を対象に、各教科担任がほぼ毎日適宜補習授業などによる指導を行います。また、定期考査の成績により、5教科の指名補習期間を設けるなど、徹底した指導で学習習慣の定着化をはかることをA期の指導の柱に据えています。

　中学3・高校1年は、「実力養成期」（B期）です。自律的・自主的な姿勢を養うとともに、さまざまな教科や分野に接して学習の探求心を深め、適性や志望への意識をうながすことを目標とします。生徒一人ひとりの可能性をできるかぎり引きだすため、教科・科目に偏りのない学習が行われ、補習と講習が展開されています。ちなみに、中高一貫生と高入生は高1では別カリキュラムになります。

　そして、高校2・3年は、「理解と完成期」（C期）。より高い学力とさまざまな教養を修得しながら、大学進学にふさわしい人間性と学力を備えることが目標とされます。国公立大学受験型の独自のカリキュラムが用意されていて、全員国立大学合格をめざし、受験に必要な科目にしぼった学習が展開されます。

「静座」で「精神集中」

　城北埼玉中学校では、ホームルームや各授業時間のはじめに、約30秒間、目を閉じて精神を集中させる「静座」を行っています。

　これは高等学校の開校以来つづけられている指導法で、姿勢を正し、心を整え、落ちついた気持ちで授業などに集中することができるのです。

西武学園文理中学校

せいぶがくえんぶんり

SEIBU GAKUEN BUNRI Junior High School

■埼玉県狭山市柏原新田311−1
■西武新宿線「新狭山」、JR線・東武東上線「川越」、西武池袋線「稲荷山公園」、JR線・西武池袋線「東飯能」スクールバス
■男子341名、女子251名
■04−2954−4080
■http://www.seibu.bunri-c.ac.jp/

「エリートは文理より生まれる」

「レディー＆ジェントルマン中高一貫エリート教育」を標榜し、国際社会で活躍する生徒に必要な「学力と体力」の錬磨育成に力をそそいでいる西武学園文理中学・高等学校。その一貫した質の高い次世代のリーダーを育てる教育、生徒一人ひとりの力を大きく伸ばすきめ細かな学習指導、そして生きる力、多くの試練に打ち勝ち、最後までやりぬく強い意志を育成する"文理教育"が、生徒一人ひとりに深く浸透しているその結果として、毎年国公立大（東大合格20年連続・2011年は3名合格）、難関私立大、医歯薬系学部に合格実績を残しています。

「誠実・信頼・奉仕」の精神を基調としている

教育方針は、「すべてに誠をつくし最後までやり抜く強い意志を養う」。校訓「誠実・信頼・奉仕」の精神を基調として、人間尊重の上に立つ、人としての正しい生き方、社会人としてのあり方を探求し、師弟同行の実践的な全人教育を展開しています。校訓「誠実」では、最後までやりぬく強い意志のもと、誠実に忍耐強く自己の錬磨をはかる人間を育成。「信頼」では、円満な人格の陶冶に努め、人びとの信望を集め、存分に天分を発揮し得る人間づくりの教育を実施。「奉仕」では、自己に忠実であると同時に、社会の一員として、社会の発展と人類の福祉に積極的に貢献できる人間の育成に努めています。

6年を3期に分けたきめ細かな指導体制

では、この優秀な大学合格実績を生みだす西武学園文理の学習方法とは、いったいどのようなものでしょう。

西武学園文理の6年間の学習体制は、2・3・1体制をとっています。基礎力養成期の中1〜中2では、予習・復習を中心とした学習習慣を身につける授業を軸に、授業開始前を使って基礎力を養う「S時限」や「個別指導・特別補習」を組み合わせて基礎力の充実に努めます。また、英語と数学では2クラス3分割の「習熟度別授業」による学力向上をはかっています。

応用力養成期の中3〜高2では、基礎学力をもとに発展的な指導を行い、応用する力を伸ばします。中3から高校課程を先取りし、高2までで6年間の履修をすべて終了します。高校では通常授業のほか、100以上ある「ゼミ」で応用力を錬磨。将来を見つめ、考える機会を与え、学習意欲を高める「進路学習」を実施。高2では、理系、文系の学部系統に合わせ、「類型別クラス編成」になります。

入試実戦力完成の高3では、クラスをさらに「国公立・私立」に細分化し、「系統別クラス編成」を実施し、効率的な学習を実現しています。また、放課後の「課外ゼミ」をはじめ、入試科目の完全征服を目的にした「夏季・冬季ゼミ」、国公立の2次試験や私立大入試に向けた「入試直前ゼミナール」で、直前まで実戦力を錬磨し、現役合格をめざします。それぞれの期に応じたきめ細かな学習指導方法により万全の体制で入試に備えます。

多彩な学校行事

西武学園文理中学校では、幅広い人間教育を目的とした多彩な学校行事が行われています。中2では日本の歴史に触れる奈良・京都研修旅行、日本文化を伝承するもちつき大会や、進路意識を高めるための職場体験、中3では国際感覚やマナーを学ぶイタリア研修旅行を実施。また、大手お菓子メーカーとの商品開発授業では、プレゼンテーションやコミュニケーション能力などを磨きます。これらの経験は、大きな達成感とともに協調性も養われ、生徒には大変思い出深い行事となっています。

西武台新座中学校
せいぶだいにいざ

SEIBUDAI NIIZA Junior High School　　＜2012年度開校予定・設置認可申請中＞

埼 玉
共学校
新座市

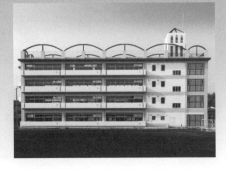

■埼玉県新座市中野2－9－1
■JR線「新座」・東武東上線「柳瀬川」スクールバス15分、西武池袋線「所沢」スクールバス25分
■募集生徒数男女80名
■048－481－1701（中学校設置準備室）
■http://www.seibudai.ed.jp/junior/

Act on the GLOBE　地球サイズのたくましい人間力。

　2012年（平成24年）4月、生徒一人ひとりにきめ細かな教育を行ってきた西武台高校のもとに、西武台新座中学校が誕生することとなりました。高等学校の教育で培ってきたさまざまなノウハウをいかし、中高一貫教育がスタートします。

　西武台新座中では、「高い学力」そして「グローバル・リテラシー」というふたつの力を重視した教育を行います。この「高い学力」とは、高い専門性や一流の学問を身につけることを目的とした、難関大学に合格できるレベルの学力を意味しています。また、「グローバル・リテラシー」とは、「実社会で役立つ英語力」「多様な人々と協働できる共生力」「新たな世界を切り拓く価値創造力」の3つを総合した力のことです。

　社会で活躍できる人材を育成するために、このふたつの力を伸ばし、人間としてたくましく生きていける教育を行います。

独自の中高一貫カリキュラム

　西武台高校には、「特進選抜コース」「特進コース」という難関大学進学コースが設置されています。中学校では、高校のこうしたコースのレベルにつなげていけるよう、「特進選抜クラス」と「特進クラス」のふたつを設けました。どちらのクラスも、主要5教科では公立中学校の2倍近い授業時間を確保しています。

　「特進選抜クラス」は、最難関の国公立・私立大や、医歯薬学部への現役合格をめざすクラスです。中学段階から大学入試を意識して、発展的な問題に取り組んでいきます。「特進クラス」は、難関国公立・私立大への現役合格をめざします。検定外教科書も使用し、レベルの高い授業を展開していきます。

　具体的なカリキュラムもさまざまな工夫が凝らされていま

す。とくに特徴的なのが、「TLL＝トリプル・ループ・ラーニングシステム」です。このシステムは、学習計画（PLAN）・学習（STUDY）・テスト（CHECK）・復習（REVIEW）という「PSCRサイクル」を、「授業単位」「単元単位」「学期単位」の3段階で実施していくというものです。これを単元ごと、学期ごとに繰り返していき、確実な学力を養います。

日本で初めて
中学校に導入する英語教育

　グローバル社会で活躍するためには、やはり英語力が必要です。そこで、西武台新座では、中学校教育では日本初となる、「THE JINGLES」（日本のビジネス社会で英語に携わった人が最後にたどりつくメソッド）を導入します。これは、発音をするための筋肉をきたえ、科学的に発音トレーニングを行うプログラムです。発音できない言葉は理解もできにくいのです。発音を重視した学習を行うことにより、リスニングやスピーキングの能力を向上させ、実社会で役立つ英語力を養っていきます。

情報教育「SACLA」を導入

　情報教育においては、ICT（Information and Communication Technology＝情報コミュニケーション技術）を活用し、日本の中等教育をリードする学習環境を実現します。東大の教育工学に携わった重田先生の指導のもと、最先端のテクノロジーを活用した情報教育はもちろんのこと、映像教材を取り入れた授業やグループワークなど、学習を幅を広げて、さまざまなかたちの学びを提供していく予定です。

　西武台新座中学校では、生徒たちが活躍する未来を見据え、一人ひとりを手厚いサポートで支えていきます。

聖望学園中学校
せいぼうがくえん

SEIBO GAKUEN Junior High School

埼玉
飯能市

共学校

心を磨き、確かな学力を養成する

聖望学園は、埼玉県のなかでもとくにめざましい躍進を遂げている進学校として注目されています。6年間一貫教育のなかで組まれる洗練されたカリキュラムが、着実な大学進学実績の伸長に結びついているのです。

カリキュラムの最も大きな特徴は、通常は6年間かけて学ぶ教科学習内容を5年間で終わらせ、最後の1年は総まとめにあてているという点です。厳しい大学受験に全員が対応できるよう、万全の体制が整えられています。とくに中学段階で重視されているのは、基礎学力の徹底です。英語・数学・国語については、標準を上回る授業時間を設定し、英語と数学は習熟度別授業を行っています。

また、学園として「自学自習」を奨励し、生徒たちの自主性を重んじた学習指導を行っています。中学3年次には希望制の補習を実施していますが、この補習にはほぼ全員が参加しており、「自学自習」の理念が生徒たちに根づいていることをしめしています。

キリスト教に基づく心の教育

聖望学園は、基本的な志向としては明確な進学校といえますが、それだけに偏った教育ではなく、建学の精神であるキリスト教主義を大切にし、心の教育を重視しています。

そうした教育方針は、学園のモットーである「敬愛信義」という4文字によく表れています。まず「敬」は、神さまを敬うことで、同時に神さまの被造物である生き物・自然などを敬うことをさしています。次の「愛」とは文字どおり人々を愛することです。3つ目の「信」とは信仰です。信仰を持って望みを掲げ、その実現をめざします。そして最後の「義」は、正義のことです。勇気を持って正義を貫く人へ成長することを目標としています。

学園は一丸となり、授業だけでなく部活動や課外活動などをとおして、これらのモットーを実践しようとしています。

- 埼玉県飯能市中山292
- JR線「東飯能」徒歩13分、西武池袋線「飯能」徒歩15分
- 男子117名、女子125名
- 042-973-1500
- http://www.seibou.ac.jp/

中学受験用語集

■併願

受験日の異なる2校以上の学校に出願すること。第2志望以降の学校を併願校と呼ぶ。現在の首都圏中学受験では、ひとり5〜6校（回）の併願が平均的。

■偏差値

学力のレベルが一定の集団（大手の模試機関などが行う模擬試験を受けた受験生全体など）のなかで、ある受験生がどのくらいの位置にあるのかを割りだした数値。絶対的なものではなく、あくまでも目安のひとつ。

自分はどのくらいの学力があるのか、その学校へ合格するためにはどのくらいの学力レベルが必要なのかを知ることができる。

ふつう25〜75までの数値でしめされる。

■募集要項

各校が発行する「生徒募集に必要な事項」を記載したもの。募集人員、出願期間や試験日、試験科目、合格発表、入学手続きなどの情報が記されている。

■面接試験

面接は受験生の日常や性格などのほか、当該校の校風や教育方針を理解しているか、入学への意欲などを知るために行われる。学校によっては面接をかなり重視する。

面接形態は受験生のみや、保護者のみ、保護者と受験生などのパターンがある。面接の方法も、個別面接、グループ面接などがある。

ただし、傾向としては面接は漸減している。

■模擬試験

模試機関が行っている「中学入試」に模した試験形態。

試験を受ける人数が多いほど結果の信頼性が高い。結果は偏差値という数値でしめされる。受験生の偏差値と志望校に与えられる偏差値を見比べて合格可能性を探ることができる。

■融合問題

理科や社会といった科目にとらわれず、どちらの科目の力も試される出題のこと。環境問題で理科と社会を、理科・濃度の問題で算数の計算力を問う出題があったりする。

公立中高一貫校では学力検査を課すことはできず、適性検査という名目で選抜を行うため、その出題は、ひとつの大問のなかで、いくつかの科目を含んだ力を問う融合問題が多い。

■4科目入試

首都圏の国立・私立中高一貫校で、国語・算数・社会・理科の4科目で入試を行うこと。現在、首都圏では4科目入試が主流。

東京農業大学第三高等学校附属中学校

とうきょうのうぎょうだいがくだいさんこうとうがっこうふぞく

The Third Junior High School, Tokyo University of Agriculture

埼玉

東松山市

共学校

左欄（縦書きインデックス）：

東京 ／ 神奈川 ／ 千葉 ／ **埼玉** ／ 茨城 ／ 寮制 ／ あ行 ／ か行 ／ さ行 ／ **た行** ／ な行 ／ は行 ／ ま行 ／ や行 ／ ら行 ／ わ行

■埼玉県東松山市大字松山1400−1
■東武東上線「東松山」ほかスクールバス
■男子190名、女子155名
■0493−24−4611
■http://www.nodai-3-h.ed.jp/

「本物に出会い、やりたい夢に近づく6年間」

2009年（平成21年）春、東京農業大学第三高等学校附属中学校が開校しました。

母体となる東京農業大学第三高等学校の建学の精神は、①いかなる逆境も克服する不撓不屈の精神。②旺盛な科学的探究心と強烈な実証精神。③均衡のとれた国際感覚と民主的な対人感覚の3つを柱とし、校訓に東京農業大の創始者・榎本武揚の精神である「不屈・探究・信頼」を掲げます。

教育方針は、建学の精神にのっとり、人間尊重の理念のもとに一人ひとりの個性を伸ばし、健全な精神と実行力に富む国際人の育成をめざすこと。具体的な教育目標に、「基本的生活習慣の確立」「基礎学力の充実」「進路指導の徹底」「クラブ活動の推進」をあげています。

実学教育をベースに「21世紀を担う国際人」を育成

これらの基本をベースに、東農大三中では、教育理念「実学主義」と東京農業大初代学長横井時敬先生の理念「人物を畑に還す」のいっそうの具現化をはかります。

実学主義の姿勢を学びの基本として、机に向かう授業だけでなく、いろいろな体験をとおして学びの本質を追求し、「究理探新」を実践。そして実学教育をベースに、「学力・進路選択力・人間力」の育成をはかり、地域社会に貢献し、国際社会で活躍する「21世紀を担う国際人」の育成をめざします。

「学力」においては、「難関国公立、難関私大、さらにその先へ」を合言葉に、創造的学力を身につけることがめざされます。

基礎力充実期（中1・2）では、実学のサイクルで学ぶ習慣をつけるとともに、英・数・国の基礎を固め、応用発展期（中3・高1・高2）では、自ら学び探究する創造的学力を育成し、受験に必要な基礎を完成させます。そして、進路実現期（高3）では、受験への対応はもちろん、そのさきの大学進学後をイメージして勉強できるようにします。

「進路選択力」においては、実学キャリア教育で、能動的進路選択を可能にします。ここでは、東京農業大と連携した独自のプログラムで実学的考え方のベースをつくることが特徴です。

「人間力」においては、地域社会で、そして、世界の舞台で貢献できる人間力を育てます。

中学生のための新校舎

開校と同時に中学専用の新校舎が完成しました。これにより、中学生だけのアットホームな新校舎で、伸びのびと過ごすことが可能になりました。

新校舎では、各階に設置されたオープンスペースにテーブルとイスが置かれ、クラスを越えたコミュニケーションの場として使用することが可能です。

また、理科実験室のテーブルは半円形になっているため、どの席からも実験のようすを見ることができます。スクリーン、プロジェクターも備えています。

さらに、日々の生活のなかで環境に配慮した教育を実践するために、ビオトープや屋上菜園も設置し、環境教育・環境学習を推進できるようになっています。

獨協埼玉中学校

どっきょうさいたま

DOKKYO SAITAMA Junior High School

■埼玉県越谷市恩間新田寺前316
■東武伊勢崎線「せんげん台」バス
　5分
■男子275名、女子289名
■048－970－5522
■http://www.dokkyo-saitama.
　ed.jp/

自ら考え判断できる若者を育成

　8万㎡もの広大で緑豊かなキャンパスに、近代的施設・設備を備える獨協埼玉中学校・高等学校。

　教育の目標は、「自ら考え、判断することのできる若者を育てる」こと。獨協埼玉では、6年間のゆったりとした時間のなか、じっくりとものごとに取り組み、調べ、考え、判断する生徒を育てています。もちろん、そのためには「健康な心と体」や「豊かな感性」、「さまざまな知識」が必要です。これらをベースに、じっくりと培われた「自ら考え判断することのできる力」を育てているのです。

夢に近づくため偏らずに学ぶ

　獨協埼玉では、実験や経験をとおしてものごとの本質を見つめる、「帰納法的手法による学習」を重視しています。理科では実験を中心に、英語は多くの時間を少人数、習熟度別でネイティブの先生に教わります。また、自分の目で見て、判断できる力をつけるためには、「頭の基礎体力」が必要。文系、理系とむやみに線引きせず、この時期に学ぶべきことをしっかり身につける学習を行っています。

　中学では、授業の疑問を、質問や確認を目的として、50分授業の終わりの5分間を割りあてるなど、つねに生徒の理解度に注意を払っています。また、指名制の補習や定期試験後の補習、学期末の特別補習などを用意して徹底して理解させる体制をとっています。

　さらに、夏休みと春休みには少人数、習熟度別の講習を設けてレベルアップをめざします。

　高校でも、基礎学力を充実させるため、偏りのないカリキュラムを実施し、芸術・体育・家庭科などについても、成長に欠かせない大切な必修教科として位置づけています。2年から緩やかに文・理系に分かれることにより自ら

の適性をまず確認、3年から希望のコースを選択する学習です。

頭だけでなく心を育てる

　教科だけでなく幅広い教養を身につけ、深い感性を磨きながら、自分自身の生き方を身につけてほしいと考える獨協埼玉では、総合学習において、生徒一人ひとりの興味や関心を引き出しながら、自分なりのテーマ設定ができるよう、生きた教材による指導を行っています。

　中学1年はネイチャーステージと位置づけ、地元の農家の協力を得て、田んぼで稲を育てます。1年をつうじて稲の成長を手助けしながら、地域の文化や環境問題に関心を持つきっかけとなっています。

　2年は自分を見つめるところからスタートし、職業や目的を探すプログラム―キャリアステージです。社会人のかたの講演、アメ横での職場体験など盛りだくさんです。

　3年は、ボランティアステージ。福祉、ボランティアについて考え、自分たちにできることはなにかを探ります。

　ゆったり・じっくりと、ていねいに時間をかけて、「自ら考え、判断することができる若者」を育てていくのが獨協埼玉中学校・高等学校です。

星野学園中学校
HOSHINO GAKUEN Junior High School

埼 玉
共学校
川越市

■埼玉県川越市石原町2－71－11
■JR線・東武東上線「川越」、西武新宿線「本川越」、JR線「宮原」「熊谷」「東大宮」、西武池袋線「入間市」スクールバス
■男子68名、女子397名
■049－223－2888
■http://www.hoshinogakuen.ed.jp/

115年の学園の歴史を背景に人間としての礎を築く

　2000年（平成12年）春に中高一貫教育をスタートさせた星野学園中学校は開校12年目を迎えました。

　その教育の根底には115年の歴史を誇る併設校の、星野高等学校と難関大学へ多数の合格者を輩出している川越東高等学校のノウハウがそそぎこまれています。

　星野学園の特色は、人としてのすべてを教え、自立した人間の育成を目標とした「全人教育」にあります。学力だけでなく、体力・人格を高めることでさまざまな分野でグローバルに活躍できる人間の輩出をめざしています。

難関国公立大学を目標

　学習面においては、難関国公立大学への現役合格を目標とした高い学力を身につけるために、きめ細かい指導がなされています。まず、基本的な学力と学習習慣を徹底的に身につけ、補習、夏期冬期の講習、勉強合宿、個別指導、小テストなどでその充実をはかります。そして、生徒がわかりやすく、理解する充実感を得るために習熟度別授業を実施しています。

　さらに、一貫校の利点をいかして先取り授業を実施しており、高校3年次には大学受験演習に集中でき、学校の授業だけで難関大学にじゅうぶん合格できるカリキュラムになっています。

　また、2009年4月に東大、京大、国立大医学部などへの進学を目標とした「理数選抜クラス」を新設しました。

　このクラスは、論理的な思考力や豊かな表現力を育み、とくに数学や理科を強化して、最難関国公立大学に現役で合格できる学力を養成します。

全員参加の部活動

　「全人教育」を教育方針としている星野学園では、部活動や学校行事を大切にしており、とくに部活動は中・高とも全員参加です。

　生徒は部活動をとおして、強い意志、豊かな個性、自主性などを身につけ、大きく成長していきます。そして、中学生と高校生が部活動をつうじて交流することで、縦のつながりが生まれることも大きな特徴です。

　また、星野学園では学校行事も多彩で、星華祭、体育祭、合唱祭などすべての学校行事が生徒一人ひとりの活躍の場であり、将来に向けてのリーダーシップを身につける絶好の機会となっています。

最新の設備で充実した学校生活

　緑あふれる自然環境のもとに広大なキャンパスを誇ります。1500席星野記念講堂（ハーモニーホール）、耐震構造の校舎、400mトラックがじゅうぶんとれる広さのグラウンド、最新のパソコンを200台以上備えたマルチメディアルーム、中・高合わせて約7万冊の蔵書を誇る図書館、床上下可動式の温水プールなど充実した最新の教育施設が整っています。

　出席率の高さも星野学園の特色です。2011年3月の高校卒業生の3年間皆勤賞は全体の42%でした。この点からも真面目な校風と生徒がいかに充実した学校生活を送っているかがわかります。

本庄東高等学校附属中学校
ほんじょうひがしこうとうがっこうふぞく

HONJO HIGASHI Junior High School

埼玉

本庄市

共学校

■埼玉県本庄市西五十子大塚318
■JR線「岡部」スクールバス8分
■男子117名、女子103名
■0495−27−6711
■http://www.honjo-higashi.ed.jp/

「ここから、未来が見つかる」教育を

2011年4月、本庄東高等学校附属中学校は、第6期生を迎え入れました。母体である本庄東高等学校は、「若い時代の努力は無を有に、不可能を可能にすることができる」をスローガンに、生徒の夢をかたちにするとともに、「素直」「感謝」「謙虚」をキー・ワードに、豊かな人間性を育んできた学校です。そんな伝統をしっかり受け継いで、本庄東高等学校附属中学校は開校しました。

知と心を備えた聡明な
21世紀のリーダーを育成

「自らが考え判断できる、知と心を備えた聡明な21世紀のリーダー」。本庄東のめざす人間像です。

具体的には、「知恵を働かせる経験を積むことは、豊かな人生を歩むための大きな財産になる」をモットーに、6年一貫の教育課程によって学び、知識を使いこなせる知恵人を育成します。

また、「社会で大切にされる人材育成」を目標に、文化祭や体育祭・校外研修などの学校行事では、集団ごとに企画を立案・実行していく経験を重ねていきます。こうした活動をつうじ、プロジェクトを達成させる術を少しずつ積み重ねていくのです。

自己の可能性を開拓
ひたむきな努力のできる子に

教育理念のひとつは、「自己の可能性を開拓し、将来の飛躍に向けてひたむきな努力のできる子どもを育てる」ことです。建学の精神「人間の尊さを教え、社会に期待される素地を創り、人生に望みと喜びを与える」に基づき、社会の各面で有用な人材を育成します。また、授業や学校でのさまざまな活動をとおして、先生や友人とともに、努力し、励ましあい、思いやる心を育みます。さらに主体的に

ものごとを考え、周囲と協調してプロジェクトを成し遂げられるリーダーシップを育成します。

難関国立大へ進学する
知的探究心を育む

教育理念のふたつ目は、「難関国立大学へ進学するにふさわしい知的探究心を育み、学ぶべきことがらをきちんと学ぶ」ことです。本庄東では、6年一貫のカリキュラムのもと、じっくりとわかりやすくハイレベルな授業を展開し、難関国立大や医歯薬学系大への進学をじゅうぶん可能とします。その結果、6年後の進路目標には、「東大、京大、東京工業大、一橋大、筑波大以上の難関国立大学への合格と全員の国立大学合格」を掲げます。

セキュリティ万全の機能的新校舎

本庄東では、開校に合わせ校舎などの施設を新設しました。明るく機能的な校舎、多目的に利用できる体育館、広々としたメイングラウンドなど、充実した教育施設が整っています。

もちろん、セキュリティにもじゅうぶん配慮しているので安心です。通常より高いフェンスの設置、正門や通用門は授業中施錠やオートロックし、訪問者を常時確認。各教室の緊急時の迅速な対応にも備えています。

立教新座中学校
りっきょうにいざ
RIKKYO NIIZA Junior High School

主体的に行動する人材を育てる

約10万㎡におよぶ広大なキャンパスを持つ立教新座中高。緑にかこまれた校舎で、生徒たちは伸びのびと毎日を過ごしています。

立教新座では、教育の主眼を「キリスト教に基づく人間形成」においていますので、授業、学校行事、クラブ活動など、学校生活のすべてに祈りの姿勢をもってのぞむことを重視しています。

そして、その教育理念のもとで、「テーマをもって真理を探究する力を育てる」「共に生きる力を育てる」を目標に、自由を尊び、平和を愛し、責任感に富む「強くしなやかな個性と品格をもった生徒」を育てています。

実際の授業では、生徒が主体的に見つけたテーマについて調べ、発表し、友人とディスカッションをするというゼミ形式の授業がさかんに行われています。また、生徒たちが自らの進路や興味関心のある分野をより深く学習するため、高校2年からは、自由選択の講座も設置されています。

さらに、他者・自然などへの深い理解と共感性を育てるためのボランティア活動や、異文化・環境との共生に関する体験学習も積極的に実施しています。

推薦入学で立教大学へ

立教学院に属している立教新座中高では、立教大学への推薦入学の制度が整っており、毎年約80%近い生徒が進学しています。高校3年間の学業成績などを総合して推薦入学が決まり、学部・学科については、「学内の序列上位者より選択することになる」とのことです。

そうしたなかで、他大学への進学も応援しています。高校2年から、他大学進学クラスが設置され、ほかのクラスとは異なるテキスト・内容での授業が展開されます。受験に適した選択科目を取ることで受験に備え、これまでにも東大や京大をはじめとする多くの難関大学に合格者を輩出しています。

- 埼玉県新座市北野1−2−25
- 東武東上線「志木」徒歩12分、ＪＲ線「新座」バス10分
- 男子のみ626名
- 048−471−2323
- http://niiza.rikkyo.ac.jp/

中学受験用語集

■リベンジ受験

中学受験をし、第1志望の学校には不合格となったが、他の私立中学、または公立中学に進学して3年後の高校受験時に、その第1志望の高校を受験すること。

ただし、このところ高校からの外部募集を行っている学校が少なくなりつつあり、この言葉もあまり聞かれなくなってきた。

■寮のある学校

寮制学校には生徒全員が寮生活を送る全寮制の学校と、一部生徒が寮生活を送り、通学生といっしょに授業を受ける学校とがある。

中学受験で寮のある学校が注目されるようになったのは、地方にある寮制学校が首都圏でも入試を行うようになり、実際に進学する生徒も多くなってきたことから。

寮のある学校には、大学進学実績の高い学校も多く、進学先としての関心も集まっている。

また、地方の学校であることから、首都圏各都県の入試解禁日にとらわれず早めに入試日を設定できることもあって、「試し受験」に活用しようとする層もある。

ただし、近年は寮制学校もけっしてやさしい入試とはなっていないことから、「不合格」のリスクも考えておく必要がある。

■類題

出題意図、解法手順などが似た問題。とくに算数や理科などで不得手な問題があるとき、類題を演習することには大きな効果がある。

保護者が過去問題などを精査して、類題を探しだす作業をするのも中学受験の特徴のひとつと言える。

■礼法

女子校や共学校の女子で「礼儀・作法」を学ぶ授業のこと。日常生活のなかで身につけておきたい作法を中心に、茶道や華道など日本の伝統文化を中心に、礼儀作法を学ぶ。

洋食のテーブルマナーなども、作法に含まれる。

正規の授業として取り入れている学校には桜蔭、共立女子、聖徳大学附属、山脇学園などがある。

■連携型中高一貫教育校

公立の中高一貫校には3つのタイプ（中等教育学校・併設型・連携型）があり、そのうちのひとつ。

同地域にある別々の中学と高校が協議し、教育の一貫性に配慮しながらカリキュラムを作成する。

中学校の教師と高校の教師がチームティーチングを行ったりするなど、教育課程をスムーズに接続させる。連携中学校から高校へは簡便な試験で選抜する。また高校は、一般と同じ入試を行い他の中学校出身者も受け入れる。

国立・私立中学校プロフィール

茨 城

江戸川学園取手中学校
えどがわがくえんとりで

EDOGAWAGAKUENTORIDE Junior High School

授業が一番！ 茨城有数の進学校

毎年優秀な進学実績を残している江戸川学園取手中学校・高等学校。2011年も、東大に8名の生徒が合格しました。難関私立大学では、早大に116名、慶應大には66名が合格。また、医学部に強い学校としても知られており、東大理Ⅲ2名をはじめ、国公立大医学部に35名、私大医学部には68名の合格者を輩出しています。「授業が一番」を学校生活のモットーとした、教育の成果が如実に表れているといってよいでしょう。

中等部では、基礎学力の定着のため「苦手科目を作らない」ことを重視し、生徒たちがなにごとも「自分でやる」という精神を身につけられるように指導しています。

具体的な授業の内容で特徴的なものとしては、100分授業を取り入れていることがあげられます。基本の授業時間は50分ですが、この100分授業を取り入れることで、数学の難問や、国語・英語の論述問題に対応できるようになっています。

ユニークな「飛び級制度」

江戸川学園取手では、2002年度から「飛び級制度」が導入されています。

この飛び級制度は、英語と数学の授業において成績がきわめて優秀な生徒が、より上の学年の授業を受けられるというものです。生徒たちの学習意欲をより高める効果があります。

こうした取り組みに表れているように、これまでの学校の概念にとらわれず、新しい学校づくりをめざしているという点が特徴的です。高等部でもそうした取り組みの一環として、「普通科コース」に加えて「医科コース」が設けられています。将来、世界の医療現場で活躍する人材を育てることを目標としています。この「医科コース」の成果は、前述の大学進学実績にも表れています。

規律ある進学校として、生徒たちを応援していく江戸川学園取手中学校です。

■茨城県取手市西1－37－1
■JR線「取手」、関東鉄道常総線「寺原」徒歩25分
■男子560名、女子376名
■0297－74－0111
■http://www.e-t.ed.jp/

常総学院中学校
じょうそうがくいん

JOSO GAKUIN Junior High School

大学受験とそのさきの未来を見つめる教育

1996年（平成8年）に開校した常総学院中学校・高等学校は、6年間の中高一貫教育を行っています。医学部コース・法学部コース・東大コースという3つのコース制を採用し、生徒それぞれの個性や適性をいかした進路指導をしている点が特徴です。すべての生徒がこの3つのコースのいずれかに所属しますが、各名称はけっして最終ゴールを3つに限定するものではありません。大学だけではなく、さらにそのさきの職業に対する意識を育て、社会に貢献できる人材の育成を目標としています。

常総学院のカリキュラムは、中学2年で中学の教育課程を修了するように組まれています。中学3年では、高等学校の教育課程に入り、じっくりと受験に向かうことのできる体制が整っているのです。

特色ある英語教育

英語はとくに重要な教科として、週8時間の授業を行っています。コミュニケーション能力をきたえるため、英会話の授業は週2時間取り、1クラスを3分割してネイティブスピーカーの先生が教えています。

中学3年次には、ニュージーランドへの海外研修が実施されます。ファームステイや学校訪問を行い、生徒にとって思い出深い1週間となります。

このように学力向上を大きな目標とする常総学院ですが、教科以外の教育にも注力しています。そのひとつとしてあげられるのが、特別養護老人ホームへの訪問です。全学年全学級が年に1回行っており、生徒たちには貴重な経験となっています。

このほか、花壇の管理を行う「花いっぱい運動」や、学校全体の清掃活動なども実施しています。

学力伸長はもちろん、「自ら考え」「自ら判断し」「自ら行動する力」をつける教育が実践されています。

■茨城県土浦市中村西根1010
■JR線「土浦」バス15分、つくばエクスプレス「つくば」より車で15分
■男子182名、女子204名
■029－842－0708
■http://www.joso.ac.jp/junior/

土浦日本大学中等教育学校
つちうらにほんだいがく

TSUCHIURA NIHON UNIV. SECONDARY School

茨城

土浦市

共学校

6年間で人間としての根っこをつくる

茨城県初の中等教育学校として、2007年（平成19年）に開校した土浦日本大学中等教育学校。豊かな自然環境のなかで、「人間力・国際力・学力」の3つの力を育みます。

土浦日本大学中等教育学校では、6年間を3つのタームに分け、効果的に学習が進むように計画しています。

最初の2年間は、Foundation Termです。基礎学力の獲得をめざします。1年次には蓼科や京都・奈良での研修、2年次には英国研修が用意されています。つぎの2年間はAcademic Termです。自ら考え、表現する学力を身につけます。3年次には広島研修、4年次にはケンブリッジ大学での研修が行われます。

そして最後の2年間は、Bridging Termです。これまでの研修をとおして獲得してきた力を糧に、進路実現に向けて最大限の努力をします。

世界のリーダーを育てる

学校外での研修も多く、なかでも海外での研修は、総合的・多角的学習の場として非常に重要なものと考え、英語教育にも力を入れています。英語教育の目標を「英語で討論し、自己主張できるレベルのコミュニケーション能力の獲得」と位置づけ、外国人の教員とのふれあいを大切にするなど、実践的なプログラムを導入しています。

土浦日本大学中等教育学校は、日本大学の附属校ではありますが、他大学進学者の多さが特徴的です。

2011年も、阪大や北大などの難関国立大、早慶上智といった難関私大にも多数の合格者を輩出しました。また、海外の大学へ進学した生徒もいます。日大へは、毎年3割強の生徒が進学します。

新しい進学校として年々進化する土浦日本大学中等教育学校です。

■茨城県土浦市小松ヶ丘町4-46
■JR線「土浦」バス10分
■男子187名、女子188名
■029-835-3907
■http://www.tng.ac.jp/sec-sch/

東京
神奈川
千葉
埼玉
茨城
寮制

あ行
か行
さ行
た行
な行
は行
ま行
や行
ら行
わ行

茗溪学園中学校
めい けい がく えん

MEIKEI Junior High School

■茨城県つくば市稲荷前１－１
■JR線「ひたち野うしく」・つくばエクスプレス「つくば」よりバス
■男子353名、女子369名
■029－851－6611
■http://www.meikei.ac.jp/

知・徳・体が調和した「世界的日本人」

茗溪学園は、当時の中等教育批判に応える取り組みをする研究実験校として、1979年（昭和54年）に開校しました。

一人ひとりの生徒を知育に偏らず総合的に教育し、人類、国家に貢献しうる「世界的日本人」を育成すべく、知・徳・体の調和した人格の形成をはかり、とくに創造的思考力に富む人材をつくることを建学の理念としています。

また、心豊かに生きるために、正しい選択力と決断力、そしてたくましい実行力を養うべく、生命尊重の精神を育て、自分で考え行動できる人づくりをすることが茗溪学園の教育目標です。

本物に触れさせる学習

その教育の特徴のひとつが、目で確かめ肌で感じる生きた学習を実践していることです。フィールドワークを「問題解決学習」として、知識を前提としたうえに「知恵」を育てていくための有効な学習形態として取り入れています。自分のために能動的に学ぶこと、学ぶことの楽しさを発見していくこと、ほんとうの学習がここからスタートします。

各教科とも考える姿勢を重視し、実験と調査活動を豊富に取り入れることにより課題意識を開発し、問題解決に適応できる柔軟で創造的な思考力を養っています。

進学については、習熟度別学習、選択制カリキュラム編成、個人課題研究などによって意欲と学力を伸ばし、興味・適性・可能性を引き出し、将来の仕事につながる目的意識を持って進学できるようにしています。

また、国際理解・国際交流の機会を多く用意しているのも特色です。日本の自然や文化のよさを体得し、国際社会にて活躍できる日本人としての能力を養います。

一人ひとりに Study Skills を

生徒一人ひとりにStudy Skillsを身につけさせることが茗溪学園の教育目標です。教育課程もその思想にしたがったものになっています。

教科指導のなかでも、「自ら考える」「体験をとおして学習する」「情報をまとめ記述する」などの指導がきめ細かく行われています。

生徒一人ひとりの学力を伸ばしていくことはもちろん、余力のある生徒の能力をより伸ばしていくことが、その徹底したカリキュラムの目的です。

理想だけではない、現状を鋭く認識した指導教育は、学ぶ生徒の大きな学力アップにつながっています。

寮生活をとおしての人間形成

茗溪学園教育の最大の特徴は寮生活をつうじての人間形成です。長期あるいは短期の寮生活、宿泊をともなう共同生活をとおして、お互いに切磋琢磨し、自他を尊重する精神を身につけます。「不自由な生活環境」のもとに行われる集団生活のなかで、生徒は生活の自立を要求されます。

恵まれた自然のなかでの学校生活、学寮生活、また、多彩な行事をとおしての健康でたくましい身体づくり、不撓ふとう不屈ふくつの精神、フェアプレーの精神、生命尊重の精神を育てます。

新しい友だちができたり、学ぶ楽しさを発見したり、思いがけない感動にぶつかったり、茗溪学園の365日は、新鮮な驚きや喜びに輝いています。

自分の未来の夢を、少しずつ実現していくための大切なプロセス。生徒たちは茗溪学園での6年間を、自分自身をじっくりと見つめながら、しっかりと確実なステップで歩いていきます。

Study Skills ～すべてを備えて、世界へ～

茗溪学園の目指す人間像

　困難に直面しても、希望を抱いて勇気をもって立ち向かおうとする。人間や生き物への深い愛情を胸に、価値観の異なる人たちとも連帯して解決していく、そういう青年を育てます。
　このような教育のノウハウのひとつが"茗溪Study　Skills"です。基本的な階層からスパイラルに、繰り返し繰り返し体験し、思考し、少しずつ身につけていきます。

Study Skillsとは　～21世紀に求められる力～

　茗溪学園の考えるStudy　Skillsとは"自ら学び・成長していく能力"の基礎となるものです。現代社会において、常に新しい知識や技術を学び取っていく力こそが、社会で活躍するために必要とされています。
　茗溪学園の教育は特定の能力のみを伸ばすことではなく、ひとりの生徒のトータルでのパフォーマンスを向上させるようにデザインされています。これこそが茗溪学園の卒業生が社会で高く評価されている所以です。
　また、単なる学習にとどまらず「体験を通して学習し考えること」、「必要な情報を自ら収集し取捨選択し再構成すること」、「思考し構成した情報を記述し表現していくこと」、という高い目標が設定されています。

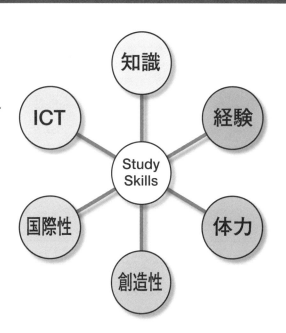

◆ 平成23年度学園説明会等のご案内 ◆

学園説明会	11月 5日（土）主に父母対象　14:30～16:30
茗溪学園美術展	9月27日（火）～10月 2日（日）一般公開

※会場：茨城県つくば美術館　9:30～17:00(2日は14時まで)

茗溪学園中学校高等学校

※茗溪学園は東京教育大学・筑波大学の同窓会「茗溪会」が1979年に創立しました。

〒305-8502　茨城県つくば市稲荷前1-1
TEL：029-851-6611（代）／FAX：029-851-5455
ホームページ：http://www.meikei.ac.jp　／e-mail：kouhou@meikei.ac.jp

教育は愛と情熱!!

《長聖高校の平成23年度大学合格実績》
東大1名、国公立大（医・歯・薬）17名、その他国公立大125名、早慶上理44名合格

東京入試

（長野市、松本市でも同日入試を実施）

1月9日（月・祝）
● 工学院大学・新宿キャンパス
● グランドプリンスホテル新高輪・国際館パミール
● 東海会場
　岐阜県多治見市文化会館

本校入試

1月21日（土）
● 会場・本校

病院での看護、福祉施設での介護、幼稚園での保育、商店街での一日店員などの社会体験をはじめ、乗馬、ゴルフ、弓道、スキーなどのスポーツ体験、校舎に隣接する学校田での農業体験…。年間を通じてさまざまな体験学習を実戦しています。

寮生活　授業　体験学習　三位一体となった **6年間の一貫教育**

■学校説明会

10月 4日（火）10:30～12:30
【品川】グランドプリンスホテル新高輪
　　　　国際館パミール

10月10日（祝）13:30～15:00
【高崎市】エテルナ高崎5階

10月16日（日）13:30～15:30
【名古屋市】メルパルク名古屋

■ 公開授業　8:40～12:30

10月15日（土）
※ 個別入学相談コーナーあり。

■ 体験入学

第2回 11月20日（日）
　　　9:00～13:40
・授業体験（英語・数学）、模擬作文
・授業体験後に「家族そろって給食体験」

■ 聖華祭（文化祭）

9月23日（金）・**24日**（土）
※個別入学相談コーナーあり。

全国寮生学校合同説明会

11月15日（火）13:00～16:00
【横浜】JR横浜駅東口
　　　　崎陽軒本店会議室

11月16日（水）13:00～17:00
【東京】JRお茶の水駅西口
　　　　東京ガーデンパレス　2階

佐久 長聖中学校 高等学校

〒385-0022 長野県佐久市岩村田3638
TEL　0267－68－6688（入試広報室 0267－68－6755）
FAX　0267－66－1173

http://www.chosei-sj.ac.jp/
E-mail　sakuchjh@chosei-sj.ac.jp

上信越自動車道佐久インターから車で1分
JR長野新幹線・小海戦佐久平駅から車で5分
（長野新幹線で東京から70分）

国立・私立中学校プロフィール

寮のある学校

函館白百合学園中学校
（はこだてしらゆりがくえん）

HAKODATE SHIRAYURI Junior High School

北海道

女子校

函館市

- ■北海道函館市山の手2－6－3
- ■函館空港からバス約20分、JR線「函館」バス約35分
- ■女子のみ105名
- ■0138－55－6682
- ■http://www.hakodate-shirayuri. ed.jp/

笑顔がほがらかに輝く明るい学園生活

　全国に広がる白百合学園の歴史は、1878年（明治11年）、フランスより3人の修道女の先生が函館に着任し、女子教育の基礎を築いたのがはじまりです。こうして、東京の白百合女子大学をはじめとする白百合学園の最初のページは、この函館から記されました。白百合学園の姉妹校すべてが校章に掲げる「白百合」は、聖母マリアを表しています。

　羽田から飛行機で約70分、函館空港からはバス20分、思いのほか短時間で函館白百合学園中学校にアクセスできます。

キリスト教精神を根幹に
情操・知性・国際性を育む

　函館白百合中は、「情操の教育」を基本方針として掲げています。わからないことを徹底して追究し、絵画や音楽に感動する美しい心を大切にします。よいことと悪いことの判断ができる誠実な心を養い、キリスト教精神を根幹にした、豊かな心の教育を行っています。

　また「知性の教育」にも力を入れ、将来社会で活躍できるために、大学教育への橋渡しとしての基礎学力の養成に重点をおくとともに、6年後の大学入試を見据え、総合的に考える力、判断力を養うことをめざしています。

　さらに、「国際性の教育」を標榜し、世界28カ国に広がるグローバルな教育機関のひとつとして、豊かな国際性と語学教育の長い伝統に支えられた着実な教育を行い、将来、広く世界に貢献できる人材の育成をはかっています。

　函館白百合中は、2005年度から「6年一貫コース」と「6年白百合コース」の2コース制をとっていましたが、2010年度より「6年一貫コース」と「6年白百合コース」を融合し、コース制を廃止しました。

　新体制は、いままでの「6年一貫コース」のカリキュラム、授業内容を基本的に引き継ぎ、国語・英語・数学に関しては授業数を多めに、進度を早めに設定し、高度な授業を行っていきます。しかし、けっして先取りありきの授業ではなく、生徒一人ひとりの理解度に対応できる授業を展開します。

　高校進学時は基本的に特別進学（LB）コースに進学し、大学受験で大きく差がつきやすい数学・英語に関しては外部進学生とは分け、引き続き先取り授業が行われます。また、進路希望に応じて、看護学校や理系私立大に適した「看護医療系進学コース」、部活動にも力をそそぎたい生徒に適した「総合進学コース」への進学も可能になっています。

キャンパス内にはふたつの寮を完備

　キャンパス内に、「マリア寮」と「暁の星ハウス」のふたつの寮を完備しています。遠隔地で自宅から通学できない生徒のために、中学生・高校生として勉学の精神を身につけ、共同生活をとおして、より豊かな人間性を育てることを目的として寮運営がなされています。現在、中学生は、北海道内の各地だけではなく、関東地方や甲信越、東北地方などからの寮生35名が、楽しく寮生活を送っています。

　寮では、毎日のお弁当が各人のために用意されます。また、1年をとおしてさまざまな企画が催され、充実した学校生活が送れるように工夫されています。

首都圏会場入試も実施

　函館白百合学園中は、2004年度入試から首都圏での会場入試を行っています。日程などの詳細は、函館白百合学園中までお問い合わせください。学園資料等の郵送にも応じています。

東京　神奈川　千葉　埼玉　茨城　寮制　あ行　か行　さ行　た行　な行　は行　ま行　や行　ら行　わ行

函館ラ・サール中学校
はこだて

HAKODATE LA SALLE Junior High School

■北海道函館市日吉町１－12－１
■JR線「函館」バス、市電「湯の
　川」徒歩12分
■男子のみ350名
■0138－52－0365
■http://www.h-lasalle.ed.jp/

人間教育と進学教育の両立をめざして

　函館ラ・サールは、世界80カ国に900以上の教育施設を経営するラ・サール修道会により、1960年（昭和35年）に高等学校、1999年（平成11年）に中学校を開校しました。以後、全国屈指の「全国区」の学校として今日にいたっています。

　「進学教育と人間教育の高いレベルでの両立」を教育方針の核とする函館ラ・サールにはつぎのような特色があります。

　①「人間教育重視の教育伝統」カトリックミッションスクールとして、生徒の全人格的成長をはかるとともに、問題を抱えた生徒をあくまでも支援しています。

　②「全国から優秀な生徒が集まっている」市外出身生徒の割合（関東・関西だけで過半数）と出身地の多様性の点では、全国一と言われています。多様で密度の濃いふれあいが、幅広く豊かな自己実現につながります。

　③「全国唯一の大部屋寮生活」一見不自由にみえる独自の寮生活をつうじて、現代の若者が失いつつある深い友人関係と、将来社会にでてから最も必要とされる人間関係力を培います。卒業生に高く評価されている由縁です。

　④「恵まれた生活・学習環境」函館は北海道の豊かな自然と歴史的情緒にあふれた港町です。ここでの生活は一生心に残ります。

　⑤「低廉な経費」都会での通学通塾生活より経済的です（授業料寮費合わせて月10万5000円）。

「覚える」のではなく「考える」教育

　21世紀の社会ではどのような人間が求められるのか。それは一生涯自分の意志で学びつづける意欲を持った人間である、と函館ラ・サールでは考えています。

　与えられたことをただ「覚える」のではなく、自分で原理や仕組みを「考える」ことが、自発的に学ぶ姿勢をつくるのです。

　函館ラ・サールでは、１週間の授業時数を37時間としています。基礎的な学力をしっかりと身につけ、なおかつ、さまざまな活動に使える時間的な余裕を持たせるためです。

　函館ラ・サールは、ミッションスクールとしてのキリスト教的隣人愛に加えて、「学ぶ楽しさ」を教える学校です。高いレベルのきめ細かい進学指導と、進学のさきにあるものをつねに考えた教育の場なのです。

　また、カトリックのミッションスクールという特色をいかした倫理・宗教の科目や、国際性を重視した英語教育など、「知」・「心」・「体」の育成に積極的に取り組んでいます。

全国各地から英才が集う寮生活

　函館ラ・サールの大きな特色が寮生活です。生徒の７割が寮生ですから、寮の運営には非常に力を入れています。これまでの高校寮での経験をいかした寮運営は斬新なアイディアにあふれ、生徒たちが人間的に成長できるよう細かな配慮がなされています。

　寮生は３食とも寮の食堂で食事をとります。昼食も学校から寮に戻っての食事です。中学生の場合は大部屋構成です。寮においては、寮担当の教諭が配置されていて、保護者にとっては安心できる体制となっています。

　また、寮の先輩たちのなかから「チューター」が選出され、生活や学習の相談にも応じてくれるシステムが確立されているので、自然に学校や寮生活にも慣れていけるようになっています。

　この寮生活をとおして基本的生活習慣、共同生活のルール、友人関係などが日々の生活体験のなかで身についていくのです。

東京　神奈川　千葉　埼玉　茨城　寮制　あ行　か行　さ行　た行　な行　は行　ま行　や行　ら行　わ行

那須高原海城中学校
なすこうげんかいじょう
THE NASU-KAIJO ACADEMY Junior High School

栃木
男子校
那須郡

■栃木県那須郡那須町大字豊原乙
　2944－2
■東北新幹線・東北本線「新白
　河」、東北自動車道白河インター
　から5km
■男子のみ72名
■0287－77－2201
■http://www.nasukaijo.ed.jp/

東京
神奈川
千葉
埼玉
茨城
寮制
あ行
か行
さ行
た行
な行
は行
ま行
や行
ら行
わ行

「全寮制」の「海城」

　1996年（平成8年）、海城学園創立100周年を期に、その教育の集大成として、「新時代のジェントルマン」の育成を追求して誕生した那須高原海城中学校・高等学校。全寮制の中高一貫・男子校です。

　キャンパスの所在地は、栃木県の那須郡那須町。たんに学力や教養を備えるだけでなく、豊かな人間性としなやかな精神や感性を育むために選ばれたのが、この那須高原の地でした。

　澄んだ空気と広い空、そして那須連山を望む雄大な自然のもと、子どもたちは走ったり、湖で釣りをしたり、あるいは、みんなで星空や流れ星を観察したりと、都会の学校では得られない貴重な経験を日々積んでいます。

ハウスだからできる
きめ細かく柔軟な指導

　那須高原海城の全寮制のすぐれたところは、こうした自然環境だけではありません。那須高原海城は、ハウス（寮）を基本として独自の教育を行う学校です。そこでは、クラス（学校）学習の延長の講義型の勉強を朝から夜までつめこむ、というスタイルはとりません。生活にリズムをつけ、一人ひとりの成長に対応していけるよう、ハウス制ならではの指導・支援を、クラス学習と両立させているのが特色です。

　クラスプログラム（昼間）では、中学・高校で学ぶべき必修科目を学習。受験に向けての基礎を固めます。そして、ハウスプログラム（夜間）がめざすのは、進学してからも「自ら学びつづけていける成長力」の養成（進学準備教育）です。

　このふたつのプログラムは、個々の成長を把握する中1・中2での「マイスタディプラン」や、中3～高3での「チュートリアルシステム」により有機的に連動し、個別指導により効果的な学習ができるように柔軟に運用されています。

　その結果、大学進学においては、幅広い大学へ、優秀な合格実績をだしている那須高原海城です。

ハウスには教師やネイティブも常駐

　3階建て3つのハウスには、授業時間が終わるといつも元気な声が響きます。生徒にとってハウスは一人ひとりがくつろぎ、楽しみ、成長する生活の場となっています。

　このハウスには、生徒のほか、寝食をともにする寮教員の教師と看護師（夜の10時まで）が常駐しているので安心です。

　そのほか、提携している外国の大学・大学院のチューター1～2名やネイティブ・スピーカーも滞在していますので、授業のほか、放課後にプレイルームやイングリッシュクラブなどで英会話を楽しんでいます。

　また、各フロア1～2名の教師がフロア担当として寝泊まりしており、寮での学習面のサポートはもちろん、昼間の授業も受け持つようにし、学校と寮のふたつの生活をとおして、生徒の表情や態度から、一人ひとりの心と身体の健康に気を配っています。

寮生活ならではのメリットがある

　そして、忘れてはならない寮生活のメリットは、なんといっても規則正しい生活が身につき、集団生活でのマナーや自分のあり方を学び、豊かな人間性が身につくことです。親元を離れた生活で、しっかりとした自立心が芽生え、自己を客観的に見つめることができると同時に、家族のありがたみを知り、より大切に考えるようになります。

　また、6年間寝食をともにした友人関係は、一生涯の財産になるといってよいでしょう。

佐久長聖中学校

さく ちょうせい

SAKU-CHOSEI Junior High School

■長野県佐久市岩村田3638
■上信越自動車道佐久インターより
　車で1分、JR長野新幹線・小海
　線「佐久平」車で5分
■男子209名、女子165名
■0267-68-6688
■http://www.chosei-sj.ac.jp/

教育は愛と情熱を基に

心豊かな人づくりをめざす

　信州の雄大な自然に抱かれた佐久長聖中学校・高等学校。学校がある佐久市は、高速交通網の整備も進み、先端産業が集まるハイテク産業地域であるとともに、文教環境が整った学術文化都市でもあります。

　こうした恵まれた教育環境にある佐久長聖の特徴は、授業・体験学習・寮生活が三位一体となった6年間一貫教育を行っていることです。学校では、寮施設を「館」と呼び、中学に隣接する「聖朋館」に専任の教職員が宿泊し、24時間体制で指導にあたっています。

　館生活では、学習習慣・生活習慣・食育の3つを基本に生活指導を実施。学習面では、教師参加の学習会と個人学習を合わせ、毎日平均3時間程度の勉強が行われています。生活面では、教職員の指導のほか、校医による生活習慣病等の診断も実施しています。食育では、専任の栄養士と食育アドバイザーにより、バランスの取れた食生活と正しい食習慣を指導しています。

　佐久長聖では、1年生には自宅から通学できる生徒を含めて、できるかぎり館生活をすることをすすめています。

「本当の学力」を伸ばす学習 現役合格実績は県下有数

　中高一貫校としての特性をじゅうぶんにいかした授業編成を行っている佐久長聖。中1では学習の基礎・基本を身につけ、3年の1学期までに中学の全学習課程を修得。3年の2学期からは高校の学習課程へと移行します。

　授業は、創立15年間の指導ノウハウの蓄積に基づく50分授業です。生徒一人ひとりが自ら調べ、考え、意見を述べあうことを大切に、つめこみではない、「本当の学力」を伸ばす授業として、実績をあげています。さらに

2011年度からは定員が140名となり、東大医進・難関大コースとスキルアップコースのコース制を導入し、より個にあった学習指導体制が可能となりました。高校からは、大学進学では県下有数の現役合格実績を誇る佐久長聖高校に進級し、さらに目標に向かって充実した学習を積み重ねます。

　佐久長聖中学校における2011年度の大学入試結果は、東大1名、東京医科歯科大医学部をはじめ国公立大医学部7名。北大、東北大など国公立大に71名合格。早大、慶應大などの難関私大を中心に多くの生徒が夢を果たしています。

語学学習と体験学習にも特徴

　語学学習を大切にする佐久長聖では、生きた英語に触れ、英語の「聞く・話す」力を高めていく英語教育を行っています。語学力を高めるとともに国際的な理解力も深める授業を進め、例年、3年生の8割以上が「英検準2級」に合格しています。また、2年では、カナダにおいて語学研修を実施。ホストファミリーの家庭に滞在しながら、現地教師の指導による英語研修やカナダの人びととの交流など、さまざまなプログラムをとおして国際感覚を身につけています。さらに、高校進級後は1年生の3月に希望者によるアメリカ研修があります。

　また、佐久長聖では、授業の一環としての体験学習活動を重視しています。これは、地域社会や自然環境とのふれあいのなかで、豊かな人間性と創造的個性を育むことをめざして行われています。信州の恵まれた自然環境を活かし、地域社会とかかわりながら、古代米「紫米」の栽培や菊づくり、乗馬などのスポーツ体験、福祉体験、裁判所での模擬裁判など、年間計画のなかでさまざまな体験学習を進めている佐久長聖です。

海陽中等教育学校

KAIYO ACADEMY

愛知　蒲郡市　男子校

リーダーの出発点が、ここにある

　海陽中等教育学校は、愛知県蒲郡市に位置する全寮制の男子校です。「将来の日本を牽引する、明るく希望に満ちた人材の育成」を建学の精神に掲げ、2006年（平成18年）に開校しました。

　学校の設立にあたっては、トヨタ自動車・ＪＲ東海・中部電力の3社を中心に、日本の主要企業約80社が学校設立・運営のために資金を拠出した、まったく新しいタイプの中等教育学校です。

全寮制のメリットをいかした教育

　生徒たちが生活する寮は「ハウス」と呼ばれ、小学校を卒業したばかりの12～13歳という年齢であっても、各人の個性を尊重し健やかな成長をはかれるように、個室が用意されています。また、各階には海を見渡すラウンジが備えられ、生徒同士の交流や学習の場としても利用できます。こうした寮生活は、イギリスのイートン校などの例にならっ

て、寮における生活のなかから高い知性とよき生活習慣を身につけていく場として重要な役割を果たしています。

　それぞれのハウスには約60人の生徒が生活をともにし、各ハウスには教員の資格を持ったハウスマスターが常駐しています。そしてそれぞれのフロアには、日本を代表する企業から派遣されたフロアマスターがおり、生徒と生活をともにしながら、生活指導や学習支援を行います。

　教育内容では、公立校に比べ、英語・国語・数学の授業時間が増やされているほか、日本人としての教養を身につけるため、1年生から古典を学んだり、習熟度別授業を取り入れたりしています。さらに、幅広い知識を習得するため、大学の教授など外部から講師を招いた特別授業も実施されています。

　将来日本のリードする人材を育てる海陽中等教育学校に、大きな期待が寄せられています。

■愛知県蒲郡市海陽町3－12－1
■ＪＲ線「三河大塚」バス
■男子のみ315名
■0533－58－2406
■http://www.kaiyo.ac.jp/

土佐塾中学校

TOSAJUKU Junior High School

高知　高知市　共学校

生徒を育てるユニークな教育プログラム

　高知の街を見下ろす高台に、土佐塾中学校はあります。豊かな自然に恵まれたこの土佐の地から、将来を担う人材を輩出することを目的として設立されました。

　土佐塾では、自宅から通学できない生徒のために寮施設が完備されています。「大志寮」と名づけられたこの寮は、親元を離れて生活する寮生のために、さまざまな面で創意工夫がこらされてます。たとえば、寮での勉強については、学校の先生のほか、塾や予備校の先生も指導にあたるシステムを取っています。また、寮が学校から徒歩5分という至近距離にあり、学校生活を中心に効率のよいスケジュールが組まれているのも魅力です。

学力を伸ばすサポートシステム

　大学合格実績の優秀さでも知られる土佐塾。東大・東工大ほか国公立大94名、早慶上智大21名の実績は、土佐塾の設立が塾・予備校であることを考えると不思議ではあり

ません。

　また、土佐塾が進めているSSP（進路サポートプログラム）も大きな役割を果たしています。通常の学校行事とは別に、大学教授を招いて行うワンデーセミナーや弁護士や医師などの専門職に就くかたを招くキャリアセミナーなどが実施されます。SSPによって、生徒一人ひとりのキャリア形成能力を育成し、生徒が主体的に自己の進路を選択する能力を養った結果が、大学進学へ繋がっていると言ってよいでしょう。

　学校施設も大変充実しています。体育館や広いグラウンドはもちろんのこと、自習にも利用できる図書館なども備わっていて、全施設が冷暖房完備です。そして最も特徴的なのは、職員室に仕切りがないことです。開放的な構造で、生徒が気軽に質問ができます。

　土佐塾中は、毎年東京でも入試を行っており、首都圏からたくさんの生徒が受験しています。

■高知県高知市北中山85
■JR線「高知」バス約15分
■男子294名、女子295名
■088－831－1717
■http://www.tosajuku.ed.jp

あとがき

　現在、国内には700校以上もの中高一貫校があります。そのうち、首都圏には300校以上の学校が所在しています。また、これまでの国立・私立だけではなく、公立中学校においても、中高一貫校を新設する動きがつづいています。多くの選択肢のなかから、各ご家庭の考え方やポリシーに合わせた教育を選ぶことができるということは、非常に幸せなことです。しかし、その反面、選択肢が多いということは、どの学校にすればよいのか、悩んでしまうという側面も持ち合わせています。とくに初めて中学受験を経験されるご家庭においては、とても大変な作業です。

　本書はそのような保護者のかたに、少しでもお役に立てれば、との思いから生まれたものであり、毎年改編を重ねています。ここに登場する260以上の学校については、その教育理念や日々の特色など、学校の素の姿をお伝えすることを第一として編集を行っております。そのため、いわゆる偏差値や学力の指標となるものは掲載しておりません。それは数字だけで判断するのではなく、ご家庭の教育方針やお子様に合った学校を選んでいただきたいからです。

　学校の紹介にあたっては、各校の校長先生ならびにご担当の先生がたに多大なご協力を賜り、厚くお礼を申しあげます。

　本書をつうじて、各ご家庭が、より望ましい学校教育を選択されることを願ってやみません。

（『合格アプローチ』編集部）

営業部よりご案内

　『合格アプローチ』は、首都圏有名書店にてお買い求めになることができます。

　万が一、書店店頭に見あたらない場合には、書店にてご注文のうえ、お取り寄せいただくか、弊社営業部までご注文ください。

　ホームページでも注文できます。

　送料は弊社負担にてお送りいたします。

　代金は、同封いたします振込用紙で郵便局よりご納入ください。

ご投稿・ご注文・お問合せは

株式会社グローバル教育出版

【所在地】〒101-0047
東京都千代田区内神田2-4-2 グローバルビル

【電話番号】03-**3253-5944**(代)　合格しょう

【FAX番号】03-**3253-5945**

URL：http://www.g-ap.com
e-mail:gokaku@g-ap.com
郵便振替　00140-8-36677

合格アプローチ　2012年度入試用

首都圏 国立私立 **中学校厳選ガイド266校**

2011年7月9日　初版第一刷発行　　定価 1800 円 (＋税)

●発行所／株式会社グローバル教育出版
〒101-0047 東京都千代田区内神田2-4-2 グローバルビル
　　　電話 03-3253-5944(代)　　FAX 03-3253-5945
http://www.g-ap.com　　郵便振替00140-8-36677